Die Kriegsauszeichnungen des Deutschen Heeres 1939 - 1945

Bernd Hartmann

VDM

Impressum

Einbandgestaltung unter Verwendung von Vorlagen aus dem Archiv des Autors. Die teilweise geminderte Bildqualität ist auf das Alter der Originalaufnahmen und die Umstände ihres Entstehens zurückzuführen. Eine Haftung des Autors oder des Verlages und seiner Beauftragten für Personen-, Sach- und Vermögensschäden ist ausgeschlossen.

ISBN 978 - 3 - 86619 - 033 - 7

1. Auflage 2008

VDM Heinz Nickel
Kasernenstraße 6 - 10
66482 Zweibrücken
Tel. 0 63 32 - 7 27 10
Fax 0 63 32 - 7 27 30
e-mail: vdm_nickel@t-online.de
Internet: http://www.VDMedien.eu

Text- und Bildnachweis: Autor

Herstellung:

VDM Heinz Nickel
66482 Zweibrücken

Printed in Germany

Die Kriegsauszeichnungen des Deutschen Heeres 1939 - 1945

Bernd Hartmann

V D M

Gewidmet den deutschen Soldaten, die im guten Glauben für die Zukunft unseres Volkes ihr Leben einsetzten und meinen kriegsgedienten Vorgesetzten in der Bundeswehr, die mir in den sechziger Jahren des vorigen Jahrhunderts ein gutes Beispiel gaben.

Abbildung auf der Vorderseite:
Major Bruno Kahl, Kommandeur der III. Abteilung/ Panzerjägerregiment 656, wurde am 08. Februar 1943 mit dem Ritterkreuz des Eisernen Kreuzes und am 08. August 1943 mit dem 270. Eichenlaub zum Ritterkreuz des Eisernen Kreuzes ausgezeichnet.

Wichtiger Hinweis: Nach §§ 86 und 86a Strafgesetzbuch macht sich strafbar, wer Symbole aus der nationalsozialistischen Zeit öffentlich verwendet oder verbreitet. Nicht strafbar dagegen ist die Verwendung im Zusammenhang mit der Berichterstattung über Vorgänge des Zeitgeschehens und bzw. oder in Verbindung mit der Erforschung dieses Sammelgebietes. Das vorliegende Sachbuch wendet sich daher in diesem Sinne ausschließlich an Leser, die sich für Zeitgeschichte interessieren und an Sammler von Orden und Ehrenzeichen. Jeder Käufer erkennt an, daß er nur unter dieser Voraussetzung dieses Buch erworben hat.

Vorwort

Dieses Sachbuch befaßt sich mit Orden und Ehrenzeichen, die deutschen Heeressoldaten im 2. Weltkrieg verliehen wurden. Es enthält Angaben über den Anlaß der Stiftung, die Voraussetzungen einer Verleihung, die Verleihungsberechtigung und die Beurkundung. Weiterhin werden die Auszeichnungen beschrieben und die Trageweise erläutert. Zahlreiche farbige Abbildungen sollen die Darstellung der Auszeichnungen veranschaulichen. Der Grundsatz, daß Beiträge zur Zeitgeschichte die größtmögliche Objektivität zum Maßstab haben, Ideologiezwänge vermeiden und Verbeugungen vor dem gerade vorherrschenden Zeitgeist vermeiden sollten, wurde beachtet. Die Form, in der die Auszeichnungen verliehen wurden, ist eine unabänderliche historische Tatsache. Deshalb erscheint es berechtigt, diese Form ungeachtet jeder politischen Bewertung abzubilden.

Zur Erörterung der sich bezüglich der Kriegsauszeichnungen des 2. Weltkrieges ergebenden Fragen berief die Bundesregierung einen Sachverständigenausschuß ein. Der Ausschuß stellte an den Anfang seiner Stellungnahme den Satz:

„Kriegs- und Tapferkeitsauszeichnungen sind und bleiben ehrwürdig, die Taten ihrer Träger der Anerkennung wert“

und stellte fest, daß die Taten der Träger von Kriegsauszeichnungen nicht in Verbindung gebracht werden können mit den politischen Zielen, die das NS-Regime mit dem Kriege verfolgt habe. Der Bundestag hat mit Zustimmung des Bundesrates das Gesetz über Titel, Orden und Ehrenzeichen vom 26. Juli 1957 beschlossen und damit das Tragen von Kriegsauszeichnungen des 2. Weltkrieges wieder zugelassen. Soweit diese mit einem NS-Symbol versehen waren, wurden Änderungen vorgenommen.

Neben der Berichterstattung über Vorgänge des Zeitgeschehens möchte das Buch auch zur Sachkunde von Sammlern beitragen. Mehr oder weniger geschickt hergestellte Kopien sind bedauerlicherweise in diesem Sammelgebiet an der Tagesordnung. Unkenntnis von Sammlern ist der ideale Nährboden für dubiose Machenschaften, das Aneignen von Sachkenntnis dagegen das beste Mittel, um sich vor Schaden zu bewahren.

Erftstadt, 07.07.07 — Bernd Hartmann

Inhaltsverzeichnis

Eisernes Kreuz 2. Klasse 1939 (zeitgenössische Postkarte).

Kapitel 1

Eisernes Kreuz

- *Eisernes Kreuz* -

1. Vorgeschichte und Stiftung der Auszeichnung

a. Eisernes Kreuz 1813

Am 10. März 1813 stiftete der preußische König Friedrich Wilhelm III. für die Dauer des Freiheitskampfes gegen die napoleonische Fremdherrschaft das Eiserne Kreuz als Tapferkeits- und Verdienstauszeichnung Preußens in den Stufen Eisernes Kreuz 2. und 1. Klasse sowie Großkreuz und legte auch selbst die Form fest. Die künstlerische Ausführung oblag Preußens bekanntem Baumeister Karl Friedrich Schinkel. Nach den Bestimmungen war die Vorderseite des in Silber gefaßten, geschwärzten, gußeisernen Kreuzes glatt und ohne jede Inschrift. Bereits im Verlauf der Feldzüge war es jedoch allgemein üblich, die Rückseite nach vorne zu tragen, auf der sich mittig drei Eichenblätter und darüber die Initialen „FW" für Friedrich Wilhelm nebst Krone befinden. Unter den Eichenblättern ist das Stiftungsjahr 1813 geprägt. Im Jahr 1838 wurde es den Beliehenen freigestellt, welche Seite sie nach vorne trugen. Das Eiserne Kreuz wurde entgegen bisherigen Gepflogenheiten ohne Rang- und Standesunterschiede verliehen. Dieses Gleichheitsprinzip begründete die deutsche Frontkameradschaft über alle Dienstgradunterschiede hinweg. Jeder Beliehene erhielt eine Verleihungsurkunde.

Eisernes Kreuz 2. Klasse 1813. Die beschriftete Rückseite wurde meist nach vorne getragen und nicht die eigentliche Vorderseite, die ohne jegliche Inschrift gehalten war.

Das Eiserne Kreuz 2. Klasse 1813 wurde am schwarzen Band mit weißer Einfassung insgesamt 16.131 mal für Tapferkeit verliehen. Bei insgesamt 271.000 an den Befreiungskriegen teilnehmenden Soldaten war demnach etwa jeder 17. im Besitz dieser Auszeichnung. Die Ausführung am weißen Band mit schwarzer Einfassung wurde 371 mal an Nichtkämpfer für sonstige Kriegsverdienste verliehen. Das Eiserne Kreuz 1. Klasse wurde auf der linken Brustseite als Steckorden getragen und 668 mal verliehen, lediglich zwei Auszeichnungen sind an Nichtkämpfer erfolgt. Voraussetzung für die Verleihung der 1. Klasse war der Besitz der 2. Klasse. Das Großkreuz ist deutlich größer als die beiden anderen Klassen, wurde als Halsorden getragen und fünfmal für hervorragende Verdienste in der Truppenführung an preußische Generale verliehen. Für den Sieg über Napoleon am 18.06.1815 bei BELLE-ALLIANCE erhielt Marschall Blücher als einziger eine Sonderstufe des Eisernen Kreuzes, die in der Stiftungsurkunde vom 10. März 1813 nicht vorgesehen war: Das Eiserne Kreuz auf goldenem Strahlenstern.

b. Eisernes Kreuz 1870

Am 19. Juli 1870, dem Tag der Kriegserklärung Frankreichs an Preußen, erneuerte der preußische König Wilhelm I. die Stiftung des Eisernen Kreuzes. Auf der bisher unbeschrifteten Vorderseite des Eisernen Kreuzes 1813 wurden nun ein „W" mit Krone und die Jahreszahl 1870 geprägt. Die Rückseite blieb identisch mit dem Eisernen Kreuz 1813.
Wie 1813, so konnte auch das Eiserne Kreuz 1870 ohne Unterschied des Ranges und des Standes von jedem erworben werden, der sich durch Waffentaten oder als Nichtkämpfer durch sonstige Kriegsverdienste ausgezeichnet hatte.
Allerdings waren für Verdienste auch andere Auszeichnungen vorgesehen, um das Eiserne Kreuz weitgehend als Tapferkeitsauszeichnung zu erhalten und um dessen Wert durch geringe Verleihungszahlen zu betonen.
Wilhelm I. genehmigte erstmals auch Verleihungen an nichtpreußische Soldaten aller deutschen Länder. Somit verband das Eiserne Kreuz die deutschen Einzelstaaten als ein ihnen übergeordnetes Symbol und wurde mit der Verwirklichung des Einheitstraumes vom Deutschen Reich die deutsche Kriegsauszeichnung schlechthin.
Das Eiserne Kreuz 1870 war im Unterschied zum Eisernen Kreuz 1813 infolge verbesserter Fertigungstechniken jederzeit in ausreichender Menge und in angemessener Qualität verfügbar.
Mit seinem Besitz waren wie 1813 Ehrungen und wirtschaftliche Vorteile wie Ehrensold verbunden.

Eisernes Kreuz 2. Klasse 1870.

Das Eiserne Kreuz 2. Klasse 1870 wurde am schwarzen Band mit weißer Einfassung insgesamt 43.242 mal für Tapferkeit verliehen. Bei einem Umfang der Streitkräfte von 600.000 Soldaten war demnach etwa jeder 14. im Besitz dieser Klasse. Die Ausführung am weißen Band mit schwarzer Einfassung wurde 4.084 mal an Nichtkämpfer für sonstige Kriegsverdienste verliehen.
Das Eiserne Kreuz 1. Klasse 1870 ist wie das Eiserne Kreuz 1. Klasse 1813 ein Steckkreuz und nur auf der Vorderseite mit einer Inschrift versehen. Diese Klasse wurde 1.319 mal verliehen. Voraussetzung für die Verleihung der 1. Klasse war stets der Besitz der 2. Klasse.
Von insgesamt neun Großkreuzen als Halsorden erhielten acht Generale diese Auszeichnung als Zeichen der Anerkennung und des Dankes für gewonnene entscheidende Schlachten, ein Großkreuz erhielt Wilhelm I. selbst.
Am 26.08.1895 verlieh Kaiser Wilhelm II. allen Trägern des Eisernen Kreuzes 2. Klasse 1870 ein silbernes Eichenlaub mit der Jubiläumszahl „25", das auf dem schwarz-weißen Ordensband anzubringen war.

c. Eisernes Kreuz 1914

Nach Ausbruch des 1. Weltkrieges erneuerte Kaiser Wilhelm II. am 05. August 1914 die Stiftung des Eisernen Kreuzes. Es bestand wie bisher aus den Stufen Eisernes Kreuz 2. und 1. Klasse und dem Großkreuz. Die Ausführung des Ordens war dieselbe wie 1870, lediglich auf der Vorderseite stand jetzt die Jahreszahl 1914 anstatt 1870. Die Rückseite blieb identisch mit dem Eisernen Kreuz 1813 und dem Eisernen Kreuz 1870. Auch die Trageweise änderte sich nicht.

Eisernes Kreuz 2. Klasse 1914.

Die Bestimmungen entsprachen im wesentlichen denen von 1870. So konnte auch im 1. Weltkrieg das Eiserne Kreuz als ursprünglich preußische Auszeichnung an Deutsche aus anderen Ländern des Deutschen Reiches verliehen werden. Ab 16.03.1915 war die Verleihung auch an Angehörige verbündeter Streitkräfte möglich. Ab 1915 sank das Ansehen des Ordens, vor allem der 2. Klasse, durch sehr hohe Verleihungszahlen. Bei den Verleihungsurkunden gibt es eine Vielzahl unterschiedlicher Varianten.

Das Eiserne Kreuz wurde während des 1. Weltkrieges auch nationales Erkennungszeichen an Panzerfahrzeugen, Fesselballons und Flugzeugen.

Mit zunehmender Dauer des Krieges wurde deutlich, daß besondere Tapferkeitstaten vielfach nicht mehr durch das Eiserne Kreuz angemessen gewürdigt werden konnten. Daher verlieh man in Preußen den „Pour le Mérite“ („Für das Verdienst“) als begehrte Kriegsauszeichnung an Offiziere (687 mal) und das Goldene Militärverdienstkreuz als höchste Kriegsauszeichnung für Unteroffiziere und Mannschaften (1.763 mal). Von den insgesamt 13.400.000 deutschen Soldaten des 1. Weltkrieges erhielten 5.196.000 das Eiserne Kreuz 2. Klasse am schwarzen Band mit weißer Einfassung. Demnach war fast jeder zweite im Besitz dieser Auszeichnung. Die Ausführung am weißen Band mit schwarzer Einfassung für sonstige Kriegsverdienste wurde etwa 13.000 mal verliehen. Wer bereits im Besitz des Eisernen Kreuzes 2. Klasse 1870 war und sich im 1. Weltkrieg erneut durch Tapferkeit auszeichnet hatte, erhielt eine Wiederholungsspange in Form einer silbernen Spange mit einem verkleinertem Eisernen Kreuz 1914. Das Eiserne Kreuz 1. Klasse 1914 wurde 218.000 mal verliehen. Im Verlauf des 1. Weltkrieges wurden insgesamt fünf Großkreuze unter den gleichen Voraussetzungen wie in den vorausgegangenen Kriegen verliehen. Vier Großkreuze erhielten Generale, ein Großkreuz legte Kaiser Wilhelm II. selbst an.

Am 24.03.1918 erhielt Generalfeldmarschall von Hindenburg das Eiserne Kreuz 1914 auf goldenem Strahlenstern, vergleichbar dem „Blücherstern“ von 1813.

d. Eisernes Kreuz 1939

Am 01. September 1939 erneuerte Adolf Hitler zum dritten Mal in der deutschen Geschichte den Orden des Eisernen Kreuzes, das in den Kriegen 1813, 1870 und 1914 eine preußische Auszeichnung war und nun zum Orden des Großdeutschen Reiches wurde:

Verordnung über die Erneuerung des Eisernen Kreuzes

Vom 1. September 1939

Nachdem ich mich entschlossen habe, das Deutsche Volk zur Abwehr gegen die ihm drohenden Angriffe zu den Waffen zu rufen, erneuere ich eingedenk der heldenmütigen Kämpfe, die Deutschlands Söhne in den früheren großen Kriegen zum Schutze der Heimat bestanden haben, den Orden des Eisernen Kreuzes.

Artikel 1

Das Eiserne Kreuz wird in folgender Abstufung und Reihenfolge verliehen:

Eisernes Kreuz 2.Klasse,
Eisernes Kreuz 1.Klasse,
Ritterkreuz des Eisernen Kreuzes,
Großkreuz des Eisernen Kreuzes.

Artikel 2

Das Eiserne Kreuz wird ausschließlich für besondere Tapferkeit vor dem Feinde und für hervorragende Verdienste in der Truppenführung verliehen.

Die Verleihung einer höheren Klasse setzt den Besitz der vorangehenden Klasse voraus.

Artikel 3

Die Verleihung des Großkreuzes behalte ich mir vor für überragende Taten, die den Verlauf des Krieges entscheidend beeinflussen.

Artikel 4

Die 2.Klasse und die 1.Klasse des Eisernen Kreuzes gleichen in Größe und Ausführung den bisherigen mit der Maßgabe, daß auf der Vorderseite das Hakenkreuz und die Jahreszahl 1939 angebracht sind.

Die 2.Klasse wird an einem schwarz-weiß-roten Bande im Knopfloch oder an der Schnalle, die 1.Klasse ohne Band auf der linken Brustseite getragen.

Das Ritterkreuz ist xxxxxxxxxxxx größer als das Eiserne Kreuz 1.Klasse und wird am Halse mit schwarz-weiß-rotem Bande getragen.

Das Großkreuz ist etwa doppelt so groß wie das Eiserne Kreuz 1.Klasse, hat anstelle der silbernen eine goldene Einfassung und wird am Halse an einem breiteren schwarz-weiß-roten Bande getragen.

Artikel 5

Ist der Beliehene schon im Besitz einer oder beider Klassen des Eisernen Kreuzes des Weltkrieges, so erhält er anstelle eines zweiten Kreuzes eine silberne Spange mit dem Hoheitszeichen und der Jahreszahl 1939 zu dem Eisernen Kreuz des Weltkrieges verliehen; die Spange wird beim Eisernen Kreuz 2.Klasse auf dem Bande getragen, beim Eisernen Kreuz 1.Klasse über dem Kreuz angesteckt.

Artikel 6

Der Beliehene erhält eine Besitzurkunde.

Artikel 7

Das Eiserne Kreuz verbleibt nach Ableben des Beliehenen als Erinnerungsstück den Hinterbliebenen.

Artikel 8

Die Durchführungsbestimmungen erläßt der Chef des Oberkommandos der Wehrmacht im Einverständnis mit dem Staatsminister und Chef der Präsidialkanzlei.

Berlin, den 1.September 1939

Der Führer

Der Chef des Oberkommandos der Wehrmacht

Der Reichsminister des Innern

Der Staatsminister und Chef der Präsidialkanzlei des Führers und Reichskanzlers

Da der Krieg härter geführt wurde und länger dauerte als erwartet, ist die Verordnung über die Erneuerung des Eisernen Kreuzes vom 01. September 1939 am 03. Juni 1940, 28. September 1941 und am 29. Dezember 1944 durch die Stiftung weiterer Stufen dreimal geändert bzw. erweitert worden.

2. Die Ausführungen des Eisernen Kreuzes 1939 im einzelnen

a. Eisernes Kreuz 2. Klasse

Das Eiserne Kreuz 2. Klasse war für besondere Tapferkeit vor dem Feind und für Verdienste in der Truppenführung vorgesehen. Seit Beginn des Krieges war man sehr darauf bedacht, die Verleihung weitgehend auf Tapferkeitstaten zu beschränken und die Verleihung für Führungsleistungen zurückhaltend zu praktizieren, um die Werterhaltung des Ordens zu gewährleisten. Der Eindruck häufiger Verleihungen an „die da hinten" sollte möglichst vermieden werden. Mit der Stiftung des Kriegsverdienstkreuzes am 18.10.1939 entfiel erstmals die Verleihung des Eisernen Kreuzes für sonstige Kriegsverdienste.
Das Eiserne Kreuz konnte nicht nur an Wehrmachtangehörige, sondern auch an Personen anderer Organisationen verliehen werden, die im Kriegseinsatz Tapferkeit unter Beweis gestellt hatten, z.B. Polizei, Reichsarbeitsdienst, Organisation Todt, Technische Nothilfe und Luftschutz. Ebenso erhielten es Soldaten verbündeter Streitkräfte, auf Hitler vereidigte Freiwillige aus anderen Staaten und auch Frauen (z.B. Rotkreuzschwestern, Flakhelferinnen).

Am 07.08.1940 wurde verfügt: *„Bei Soldaten, denen ... das silberne oder das goldene Verwundetenabzeichen ohne Rücksicht auf die Zahl der Verwundungen verliehen werden kann* (z.B. bei Verlust von Gliedmaßen oder des Sehvermögens, Anm. d. Verf.) *ist die Voraussetzung für die Verleihung des Eisernen Kreuzes als gegeben anzusehen. Diese Soldaten müssen in kürzester Frist in den Besitz des Eisernen Kreuzes gelangen."*
Am 24.09.1940 wurde verfügt, daß auch eine postume Verleihung des Eisernen Kreuzes möglich ist. Vorschläge dazu waren dem Oberkommando des Heeres (OKH) /Heerespersonalamt (HPA) vorzulegen. Orden und Verleihungsurkunde waren den Hinterbliebenen durch einen beauftragten Offizier des Wehrkreises in würdiger Form zu überreichen. Die Verleihung an vermißte und in Gefangenschaft geratene Wehrmachtangehörige war zunächst möglich, gemäß Führerbefehl ab dem 27.09.1944 nicht mehr.

In Größe und Ausführung entspricht das Eiserne Kreuz 1939 dem Eisernen Kreuz 1914 mit der Abweichung, daß auf der Vorderseite das Hakenkreuz und die Jahreszahl 1939 geprägt sind. Zur Erinnerung an die Erststiftung befindet sich wie bisher auf der Rückseite der am Bande verliehenen Stufen die Jahreszahl 1813, allerdings ohne jedes weitere Symbol. Das Ordensband des Eisernen Kreuzes 2. Klasse erhielt die Reichsfarben schwarz-weiß-rot. Die Herstellung eines Eisernen Kreuzes 2. Klasse war verhältnismäßig aufwändig. Ein Teil davon weist Herstellerkennzeichen auf dem Bandring auf, entweder die Nummer aus der Liste der Leistungsgemeinschaft Deutscher Ordenshersteller (LDO) oder die Firmennummer gemäß der Liste der Präsidialkanzlei.

Kriegsteilnehmer, die bereits im Besitz des Eisernen Kreuzes 2. Klasse 1914 waren, erhielten bei der Verleihung des Eisernen Kreuzes 2. Klasse 1939 an Stelle eines zweiten Kreuzes eine versilberte Wiederholungsspange in Form des Hoheitszeichens mit der Jahreszahl 1939.
Diese Spange wurde mittels vier Splinten auf dem schwarz-weißen Band des Eisernen Kreuzes 1914 angebracht. Die Rückseite der Wiederholungsspange ist mit Ausnahme der aufgelöteten vier Splinte glatt. Zum Teil haben die Hersteller auf der Rückseite ihr Kennzeichen eingeprägt.

Zwei Spangen 1939 zum Eisernen Kreuz 2. Klasse 1914 unterschiedlicher Ausführung. Linke Spange: Breite Adler 2,9 cm, Breite Schriftplatte 2,7 cm, Höhe insgesamt 3,0 cm. Rechte Spange: Breite Adler 3,1 cm, Breite Schriftplatte 2,8 cm, Höhe insgesamt 3,1 cm. Es kommt auch eine verkleinerte Form dieser Spange als sogenannte „Prinzengröße" vor.

Eisernes Kreuz 2. Klasse 1939. Die wuchtigen und stärker als bei den Eisernen Kreuzen 1813, 1870 und 1914 geschwungenen Kreuzarme gehen auf einen Entwurf des Graveurmeisters Emil Escher von der Firma Steinhauer & Lück, LÜDENSCHEID, zurück. Breite und Höhe ohne Ringöse 4,4 cm, Höhe mit Ringöse 5,0 cm, Gewicht ohne Band 18 g.

b. Eisernes Kreuz 1. Klasse

Das Eiserne Kreuz 1. Klasse sollte den bewährten Kämpfer für wiederholt erwiesene besondere Tapferkeit und den Truppenführer für wiederholte hervorragende Führungsleistungen auszeichnen. Es wurde als unverhältnismäßig angesehen, jungen Soldaten beide Stufen kurze Zeit hintereinander zu verleihen. Soldaten, die sich schon oft bewährt hatten und bereits lange Zeit im vordersten Graben standen, sollten nicht benachteiligt werden. Die gleichzeitige Verleihung des Eisernen Kreuzes 2. und 1. Klasse bedurfte der Genehmigung des OKH.

Das Eiserne Kreuz 1. Klasse hat einen geschwärzten Eisenkern und eine Einfassung aus Neusilber, die auch als Zarge bezeichnet wird. Auf der glatten Rückseite ist ein Nadelsystem mit einer breiten, in der Regel bauchigen Nadel angelötet. Seltener sind gewölbte Exemplare, die allerdings den Vorteil hatten, daß man nicht so leicht damit hängen blieb, und Stücke mit Schraubscheibe. Außerdem existieren Varianten mit nichtmagnetischem Kern aus Buntmetall oder Feinzink, Stücke mit echt silberner Einfassung (Feingehaltsstempel 800) und auch Eiserne Kreuze 1. Klasse, die aus einem Stück geprägt sind.

Auch für Beliehene des Eisernen Kreuzes 1. Klasse 1914 gab es im 2. Weltkrieg an Stelle eines zweiten Kreuzes die Spange 1939, die mittels einer senkrechten Anstecknadel über dem Eisernen Kreuz des 1. Weltkrieges angebracht wurde. Als Material für die Wiederholungsspange wurde Buntmetall oder Feinzink verwendet, das anschließend versilbert wurde.
Weil das Anbringen der Spange 1939 über dem Eisernen Kreuz 1. Klasse 1914 nicht immer paßgenau erfolgen konnte, wurden ab April 1941 auch Spangen 1939 hergestellt, die mit dem Eisernen Kreuz 1. Klasse 1914 in einem Stück fest verbunden sind. Diese Form konnte allerdings nur auf eigene Kosten in öffentlichen Verkaufsstellen beschafft werden.

Spange 1939 zum Eisernen Kreuz 1. Klasse 1914, auf der Rückseite gepunzt mit L/18, gemäß der Firmenliste der LDO Kennzeichen für die Firma B.H. Mayer's Hofkunstprägeanstalt, PFORZHEIM. Breite des Adlers 4,4 cm, Breite der Schriftplatte 2,9 cm, Höhe insgesamt 3,0 cm, Gewicht 8 g. Auf Grund der Vielzahl der Hersteller sind Abweichungen zu den vorstehenden Maßen möglich. Bei sehr frühen Spangen 1939 sowohl für das Eiserne Kreuz 2. als auch 1. Klasse ist das Schild mit der Jahreszahl 1939 auf beiden Seiten leicht eingebuchtet.

Frühes Eisernes Kreuz 1. Klasse 1939, sogenannte „Schinkelform“, erkennbar an den schmalen und wenig geschwungenen Kreuzarmen. Ohne Herstellerkennzeichen. Flache Ausführung. Breite und Höhe 4,3 cm wie beim Eisernen Kreuz 1. Klasse 1914, Gewicht 18 g. Auch vom Eisernen Kreuz 2. Klasse 1939 existieren Stücke in der „Schinkelform“.

Gewölbte Ausführung des Eisernen Kreuzes 1. Klasse 1939.

Eisernes Kreuz 1. Klasse 1939, auf der Innenseite der Nadel gepunzt mit 20, gemäß der Firmenliste der Präsidialkanzlei Kennzeichen für die Firma C.F. Zimmermann, PFORZHEIM. Gewölbte Ausführung. Breite und Höhe 4,4 cm, Gewicht 16 g.

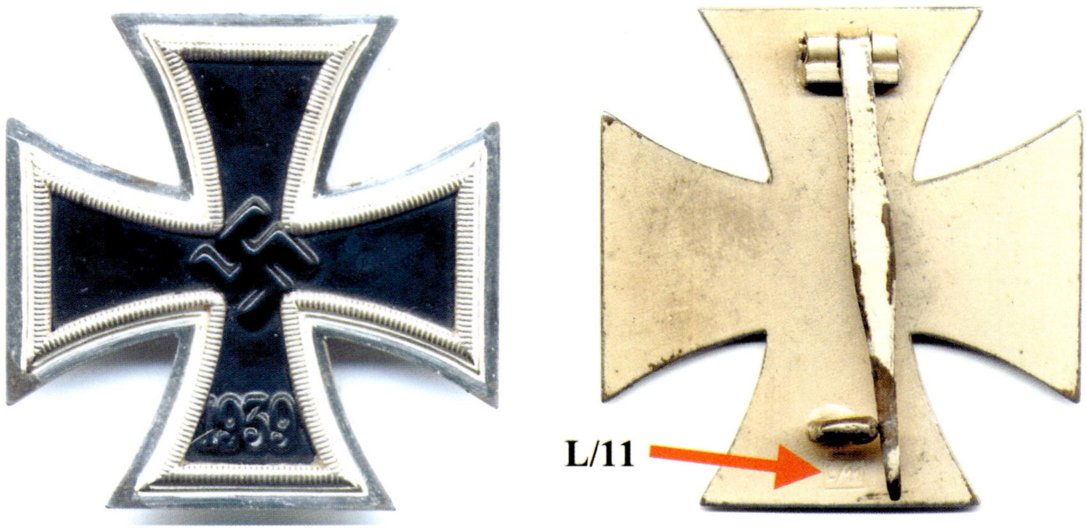

Eisernes Kreuz 1. Klasse 1939, gepunzt mit L/11, gemäß der Firmenliste der LDO Kennzeichen für die Firma Wilhelm Deumer, LÜDENSCHEID. Flache Ausführung. Breite und Höhe 4,4 cm, Gewicht 14 g.

Schraubscheibe mit Gewinde, das durch den Uniformstoff gesteckt und dann in die Gewindehülse auf der Rückseite des Eisernen Kreuzes eingeschraubt wird.

Eisernes Kreuz 1. Klasse 1939 mit Schraubscheibe. Diese Variante konnte ab 1941 in öffentlichen Verkaufsstellen erworben werden. Ohne Herstellerkennzeichen. Gewölbte Ausführung. Breite und Höhe 4,4 cm, Gewicht 20 g. Der Dorn auf der Rückseite oben sollte durch Einstechen in die Uniform ein unbeabsichtigtes Verdrehen des Ordens verhindern.

c. Ritterkreuz des Eisernen Kreuzes

Im III. Reich gab es ausschließlich Reichsauszeichnungen. Die Orden und Ehrenzeichen der einzelnen Länder waren entfallen, so z.B. der Pour le Mérite für Offiziere und das Goldene Militärverdienstkreuz für Unteroffiziere und Mannschaften, beides hohe preußische Tapferkeitsauszeichnungen des 1. Weltkrieges. Die Lücke im Auszeichnungswesen wurde durch die Stiftung eines neuen Halsordens geschlossen, durch das Ritterkreuz des Eisernen Kreuzes.

Das Ritterkreuz konnte verliehen werden, wenn folgende Bedingungen erfüllt waren:
- Eigener, selbstständiger Entschluß und
- hervorragende persönliche Tapferkeit und
- ausschlaggebender Erfolg für die Kampfführung.

Dabei kam es nur auf die Leistung und nicht auf den Dienstgrad an.

Stets war für die Verleihung des Ritterkreuzes der Besitz der Eisernen Kreuze 2. und 1. Klasse Voraussetzung. Eine postume Verleihung war möglich.
Auch für hervorragende Verdienste in der Truppenführung war das Ritterkreuz vorgesehen. In diesem Fall war nur der Truppenführer für die Auszeichnung vorzuschlagen, dessen selbstständig gefaßter Entschluß sich schlachtentscheidend ausgewirkt hatte. Am 10.03.1945 wurde die Verleihung des Eisernen Kreuzes in allen Stufen und des Deutschen Kreuzes in Gold für Führungsleistungen gesperrt. Diese Auszeichnungen durften nur noch für persönliche Tapferkeitstaten verliehen werden.

Ab 07.03.1945 konnte das Ritterkreuz gemäß Führerbefehl an jeden Soldaten verliehen werden, der nach diesem Zeitpunkt mit der Panzerfaust oder mit behelfsmäßigen Nahkampfmitteln mindestens sechs Feindpanzer vernichtet hatte.

Das Ritterkreuz besteht aus einem mattschwarz lackierten Kern mit einer Einfassung aus Silberblech. Für den Kern wurde in der Regel Eisen verwendet, vereinzelt kommen aus der Anfangszeit des 2. Weltkrieges auch Zink, Kupfer oder Messing vor. Das Hakenkreuz auf dem Eisenkern schließt randhoch mit dem gerillten Teil der Einfassung ab. Dieser gerillte Teil wurde „weißgesiedet“ oder auch mit einer gelb-weißen Farbe versehen. An der Einfassung befindet sich eine stets mitgeprägte Ringöse, durch die ein exakt gebogener Sprungring aus Silberdraht für das Ordensband geführt wird. Die Enden des Sprung- oder Bandringes können abgerundet, abgeschnitten, zu einer konischen Form geschliffen oder einfach mit einer Zange abgeknipst sein. Die Teile des Ritterkreuzes wurden zunächst maschinell gefertigt und dann von Hand entgratet, befeilt, verputzt und beim Zusammenbau verlötet und poliert.

Nachdem Fälle des Mißbrauchs mit Ritterkreuzen vorgekommen waren, wurde am 28.10.1941 folgende Verfügung durch den Staatsminister und Chef der Präsidialkanzlei des Führers und Reichskanzlers veröffentlicht (Aktenzeichen R.P.O. 1621/41, Auszug):
„Ich habe den Verkauf des Ritterkreuzes des Eisernen Kreuzes sowie des Eichenlaubes und des Eichenlaubes mit Schwertern zum Ritterkreuz in öffentlichen Verkaufsstellen verboten.“
Die öffentlichen Verkaufsstellen mußten die noch im Bestand befindlichen Ritterkreuze bis auf ein Ausstellungsstück gegen Kostenerstattung an die Präsidialkanzlei zurückliefern.
Zweitstücke des Ritterkreuzes konnten nur bei der Präsidialkanzlei erworben werden. Ersatz für verlorengegangene Ritterkreuze erfolgte durch die Präsidialkanzlei kostenlos.

- Eisernes Kreuz -

Oberleutnant Helmut Klemann, Führer der 2. Kompanie/Panzergrenadierregiment 59 (20. Panzerdivision) wurde am 28.10.1944 das unten abgebildete Ritterkreuz verliehen.

Im Juli 1944, während der Rückzugskämpfe der Heeresgruppe Mitte, führte Oberleutnant Klemann eine Kampfgruppe von etwa 100 Soldaten aus Resten des Panzergrenadierregiments 59. An einer wichtigen Straßenkreuzung hielt er zwei Tage und Nächte den Rückweg für deutsche Einheiten und Verbände gegen eine vielfache feindliche Übermacht offen. Mit nur noch sieben Mann konnte er sich dann zu den eigenen Linien durchschlagen.

Das am 28.10.1944 an Oberleutnant Klemann verliehene Original-Ritterkreuz, gepunzt auf der Einfassung mit dem Silbergehalt 800 und auf dem Sprungring mit 800 und zusätzlich mit 65, gemäß der Firmenliste der Präsidialkanzlei Kennzeichen für die Firma Klein & Quenzer AG, OBERSTEIN/Nahe. Breite und Höhe 4,8 cm, Höhe mit Ringöse 5,5 cm, Gewicht ohne Sprungring und ohne Ordensband 29 g. Der Träger hat das Ordensband des Eisernen Kreuzes 2. Klasse genutzt und dieses auf der Rückseite durch ein festes, helles Stoffband verstärkt.

d. Ritterkreuz des Eisernen Kreuzes mit Eichenlaub

Je länger der Krieg andauerte und je härter er geführt wurde, um so mehr erwies sich die bisherige Stufeneinteilung des Eisernen Kreuzes als unzureichend.
Um Ritterkreuzträger, die ein weiteres Mal eine besondere kampfentscheidende Tapferkeitstat vollbracht hatten oder um abermals schlachtentscheidende Führungsleistungen auszeichnen zu können, stiftete Hitler am 03. Juni 1940 mit der ersten Änderung und Ergänzung der Verordnung über die Erneuerung des Eisernen Kreuzes das Eichenlaub zum Ritterkreuz. Als Voraussetzung für die Verleihung des Eichenlaubs konnte eine Tat angesehen werden, die erneut zur Auszeichnung mit dem Ritterkreuz geführt hätte.
Erstmalig wurde das Eichenlaub am 19.07.1940 an den General der Gebirgstruppe Eduard Dietl verliehen.

Das Eichenlaub besteht aus drei Blättern, die auf einer Bandspange aufliegen. Es ist aus Silber hergestellt und konkav gewölbt. Auf der Vorderseite wurden die erhabenen Teile und Kanten poliert. Die nicht polierten Teile der Vorderseite sind leicht gekörnt.
Die Bandspange ist in ihrer gesamten Länge aufgelötet, die Enden sind abgerundet.

Alle mit dem Eichenlaub oder mit höheren Stufen des Eisernen Kreuzes ausgezeichnete Soldaten des Heeres hatten sich nach vorheriger Absprache bei erster Gelegenheit (Urlaub, Dienstreise) im Hauptquartier OKH/HPA zu melden. Von dort wurde eine Meldung bei Hitler veranlaßt, der die Auszeichnung persönlich an die Beliehenen übergab.
Meist verging einige Zeit zwischen dem Verleihungsdatum und dem Tag der Überreichung durch Hitler.

Eichenlaub zum Ritterkreuz des Eisernen Kreuzes, gepunzt mit dem Silbergehalt 900 und mit SiLBER L/50, gemäß der Firmenliste der LDO Kennzeichen für die Firma Gebr. Godet & Co., BERLIN. Deutlich hebt sich beim rechten der drei Eichenblätter die halbrunde Blattader hervor, die nicht am mittleren Blatt anliegt, sondern in einem Abstand zu dessen rechten Blattspitzen verläuft. Aus dem Nachlaß von Hauptmann Wilhelm Kohler, Ritterkreuz am 10.12.1942 als Führer einer Kampfgruppe im Infanterieregiment 195 (78. Infanteriedivision), (607.) Eichenlaub am 04.10.1944 als Ordonnanzoffizier und Führer einer Kampfgruppe der 9. Panzerdivision.

e. Ritterkreuz des Eisernen Kreuzes mit dem Eichenlaub mit Schwertern

Am 28. September 1941 stiftete Hitler mit der zweiten Änderung und Ergänzung der Verordnung über die Erneuerung des Eisernen Kreuzes sowohl die Schwerter zum Eichenlaub als auch die Brillanten zum Eichenlaub mit Schwertern.
Diese Erweiterung der Stufen des Eisernen Kreuzes erfolgte mit dreimonatiger Verzögerung, nachdem die ersten Schwerter bereits am 21.06.1941 an Oberstleutnant Adolf Galland und am 22.06.1941 an Oberstleutnant Werner Mölders verliehen worden waren.

Im ersten Jahr der Stiftung 1941 erhielten lediglich vier Luftwaffenoffiziere und ein Angehöriger der Kriegsmarine diese Stufe. Das Heer hatte im folgenden Kriegsjahr 1942 insgesamt nur drei Auszeichnungen mit den Schwertern aufzuweisen. Im weiteren Verlauf des Krieges von 1943 bis zum Mai 1945 erhielten dann 91 Angehörige des Heeres die Schwerter, die Luftwaffe lediglich noch 34 und die Kriegsmarine nur noch zwei.

Die Schwerter wurden aus Silber 900 gestanzt, auf der Vorder- und Rückseite ausgeprägt und an der Unterseite des Eichenlaubs angelötet. Zwischen Klingen und Parierstangen besteht ein Zwischenraum. Der Bandring ist bis zum Kreuzpunkt der Schwerter angelötet.
Alle Schwerter, die von der Präsidialkanzlei zwecks Verleihung bestellt wurden, stammen ausschließlich von der Firma Gebr. Godet & Co., BERLIN. Diese Firma kennzeichnete das erste Muster der Schwerter mit L/50, der Nummer der LDO, und einen zweiten Typ mit 21, der Nummer der Präsidialkanzlei.

Erstes Muster eines Eichenlaubs mit Schwertern aus einem Nachlaß, gepunzt mit dem Silbergehalt 900 und mit SiLBER L/50, gemäß der Firmenliste der LDO Kennzeichen für die Firma Gebr. Godet & Co., BERLIN. Höhe vom oberen Eichenlaubrand bis zu den Schwertgriffen 2,7 cm, Länge der Schwerter 2,4 cm. Gewicht des Eichenlaubs mit Schwertern 9 g.

f. Ritterkreuz des Eisernen Kreuzes mit dem Eichenlaub mit Schwertern und Brillanten

Erstmalig wurden die Brillanten am 16.07.1941 an den Oberst der Luftwaffe Werner Mölders verliehen. Von den insgesamt 27 Verleihungen erhielten 13 hohe Offiziere des Heeres diese seltene Stufe des Eisernen Kreuzes für die erfolgreiche Führung von bedeutenden Operationen.

Es war vorgesehen, jedem Beliehenen zwei Exemplare dieser Dekoration auszuhändigen, und zwar eine Auszeichnung mit echten und die zweite als Brillantenersatz mit Simili-Steinen. Letztere war zum Tragen im Felde bestimmt. A- und B-Stücke sind typgleich und wurden für die Präsidialkanzlei durch die Firma Otto Klein & Co., HANAU, in feinster Juwelierarbeit hergestellt. Nachdem festgestellt wurde, daß die aus Silber gefertigten Blätter des Eichenlaubs den kostbaren Brillanten nicht genügend Halt boten und diese vereinzelt herausfielen, wurden die A-Stücke aus Platin gefertigt.

Ritterkreuz des Eisernen Kreuzes mit dem Eichenlaub mit Schwertern und Brillanten. Foto aus einem Museum.

g. Ritterkreuz des Eisernen Kreuzes mit dem Goldenen Eichenlaub mit Schwertern und Brillanten

Als höchste Tapferkeitsauszeichnung stiftete Adolf Hitler am 29. Dezember 1944 durch die dritte Änderung bzw. Ergänzung der Verordnung über die Erneuerung des Eisernen Kreuzes das Goldene Eichenlaub mit Schwertern und Brillanten zum Ritterkreuz.
Der Stiftungserlaß sah vor: „ ... *Diese Auszeichnung wird nur zwölfmal verliehen, um höchstbewährte Einzelkämpfer, die mit allen Stufen des Ritterkreuzes des Eisernen Kreuzes ausgezeichnet sind, vor dem Deutschen Volke besonders zu ehren. ...*"

Bei dem A-Stück des Goldenen Eichenlaubs sind die drei Blätter und die Schwerter in 18 Karat Gold ausgeführt und mit 58 Brillanten besetzt. Das B-Stück wurde aus 14 Karat Gold gefertigt und mit Simili-Steinen versehen. Es gibt jedoch auch Quellen, die behaupten, das B-Stück sei mit Saphiren besetzt gewesen.

Hans-Ulrich Rudel, Ritterkreuz am 06.01.1942, (229.) Eichenlaub am 14.04.1943, (42.) Schwerter am 25.11.1943, (10.) Brillanten am 29.03.1944. Einziger Soldat, der mit dem Goldenen Eichenlaub ausgezeichnet wurde.

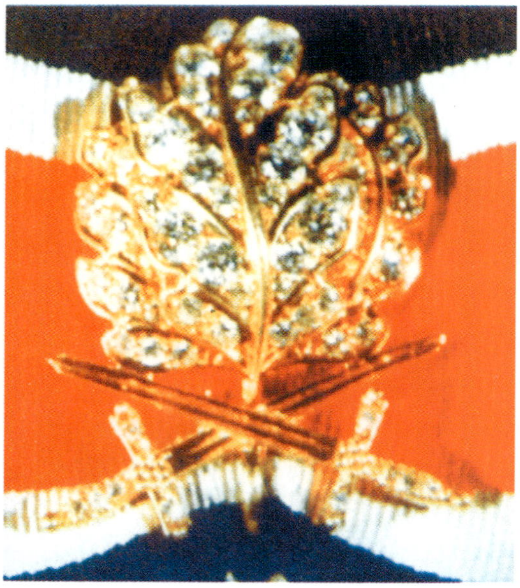

Goldenes Eichenlaub mit Schwertern und Brillanten, verliehen an Oberstleutnant Rudel am 29.12.1944 unter gleichzeitiger Beförderung zum Oberst und am 01.01.1945 während der letzten Phase der Ardennen-Offensive im Führerhauptquartier „Adlerhorst" im Taunus durch Adolf Hitler überreicht. Das A-Stück von Oberst Rudel befindet sich im Familienbesitz, sein B-Stück wurde von Angehörigen der Siegermächte entwendet.

h. Großkreuz des Eisernen Kreuzes

Mit der Verordnung vom 01. September 1939 über die Erneuerung des Eisernen Kreuzes wurde auch das bereits 1813, 1870 und 1914 gestiftete bzw. erneuerte Großkreuz des Eisernen Kreuzes wieder geschaffen. Das Großkreuz war vorgesehen für Leistungen, die den Verlauf des Krieges entscheidend beeinflußten. Es kam im 2. Weltkrieg nur einmal zur Verleihung, und zwar am 19.07.1940 an den Reichsminister der Luftfahrt und Oberbefehlshaber der Luftwaffe, Hermann Göring, unter gleichzeitiger Beförderung zum Reichsmarschall, weil die Deutsche Luftwaffe 1939/40 entscheidenden Anteil an den Siegen gegen Polen und Frankreich hatte. Weitere Großkreuze wurden für Ausstellungszwecke hergestellt.

Reichsmarschall Hermann Göring mit dem Großkreuz des Eisernen Kreuzes.

Nach der Verordnung sollte das Großkreuz etwa doppelt so groß wie das Eiserne Kreuz 1. Klasse sein und an Stelle der silbernen eine goldene Einfassung haben. Beides traf jedoch nicht zu. Das an Göring verliehene Großkreuz hatte eine Breite/Höhe von 6,4 cm, das Eiserne Kreuz 1. Klasse war 4,4 cm breit/hoch. Die angekündigte goldene Einfassung wurde doch wieder in Silber ausgeführt. General Jodl vermerkte dazu in seinem Tagebuch unter dem 11.03.1940: *„Führer hat Bedenken gegen Eisernes Kreuz in Gold, da es ein Verlassen der Tradition bedeutet."* Allerdings sind auch Großkreuze mit goldener Einfassung von der Firma C.E. Juncker, BERLIN, als Muster hergestellt worden.

i. Stern zum Großkreuz des Eisernen Kreuzes (nicht gestiftet)

Nach dem Vorbild des „Blüchersterns" von 1815 und des „Hindenburgsterns" von 1918 wurde in der zweiten Hälfte des Jahres 1940 das Muster eines Sterns zum Großkreuz angefertigt, der aus vergoldetem Silber besteht.

Durch die ungünstige Entwicklung des Krieges erübrigte sich jedoch die Stiftung und damit die Verleihung dieser Stufe des Eisernen Kreuzes. Nach der Verlegung der Präsidialkanzlei kurz vor Kriegsende nach Schloß Kleßheim bei SALZBURG/Österreich fiel dort dieser Stern zusammen mit anderen hohen Auszeichnungen (z.B. Deutsche Kreuze in Gold mit Brillanten) den Amerikanern in die Hände. Der Stern zum Großkreuz des Eisernen Kreuzes befindet sich heute in der Militärakademie in WEST-POINT/USA.

Stern zum Großkreuz, nicht gestiftet.

- *Eisernes Kreuz* -

j. Übersicht

Erklärung zu den Zahlenangaben auf der folgenden Seite.

Erklärung zu den Zahlenangaben der Übersicht auf der vorhergehenden Seite:

1 Verleihungsurkunde für das Eiserne Kreuz 2. Klasse 1939.
2 Verleihungsetui für das Eiserne Kreuz 1. Klasse 1939.
3 Spange 1939 zum Eisernen Kreuz 1. Klasse 1914 an Schraubscheibe.
4 Ritterkreuz des Eisernen Kreuzes.
5 Verleihungsetui für das Ritterkreuz des Eisernen Kreuzes mit dem Eichenlaub.
6 Verleihungsetui für die Spange 1939 zum Eisernen Kreuz 1. Klasse 1914.
7 Miniatur als Anstecknadel: Spange 1939 zum Eisernen Kreuz 1. Klasse 1914.
8 Miniatur als Anstecknadel: Eisernes Kreuz 1. Klasse 1939.
9 Miniatur als Anstecknadel: Ritterkreuz des Eisernen Kreuzes, Eisernes Kreuz 1. Klasse 1939 und Eisernes Kreuz 2. Klasse 1939.
10 Kleine Ordensschnalle: Spange 1939 zum Eisernen Kreuz 2. Klasse 1914.
11 Eisernes Kreuz 1. Klasse 1939, gewölbte Ausführung, an Schraubscheibe.
12 Spange 1939 zum Eisernen Kreuz 2. Klasse 1914 auf dem schwarz-weißen Band.
13 Knopflochschleife: Eisernes Kreuz 2. Klasse 1939 für das Revers des Zivilanzuges.
14 Eisernes Kreuz 1. Klasse 1914 mit Spange 1939, Ausführung in einem Stück.
15 Kleine Ordensschnalle: Eisernes Kreuz 2. Klasse 1939.
16 Eisernes Kreuz 2. Klasse 1914 mit Spange 1939 auf dem schwarz-weißen Band.
17 Spange 1939 zum Eisernen Kreuz 1. Klasse 1914.
18 Verleihungstüte für das Eiserne Kreuz 2. Klasse 1939.
19 Große Ordensschnalle: Eisernes Kreuz 2. Klasse 1939.

Auszeichnungen an einer Großen Ordensschnalle von links: Eisernes Kreuz 2. Klasse 1939 (frühe, sogenannte „Schinkelform“), Dienstauszeichnung für 4 Jahre, Sudetenmedaille.

3. Verleihungsberechtigung

Verleihungsberechtigt für das Eiserne Kreuz 2. und 1. Klasse waren Vorgesetzte vom Divisionskommandeur an aufwärts. Verleihungsvorschläge (VV) waren von den Kompaniechefs usw. an aufwärts auf dem Dienstweg mit Stellungnahmen der Zwischenvorgesetzten an die zuständige Dienststelle zu richten. Voraussetzung für die Verleihung einer höheren Klasse war stets der Besitz der vorhergehenden. Die Divisionskommandeure trugen eine wesentliche Verantwortung für das Ansehen des Eisernen Kreuzes. Um sie dabei zu unterstützen, wurden vom OKH/HPA Vergleichszahlen übermittelt. Für Ende 1943 galt je Infanteriedivision mit etwa 75% der planmäßigen Gefechtsstärke folgender Anhalt für die monatliche Verleihung:

Front mit reger Spähtrupp- und Stoßtrupptätigkeit	100 - 200 EK 2. Klasse
Dauernde Kampftätigkeit und im Bewegungskrieg	200 - 400 EK 2. Klasse
In Großkämpfen	400 - 600 EK 2. Klasse

Als Anhalt für die Verleihung von Eisernen Kreuzen 2. und 1. Klasse wurde vom OKH/HPA ein Verhältnis von 8:1 empfohlen. Eine Durchschnittsinfanteriedivision im Osten verlieh in der Zeit von Juni 1941 bis Ende 1943 etwa 6.110 Eiserne Kreuze 2. Klasse und 780 Eiserne Kreuze 1. Klasse. Der Ermessensspielraum der Divisionskommandeure bei der Verleihung von Eisernen Kreuzen war demnach durch eine Kontingentierung begrenzt.

VV für das Ritterkreuz und seiner höheren Stufen waren ab der Kompanieebene möglich. Sie waren für das Heer auf dem Dienstweg durch Kurier OKH/HPA/Referat P 5a, 1. Staffel, vorzulegen. Zwischenvorgesetzte mußten Stellung nehmen und durften die VV nicht anhalten. Die Oberbefehlshaber von Heeresgruppen und Armeen selbst wurden vom OKH bzw. OKW Hitler zur Verleihung des Ritterkreuzes und seiner höheren Stufen vorgeschlagen oder von diesem direkt damit ausgezeichnet.

Reichte der dargestellte Sachverhalt für eine Verleihung des Ritterkreuzes nach der Vorentscheidung des Sachbearbeiters HPA nicht aus (bis zum 29.04.1945 wurden 4.011 VV von Heer/Waffen-SS abgelehnt!), konnte der Vorgeschlagene immer noch mit einer Anerkennungsurkunde, mit der Nennung im Ehrenblatt des Heeres (Ehrenblattspange) oder ggf. mit dem Deutschen Kreuz ausgezeichnet werden. Als ausreichend beurteilte VV wurden auf einer „Führerschreibmaschine" (mit übergroßen Lettern) vom HPA umgesetzt und Hitler zur endgültigen Entscheidung vorgelegt. Es entsprach dem hohen Wert des Ritterkreuzes und seiner höheren Stufen, daß über die Verleihung ausschließlich das Staatsoberhaupt im Einzelfall selbst entschied. Fiel die Entscheidung Hitlers positiv aus, erhielt der neue Ritterkreuzträger ein Telegramm und die Presse wurde informiert. Zunächst wurden von Hitler so gut wie keine VV abgelehnt, von Ende 1944 bis April 1945 etwa 30. Auf Grund der Kriegslage wurde ab dem 03.05.1945 die Verleihungsberechtigung für das Ritterkreuz, allerdings ohne die höheren Stufen, auf die Oberbefehlshaber der Heeresgruppen und selbstständigen Armeen übertragen.

Gemäß einem Gutachten der Deutschen Dienststelle, BERLIN, vom 24.11.1988 kann ein Ritterkreuz einschließlich seiner höheren Stufen nur dann als rechtmäßig verliehen angesehen werden, wenn über den ordnungsgemäß eingereichten Vorschlag von dem Verleihungsberechtigten im Einzelfall positiv entschieden wurde, die Verleihung dem Betreffenden mitgeteilt und von diesem angenommen wurde. Dieser Vorgang mußte in seiner Gesamtheit am 08.05.1945 um 23.01 Uhr (Inkrafttreten der Gesamtkapitulation) abgeschlossen sein.

4. Nachweis und Beurkundung

Über die Verleihung des Eisernen Kreuzes 2. und 1. Klasse wurden gemäß einem Muster in der Größe DIN A 5 Verleihungsurkunden ausgestellt. Über die Verleihung des Ritterkreuzes und seiner höheren Stufen wurden zunächst Vorläufige Besitzzeugnisse ebenfalls in der Größe DIN A 5 ausgestellt und bis zum 20.12.1941 vom Oberbefehlshaber des Heeres, Generalfeldmarschall von Brauchitsch, danach vom Chef des OKH/HPA oder von dessen Stellvertreter unterschrieben. Die dafür vorgesehenen besonderen Verleihungsurkunden waren aus Pergament gefertigt, trugen die Unterschrift Hitlers und wurden in besonderen Ledermappen bzw. Kassetten überreicht. Die Verleihung des Eisernen Kreuzes aller Stufen wurde in die Personalpapiere eingetragen. Unbefugtes Tragen war strafbar.

Auszeichnungen

Datum	Art der Auszeichnung	Verleihungsurkunde	Bestätigung des Komp.- usw. Führers Dienstgrad
21.2.42	Inf. Sturmabz.		
24.2.42	E.K. II. Kl.		
27.7.42	Ostmedaille		
23.12.42	Verw. Abz. Schwarz		
31.8.43	E.K. I Klasse		
10.9.43	Verw. Abz. Silber		
10.5.44	Verw. Abz. Gold		
8.5.44	Nahkampfspange 1. Stufe		
27.8.44	Ritterkreuz d. Eisernen Kreuzes verliehen		

22

Auszug aus dem Soldbuch von Hauptmann Günter Braake, GrenRgt 422 (126. InfDiv), mit dem Nachweis der Verleihung des Eisernen Kreuzes 2. und 1. Klasse sowie des Ritterkreuzes. Der die Ritterkreuzverleihung bescheinigende RgtKdr Oberst Rudolf Wulf wurde am 13.11.1942 mit dem Ritterkreuz und am 19.08.1944 mit dem (556.) Eichenlaub ausgezeichnet.

- *Eisernes Kreuz* -

General der Panzertruppe Walther Kurt Nehring, hier 1942 in Nordafrika als Generalleutnant und Kommandierender General des Deutschen Afrikakorps. Er arbeitete bereits 1933/34 als Major mit dem damaligen Oberst Guderian eng zusammen und war somit Mitbegründer der deutschen Panzertruppe. Während des Polenfeldzuges war Nehring als Oberst Chef des Stabes bei Guderian, der als General der Panzertruppe das XIX. Armeekorps führte und Nehring im September 1939 die Spangen 1939 zum Eisernen Kreuz 2. und 1. Klasse 1914 verlieh. Mit dem Ritterkreuz des Eisernen Kreuzes wurde Nehring im Ostfeldzug 1941 als Generalmajor und Kommandeur der 18. Panzerdivision ausgezeichnet.

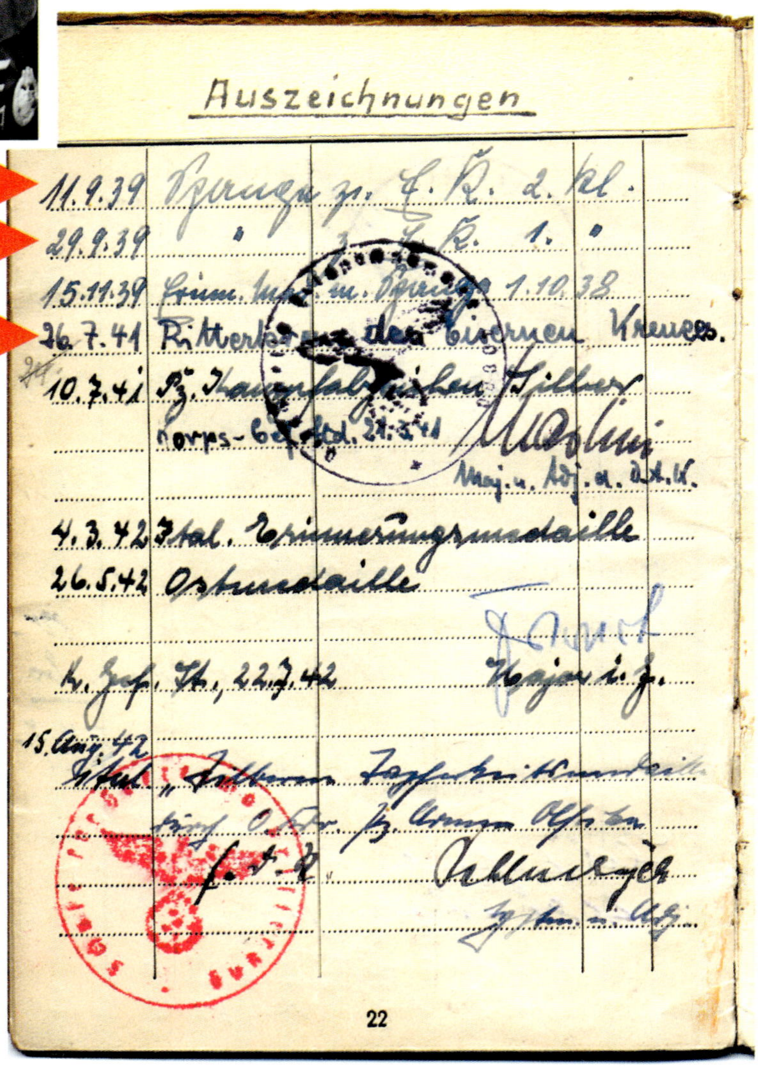

Auszeichnungen

11.9.39 Spange z. E.K. 2. Kl.
29.9.39 " " " 1. "
15.11.39 Erinn. Med. m. Spange 1.10.38
26.7.41 Ritterkreuz des Eisernen Kreuzes
10.7.41 Pz. Kampfabzeichen Silber
Korps-Gef.Std. 21.5.41
4.3.42 Ital. Erinnerungsmedaille
26.5.42 Ostmedaille
15.Aug.42

22

Auszug aus dem Soldbuch von General der Panzertruppe Walther Kurt Nehring u.a. mit dem Nachweis der Verleihung der Spangen 1939 zum Eisernen Kreuz 2. Klasse und 1. Klasse 1914 sowie mit dem Nachweis der Verleihung des Ritterkreuzes des Eisernen Kreuzes.

General der Panzertruppe Walther Kurt Nehring 1944. Am 08.02.1944 wurde ihm das (383.) Eichenlaub zum Ritterkreuz verliehen. Er hatte als Kommandierender General mit dem von ihm geführten XXIV. Panzerkorps 1943 schwere Abwehrkämpfe am Donez erfolgreich bestanden und die Front am Dnjepr sowie Ende 1943/Anfang 1944 südlich KIEW gehalten. Ebenfalls als KG des XXIV. PzKorps wurde er am 22.01.1945 für herausragende Abwehrerfolge mit den (124.) Schwertern ausgezeichnet. Vom 21.03.1945 bis Kriegsende war Nehring Oberbefehlshaber der 1. Panzerarmee.

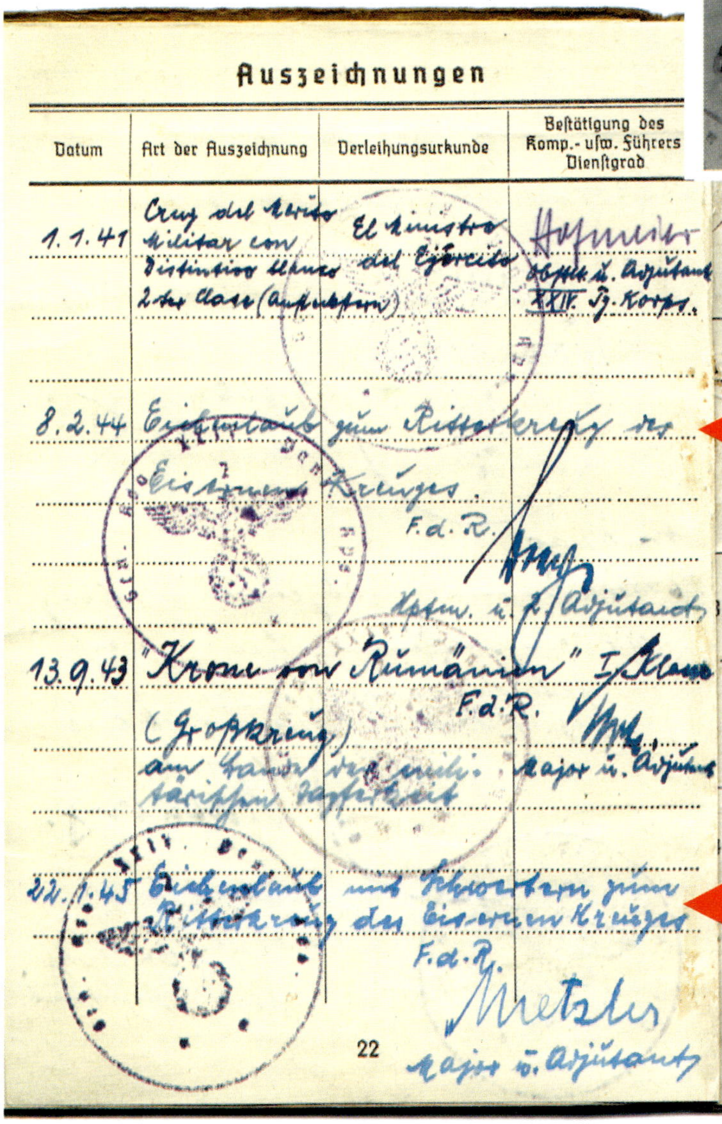

Auszeichnungen

Datum	Art der Auszeichnung	Verleihungsurkunde	Bestätigung des Komp.- usw. Führers Dienstgrad
1.1.41	Cruz del Merito Militar con Distintivo Blanco 2ter Class (Aufnahme)	El Ministro del Ejército	Hofmeister Oblt. u. Adjutant XXIV. Pz.Korps.
8.2.44	Eichenlaub zum Ritterkreuz des Eisernen Kreuzes.		F.d.R. Hptm. u. 2. Adjutant
13.9.43	"Krone von Rumänien" I. Klasse (Großkreuz) an Band der militärischen Tapferkeit		F.d.R. Major u. Adjutant
22.1.45	Eichenlaub und Schwertern zum Ritterkreuz des Eisernen Kreuzes		F.d.R. Metzler Major u. Adjutant

22

Auszug aus dem Soldbuch von General der Panzertruppe Walther Kurt Nehring u.a. mit dem Nachweis der Verleihung des (383.) Eichenlaubs und der (124.) Schwerter zum Ritterkreuz des Eisernen Kreuzes.

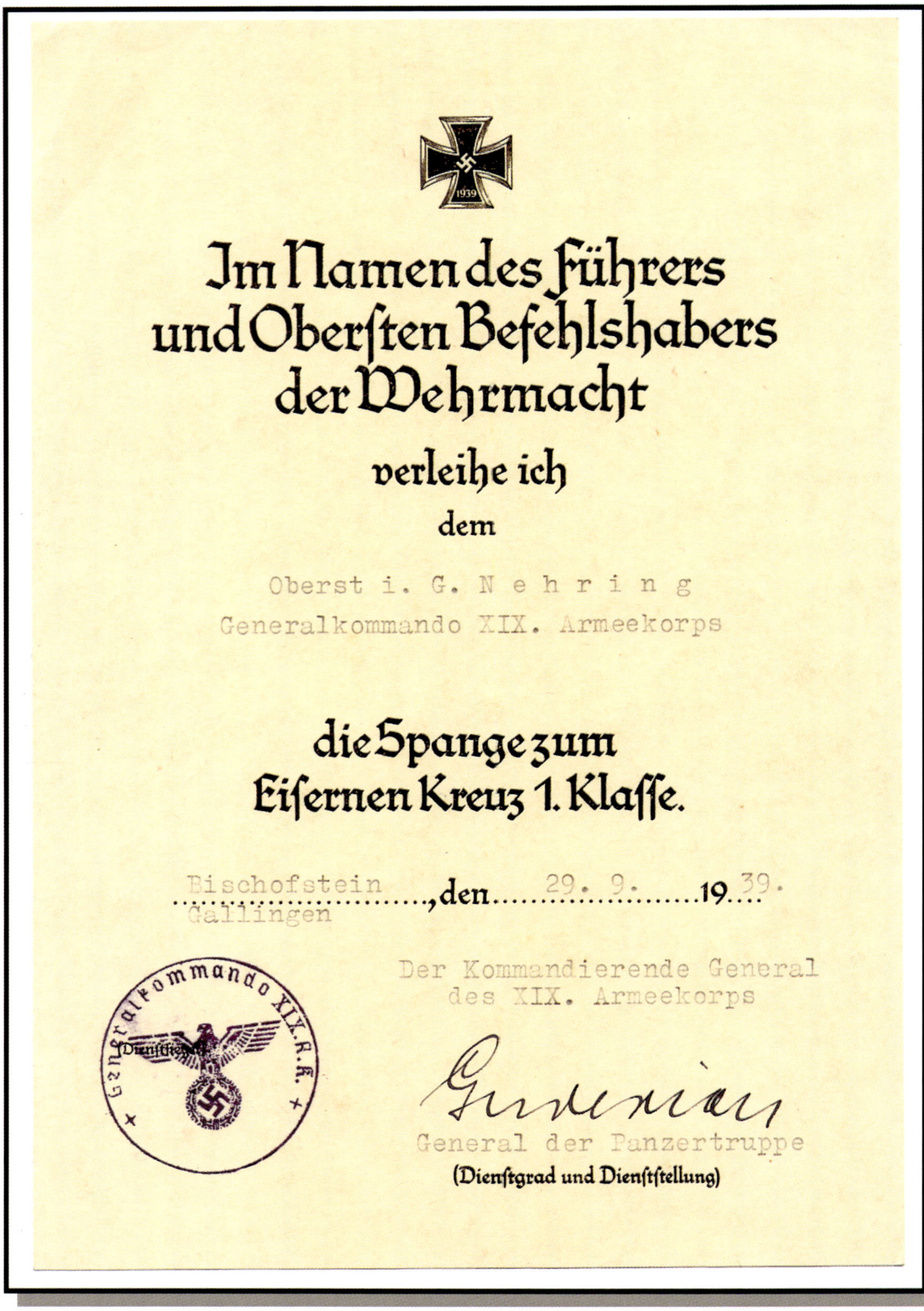

Im Namen des Führers und Obersten Befehlshabers der Wehrmacht

verleihe ich

dem

Oberst i. G. N e h r i n g

Generalkommando XIX. Armeekorps

die Spange zum Eisernen Kreuz 1. Klasse.

Bischofstein Gallingen, den 29. 9. 1939.

Generalkommando XIX. A.K.

Der Kommandierende General des XIX. Armeekorps

Guderian

General der Panzertruppe

(Dienstgrad und Dienststellung)

Verleihungsurkunde in der Originalgröße 13,9 x 14,9 cm für die Spange 1939 zum Eisernen Kreuz 1. Klasse 1914, unterschrieben vom Kommandierenden General des XIX. Armeekorps, General der Panzertruppe Heinz Guderian, dem Schöpfer der deutschen Panzertruppe, für seinen Chef des Stabes und Mitbegründer der deutschen Panzertruppe, Oberst W. K. Nehring.

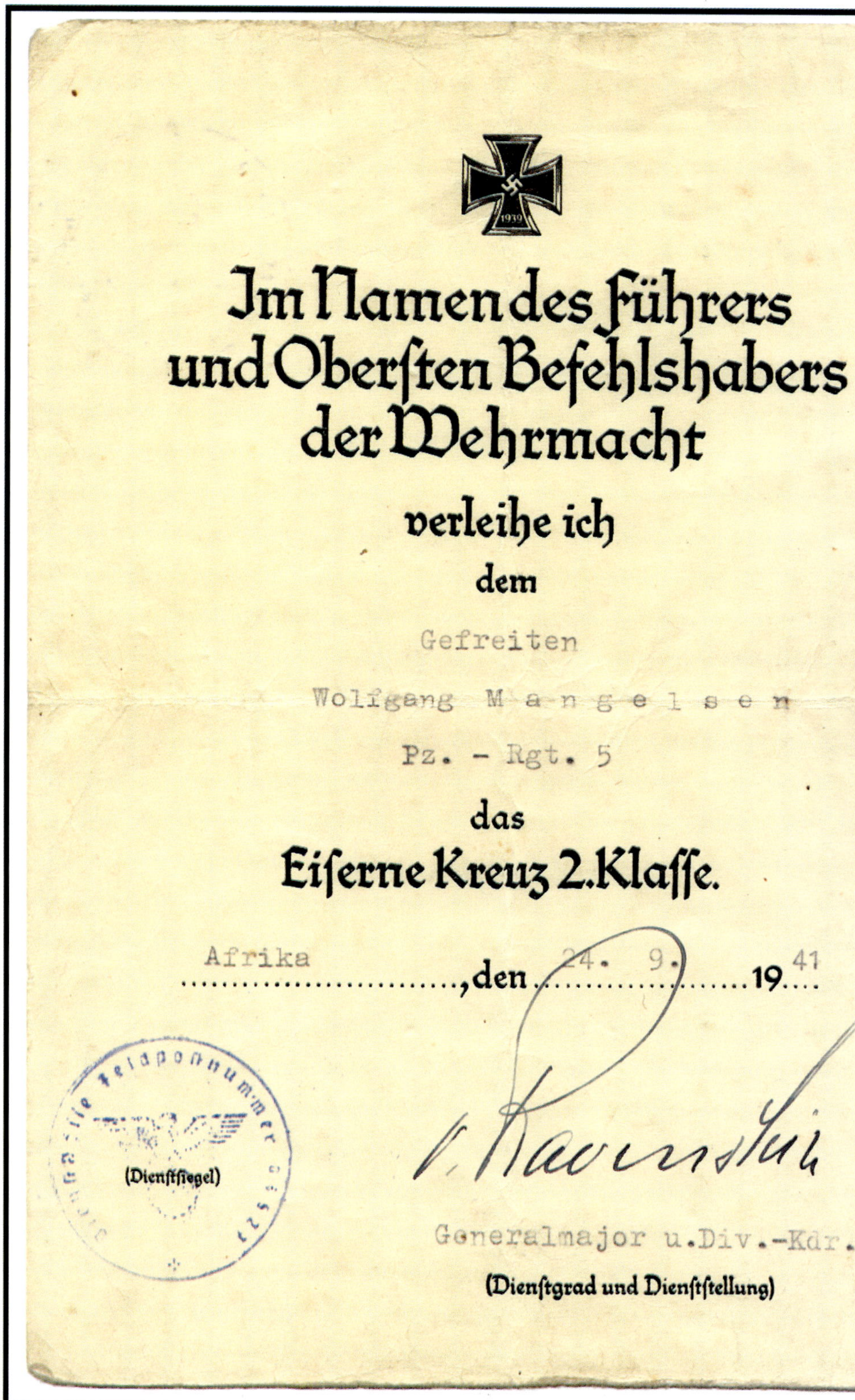

Im Namen des Führers
und Obersten Befehlshabers
der Wehrmacht

verleihe ich

dem

Gefreiten

Wolfgang M a n g e l s e n

Pz. - Rgt. 5

das

Eiserne Kreuz 2. Klasse.

Afrika, den 24. 9. 1941

(Dienstsiegel)

v. Ravenstein

Generalmajor u.Div.-Kdr.

(Dienstgrad und Dienststellung)

Wolfgang Mangelsen

Verleihungsurkunde in der Originalgröße 14,0 cm x 20,0 cm für das Eiserne Kreuz 2. Klasse, unterschrieben vom Divisionskommandeur der 21. Panzerdivision, Generalmajor Hans von Ravenstein, der am 29.11.1941 bei TOBRUK in britische Gefangenschaft geriet.

Im Namen des Führers
und Obersten Befehlshabers
der Wehrmacht

verleihe ich

dem

Funkmeister

Helmut Franz, 5./Pz.Rgt.5

das

Eiserne Kreuz 1. Klasse.

Nordafrika, den 13. April 1942

Der Kommandierende General
des Deutschen Afrikakorps
I. V.

Nehring

(Dienstgrad und Dienststellung)

Generalleutnant.

Helmut Franz

Verleihungsurkunde in der Originalgröße 14,0 cm x 19,9 cm für das Eiserne Kreuz 1. Klasse, unterschrieben von Generalleutnant Walther Kurt Nehring, Kommandierender General des Deutschen Afrikakorps vom 09.03.1942 - 31.08.1942. Ab Ende 1943 wurden zunehmend Vordrucke mit dem verkürzten Wortlaut „IM NAMEN DES FÜHRERS" verwendet.

VORLÄUFIGES BESITZZEUGNIS

DER FÜHRER

HAT DEM

Major Buschhausen,
Kdr. I./ Pz.Gren.Rgt. 69

DAS RITTERKREUZ

DES EISERNEN KREUZES

AM 10.5.1943 VERLIEHEN

HQu OKH, DEN 1.Oktober 1943.

OBERKOMMANDO DES HEERES

I.A.

Generalleutnant

F.W. Buschhausen

Vorläufiges Besitzzeugnis in der Originalgröße 14,8 cm x 21,0 cm für das Ritterkreuz. Generalleutnant Rudolf Schmundt, seit 01.10.1942 Chef HPA, unterschrieb Besitzzeugnisse vom 01.10.1942 - 20.07.1944. Er erlag am 01.10.1944 den schweren Verletzungen, die ihm beim Hitlerattentat zugefügt worden waren. Letzter Dienstgrad General der Infanterie.

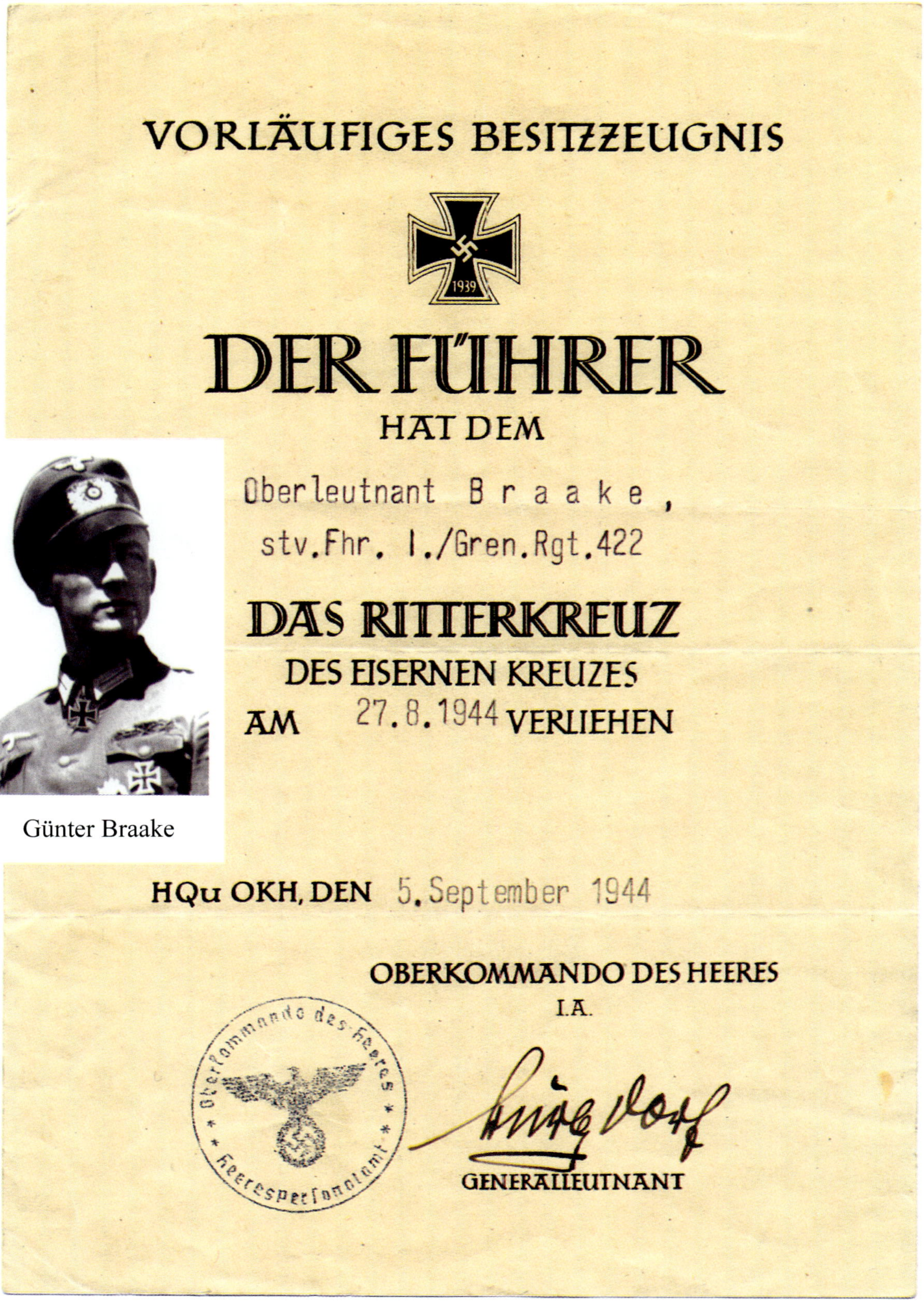

VORLÄUFIGES BESITZZEUGNIS

DER FÜHRER

HAT DEM

Oberleutnant B r a a k e ,

stv.Fhr. I./Gren.Rgt.422

DAS RITTERKREUZ

DES EISERNEN KREUZES

AM 27.8.1944 VERLIEHEN

HQu OKH, DEN 5.September 1944

OBERKOMMANDO DES HEERES

I.A.

Burgdorf

GENERALLEUTNANT

Günter Braake

Vorläufiges Besitzzeugnis in der Originalgröße 14,8 cm x 21,0 cm für das Ritterkreuz. Generalleutnant Wilhelm Burgdorf, Stv Chef HPA seit 01.10.1942, Chef HPA seit 02.10.1944 als Nachfolger von General der Infanterie Schmundt, unterschrieb Besitzzeugnisse vom 01.10.1942 - 02.05.1945. Letzter Dienstgrad General der Infanterie.

VORLÄUFIGES BESITZZEUGNIS

DER FÜHRER

HAT DEM

General der Panzertruppe Nehring

Kommandierender General XXIV.Pz.Kps.

DAS EICHENLAUB

ZUM RITTERKREUZ DES EISERNEN KREUZES

AM 8. 2. 1944 VERLIEHEN

HQu OKH, DEN 27.April 1944.

OBERKOMMANDO DES HEERES

I.A.

Generalleutnant

Vorläufiges Besitzzeugnis in der Originalgröße 14,8 cm x 21,0 cm für die Verleihung des (383.) Eichenlaubs zum Ritterkreuz des Eisernen Kreuzes an General der Panzertruppe Walther Kurt Nehring, unterschrieben am 27.04.1944 von Generalleutnant Wilhelm Burgdorf.

VORLÄUFIGES BESITZZEUGNIS

DER FÜHRER

HAT DEM

General der Pz.Tr. Walther N e h r i n g

Kom. General XXIV. Pz. Korps

DAS EICHENLAUB

MIT SCHWERTERN

ZUM RITTERKREUZ DES EISERNEN KREUZES

AM 22.1.1945 VERLIEHEN

HQu OKH, DEN 8. Februar 1945

OBERKOMMANDO DES HEERES

I.A.

Maisel

Generalleutnant

Feldbr.-Abt. (mot.) 631

Vorläufiges Besitzzeugnis in der Originalgröße 14,7 x 20,9 cm für die Verleihung der (124.) Schwerter an General der Panzertruppe Walther Kurt Nehring, unterschrieben von Generalleutnant Ernst Maisel, Stellvertretender Chef Heerespersonalamt seit dem 01.10.1944.

- *Eisernes Kreuz* -

Für das Ritterkreuz und seine höheren Stufen wurden besondere Verleihungsurkunden geschaffen, die in kostbare Mappen bzw. Kassetten der Buchbinderwerkstatt von Frieda Thiersch eingelegt wurden. Diese wertvollen Kunstwerke sollten den hohen Stellenwert der Auszeichnungen verdeutlichen. Verleihungsurkunden dieser Art lagen zwar in BERLIN in beträchtlicher Anzahl vor, aber nur ein geringer Teil davon wurde während des Krieges überreicht. Die Frage der insgesamt gefertigten bzw. ausgegebenen Urkunden ist ungeklärt.

Mappe mit der Verleihungsurkunde für das Ritterkreuz.

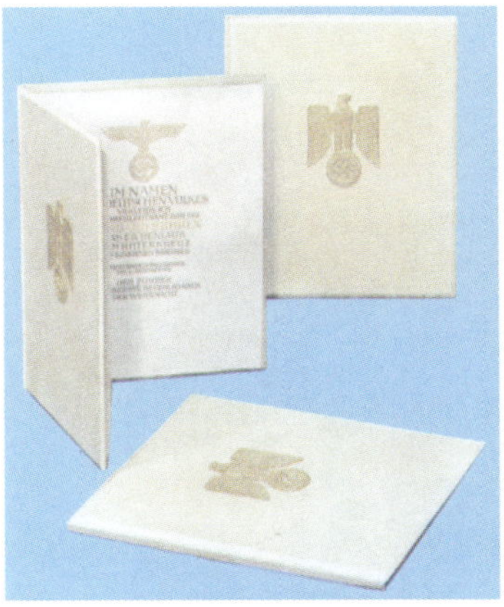

Mappe für die Verleihungsurkunde des Eichenlaubs und Kassetten für die Verleihungsurkunden des Eichenlaubs mit Schwertern sowie des Eichenlaubs mit Schwertern und Brillanten. Der Deckel der Kassetten ist mit einem feuervergoldeten Mäanderornament belegt. Ebenfalls feuervergoldet ist das Hoheitszeichen.

5. Trageweise

Das Eiserne Kreuz 2. Klasse wurde in Form des Ordensbandes im Knopfloch oder als kleine Ordensschnalle auf der linken Brustseite getragen. Im Original wurde es nur am Tag der Verleihung im Knopfloch und danach an der großen Ordensschnalle zu bestimmten Anlässen angelegt.
Das Eiserne Kreuz 1. Klasse ist ein Steckorden und wurde auf der linken Brustseite über allen sonstigen Steckauszeichnungen getragen. Das Ritterkreuz und seine höheren Stufen wurden als Halsorden am breiteren Ordensband getragen.
Für die Zivilkleidung konnte eine Miniatur des Eisernen Kreuzes als Anstecknadel in öffentlichen Verkaufsstellen erworben und am linken Rockaufschlag getragen werden.

Anstecknadel für den Zivilanzug. Von links: Ritterkreuz, Eisernes Kreuz 1. und 2. Klasse.

Trageweise des Eisernen Kreuzes am Beispiel Leutnant Herbert Berger, 10./GrenRgt (mot) „Feldherrnhalle“: Eisernes Kreuz 2. Klasse als Ordensband im Knopfloch über dem Band der Ostmedaille, Eisernes Kreuz 1. Klasse auf der linken Brustseite über allen sonstigen dort angebrachten Steckorden und Ritterkreuz (Verleihung am 12.03.1944) als Halsorden.

6. Herstellung, Verleihungszahlen und Sammlerbewertung

Im Juli 1940 fertigten bereits 35 Firmen im Auftrag der Präsidialkanzlei Eiserne Kreuze. Im Verlauf des Krieges sind weitere Firmen hinzugekommen. Die bekanntesten Hersteller von Ritterkreuzen waren:

Hersteller	Kennzeichen
C.E. Juncker, BERLIN	**L/12** (LDO) oder **2** (Präsidialkanzlei)
Steinhauer & Lück, LÜDENSCHEID	**4**
Otto Schickle, PFORZHEIM	**L/15**
C.F. Zimmermann, PFORZHEIM	**20**
Gebrüder Godet & Co., BERLIN	**L/50** (LDO) oder **21** (Präsidialkanzlei)
Klein & Quenzer AG, OBERSTEIN/Nahe	**65**

Zum Teil wurde bei Ritterkreuzen auf das Anbringen von Herstellerkennzeichen verzichtet.

Von den etwa 18 Millionen Soldaten der Deutschen Wehrmacht im 2. Weltkrieg erhielten etwa drei Millionen das Eiserne Kreuz 2. Klasse einschließlich der Spange 1939, davon etwa 2.300.000 Angehörige von Heer und Waffen-SS. Somit wurde etwa jeder sechste Soldat damit ausgezeichnet. Das waren erheblich weniger Verleihungen dieser Klasse als während des 1. Weltkrieges. Verschiedene Quellen schätzen, daß das Eiserne Kreuz 1. Klasse einschließlich der Spange 1939 im 2. Weltkrieg etwa 450.000 mal verliehen wurde, davon etwa 300.000 mal an Angehörige des Heeres und der Waffen-SS.

Nach dem Buch von Veit Scherzer aus dem Jahr 2005 „Ritterkreuzträger 1939 - 1945" sind 7.124 Ritterkreuze rechtswirksam verliehen worden, somit entfiel auf etwa 2.500 Soldaten ein Ritterkreuzträger. Etwa 7 % der Ritterkreuzträger waren Generale, 69 % Offiziere bzw. Stabsoffiziere, 20 % Unteroffiziere und 4 % Mannschaften. Etwa die Hälfte aller Ritterkreuze sind in den letzten 15 Monaten des Krieges verliehen worden.
Nach Scherzer hat es 856 Eichenlaubträger gegeben, d.h. auf etwa 20.000 Soldaten kam im Durchschnitt ein Eichenlaubträger. Etwa die Hälfte der Eichenlaubverleihungen erfolgte in den letzten 14 Monaten des 2. Weltkrieges. Auch diese Verleihungszahlen dürften als nicht endgültig angesehen werden, weil einige Verleihungen aus der chaotischen und verworrenen Endphase des 2. Weltkrieges immer noch ungeklärt sind bzw. ungeklärt bleiben werden.
Ebenso sind nach o.a. Quelle verliehen worden: 147 Ritterkreuze mit Eichenlaub und Schwertern, 27 Ritterkreuze mit Eichenlaub, Schwertern und Brillanten, ein Goldenes Eichenlaub mit Schwertern und Brillanten sowie ein Großkreuz.

Zu den „Adolf Hitler"-Unterschriften auf den Verleihungsurkunden für das Ritterkreuz und seiner höheren Stufen ist anzumerken, daß Hitler die Absicht hatte, alle Urkunden dieser Art selbst zu unterschreiben. Zu seinem größten Bedauern schaffte er dies zeitlich und physisch nicht. Nur die Verleihungsurkunden der drei höchsten Stufen des Eisernen Kreuzes unterschrieb er alle selbst, die des Ritterkreuzes mit Eichenlaub überwiegend. Im übrigen wurde seine Unterschrift unter den Verleihungsurkunden von Kalligraphen aus der Reichsdruckerei so geschickt vollzogen, daß diese von den echten Unterschriften Hitlers nicht zu unterscheiden sind.

- *Eisernes Kreuz* -

Derzeit können für Stücke mittlerer Qualität auf dem Sammlermarkt folgende Verkaufspreise als Anhalt dienen:

Eisernes Kreuz 2. Klasse, Eisenkern, ohne Hersteller	60,-- €
Spange 1939 zum Eisernen Kreuz 2. Klasse 1914, Zink	120,-- €
Eisernes Kreuz 1. Klasse, Eisenkern, sog. „Schinkelform“	400,-- €
Eisernes Kreuz 1. Klasse, Eisenkern, flach, ohne Hersteller	150,-- €
Eisernes Kreuz 1. Klasse, Eisenkern, rs. Schraube mit oder ohne Hersteller	180,-- €
Spange 1939 zum Eisernen Kreuz 1. Klasse 1914, Zink	240,-- €
Ritterkreuz Klein & Quenzer AG, Eisenkern, Silberrahmen, „65“ und „800“	5.700,-- €
Ritterkreuz Juncker, Eisenkern, Silberrahmen, „L/12“ und „800“	6.500,-- €
Ritterkreuz Zimmermann, Eisenkern, Silberrahmen „800“ und „20“	7.000,-- €
Ritterkreuz, sonstige Hersteller, Eisenkern, Silberrahmen	4.500,-- €
Eichenlaub, Silber, „900“ und „SiLBER L/50“	8.500,-- €
Eichenlaub, Silber, „800“ und „L/12“	4.000,-- €
Eichenlaub mit Schwertern, Silber, „900“ und „SiLBER L/50“	22.000,-- €
Eichenlaub mit Schwertern und Brillanten, Platin („A-Stück“)	45.000,-- €

Eiserne Kreuze wurden und werden mehr oder weniger geschickt kopiert und in den Handel gebracht. Vor allem die zahllosen Kopien des Ritterkreuzes und seiner höheren Stufen tragen erheblich zum Verdruß der Sammler von Orden und Ehrenzeichen bei.

Verleihungsetui für ein Ritterkreuz des Eisernen Kreuzes mit einem 72 cm langen und 4,5 cm breiten Bandabschnitt.
Der mit schwarzem Samt überzogene Boden des Etuis nahm in einer passgenauen Vertiefung sowohl das Ritterkreuz als auch den Sprungring bzw. Bandring auf. Darüber lag ebenfalls in einer Vertiefung das gefaltete Ordensband.
Zum Versand wurde das Etui in einen Überkarton verpackt. Es kommen mehrere Varianten von Etuis und auch von Überkartons vor.
Für das Eiserne Kreuz 1. Klasse waren ebenfalls Verleihungsetuis unterschiedlicher Ausführung üblich.
Das Eiserne Kreuz 2. Klasse wurde mit einem Bandabschnitt in einer Papiertüte („Verleihungstüte“) ausgeliefert (siehe dazu auch die Übersicht auf der Seite 1.18 in diesem Kapitel).

7. Das Gesetz über Titel, Orden und Ehrenzeichen von 1957

Durch Gesetz vom 26. Juli 1957 wurde das Tragen von deutschen Kriegsauszeichnungen des 2. Weltkrieges wieder zugelassen, jedoch nur in einer „entnazifizierten" Form. Durch die Einfügung des dreiblättrigen Eichenlaubs in das Mittelfeld der Vorderseite an Stelle des Hakenkreuzes wurde das Eiserne Kreuz wieder auf sein Vorbild von 1813 zurückgeführt. Sonst ist die Auszeichnung, insbesondere die Stufen ab dem Eichenlaub, in Gestaltung und Trageweise unverändert geblieben. Nach der Entfernung des Hoheitszeichens trägt die Spange 1939 zum Eisernen Kreuz 1914 jetzt das verkleinerte Eiserne Kreuz 1939 in der Form von 1957 und ähnelt damit der Wiederholungsspange, die im 1. Weltkrieg für die Träger des Eisernen Kreuzes 1870 gestiftet worden ist.
Ehemalige Angehörige der Deutschen Wehrmacht, die in die Bundeswehr eingetreten waren, durften das Eiserne Kreuz in der Originalgröße der abgeänderten Form nur zu besonderen Anlässen an der Uniform tragen. Als Trageweise im täglichen Dienst war für den Dienstanzug das Ordensband an der Bandschnalle abgebildet, die über der linken Brusttasche angebracht wurde. Die Bandschnalle für das Ritterkreuz und seiner höheren Stufen ist 4,0 cm breit und 1,2 cm hoch, die Bandschnallen für das Eiserne Kreuz 1. und 2. Klasse sind 2,5 cm breit und 1,2 cm hoch. Ab dem Eisernen Kreuz 1. Klasse einschließlich wurde auf dem Ordensband die jeweilige Stufe in verkleinerter Form angebracht.

Spange 1939 zum Eisernen Kreuz 1. und 2. Klasse 1914
in der gemäß Gesetz von 1957 zugelassenen Form.

Eisernes Kreuz 2. und 1. Klasse 1939 in der gemäß Gesetz von 1957 zugelassenen Form.

Ritterkreuz des Eisernen Kreuzes in der gemäß Gesetz von 1957 zugelassenen Form.

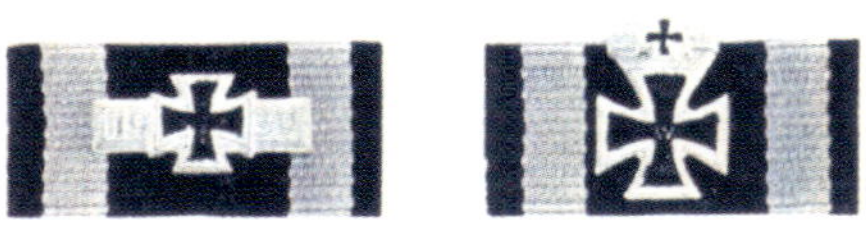

Spangen 1939 zum Eisernen Kreuz 2. und 1. Klasse 1914, Ausführung 1957, an der Bandschnalle für die Bundeswehr.

Ritterkreuz mit Eichenlaub und Schwertern

Ritterkreuz mit Eichenlaub

Ritterkreuz

Eisernes Kreuz 1. und 2. Klasse

Nahkpfsp. Bronze, VerwAbz. Silber

Untere Reihe der Bandschnalle für die Bundeswehr von links: Panzervernichtungsabzeichen auf silbernem Band, Infanteriesturmabz. Silber, Panzerkampfabz. Silber, Sportabz. Gold (Bw).

Deutsche Artillerie im Einsatz an der Ostfront (zeitgenössische Postkarte).

Kapitel 2

Kriegsverdienstkreuz

- *Kriegsverdienstkreuz* -

1. Vorgeschichte und Stiftung der Auszeichnung

Das Eiserne Kreuz sollte im 2. Weltkrieg ausschließlich für Tapferkeit und nicht auch für sonstige Kriegsverdienste verliehen werden, wie dies in den Kriegen 1813/15, 1870/71 und 1914/18 der Fall war.
Um dem Eisernen Kreuz diesen besonderen Stellenwert zu erhalten, erging am 18. Oktober 1939, dem Gedenktag der Völkerschlacht bei LEIPZIG, durch Adolf Hitler folgende Verordnung: *„Als Zeichen der Anerkennung für die Verdienste in dem uns aufgezwungenen Krieg, die keine Würdigung durch das Eiserne Kreuz finden können, stifte ich den Orden des Kriegsverdienstkreuzes"*. Die Stiftung des Kriegsverdienstkreuzes (KVK) beschränkte sich zunächst auf zwei Stufen: Kriegsverdienstkreuz 2. Klasse und Kriegsverdienstkreuz 1. Klasse. Dabei war die Verleihung in zwei Ausführungen möglich: Mit Schwertern oder ohne Schwerter.

Das Kriegsverdienstkreuz mit Schwertern wurde vor allem an Soldaten verliehen *„ ... für besondere Verdienste bei Einsatz unter feindlicher Waffenwirkung oder für besondere Verdienste in der militärischen Kriegführung"*. Angesichts des alliierten Bombenkrieges ist die Ausführung mit Schwertern auch vermehrt an nicht der Wehrmacht angehörende Personen verliehen worden, die bei ihrer Tätigkeit feindlichen Luftangriffen ausgesetzt waren.
Ohne Schwerter erfolgte die Verleihung vor allem an Zivilpersonen *„ ... für besondere Verdienste bei der Durchführung von sonstigen Kriegsaufgaben, bei denen ein Einsatz unter feindlicher Waffenwirkung nicht vorlag"*. Diese Ausführung des Kriegsverdienstkreuzes wurde daher auch als „Kriegsorden der Arbeit" bezeichnet.

Bedingt durch die unerwartete lange Dauer und durch die Ausweitung des Krieges ist die Stiftungsverordnung wie folgt geändert und ergänzt worden:
Am 19. August 1940 erfolgte die Stiftung des Ritterkreuzes des Kriegsverdienstkreuzes und der Kriegsverdienstmedaille.
Am 08. Juli 1944 wurde das Goldene Ritterkreuz des Kriegsverdienstkreuzes gestiftet.

Nach den Entwürfen von Professor Richard Klein, MÜNCHEN, besteht das Kriegsverdienstkreuz aus einem achtspitzigen Kreuz, das ein rundes Mittelschild mit dem Hakenkreuz und einer Eichenlaubumrandung trägt. Die Rückseite des Mittelschildes der 2. Klasse trägt die Jahreszahl 1939. Die Rückseite der 1. Klasse als Steckorden ist glatt und mit einem Nadelsystem versehen. Das Kriegsverdienstkreuz 2. Klasse ist bronzen, das Kriegsverdienstkreuz 1. Klasse ist silbern. Das Ritterkreuz des Kriegsverdienstkreuzes ist silbern und größer als das Kriegsverdienstkreuz 2. und 1. Klasse. Das Goldene Ritterkreuz ist aus Silber hergestellt und vergoldet. Die Kriegsverdienstmedaille ist bronzen. Sie trägt auf der Vorderseite ein achtspitziges Kreuz in der Form des Kriegsverdienstkreuzes und auf der Rückseite die Inschrift „Für Kriegsverdienst 1939".

Das Band des Kriegsverdienstkreuzes weist die gewechselten Farben des Eisernen Kreuzes auf. Beim Eisernen Kreuz ist der Mittelstreifen rot und auf jeder Seite verläuft anschließend je ein weißer und ein schwarzer Streifen. Beim Band des Kriegsverdienstkreuzes ist der Mittelstreifen schwarz und auf jeder Seite verläuft anschließend je eine weißer und ein roter Streifen.

- *Kriegsverdienstkreuz* -

Das Kriegsverdienstkreuz war nicht für einmalige, kurzfristige Verdienste vorgesehen, sofern diese nicht ganz besonderer Art waren, sondern sollte eine verdienstvolle Tätigkeit von längerer Dauer erfordern. Nicht selbstverständliche Pflichterfüllung, sondern wirkliche Verdienste sollten damit belohnt werden. Die Verleihung der einzelnen Klassen sollte sich wie beim Eisernen Kreuz ausschließlich nach den Verdiensten richten und weder an den Dienstgrad noch an die Dienststellung gebunden sein. Soweit die Theorie. In der Praxis wurden die Verleihungen, vor allem in der Heimat, zu oft abweichend von diesen Bestimmungen gehandhabt.

Zunächst war vorgeschrieben, daß bei einer Verleihung des Eisernen Kreuzes nach der Auszeichnung mit dem Kriegsverdienstkreuz die entsprechende Klasse des Kriegsverdienstkreuzes abzulegen sei.
Im August 1941 wurde diese Bestimmung geändert: *„Nach Mitteilung des Oberkommandos der Wehrmacht hat der Führer und Oberste Befehlshaber der Wehrmacht angeordnet, daß das Kriegsverdienstkreuz bei späterer Verleihung des Eisernen Kreuzes nicht abzulegen sei, sondern weitergetragen werden könne.“*

Nach einer Entscheidung Hitlers vom 11.01.1943 sollten keine Verleihungen des Kriegsverdienstkreuzes nach dem Tode - also postum - mehr vorgenommen werden. Auch dieser Regelung ist nicht immer entsprochen worden.

Eine große Anzahl von Durchführungsbestimmungen wurde von zahlreichen Behörden und Dienststellen verschiedener Organisationen erlassen, um den Kreis der Verleihungsberechtigten den sich ändernden Gegebenheiten des Krieges anzupassen. So konnte das Kriegsverdienstkreuz auch an Frauen verliehen werden, wenn sie bei kriegswichtigen Aufgaben gleichwertige Leistungen erbrachten wie Männer, die dafür mit dem Kriegsverdienstkreuz ausgezeichnet wurden.

Es konnte nicht ausbleiben, daß insbesondere das Kriegsverdienstkreuz 2. Klasse zum millionenfachen, von Unzulänglichkeiten behafteten Massenorden wurde. Bedingt durch die totalen Kriegsanstrengungen des gesamten Deutschen Volkes („Totaler Krieg“) war das Ausmaß der Auszeichnungswürdigen nahezu unübersehbar.
Es liegt im Wesen von Ordensverleihungen, daß sie nicht nur der öffentlichen Aufmerksamkeit, sondern auch der allgemeinen Diskussion ausgesetzt sind. Unvermeidlich sorgte die Verleihungspraxis in allen Bevölkerungskreisen für Gesprächsstoff. Bei dieser zum Teil lebhaften Kritik spielten offensichtliche und vermeintliche Ungerechtigkeiten, mangelnde Sachkenntnis, Zu- bzw. Abneigung gegenüber dem Empfänger aber auch gegenüber den verleihenden Dienststellen eine Rolle. Gerade gegenüber Behörden und Parteiorganisationen kam Unmut auf, wenn entgegen den Verleihungsbestimmungen das Kriegsverdienstkreuz in der Rangfolge der Dienstposteninhaber von oben nach unten und nicht nach Leistung verliehen wurde.

Mit Fortdauer des Krieges nahm das Ansehen dieser Auszeichnung immer mehr ab, was nicht zuletzt auch in der Sprache der Frontsoldaten zum Ausdruck kam: *„Kantinenorden, Feldküchensturmabzeichen, Fernkampfmedaille, Kriegsverdienerkreuz, Frühstücksorden, Nichteinmischungsorden mit Eßbesteck“.*

2. Die Ausführungen im einzelnen

a. Kriegsverdienstkreuz 2. Klasse mit Schwertern

Das Kriegsverdienstkreuz 2. Klasse mit Schwertern wurde gemäß Stiftungsverordnung im Heer verliehen für besondere Verdienste bei Einsatz unter feindlichem Feuer oder für Verdienste in der militärischen Kriegführung. Erste Verleihungen erfolgten im Sommer 1940.

Die Verleihung des Kriegsverdienstkreuzes 2. Klasse mit Schwertern hatte nicht den Besitz der Kriegsverdienstmedaille zur Voraussetzung, die ohnehin nur selten an Angehörige der Wehrmacht verliehen wurde.

Die Auszeichnung zahlreicher Zivilpersonen in der Heimat mit dem Kriegsverdienstkreuz mit Schwertern rief nicht selten die Kritik von Soldaten hervor. Ihrer Meinung nach stand eine solche Auszeichnung an Zivilisten in keinem Verhältnis zu dem täglichen schweren Einsatz an der Front. Andererseits hatten sich nicht der Wehrmacht angehörende Personen damit abzufinden, daß Soldaten nach einer Entscheidung Hitlers grundsätzlich das Kriegsverdienstkreuz mit Schwertern erhielten, auch wenn sie in der Heimat lediglich in einem Geschäftszimmer ihren Dienst versahen.

Kriegsverdienstkreuz 2. Klasse mit Schwertern eines unbekannten Herstellers. Breite 4,7 cm, Höhe mit Ringöse 4,8 cm, Gewicht ohne Band 26 g.

b. Kriegsverdienstkreuz 1. Klasse mit Schwertern

Das Kriegsverdienstkreuz 1. Klasse mit Schwertern wurde im Heer verliehen für maßgebliche Verdienste bei Einsatz unter feindlichem Feuer oder für besondere Verdienste in der militärischen Kriegführung.

Die Auszeichnung mit dem Kriegsverdienstkreuz 1. Klasse mit Schwertern setzte den Besitz des Kriegsverdienstkreuzes 2. Klasse mit Schwertern voraus.
Eine Verleihung der 1. Klasse mit Schwertern ohne vorherige Verleihung der 2. Klasse mit Schwertern sollte auf besonders hervorragende Verdienste beschränkt bleiben. In diesen Ausnahmefällen wurde die 2. Klasse zugleich mit der 1. Klasse überreicht.

War jemand bereits mit dem Kriegsverdienstkreuz ohne Schwerter ausgezeichnet worden, so konnte ihm bei erneutem Verdienst zusätzlich auch noch das Kriegsverdienstkreuz mit Schwertern verliehen werden.
Gemäß einer Verordnung vom 28.09.1941 war dann die entsprechende Klasse des Kriegsverdienstkreuzes ohne Schwerter abzulegen. Sie verblieb jedoch im Besitz des Beliehenen.

Kriegsverdienstkreuz 1. Klasse mit Schwertern, gepunzt mit L/11, gemäß der Firmenliste der LDO Kennzeichen für die Firma Wilhelm Deumer, LÜDENSCHEID. Breite und Höhe 4,7 cm, Gewicht 18 g.

Gemäß einer Verfügung vom August 1941 war das Kriegsverdienstkreuz bei späterer Verleihung des Eisernen Kreuzes nicht mehr abzulegen und durfte weitergetragen werden. Es kommen daher Kriegsfotos vor, auf denen sowohl das Eiserne Kreuz 1. Klasse als auch das Kriegsverdienstkreuz 1. Klasse mit Schwertern getragen wird. In diesem Falle war das Kriegsverdienstkreuz 1. Klasse unterhalb des Eisernen Kreuzes 1. Klasse anzubringen.

c. Ritterkreuz des Kriegsverdienstkreuzes mit Schwertern

Die Verleihung des Ritterkreuzes des Kriegsverdienstkreuzes mit Schwertern war vorgesehen für überragende Verdienste von entscheidender Auswirkung auf die Kriegführung. Erste Verleihungen erfolgten Mitte 1942.
Nicht nur Soldaten und der Wehrmacht unterstellte Personen wurden damit ausgezeichnet, sondern auch Mitarbeiter der durch den Bombenkrieg gefährdeten Rüstungsindustrie in der Heimat.

Nach der am 28. September 1941 erfolgten Stiftung des Deutschen Kreuzes sollte für Angehörige der Wehrmacht die Auszeichnung mit dem Deutschen Kreuz in Silber Voraussetzung für die Verleihung des Ritterkreuzes des Kriegsverdienstkreuzes mit Schwertern sein.

Ritterkreuz des Kriegsverdienstkreuzes mit Schwertern. Auf der Unterseite des unteren Kreuzarmes (hier nicht abgebildet) gepunzt mit dem Silbergehalt 900 und mit 1, gemäß der Firmenliste der Präsidialkanzlei Kennzeichen für die Firma Deschler & Sohn, MÜNCHEN. Breite 5,3 cm, Höhe mit Ringöse 5,9 cm, Gewicht 43 g. Kopien sind meist erheblich schwerer (etwa 70 g).

d. Goldenes Ritterkreuz des Kriegsverdienstkreuzes mit Schwertern

Die alle Erwartungen übertreffenden Kriegsverdienste Einzelner führten zu Überlegungen, bereits mit dem Ritterkreuz des Kriegsverdienstkreuzes Beliehene nochmals auszuzeichnen. Gespräche zwischen Hitler und dem Rüstungsminister Albert Speer führten daher am 08. Juli 1944 zur Stiftung des Goldenen Ritterkreuzes des Kriegsverdienstkreuzes.

Verleihungen des Goldenen Ritterkreuzes des Kriegsverdienstkreuzes mit Schwertern sind allerdings nicht mehr erfolgt. Es wurden jedoch Musterstücke durch die Firma Deschler & Sohn, MÜNCHEN, hergestellt und an die Ordenskanzlei in BERLIN geliefert. Diese verlegte gegen Ende des Krieges mit ihren Beständen und Akten nach Schloß Kleßheim bei SALZBURG. Dort fielen diese Musterstücke am 02.05.1945 neben anderen hohen Auszeichnungen den Amerikanern in die Hände.

Goldenes Ritterkreuz des Kriegsverdienstkreuzes mit Schwertern. Silber vergoldet, auf der Unterseite des unteren Kreuzarmes gepunzt mit dem Silbergehalt 900 und mit 1, gemäß der Firmenliste der Präsidialkanzlei Kennzeichen für die Firma Deschler & Sohn, MÜNCHEN.

e. Kriegsverdienstkreuz 2. Klasse ohne Schwerter

Das Kriegsverdienstkreuz 2. Klasse ohne Schwerter wurde vor allem an Zivilpersonen verliehen für Verdienste bei der Durchführung allgemeiner Kriegsaufgaben.
War jemand bereits mit dem Kriegsverdienstkreuz mit Schwertern ausgezeichnet worden, so durfte ihm gemäß einer Verordnung vom 28.09.1941 nicht mehr das Kriegsverdienstkreuz ohne Schwerter verliehen werden.

Erstmalig ist das Kriegsverdienstkreuz 2. Klasse ohne Schwerter am 01.05.1940 von Reichsmarschall Hermann Göring an 34 Arbeiter des Baustabes Speer überreicht worden. Sie hatten trotz strenger Winterkälte das Stahlgerüst für den Bau einer wichtigen Rüstungsfabrik termingerecht errichtet.

Kriegsverdienstkreuz 2. Klasse ohne Schwerter eines unbekannten Herstellers. Breite 4,8 cm, Höhe mit Ringöse 4,9 cm, Gewicht ohne Band 22 g.

Zwischen dem Ordensband des Kriegsverdienstkreuzes 2. Klasse mit Schwertern und dem Ordensband der 2. Klasse ohne Schwerter besteht kein Unterschied. Wenn das Kriegsverdienstkreuz 2. Klasse mit Schwertern in Form des Ordensbandes im Knopfloch getragen wurde, durften darauf im Gegensatz zum Band an der kleinen Ordensschnalle keine Schwerter angebracht werden. Somit war bei der Trageweise im Knopfloch nicht erkennbar, ob es sich um das Kriegsverdienstkreuz 2. Klasse mit Schwertern oder ohne Schwerter handelte.

f. Kriegsverdienstkreuz 1. Klasse ohne Schwerter

Das Kriegsverdienstkreuz 1. Klasse ohne Schwerter wurde vor allem an Nichtwehrmachtangehörige verliehen für besondere Verdienste von wesentlicher Auswirkung auf die Durchführung von Kriegsaufgaben.

Die Verleihung des Kriegsverdienstkreuzes 1. Klasse ohne Schwerter setzte den Besitz des Kriegsverdienstkreuzes 2. Klasse ohne Schwerter voraus.

Eine Auszeichnung mit dem Kriegsverdienstkreuz 1. Klasse ohne Schwerter ohne vorherige Verleihung der 2. Klasse ohne Schwerter sollte auf besonders hervorragende Verdienste beschränkt bleiben. In diesen Ausnahmefällen wurde die 2. Klasse zugleich mit der 1. Klasse verliehen.

Das erste Kriegsverdienstkreuz 1. Klasse ohne Schwerter wurde am 07.08.1940 an Dr. Gustav Krupp von Bohlen und Halbach anläßlich seines 70. Geburtstages verliehen.

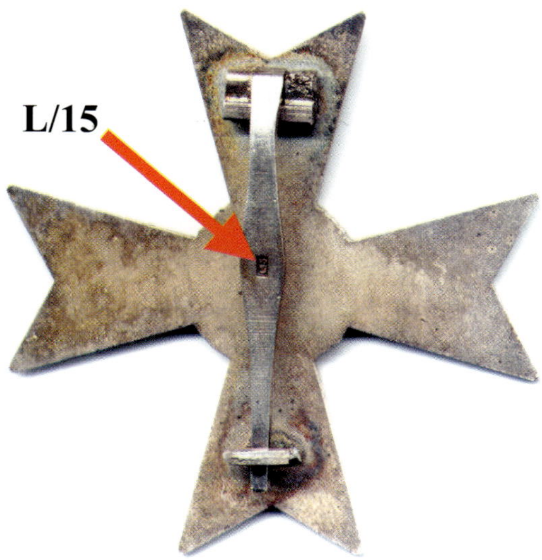

Kriegsverdienstkreuz 1. Klasse ohne Schwerter, gepunzt mit L/15, gemäß der Firmenliste der LDO Kennzeichen für die Firma Otto Schickle, PFORZHEIM. Breite und Höhe 4,9 cm, Gewicht 14 g.
Beim Kriegsverdienstkreuz 1. Klasse mit Schwertern und ohne Schwerter kommen erhebliche Qualitätsunterschiede vor. Neben Stücken aus Buntmetall mit einer mattweißen Versilberung und polierten Kanten gibt es Exemplare aus Zink, bei denen aus Ersparnisgründen gänzlich auf eine Versilberung verzichtet wurde. Ähnlich wie bei der Silberstufe anderer Auszeichnungen (z.B. Infanteriesturmabzeichen in Silber, Panzerkampfabzeichen in Silber, Nahkampfspange in Silber, Verwundetenabzeichen in Silber) sollte das helle Zinkmetall als Ausführung in Silber gelten.

g. Ritterkreuz des Kriegsverdienstkreuzes ohne Schwerter

Die Verleihung des Ritterkreuzes des Kriegsverdienstkreuzes ohne Schwerter war vorgesehen für überragende Verdienste von entscheidender Auswirkung auf die Durchführung von Kriegsaufgaben. Die Beliehenen waren im allgemeinen vom Bombenkrieg in der Heimat weniger betroffen, so daß auf sie die Auszeichnung mit Schwertern nicht zutraf. Das Verzeichnis der Ausgezeichneten umfaßt z.B. Wissenschaftler, Ingenieure, den Direktionspräsidenten der Deutschen Reichsbahn, Staatssekretäre und Personen, die maßgeblich zur Versorgung der Bevölkerung beitrugen.
Aus Gründen der Geheimhaltung sind Verleihungen an Angehörige aus dem Bereich der Forschung und Rüstung oft nicht veröffentlicht worden. Viele Erfindungen dieser Ingenieure und Wissenschaftler während des 2. Weltkrieges revolutionierten insbesondere die Waffentechnik und nicht wenige dieser Ritterkreuzträger des Kriegsverdienstkreuzes waren maßgeblich am Aufbau der Bundesrepublik Deutschland beteiligt. Ihre Leistungen sind später vielfach mit der Verleihung höchster Stufen des Bundesverdienstkreuzes gewürdigt worden.

Ritterkreuz des Kriegsverdienstkreuzes ohne Schwerter (Foto aus einem Museum). Neben Deschler & Sohn, MÜNCHEN, waren auch die Firmen Zimmermann, PFORZHEIM, Gebr. Godet & Co., BERLIN, und C.E. Juncker, BERLIN, mit der Herstellung von Ritterkreuzen des Kriegsverdienstkreuzes mit Schwertern und ohne Schwerter beauftragt. Es kommen auch Stücke wie das oben abgebildete vor, die nicht aus echtem Silber gefertigt, sondern aus Zink oder Buntmetall hergestellt und lediglich versilbert worden sind. Diese wurden meist an öffentliche Verkaufsstellen zur Dekoration abgegeben.

h. Goldenes Ritterkreuz des Kriegsverdienstkreuzes ohne Schwerter

Es sind zwei Verleihungen des Goldenen Ritterkreuzes des Kriegsverdienstkreuzes ohne Schwerter bekannt:
Dipl.-Ing. Karl Otto Saur, Chef des Technischen Amtes im Reichsministerium für Rüstung und Kriegsproduktion, wurde am 20.04.1945 damit ausgezeichnet. Saur hatte bereits am 29.10.1944 das Ritterkreuz des Kriegsverdienstkreuzes mit Schwertern erhalten.
Ebenfalls am 20.04.1945 damit ausgezeichnet wurde der Obermeister in der Berliner Firma Altmärkische Kettenwerke (Alkett) Franz Hahne. Dieser Rüstungsbetrieb stellte u.a. Sturmgeschütze und Selbstfahrlafetten her. Obermeister Hahne war auch der erste, dem am 20.05.1942 das Ritterkreuz des Kriegsverdienstkreuzes ohne Schwerter verliehen wurde.

Propagandaplakat aus der Zeit des 2. Weltkrieges.

i. Kriegsverdienstmedaille

Die Kriegsverdienstmedaille wurde für verdienstvolle Tätigkeit bei der Durchführung von Kriegsaufgaben verliehen, wobei eine mindestens sechsmonatige Tätigkeit Voraussetzung war. Bei den Ausgezeichneten handelte es sich in der Regel um Zivilpersonen, allerdings sind auch Verleihungen an Wehrmachtangehörige erfolgt.

Die Medaille konnte auch bei der späteren Verleihung des Kriegsverdienstkreuzes weitergetragen werden.

Das Kriegsverdienstkreuz und die Kriegsverdienstmedaille wurden an Ausländer grundsätzlich nicht verliehen. Eine Ausnahme galt für volksdeutsche Ausländer unter bestimmten Voraussetzungen, ferner für die auf Hitler vereidigten, im Rahmen bzw. in Verbänden der Deutschen Wehrmacht kämpfenden Freiwilligen beim Einsatz gegen die Sowjetunion.
An diese Freiwillige, die hinsichtlich der Kriegsauszeichnungen den deutschen Soldaten gleichgestellt waren, konnte das Kriegsverdienstkreuz und die Kriegsverdienstmedaille unter den gleichen Bedingungen verliehen werden wie an deutsche Wehrmachtsangehörige.

Kriegsverdienstmedaille eines unbekannten Herstellers. Breite 3,2 cm, Höhe mit Ringöse 3,6 cm, Gewicht ohne Band 12 g.

Um das Band der Kriegsverdienstmedaille von dem des Kriegsverdienstkreuzes 2. Klasse mit Schwertern und ohne Schwerter unterscheiden zu können, wurde der schwarze Mittelstreifen mittig von einem schmalen roten Längsstreifen durchzogen.

3. Verleihungsberechtigung

Verleihungsberechtigt für das Kriegsverdienstkreuz 2. und 1. Klasse waren bei Soldaten, Beamten, Angestellten und Arbeitern der Wehrmacht im Namen Hitlers der Chef des Oberkommandos der Wehrmacht und die Oberbefehlshaber der Teilstreitkräfte. Diese wiederum waren ermächtigt, die Verleihungsberechtigung bis zu den Divisionskommandeuren und Kommandeuren in vergleichbarer Dienststellung zu übertragen. Die Verleihungsberechtigung erstreckte sich auch auf nicht der Wehrmacht angehörende Personen, die der Wehrmacht unterstellt oder in ihrem unmittelbaren Auftrag tätig waren.
Verleihungsberechtigt für die seinem Kommando unmittelbar unterstehenden Verbände der Waffen-SS, der Bandenbekämpfung und der Polizei war der Reichsführer-SS (RFSS). Für übrige Personen erfolgte die Verleihung auf Vorschlag der Obersten Reichsbehörden durch den Staatsminister und Chef der Präsidialkanzlei. Für die Angehörigen des Luftschutzes war der Reichsminister der Luftfahrt und Oberbefehlshaber der Luftwaffe verleihungsberechtigt.

Die Verleihung des Ritterkreuzes hatte sich Hitler vorbehalten. Vorschlagsberechtigt waren die Oberbefehlshaber der Teilstreitkräfte, der Chef des Oberkommandos der Wehrmacht, die Chefs der obersten Reichsbehörden und ab Juli 1944 auch der Befehlshaber des Ersatzheeres, RFSS Heinrich Himmler. Allerdings sind auch durch den Reichsminister für Rüstung und Kriegsproduktion Albert Speer für seinen Bereich Verleihungen vorgenommen worden.

Das Kriegsverdienstkreuz 2. Klasse wurde meist in Verleihungstüten, das Kriegsverdienstkreuz 1. Klasse in Verleihungsetuis ausgeliefert bzw. überreicht.

Oben und rechts: Verleihungsetui der Firma Klein & Quenzer AG, OBERSTEIN, für das Kriegsverdienstkreuz 1. Klasse mit Schwertern. Breite 7,6 cm, Tiefe 7,0 cm, Höhe 2,4 cm. Gewicht ohne KVK 40 g.

- Kriegsverdienstkreuz -

Links: Verleihungstüte für das Kriegsverdienstkreuz 2. Klasse mit Schwertern in der Originalgröße 10,3 cm x 13,2 cm. Auf der Rückseite befindet sich der Aufdruck der Firma Carl Poellath, SCHROBENHAUSEN.

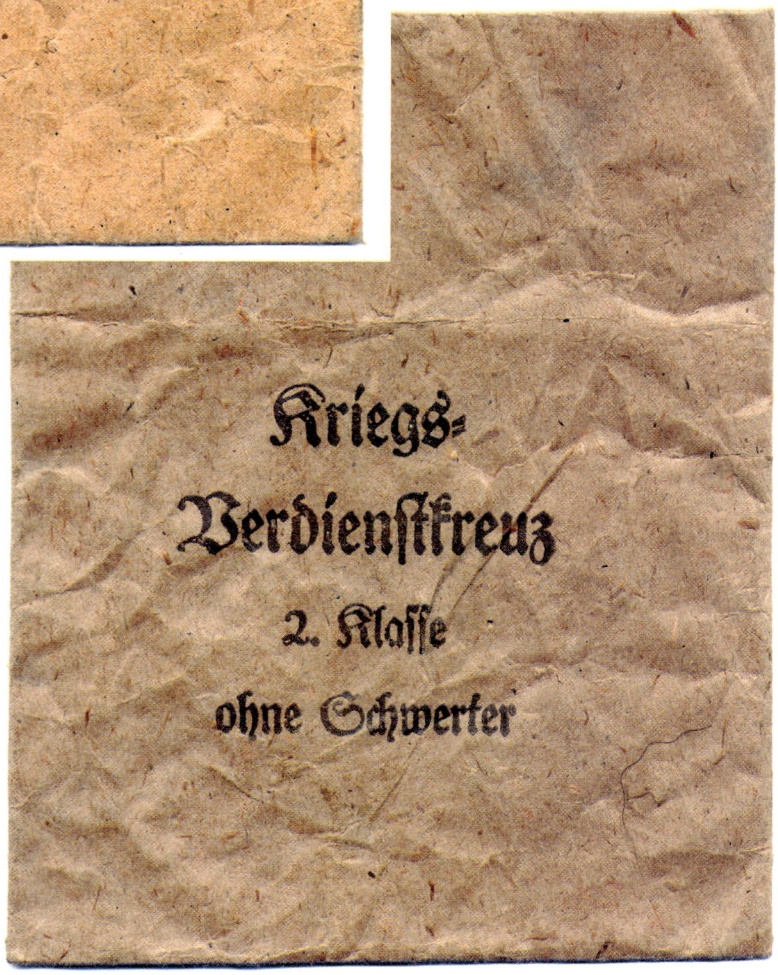

Rechts: Verleihungstüte für das Kriegsverdienstkreuz 2. Klasse ohne Schwerter in der Originalgröße 10,3 cm x 12,8 cm. Auf der Rückseite befindet sich der Aufdruck der Firma Wilhelm Deumer, LÜDENSCHEID.

4. Nachweis und Beurkundung

Über die Verleihung des Kriegsverdienstkreuzes 2. und 1. Klasse wurden Verleihungsurkunden ausgestellt. Dafür war zwar ein Muster in der Größe DIN A 5 vorgegeben, es kommen jedoch in Druckbild und Größe Varianten vor.

Da die ersten Verleihungen von Ritterkreuzen des Kriegsverdienstkreuzes erst im Kriegsjahr 1942 erfolgten, wurden in der Regel lediglich Vorläufige Besitzzeugnisse und nur in Ausnahmefällen die ursprünglich vorgesehenen Verleihungsurkunden aus Pergament in besonderen Ledermappen und Kassetten mit der Unterschrift Hitlers ausgegeben. Letztere sollten erst nach erfolgreicher Beendigung des Krieges hergestellt und ausgehändigt werden. Die Vorläufigen Besitzzeugnisse wurden für Angehörige des Heeres vom Chef des Heerespersonalamtes oder von dessen Stellvertreter unterzeichnet.

Die Verleihung des Kriegsverdienstkreuzes aller Ausführungen und Stufen wurde in die Personalpapiere eingetragen. Unbefugtes Tragen war strafbar.
Gegen Vorlage eines Verleihungsnachweises konnten weitere Stücke in öffentlichen Verkaufsstellen erworben werden. Von dieser Möglichkeit wurde vor allem durch Dienstgrade Gebrauch gemacht, weil diese meist über mehrere Uniformröcke verfügten und bei Wechsel des Rockes nicht ständig ihr dienstlich geliefertes Kriegsverdienstkreuz 1. Klasse umstecken wollten. Außerdem waren die nachgekauften Stücke oft von besserer Qualität als das verliehene und sahen an der Uniform im Heimaturlaub besser aus als das durch das tägliche Tragen im Dienstbetrieb in Mitleidenschaft gezogene Exemplar.

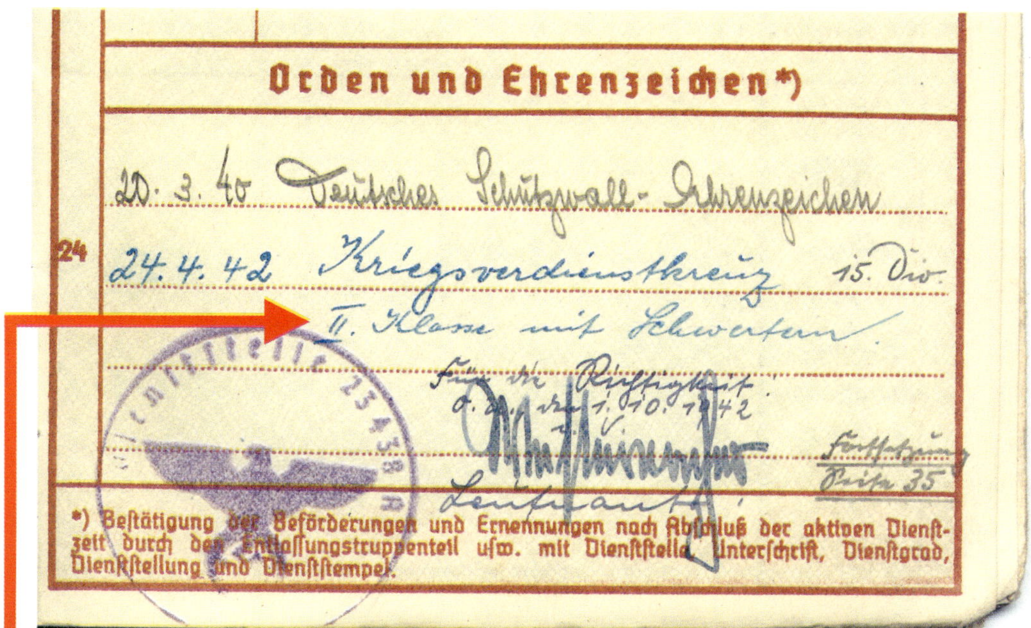
Orden und Ehrenzeichen*)

20. 3. 40 Deutsches Schutzwall-Ehrenzeichen

24 24. 4. 42 Kriegsverdienstkreuz 15. Div. II. Klasse mit Schwertern.

Für die Richtigkeit:

Leutnant

*) Bestätigung der Beförderungen und Ernennungen nach Abschluß der aktiven Dienstzeit durch den Entlassungstruppenteil usw. mit Dienststelle, Unterschrift, Dienstgrad, Dienststellung und Dienststempel.

Auszug aus dem Wehrpaß eines Unteroffiziers, Artillerieregiment 15 (15. InfDiv), mit dem Nachweis der Verleihung des Kriegsverdienstkreuzes 2. Klasse mit Schwertern.

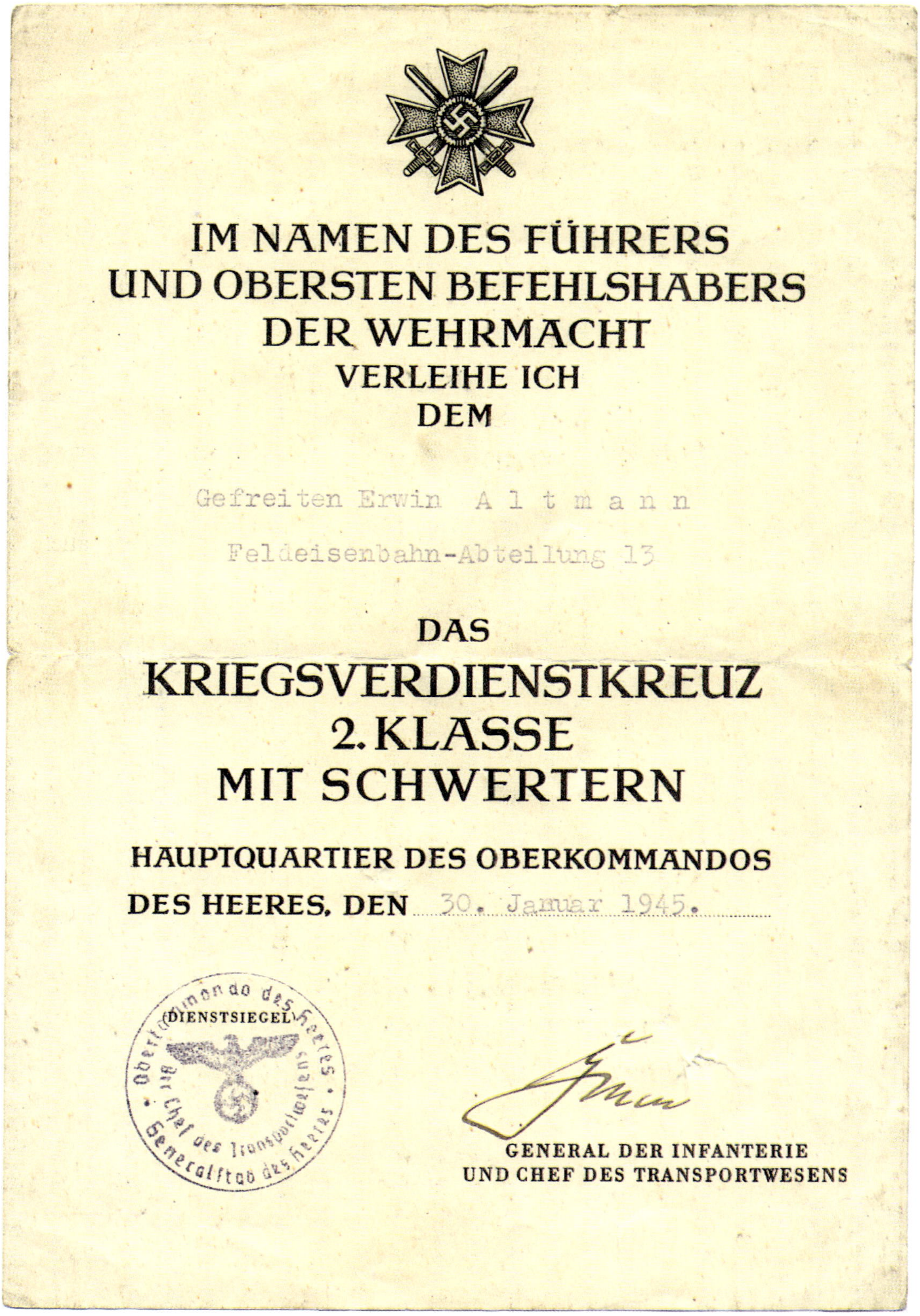
IM NAMEN DES FÜHRERS
UND OBERSTEN BEFEHLSHABERS
DER WEHRMACHT
VERLEIHE ICH
DEM

Gefreiten Erwin Altmann

Feldeisenbahn-Abteilung 13

DAS
KRIEGSVERDIENSTKREUZ
2. KLASSE
MIT SCHWERTERN

HAUPTQUARTIER DES OBERKOMMANDOS
DES HEERES, DEN 30. Januar 1945.

DIENSTSIEGEL
Oberkommando des Heeres
Der Chef des Transportwesens
Generalstab des Heeres

GENERAL DER INFANTERIE
UND CHEF DES TRANSPORTWESENS

Verleihungsurkunde in der Originalgröße 14,2 cm x 20,5 cm für das KVK 2. Klasse mit Schwertern, unterschrieben vom Chef des Transportwesens, General der Infanterie Rudolf Gercke, Ritterkreuz des Kriegsverdienstkreuzes mit Schwertern am 27.07.1943.

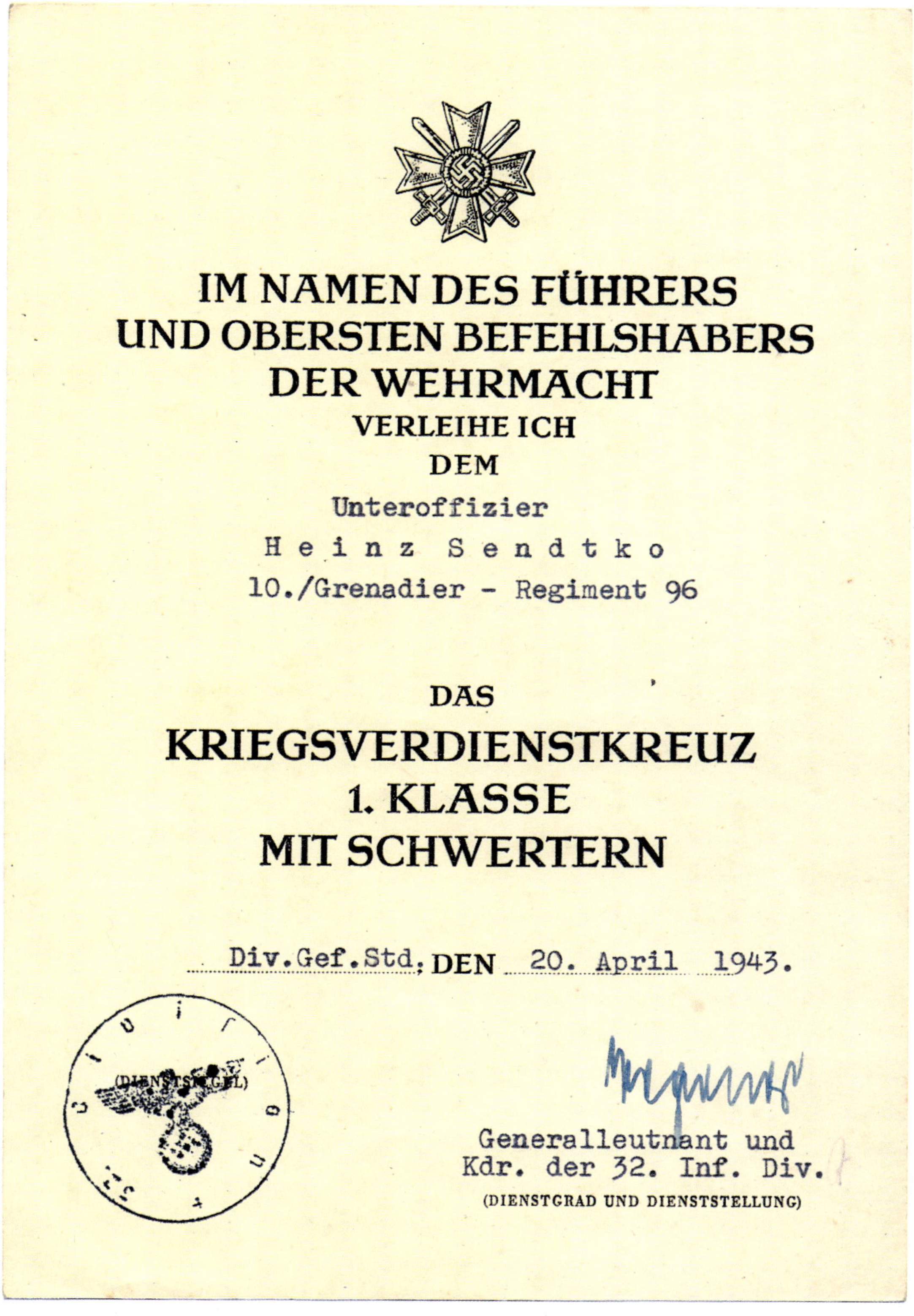

IM NAMEN DES FÜHRERS
UND OBERSTEN BEFEHLSHABERS
DER WEHRMACHT
VERLEIHE ICH
DEM
Unteroffizier
H e i n z S e n d t k o
10./Grenadier - Regiment 96

DAS
KRIEGSVERDIENSTKREUZ
1. KLASSE
MIT SCHWERTERN

Div.Gef.Std., DEN 20. April 1943.

(DIENSTSIEGEL)

Generalleutnant und
Kdr. der 32. Inf. Div.
(DIENSTGRAD UND DIENSTSTELLUNG)

Verleihungsurkunde in der Originalgröße 14,1 cm x 20,1 cm für das KVK 1. Klasse mit Schwertern, unterschrieben von Generalleutnant Wilhelm Wegener, Kdr der 32. InfDiv, Ritterkreuz am 27.10.1941, (66.) Eichenlaub am 19.01.1942, (97.) Schwerter am 17.09.1944, gefallen am 24.09.1944 als General der Infanterie und KG des röm. 50. Armeekorps.

5. Trageweise

Die Trageweise des Kriegsverdienskreuzes entsprach der des Eisernen Kreuzes. Das Kriegsverdienstkreuz 2. Klasse mit Schwertern und ohne Schwerter wurde in Form des Ordensbandes im Knopfloch des Uniformrocks oder als kleine Ordensschnalle auf der linken Brustseite getragen. Bei der Ausführung mit Schwertern waren auf dem Band der kleinen Ordensschnalle zwei gekreuzte Schwerter in Bronze angebracht. Im Original wurde das Kriegsverdienstkreuz 2. Klasse nur am Tag der Verleihung im Knopfloch und danach an der großen Ordensschnalle zu bestimmten Anlässen getragen. Das Kriegsverdienstkreuz 1. Klasse war ein Steckorden für die linke Brustseite. Das Ritterkreuz des Kriegsverdienstkreuzes wurde an einem breiteren Band als Halsorden angelegt.
Für die Zivilkleidung konnte eine Miniatur des Kriegsverdienstkreuzes aller Stufen als Anstecknadel in öffentlichen Verkaufsstellen erworben und am linken Rockaufschlag getragen werden.

Oben: Generalleutnant Otto Stapf wurde als Kommandeur der 111. Infanteriedivision am 31.08.1941 mit dem Ritterkreuz des Eisernen Kreuzes ausgezeichnet. Als Chef des Wehrmachtwirtschaftstabes Ost erhielt er am 10.09.1944 auch das Ritterkreuz des Kriegsverdienstkreuzes mit Schwertern. Letzter Dienstgrad General der Infanterie

Rechts: Darstellung eines Oberfeldwebels und Schirrmeisters im Oberkommando des Heeres (Waffenfarbe karmesinrot). Er trägt das Kriegsverdienstkreuz 2. Klasse mit Schwertern als kleine Ordensschnalle vor der Ostmedaille und den Dienstauszeichnungen für 4 und 12 Jahre, außerdem das Kriegsverdienstkreuz 1. Klasse mit Schwertern als Steckorden auf der linken Brustseite über dem Verwundetenabzeichen in Schwarz. Wurden zwei Steckorden getragen, so waren diese stets übereinander anzubringen.

6. Herstellung, Verleihungszahlen und Sammlerbewertung

Im Unterschied zum Eisernen Kreuz wurde das Kriegsverdienstkreuz aus einem Stück gefertigt, dazu kam der Bandring bzw. beim Kriegsverdienstkreuz 1. Klasse das Nadelsystem. Angesichts der erforderlichen millionenfachen Herstellung war eine Vielzahl von Firmen mit der Herstellung beauftragt.

Durch die Umstände des Kriegsendes sind auch die das Kriegsverdienstkreuz betreffenden Akten weitgehend vernichtet worden, so daß verbindliche Verleihungszahlen nicht vorliegen.

Insgesamt werden folgende Verleihungszahlen angenommen:

KVK 2. Klasse mit Schwertern	über 6 Millionen
KVK 1. Klasse mit Schwertern	etwa 450.000
KVK 2. Klasse ohne Schwerter	über 2 Millionen
KVK 1. Klasse ohne Schwerter	etwa 92.000
Kriegsverdienstmedaille	über 4 Millionen

Allein an Angehörige des Heeres und der Waffen-SS sollen etwa 2.700.000 Kriegsverdienstkreuze 2. Klasse mit Schwertern und etwa 140.000 Kriegsverdienstkreuze 1. Klasse mit Schwertern sowie 73 Ritterkreuze des Kriegsverdienstkreuzes mit Schwertern verliehen worden sein.

Auch zuverlässige Verleihungszahlen des Ritterkreuzes des Kriegsverdienstkreuzes mit Schwertern und ohne Schwerter fehlen, weil durch die Kriegseinwirkungen 1945 die Namenkartei und die entsprechenden Unterlagen vernichtet worden sind. Außerdem wurden Verleihungen nicht in allen Fällen in der Presse veröffentlicht. Dabei handelte es sich meist um „Geheimverleihungen", die aus Sicherheitsgründen nicht bekanntgemacht wurden.
Es sind etwa 120 Träger des Ritterkreuzes mit Schwertern und etwa 140 Träger des Ritterkreuzes ohne Schwerter bekannt geworden.

Derzeit können für Stücke mittlerer Qualität auf dem Sammlermarkt folgende Verkaufspreise als Anhalt dienen:

KVK 2. Klasse mit Schwertern, Buntmetall oder Zink, ohne Hersteller	20,-- €
KVK 1. Klasse mit Schwertern, Zink	90,-- €
Ritterkreuz des KVK mit Schwertern, Silber 900 und Hersteller 1 (Deschler)	3.200,-- €
KVK 2. Klasse ohne Schwerter, Buntmetall oder Zink	25,-- €
KVK 1. Klasse ohne Schwerter, Zink	100,-- €
Ritterkreuz des KVK ohne Schwerter, Silber 900 und Hersteller 1 (Deschler)	3.000,-- €
Kriegsverdienstmedaille, Buntmetall oder Zink	15,-- €

Auch vom Kriegsverdienstkreuz aller Ausführungen und Stufen wurden und werden Kopien hergestellt. Insbesondere wird versucht, mit mehr oder weniger gut gelungenen Kopien des Ritterkreuzes des Kriegsverdienstkreuzes mit Schwertern und ohne Schwerter gutgläubige bzw. unkundige Sammler zu betrügen.

7. Das Gesetz über Titel, Orden und Ehrenzeichen von 1957

Durch Gesetz vom 26. Juli 1957 wurde das Tragen von deutschen Kriegsauszeichnungen des 2. Weltkrieges wieder zugelassen, jedoch nur in einer „entnazifizierten“ Form. Durch die Veränderung von 1957 trat die Jahreszahl 1939 an die Stelle des Hakenkreuzes, das Mittelfeld der Rückseite blieb nun frei.

Ehemalige Angehörige der Deutschen Wehrmacht, die in die Bundeswehr eingetreten waren, durften das Kriegsverdienstkreuz in der Originalgröße der abgeänderten Form nur zu besonderen Anlässen an der Uniform tragen. Als Trageweise im täglichen Dienst war für den Dienstanzug das Ordensband an der Bandschnalle vorgesehen, die über der linken Brusttasche getragen wurde. Die Bandschnalle für das Ritterkreuz des Kriegsverdienstkreuzes ist 4,0 cm breit und 1,2 cm hoch, die Bandschnallen für das Kriegsverdienstkreuz 2. und 1. Klasse sowie für die Kriegsverdienstmedaille sind 2,5 cm breit und 1,2 cm hoch. Ab dem Kriegsverdienstkreuz 1. Klasse einschließlich wurde auf dem Ordensband die jeweilige Stufe in verkleinerter Form angebracht.

Kriegsverdienstkreuz 1. Klasse mit Schwertern in der gemäß Gesetz von 1957 zugelassenen Form (Schwarzweißabbildung).

Ritterkreuz des Kriegsverdienstkreuzes mit Schwertern.

Ritterkreuz des Kriegsverdienstkreuzes ohne Schwerter.

Kriegsverdienstkreuz 1. Klasse und 2. Klasse mit Schwertern, Ausführung 1957, an der Bandschnalle für die Bundeswehr.

Kriegsverdienstkreuz 1. Klasse und 2. Klasse ohne Schwerter sowie Kriegsverdienstmedaille, Ausführung 1957, an der Bandschnalle für die Bundeswehr.

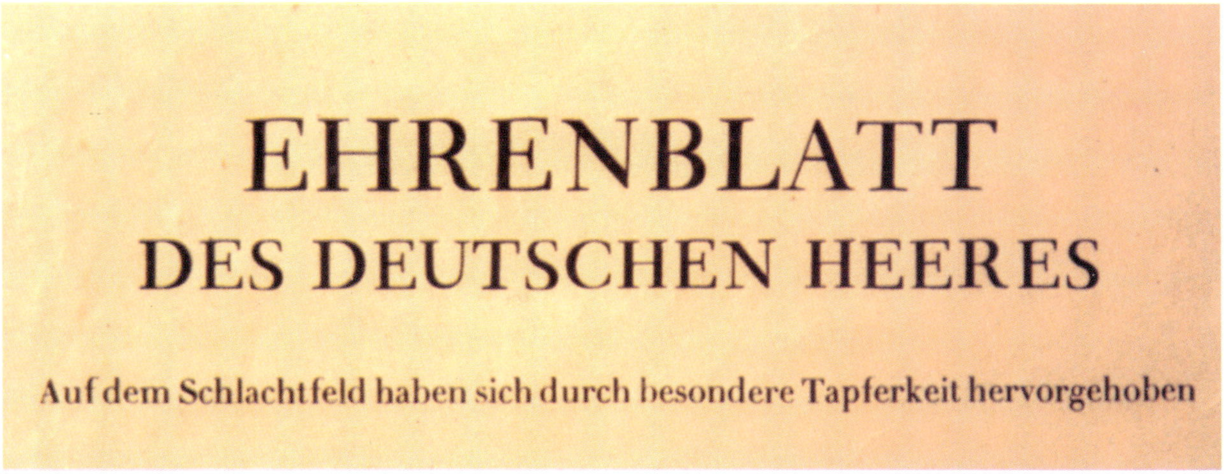
EHRENBLATT
DES DEUTSCHEN HEERES
Auf dem Schlachtfeld haben sich durch besondere Tapferkeit hervorgehoben

Auszug aus dem Ehrenblatt des Deutschen Heeres, drittes Muster.

Kapitel 3

Ehrenblattspange des Heeres

- *Ehrenblattspange des Heeres* -

1. Vorgeschichte und Stiftung der Auszeichnung

Für einzelne besondere Tapferkeitstaten nach Verleihung des Eisernen Kreuzes 1. Klasse, die nicht durch Verleihung einer höheren Auszeichnung gewürdigt werden konnten, z.B. Fehlen des selbstständigen Entschlusses als Voraussetzung für die Verleihung des Ritterkreuzes, war ab Juli 1941 die Nennung im Ehrenblatt des Deutschen Heeres vorgesehen. Erstmals am 28.07.1941 und danach bei Bedarf, d.h. immer wenn sich eine gewisse Anzahl genehmigter Namensnennungen ergeben hatte, wurde im Heeresverordnungsblatt (H.V.Bl.), Teil C, lose beigefügt dieses Ehrenblatt veröffentlicht.
Außerdem erhielten die genannten Soldaten eine Anerkennungsurkunde des Oberbefehlshabers des Heeres (Juli 1941 - 19.12.1941) bzw. eine Anerkennungsurkunde des Führers (19.12.1941 - April 1945).

Seite 1

1939

EHRENBLATT
DES DEUTSCHEN HEERES

Auf dem Schlachtfeld haben sich durch besondere Tapferkeit hervorgetan:

Oberst Pflaum,
Kommandeur eines Infanterie Regiments

Oberst Angern,
Kommandeur einer Schützen-Brigade

Oberst Hoßbach,
Kommandeur eines Infanterie Regiments

Oberst Seyffardt,
Kommandeur eines Infanterie Regiments

Oberst Casper,
Kommandeur eines Infanterie Regiments

Oberstleutnant von Stolzmann,
Bataillons-Kommandeur in einem Infanterie-Regiment

Major Gutman,
Kommandeur eines Schützen-Bataillons

Major Oehmichen,
Kommandeur einer Panzer-Jäger-Abteilung

Hauptmann Borchardt,
Kompanie-Chef in einer Aufklärungs-Abteilung

Hauptmann Unger,
Kompanie-Chef in einem Schützen Regiment

Oberleutnant Eichert,
in einem Schützen Regiment

Oberleutnant Erdl,
in einem Kradschützen-Bataillon

Oberleutnant Gröpler,
in einem Artillerie Regiment

Oberleutnant Nebe,
Führer einer Voraus-Abteilung

Seite 2

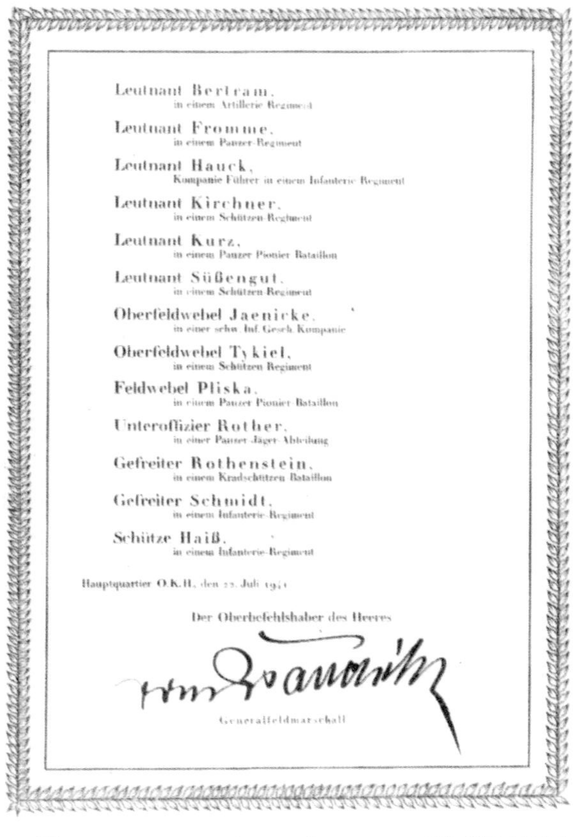

Leutnant Bertram,
in einem Artillerie Regiment

Leutnant Fromme,
in einem Panzer-Regiment

Leutnant Hauck,
Kompanie Führer in einem Infanterie Regiment

Leutnant Kirchner,
in einem Schützen-Regiment

Leutnant Kurz,
in einem Panzer Pionier Bataillon

Leutnant Süßengut,
in einem Schützen-Regiment

Oberfeldwebel Jaenicke,
in einer schw. Inf. Gesch. Kompanie

Oberfeldwebel Tykiel,
in einem Schützen Regiment

Feldwebel Pliska,
in einem Panzer Pionier-Bataillon

Unteroffizier Rother,
in einer Panzer-Jäger-Abteilung

Gefreiter Rothenstein,
in einem Kradschützen Bataillon

Gefreiter Schmidt,
in einem Infanterie-Regiment

Schütze Haiß,
in einem Infanterie-Regiment

Hauptquartier O.K.H., den 22. Juli 1941

Der Oberbefehlshaber des Heeres

von Brauchitsch

Generalfeldmarschall

Erstes Muster eines Ehrenblattes des Deutschen Heeres, erste Ausgabe vom 22.07.1941, Beilage zum Heeresverordnungsblatt vom 28.07.1941, Originalgröße DIN A 4, hier verkleinerte Schwarzweißkopie. Das erste Muster wurde bis Dezember 1941 verwendet.

Am 30. Januar 1944 erging durch Hitler folgende Verordnung: *„Die im Ehrenblatt des Deutschen Heeres genannten Soldaten erhalten zur äußeren Kenntlichmachung die Ehrenblattspange. Dieses Abzeichen besteht aus einem Hakenkreuz im Eichenkranz in goldener Ausführung. Es wird am Band des Eisernen Kreuzes von 1939 getragen. ...* “
In den Durchführungsbestimmungen wurde verfügt, daß rückwirkend auch diejenigen Soldaten die Ehrenblattspange erhalten sollten, die bereits vor dem 30. Januar 1944 im Ehrenblatt genannt worden waren.

- *Ehrenblattspange des Heeres* -

Die Nennung im Ehrenblatt des Deutschen Heeres und die damit verbundene Ehrenblattspange bot als eigenständige „Zwischenauszeichnung“ die Möglichkeit, Ritterkreuzverleihungen restriktiver zu handhaben. Um noch mehr Flexibilität im Auszeichnungswesen zu erreichen, konnte eine für die Nennung im Ehrenblatt nicht ausreichende Tapferkeitstat immerhin noch durch eine Anerkennungsurkunde des Oberbefehlshabers des Heeres (bis 19.12.1941) bzw. durch eine Anerkennungsurkunde des Führers (ab 19.12.1941) als nicht tragbare Auszeichnung gewürdigt werden (siehe dazu auch Kapitel 28).

Vorschläge für die Nennung im Ehrenblatt waren mit kurzer Begründung und Stellungnahme der Zwischenvorgesetzten dem Oberkommando des Heeres (OKH)/Heerespersonalamt (HPA)/P 5/ 1. Staffel vorzulegen. Sie waren in der gleichen Form wie Ritterkreuzvorschläge zu erstellen. Vorschläge für Vermißte waren nicht einzureichen.

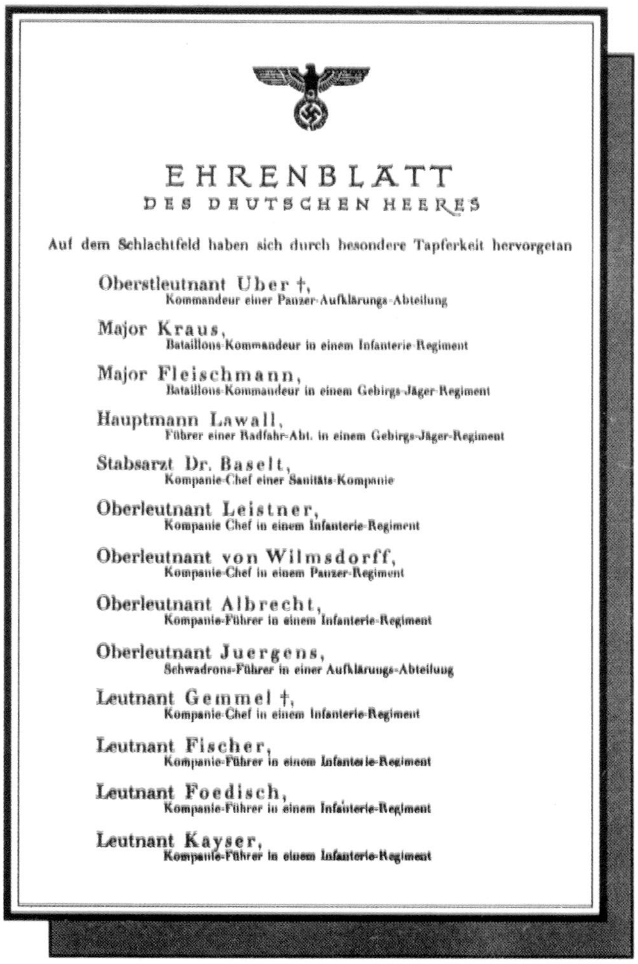
EHRENBLATT
DES DEUTSCHEN HEERES

Auf dem Schlachtfeld haben sich durch besondere Tapferkeit hervorgetan

Oberstleutnant Uber †,
Kommandeur einer Panzer-Aufklärungs-Abteilung

Major Kraus,
Bataillons-Kommandeur in einem Infanterie-Regiment

Major Fleischmann,
Bataillons-Kommandeur in einem Gebirgs-Jäger-Regiment

Hauptmann Lawall,
Führer einer Radfahr-Abt. in einem Gebirgs-Jäger-Regiment

Stabsarzt Dr. Baselt,
Kompanie-Chef einer Sanitäts-Kompanie

Oberleutnant Leistner,
Kompanie Chef in einem Infanterie-Regiment

Oberleutnant von Wilmsdorff,
Kompanie-Chef in einem Panzer-Regiment

Oberleutnant Albrecht,
Kompanie-Führer in einem Infanterie-Regiment

Oberleutnant Juergens,
Schwadrons-Führer in einer Aufklärungs-Abteilung

Leutnant Gemmel †,
Kompanie-Chef in einem Infanterie-Regiment

Leutnant Fischer,
Kompanie-Führer in einem Infanterie-Regiment

Leutnant Foedisch,
Kompanie-Führer in einem Infanterie-Regiment

Leutnant Kayser,
Kompanie-Führer in einem Infanterie-Regiment

Nach der Übernahme des Oberbefehls über das Heer durch Hitler am 19.12.1941 wurden Format und Aufmachung des Ehrenblatts verändert. Bei diesem zweiten Muster, Originalgröße DIN A 4, hier verkleinerte Schwarzweißkopie, wurde anstelle des Lorbeerkranzes und des Eisernen Kreuzes das Hoheitszeichen verwendet.
Wie beim ersten Muster wurden auch hier die Namen der Soldaten nebst Truppenteil, aber ohne die dazugehörende Nummernbezeichnung veröffentlicht.

- Ehrenblattspange des Heeres -

Seite 1

EHRENBLATT

DES DEUTSCHEN HEERES

Auf dem Schlachtfeld haben sich durch besondere Tapferkeit hervorgetan:

Major Wolfgang Auras,
Führer des Jäger-Regiments 49

Major Hans-Georg Meyer,
Kommandeur des Gebirgs-Pionier-Bataillons 83

Major Arnold Nicolaus,
Kommandeur des II. Bataillons Füsilier-Regiment 22

Hauptmann Bernhard Artopoeus,
Führer des II. Bataillons Grenadier-Regiment 273

Hauptmann Ludwig Faulstich,
Kommandeur des III. Bataillons Grenadier-Regiment 520

Hauptmann Hans-Dietrich Irle †,
Kommandeur des Pionier-Bataillons 120

Hauptmann Fritz Meß,
Kommandeur des Feldersatz-Bataillons 370

Hauptmann Jens Paulsen †,
Führer des I. Bataillons Grenadier-Regiment 585

Hauptmann August Sander,
Chef der 14. Kompanie Grenadier-Regiment 273

Hauptmann Erich Sander,
Chef der 13. Kompanie Grenadier-Regiment (mot) 90

Seite 2

Oberleutnant Gerhard Fohrer,
Chef der 7. Kompanie Grenadier-Regiment 670

Oberleutnant Hans-Harald von Hartmann,
Chef der 2. Batterie Sturmgeschütz-Abteilung 277

Oberleutnant Wolfgang Wilde,
Führer der 7. Kompanie Grenadier-Regiment 273

Leutnant Hans Bruß †,
Führer der 3. Kompanie Panzer-Aufklärungs-Abteilung 118

Leutnant Dietrich Bury,
Batterieoffizier in der 8. Batterie Artillerie-Regiment 11

Leutnant Georg Mann,
Zugführer in der 3. Kompanie Panzer-Aufklärungs-Abteilung 115

Oberfeldwebel Wilhelm Minetzke,
Zugführer in der 3. Kompanie Luftwaffen-Jäger-Regiment 30

Feldwebel Friedrich Eberts,
Zugführer in der 1. Kompanie Grenadier-Regiment 273

Feldwebel Bruno Lumma †,
Stoßtruppführer in der 10. Kompanie Grenadier-Regiment 428

Feldwebel Otto Schroder,
Zugführer in der 11. Kompanie Grenadier-Regiment 12

SS-Oberscharführer Josef Styr,
Zugführer in der 10. Kompanie SS-Panzer-Grenadier-Regiment »Germania« Nr. 9.

7. Juni 1944

Der Führer

Seite 3

Das dritte Muster des Ehrenblattes, Originalgröße DIN A 4, hier verkleinerte Schwarzweißkopie, erschien ab April 1942. Seit dem 19.12.1941 zeichnete nicht mehr „Der Oberbefehlshaber des Heeres“, sondern „Der Führer“, weil Hitler auch den Oberbefehl über das Heer übernommen hatte. Dieses Ehrenblatt bestand aus einem Doppelbogen mit dem Hoheitszeichen auf der ersten Seite. Auf der zweiten und dritten Seite wurden die Namen der Soldaten mit dem entsprechenden Truppenteil, bis Januar 1944 noch ohne die dazugehörenden Nummern, aufgeführt. Die vierte Seite blieb frei. Obige Ausgabe vom 07.06.1944 enthält nun auch die Nummernbezeichnung der Truppenteile.
Ab 1943 wurden neben dem Ehrenblatt des Deutschen Heeres in der gleichen Aufmachung Verleihungslisten für die Träger des Ritterkreuzes des Eisernen Kreuzes sowie des Deutschen Kreuzes in Gold dem Heeresverordnungsblatt, Teil C, beigefügt. Ab April 1944 wurden postum ausgesprochene Ehrungen in einem gesonderten Ehrenblatt veröffentlicht.

2. Die Ehrenblattspange im einzelnen

Die Ehrenblattspange besteht aus einem unten mit einer breiten Schleife gebundenen, hohl geprägten Eichenlaubkranz, in dem sich ein waagerecht stehendes, massives Hakenkreuz befindet, dessen Kreuzarme den Kranz berühren.
In keinem Falle wurde das Hakenkreuz mitgeprägt, sondern separat aus einem 0,2 cm dicken Blech gestanzt und dann eingelötet. Im Hakenkreuz verläuft eine gerade, umlaufende Zierlinie. Eichenlaubkranz und Hakenkreuz bestehen aus vergoldetem, unedlem Metall und wurden poliert.

Auf der Rückseite des Eichenlaubkranzes wurden vier dünne, runde Splinte angelötet, die zur Befestigung auf dem Band des Eisernen Kreuzes 2. Klasse 1939 dienten.

Ehrenblattspange auf dem Band des Eisernen Kreuzes 2. Klasse. Ohne Herstellerkennzeichen. Breite 2,4 cm, Höhe 2,5 cm. Auf der Rückseite sind die vier angelöteten, etwa 1,0 cm langen, dünnen, runden Splinte zu erkennen. Gewicht der Ehrenblattspange ohne Band 3,5 g.

Die Ehrenblattspange wurde in einem schwarzen Verleihungsetui überreicht, das aus 0,2 cm dicker Preßpappe gefertigt wurde. Das Etui besteht aus dem Bodenteil, dem Deckel und einer Einlegeplatte, über die das Band des Eisernen Kreuzes 2. Klasse 1939 mit der Ehrenblattspange gelegt ist.
Die Außenseiten und sichtbaren Teile der Innenseite sind mit schwarzem, genarbtem Papier kaschiert. Die Einlegeplatte ist mit einem weißen, velourartigen Bezug versehen. Mit dem gleichen Material ist auch die Unterseite des Deckels ausgelegt. Bodenteil und Deckel sind nicht durch Scharniere, sondern durch ein schwarzes Leinenband beweglich miteinander verbunden. Maße des Etuis: Breite 6,8 cm, Länge 10,0 cm, Höhe 2,3 cm. Zusammen mit der Ehrenblattspange und Band wiegt es 67 g.

Diese stark vergrößerte Abbildung einer getragenen und von der Uniform abgetrennten Ehrenblattspange des Heeres auf dem Band des Eisernen Kreuzes 2. Klasse zeigt die feine und hochwertige Verarbeitung dieser in der Originalgröße lediglich 2,4 cm breiten und 2,5 cm hohen Auszeichnung.

3. Verleihungsberechtigung

Das OKH/HPA prüfte die Vorschläge für eine Nennung im Ehrenblatt des Deutschen Heeres und traf eine Vorentscheidung. Für die Nennung im Ehrenblatt und damit für die Verleihung der Ehrenblattspange waren ausschließlich verleihungsberechtigt:

01.07.1941 - 19.12.1941	Der Oberbefehlshaber des Heeres Generalfeldmarschall Walther von Brauchitsch.
19.12.1941 - 22.04.1945	Der Führer und Oberste Befehlshaber der Wehrmacht Adolf Hitler.
22.04.1945	„Ermächtigungserlaß" an die Oberbefehlshaber.

Links: Walther von Brauchitsch, hier noch als Generaloberst, Oberbefehlshaber des Heeres vom 04.02.1938 - 19.12.1941. Beförderung zum Generalfeldmarschall am 19.07.1940. Ritterkreuz am 30.09.1939. Er verstarb am 18.10.1948 in HAMBURG in britischer Kriegsgefangenschaft.

Auf Grund der Kriegslage wurden die Oberbefehlshaber der Heeresgruppen und selbstständigen Armeen am 22.04.1945 durch Fernschreiben bzw. durch Funk ermächtigt, die Ehrenblattspange zu verleihen. Aus dieser Zeit existiert eine unbekannte Anzahl von an der Front gefertigten Verleihungsurkunden für die Ehrenblattspange, ohne daß es noch zu einer Nennung im Ehrenblatt kommen konnte, weil die Reichsdruckerei längst die Herstellung des Ehrenblattes und der Anerkennungsurkunden eingestellt hatte.

Der Oberste Befehlshaber der Wehrmacht bei der Truppe.

4. Nachweis und Beurkundung

Das Heeresverordnungsblatt und das beigefügte Ehrenblatt wurden den Vorschriftenstellen der Truppenteile übersandt und waren außerdem durch freien Verkauf im Buchhandel auch der Öffentlichkeit zugänglich. Weil sich die zugehörige Anerkennungsurkunde nicht zur Aufbewahrung im Felde eignete, wurde diese und ein Sonderdruck des Ehrenblattes den im Verleihungsvorschlag vermerkten Angehörigen des Beliehenen durch das Heerespersonalamt übersandt. Ein weiterer Sonderdruck des Ehrenblattes ging dem Truppenteil zur Aushändigung an den Ausgezeichneten zu.
Die Nennung im Ehrenblatt und die Aushändigung der Ehrenblattspange wurden in den Personalpapieren vermerkt. Eine Verleihungsurkunde war zwar nicht vorgesehen, trotzdem kommen Verleihungsurkunden für die Ehrenblattspange vor, die durch die Oberbefehlshaber auf Grund des „Ermächtigungserlasses“ vom 22.04.1945 ausgestellt wurden.

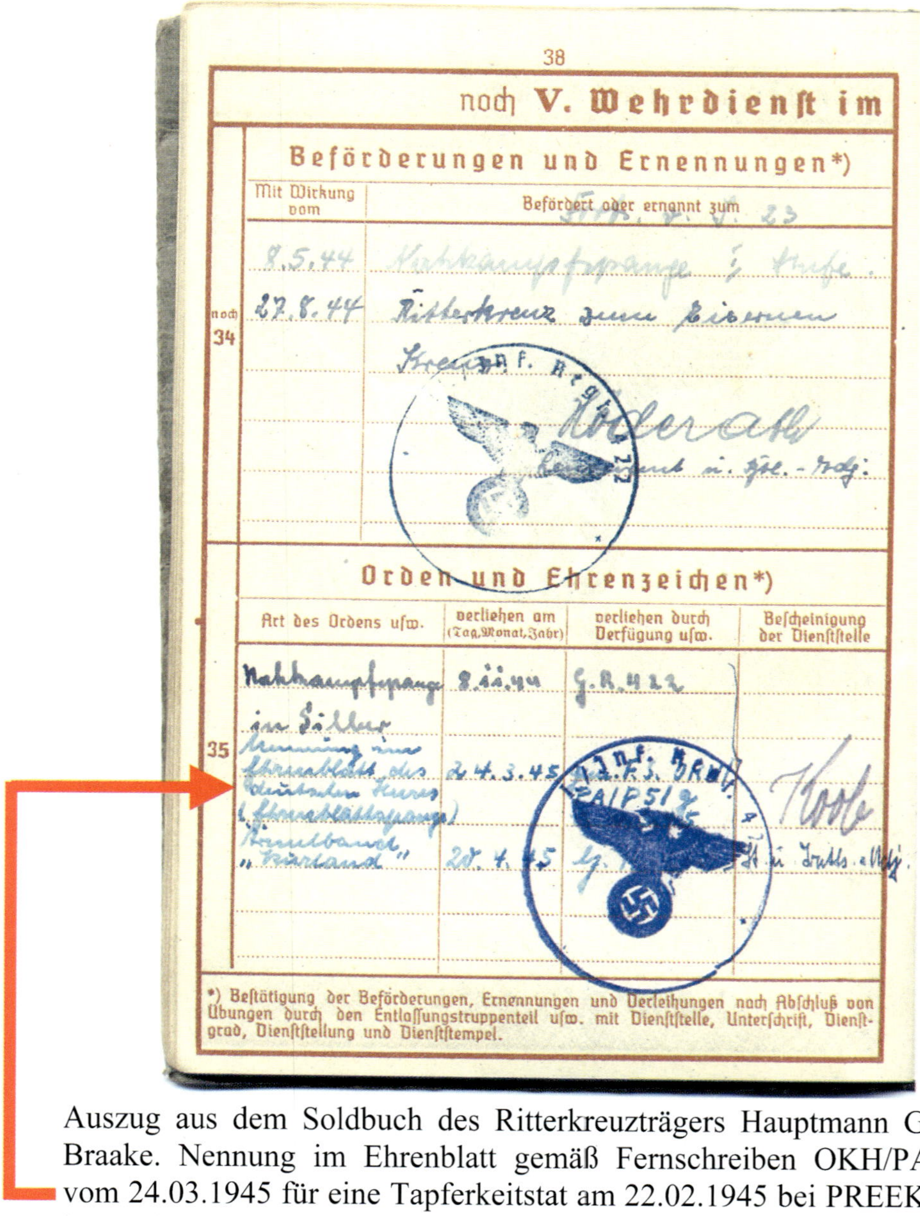

Auszug aus dem Soldbuch des Ritterkreuzträgers Hauptmann Günter Braake. Nennung im Ehrenblatt gemäß Fernschreiben OKH/PA/P 5 vom 24.03.1945 für eine Tapferkeitstat am 22.02.1945 bei PREEKULN im Kurland-Brückenkopf als Kdr I. Btl/GrenRgt 422 (126. InfDiv).

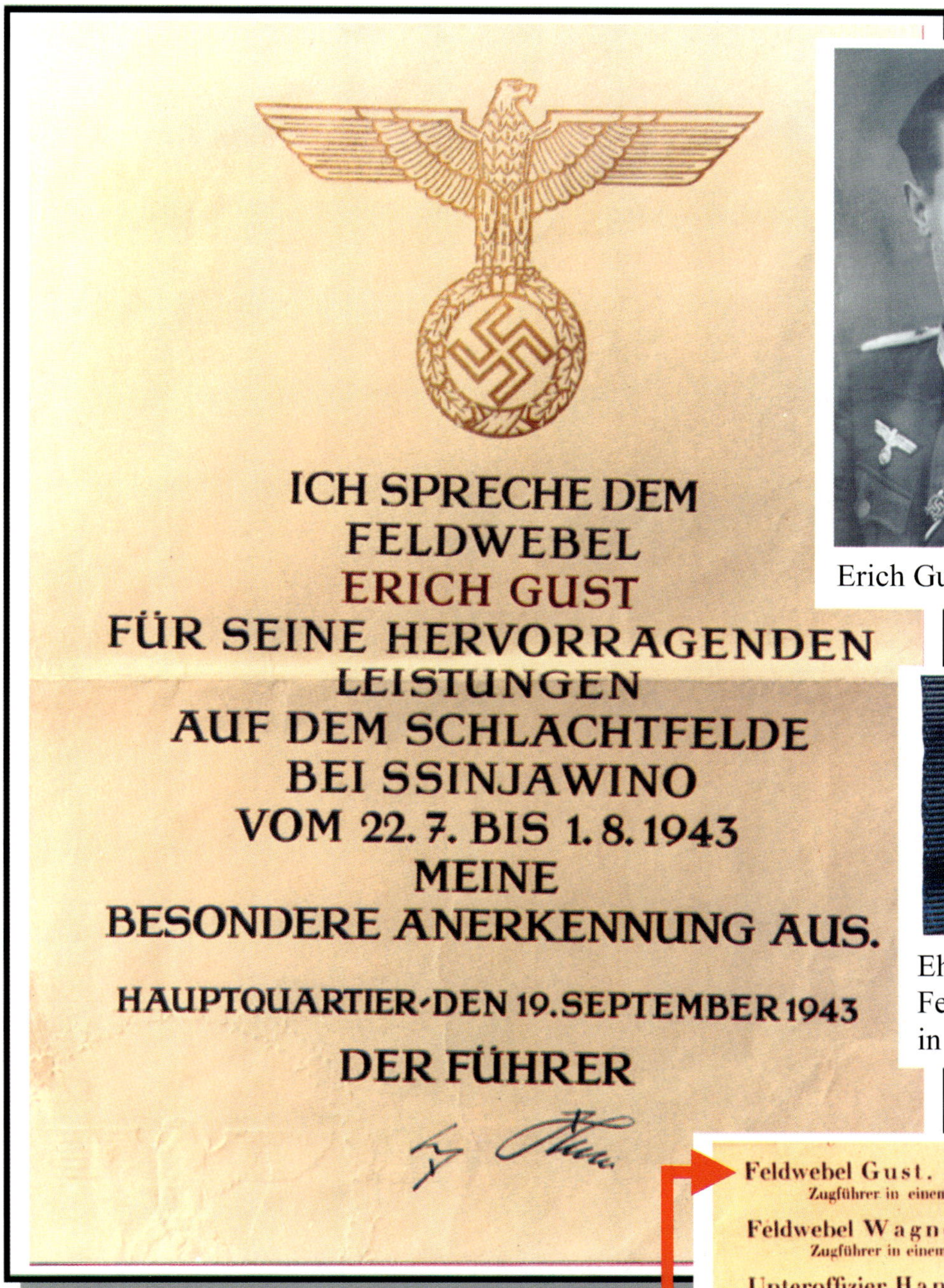

ICH SPRECHE DEM
FELDWEBEL
ERICH GUST
FÜR SEINE HERVORRAGENDEN
LEISTUNGEN
AUF DEM SCHLACHTFELDE
BEI SSINJAWINO
VOM 22.7. BIS 1.8.1943
MEINE
BESONDERE ANERKENNUNG AUS.

HAUPTQUARTIER·DEN 19.SEPTEMBER 1943

DER FÜHRER

Erich Gust 1944 als Leutnant.

Ehrenblattspange von Feldwebel Erich Gust in Originalgröße.

Feldwebel Gust.
Zugführer in einem Grenadier-Regiment

Feldwebel Wagner.
Zugführer in einem Füsilier-Bataillon

Unteroffizier Hantsch.
Geschützführer in einem Grenadier-Regiment

Unteroffizier Rüst.
Geschützführer in einem Panzer-Grenadier-Regiment

Obergefreiter Zeidler.
Geschützführer in einem Grenadier-Regiment

19. September 1943

Der Führer

Oben: Anerkennungsurkunde (Ausschnitt) mit der Faksimile-Unterschrift Hitlers vom 19.09.1943 für den Feldwebel Erich Gust, 6.Kp/GrenRgt 23 (11. InfDiv). In der linken unteren Ecke der Urkunde ist ein Teil des Reichssiegels erkennbar, das mit einem Durchmesser von 8,0 cm als Prägesiegel (sog. „Blindsiegel") in das Papier eingeprägt wurde. Rechts: Die Nennung im Ehrenblatt erfolgte ebenfalls am 19.09.1943.

5. Trageweise

Die Ehrenblattspange wurde auf dem Band des Eisernen Kreuzes 2. Klasse 1939 im zweiten Knopfloch des Uniformrocks getragen. Sowohl an der kleinen als auch an der großen Ordensschnalle durfte sie nicht angebracht werden. Das Tragen des schwarz-weißen Bandes des Eisernen Kreuzes 2. Klasse 1914 mit der Wiederholungsspange 1939 neben dem Band des Eisernen Kreuzes 2. Klasse 1939 mit der Ehrenblattspange war nicht zulässig.

Hauptmann Günter Braake mit der Ehrenblattspange auf dem Band des Eisernen Kreuzes 2. Klasse 1939 im Knopfloch. Nennung im Ehrenblatt gemäß Fernschreiben OKH/PA/P 5 vom 24.03.1945. Am Waffenrock trägt er außerdem folgende Auszeichnungen: Ritterkreuz des Eisernen Kreuzes (verliehen am 27.08.1944), auf der linken Brustseite an der großen Ordensschnalle im Original das Eiserne Kreuz 2. Klasse 1939 und die Ostmedaille, darüber die Nahkampfspange in Silber. Unterhalb der Großen Ordensschnalle das Eiserne Kreuz 1. Klasse, das Verwundetenabzeichen in Gold und das Infanteriesturmabzeichen in Silber.

6. Herstellung, Verleihungszahlen und Sammlerbewertung

Die Ehrenblattspange des Heeres gehört zu den höchsten Tapferkeitsauszeichnungen des 2. Weltkrieges und ist auf Grund der verhältnismäßig niedrigen Verleihungszahl eine Seltenheit. Sie wurde weit weniger verliehen als das Ritterkreuz des Eisernen Kreuzes (etwa 7.200 Verleihungen). Zahlenangaben über die mit der Nennung im Ehrenblatt des Deutschen Heeres verbundenen Ehrenblattspangen weichen voneinander ab. Es gibt Quellen, die insgesamt 4.272 Verleihungen an Soldaten des Heeres und der Waffen-SS (114) annehmen, andere Quellen sprechen von 4.556 Verleihungen.
Die genaue Anzahl der verliehenen Ehrenblattspangen wird ohnehin nicht zu ermitteln sein, weil auf Grund des „Ermächtigungserlasses" vom 22.04.1945 die Oberbefehlshaber eine unbekannte Anzahl von Ehrenblattspangen verliehen haben, die auf Grund der Kriegslage nicht mehr zentral erfaßt werden konnten.

Bisher ermittelte Gesamtzahlen von Nennungen im Ehrenblatt des Heeres und damit auch für verliehene Ehrenblattspangen nach Kriegsjahren: 1941 = 251, 1942 = 490, 1943 (lückenhaft) = 857, 1944 = 1.724, 1945 (unvollständig) = 670.
Die einzelnen Truppengattungen waren etwa wie folgt anteilmäßig vertreten:
Infanterie = 70,2 %, Artillerie und Sturmartillerie = 12,7 %, Panzertruppe = 10,1 %, Pioniertruppe = 5,5 %, Sonstige Truppengattungen = 1,5 %.

Es sind 1.184 Verleihungen an Leutnante/Oberleutnante und 598 an Hauptleute nachgewiesen, die vor allem als Zug- bzw. als Kompanieführer in der Kampftruppe eingesetzt waren und immer häufiger mit der Waffe in der Hand ein tapferes Beispiel geben mußten.

Alle Ehrenblattspangen sind in Aussehen und Fertigungsqualität identisch, Prägeunterschiede sind nicht bekannt. Vermutlich wurden sie von der Firma Otto Klein in HANAU hergestellt. Abweichungen, wie z.B. hohl geprägtes Hakenkreuz, massiver Eichenlaubkranz, ausgefülltes Mittelfeld oder breite Flachsplinte sind Merkmale für Kopien und Fälschungen.

Die Ehrenblattspangen wurden den Armeen, territorialen Befehlshabern und Stellv. Generalkommandos unmittelbar zugewiesen. Dazu war der Bedarf an OKH/HPA/P 5/ 1. Staffel zahlenmäßig zu melden. Außer dem augenblicklichen Bedarf erhielten die Armeen einen Verfügungsbestand. Bestandsänderungen waren in den monatlichen Abrechnungen für Ritterkreuze und Deutsche Kreuze in Gold zu melden.

Derzeit kann für Stücke mittlerer Qualität auf dem Sammlermarkt folgender Verkaufspreis als Anhalt dienen:

Ehrenblattspange, Blech geprägt, vergoldet, hohler Kranz,
eingesetztes massives Hakenkreuz, rückseitig vier dünne, runde Splinte,
auf dem Band des Eisernen Kreuzes 2. Klasse von 1939 — 1.200,-- €

Die Seltenheit und der hohe materielle Sammlerwert der Ehrenblattspange haben zur Herstellung zahlreicher Kopien geführt.

7. Das Gesetz über Titel, Orden und Ehrenzeichen von 1957

Durch Gesetz vom 26. Juli 1957 wurde das Tragen von deutschen Kriegsauszeichnungen des 2. Weltkrieges wieder zugelassen, jedoch nur in einer „entnazifizierten" Form.
Bei der Veränderung der Ehrenblattspange ist wie beim Deutschen Kreuz von einer ersatzlosen Entfernung des Hakenkreuzes abgesehen worden, um die Auszeichnung nicht allzusehr zu verunstalten. An dessen Stelle wurden daher zwei gekreuzte Schwerter in den Eichenlaubkranz eingefügt.

Als Trageweise im täglichen Dienst für ehemalige Angehörige der Deutschen Wehrmacht, die in die Bundeswehr eingetreten waren, war für den Dienstanzug eine verkleinerte Nachbildung der Ehrenblattspange auf einer 2,5 cm breiten und 1,2 cm hohen, schwarz-weiß-roten Bandunterlage an der Bandschnalle vorgesehen, die über der linken Brusttasche getragen wurde.

Ehrenblattspange des Heeres in der gemäß Gesetz von 1957 zugelassenen Form, Schwarzweißabbildung.

Ehrenblattspange des Heeres, Ausführung 1957, an der Bandschnalle für die Bundeswehr.

Nordafrikanischer Kriegsschauplatz, Oktober 1942: Generalfeldmarschall Erwin Rommel, Oberbefehlshaber der deutsch-italienischen Panzerarmee, überreicht seinem Chef des Stabes, Oberst Fritz Bayerlein, das Deutsche Kreuz in Gold.

Kapitel 4

Deutsches Kreuz

- Deutsches Kreuz -

1. Vorgeschichte und Stiftung der Auszeichnung

Mit fortschreitender Entwicklung des 2. Weltkrieges wurde deutlich, daß die bisherigen Tapferkeits- und Verdienstauszeichnungen den Vorstellungen von gerechter Anerkennung für dauernde herausragende Taten und Leistungen nicht mehr entsprachen. So konnten z.B. wiederholte Tapferkeitstaten oder Führungsleistungen, die jeweils für den Vorschlag zum Ritterkreuz des Eisernen Kreuzes oder für die Nennung im Ehrenblatt nicht ausreichten, über die bereits erfolgte Verleihung des Eisernen Kreuzes 1. Klasse hinaus nicht angemessen gewürdigt werden. Der hohe ideelle Wert des Ritterkreuzes sollte erhalten und dieses der einmaligen, entscheidenden Tat vorbehalten bleiben.
Dieser Sachverhalt galt sinngemäß auch für Kriegsverdienste, die durch das Kriegsverdienstkreuz mit Schwertern bzw. durch das Ritterkreuz des Kriegsverdienstkreuzes mit Schwertern zu würdigen waren.

Die Notwendigkeit, solchermaßen wiederholte, weit über das Maß der selbstverständlichen Pflichterfüllung hinausgehende Taten und Verdienste zu würdigen, führte am 28. September 1941 durch den Obersten Befehlshaber der Deutschen Wehrmacht zur Stiftung eines neuen Ordens in der Form eines Bruststerns, des Deutschen Kreuzes. Vorhergehende Überlegungen, ein Eichenlaub zum Eisernen Kreuz 1. Klasse oder gar ein Eisernes Kreuz in Gold zu schaffen, waren als ungeeignet verworfen worden.
Ab dem 16.10.1942 konnte das Deutsche Kreuz auch an Angehörige verbündeter Staaten verliehen werden.

Das Deutsche Kreuz ist wie folgt gestaltet: Auf einem achtstrahligen Stern (Grundplatte) liegt, diesen fast ganz überdeckend, eine brünierte Sternauflage auf. Darauf wiederum befindet sich als Medaillonplatte ein rundes Mittelstück im Durchmesser von 4,0 cm bis 4,1 cm mit einer rot emaillierten Randplatte. Auf der mattweißen, glatten Medaillonfläche liegt auf der Spitze stehend und die Fläche füllend ein schwarz emailliertes Hakenkreuz, eingerahmt beim Deutschen Kreuz in Gold von einem vergoldeten und beim Deutschen Kreuz in Silber von einem versilberten, mehrfach gebundenen Lorbeerkranz. Auf der unteren Bindung des Lorbeerkranzes ist das Stiftungsjahr 1941 eingeprägt.
Die Rückseite des Deutschen Kreuzes ist leicht gewölbt, bis auf die Vernietung glatt und mit einem senkrecht angebrachten, massiven Nadelsystem versehen. Soweit Herstellerkennzeichen angebracht sind, so befinden sich diese in der Regel auf der Außen- oder Innenseite der Nadel. Lediglich die Firma Otto Klein, HANAU, punzte die von ihr hergestellten Deutschen Kreuze gemäß der Firmenliste der Präsidialkanzlei mit 134 in der Mitte der Rückseite der Grundplatte.

„Der Orden des Deutschen Kreuzes ist ein Wehrmachtorden“. Mit diesem Satz aus Artikel 1 der Stiftungsverordnung war der Rahmen, in dem das Deutsche Kreuz zur Verleihung kommen sollte, klar umrissen. Nur die Oberbefehlshaber der Teilstreitkräfte und der Chef des Oberkommandos der Wehrmacht waren berechtigt, Verleihungen vorzunehmen.
Erst gegen Ende des 2. Weltkrieges, als durch die Einschließung der Reichshauptstadt die uneingeschränkte Handlungsfähigkeit der Obersten Führung nicht mehr gegeben war, wurde am 22.04.1945 die Verleihungsbefugnis auch den Oberbefehlshabern der Heeresgruppen und selbstständigen Armeen übertragen.

- Deutsches Kreuz -

Die Bekanntgabe der Verordnung über die Stiftung des Deutschen Kreuzes erfolgte am 02.10.1941 durch das Reichsgesetzblatt und am 08.11.1941 durch die Allgemeinen Heeresmitteilungen.

Verordnung über die Stiftung des Deutschen Kreuzes vom 28.9.1941.

Zur Anerkennung vielfacher außergewöhnlicher Tapferkeits- oder Führungstaten stifte ich den

Kriegsorden des Deutschen Kreuzes.

Artikel 1

Der Orden des Deutschen Kreuzes ist ein Wehrmachtorden. Er wird in folgender Ausführung verliehen:

das Deutsche Kreuz in Silber,
das Deutsche Kreuz in Gold.

Artikel 2

(1) Der Orden besteht aus einem achtzackigen dunkelgrauen, silbergeränderten Stern von 65 Millimeter Durchmesser, der in einem silbernen bzw. goldenen Lorbeerkranz auf mattsilbernem Feld ein schwarzes, silbergerändertes Hakenkreuz trägt. Der Lorbeerkranz zeigt unten die Jahreszahl 1941.
(2) Das Deutsche Kreuz wird ohne Band auf der rechten Seite getragen.

Artikel 3

(1) Das Deutsche Kreuz in Silber wird verliehen für vielfache außergewöhnliche Verdienste in der militärischen Kriegführung.
(2) Das Deutsche Kreuz in Gold wird verliehen für vielfach bewiesene außergewöhnliche Tapferkeit oder für vielfache hervorragende Verdienste in der Truppenführung.
(3) Voraussetzung für die Verleihung des Deutschen Kreuzes in Silber und in Gold ist der Besitz des Eisernen Kreuzes 1. Klasse von 1939 oder der Spange zum Eisernen Kreuz 1. Klasse des Weltkrieges oder des Kriegsverdienstkreuzes 1. Klasse mit Schwertern.

Artikel 4

Der Beliehene erhält eine Besitzurkunde.

Artikel 5

Das Deutsche Kreuz verbleibt nach Ableben des Beliehenen als Erinnerungsstück den Hinterbliebenen.

Artikel 6

Die Durchführungsbestimmungen erläßt der Chef des Oberkommandos der Wehrmacht im Einvernehmen mit dem Staatsminister und Chef der Präsidialkanzlei.

Führerhauptquartier, den 28.9.1941.

Der Führer
Adolf Hitler

...

„Nur Tat und Leistung, nicht Dienstgrad, Dienststellung oder Dauer der Dienstleistung" sollten gemäß den Durchführungsbestimmungen für die Verleihung des Deutschen Kreuzes maßgebend sein.
Insgesamt ist festzustellen, daß der strenge Maßstab bei der Bewertung von Leistungen für das Deutsche Kreuz während des 2. Weltkrieges grundsätzlich eingehalten wurde, die niedrigen Verleihungszahlen sind ein Beweis dafür.

Auch Gefallene konnten, wenn die Verleihungsvoraussetzungen erfüllt waren, postum mit dem Deutschen Kreuz ausgezeichnet werden. Ab dem 02.08.1944 waren allerdings Vorschläge für Auszeichnungen von vermißten oder in Gefangenschaft geratenen Soldaten nicht mehr zu bearbeiten. Den Truppenteilen wurde die Zurückstellung solcher Vorschläge bis Kriegsende bekanntgegeben.

Im Kriegsjahr 1943 in einer Kaserne der Deutschen Wehrmacht: Soldaten haben ein Beet in der Form eines Deutschen Kreuzes gestaltet.

2. Die Ausführungen im einzelnen

a. Das Deutsche Kreuz in Silber

Das Deutsche Kreuz in Silber wurde gemäß der Stiftungsverordnung verliehen *„für vielfache außergewöhnliche Verdienste in der militärischen Kriegführung"*.

Voraussetzung war stets der Besitz des Kriegsverdienstkreuzes 1. Klasse mit Schwertern. Eine Verleihung war auch dann noch möglich, wenn der Beliehene bereits das Ritterkreuz des Kriegsverdienstkreuzes mit Schwertern besaß.

- *Deutsches Kreuz* -

Deutsches Kreuz in Silber. Ohne Herstellerkennzeichen. Sechs Vollnieten. Breite und Höhe 6,0 cm, Länge der nach unten verjüngt zulaufenden Nadel 5,0 cm. Gewicht 62 g.

Deutsches Kreuz in Silber. Ohne Herstellerkennzeichen. Vier Hohlnieten. Breite und Höhe 6,3 cm, Länge der bauchigen Nadel 5,0 cm. Gewicht 50 g.

b. Das Deutsche Kreuz in Gold

Das Deutsche Kreuz in Gold wurde verliehen *„für vielfach bewiesene außergewöhnliche Tapferkeit oder für vielfache hervorragende Verdienste in der Truppenführung“.* Bei Offizieren wurde dabei meist ein strengerer Maßstab angelegt als bei Unteroffizieren und Mannschaften. Nach der Verleihung des Eisernen Kreuzes 1. Klasse waren für das Deutsche Kreuz in Gold durch Offiziere mindestens etwa acht, durch Unteroffiziere und Mannschaften mindestens etwa fünf bis sechs weitere, außergewöhnliche Tapferkeits- bzw. Führungstaten zu erbringen, die jede für sich zur Verleihung des Eisernen Kreuzes 1. Klasse genügt hätten. Dies entsprach der gängigen Praxis und war so in den Durchführungsbestimmungen nicht festgelegt. Für vielfache hervorragende Verdienste in der Truppenführung durfte das Deutsche Kreuz in Gold nur verliehen werden *„an den Truppenführer und seinen ersten Gehilfen sowie in Stäben, die einem Chef des Stabes unterstehen, an den Chef des Stabes und an dessen ersten Gehilfen“.*

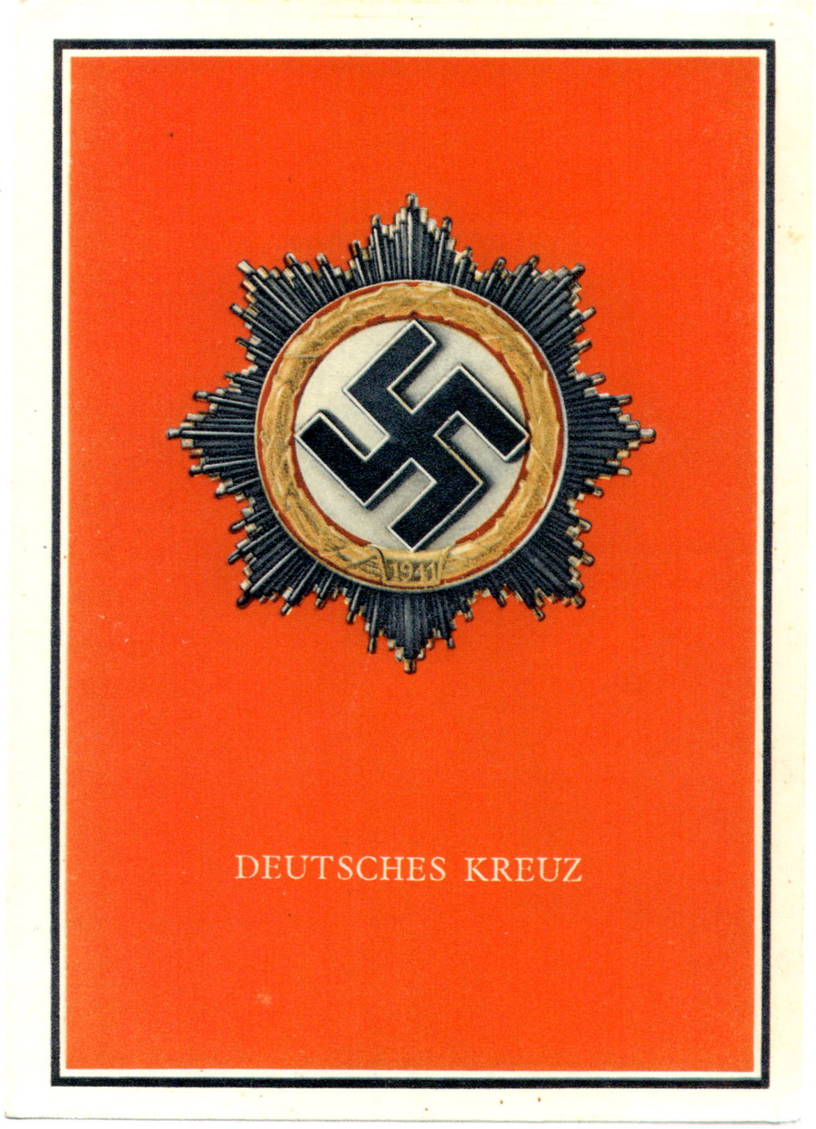

Zeitgenössische Postkarte in der Originalgröße 10,5 cm x 14,7 cm mit der Abbildung des Deutschen Kreuzes in Gold.

- *Deutsches Kreuz* -

Das Deutsche Kreuz in Gold ist kein Zwischenorden in der Folge der Klassen des Eisernen Kreuzes und sein Besitz war deshalb nicht Voraussetzung für die Verleihung des Ritterkreuzes.
Eine Verleihung des Deutschen Kreuzes in Gold an bereits mit dem Ritterkreuz ausgezeichnete Soldaten war jedoch ab Dezember 1942 möglich und durchaus nicht unüblich. Eine Verleihung des Deutschen Kreuzes in Gold nach der Verleihung des Deutschen Kreuzes in Silber war ab dem 30.01.1943 ebenfalls statthaft. Allerdings sollte dann das Deutsche Kreuz in Silber abgelegt werden. Das Tragen beider Ausführungen sollte unterbleiben.

Mit dem Deutschen Kreuz in Gold gewürdigte Soldaten konnten auf Grund der strengen Verleihungsvoraussetzungen als besonders erfahrene Frontsoldaten angesehen werden. Am 30.08.1944 wurde verfügt, daß die Träger der Nahkampfspange in Gold ohne weitere Begründung zur Verleihung des Deutschen Kreuzes in Gold eingegeben werden können.

Nach einer Verfügung des Oberkommandos der Wehrmacht vom 05.06.1942 wurde das Tragen einer gestickten Ausführung des Deutschen Kreuzes in Gold genehmigt. Ergänzend dazu wurde angeordnet, daß die Aushändigung der gestickten Form zusätzlich zur Ausführung in Metall nur an die Truppenteile erfolgen sollte, bei denen auf Grund ihres Einsatzes eine Beschädigung des kostbaren Originals aus Metall zu erwarten war. Dies waren vor allem Angehörige folgender Truppengattungen: Infanterie, Pioniere, Panzeraufklärer, Panzertruppe, Sturmartillerie, fliegendes Personal der Luftwaffe und U-Boot-Waffe.
Anforderungen von Deutschen Kreuzen in gestickter Form durch Soldaten, die keiner Fronttruppe angehörten, wurden ab Ende Oktober 1944 durch das OKH oder die Präsidialkanzlei nicht mehr berücksichtigt.

Die Tuchunterlage der gestickten Form sollte dem Uniformtuch des Trägers entsprechen. Die Strahlenspitzen sind in Silberfadenstickerei, die übrigen Strahlenteile in blauvioletter Baumwollstickerei ausgeführt. Der Lorbeerkranz ist aus Metall, hohl gepreßt und vergoldet. Innen- und Außenseite des Lorbeerkranzes sind mit einer dünnen, in sich gedrehten roten Kordel eingefaßt, die Kranzaußenseite wird zusätzlich von einem silbernen Kantillendraht umrandet. Das Medaillon ist aus weißer Kunstseide, zeigt eine leicht quergestreifte oder leicht carréartige, gerippt wirkende Struktur und ist mit einem schwarzen Hakenkreuz aus Baumwolle bestickt, das mit einem Silberfaden gerahmt ist. Die Rückseite ist mit einem dunkelgrauen Stoffgewebe versehen, das wiederum mit einer grauschwarzen Papierabdeckung beklebt wurde. Eine gestickte Ausführung des Deutschen Kreuzes in Silber war offiziell nicht vorgesehen, es sind jedoch Exemplare als Privatanfertigung bekannt.

Am 10.03.1945 wurde bekanntgegeben, daß Hitler mit sofortiger Wirkung die Verleihung des Eisernen Kreuzes in allen Stufen und des Deutschen Kreuzes in Gold für Führungsverdienste einstweilen gesperrt habe. Diese Auszeichnungen durften bis auf weiteres nur noch für persönliche Tapferkeit verliehen werden.

Das Deutsche Kreuz wurde in der Sprache der Frontsoldaten meist als *„Spiegelei“* bezeichnet. Auf Grund des darauf abgebildeten großen Hakenkreuzes kamen auch andere scherzhafte Bezeichnungen wie *„Parteiabzeichen für Kurzsichtige“* oder *„Gesinnungsrückstrahler“* vor, obwohl dieser Orden keinen parteipolitischen Bezug hat.

Frühe Ausführung eines Deutschen Kreuzes in Gold. Ohne Herstellerkennzeichen. Zehn Vollnieten. Breite und Höhe 6,2 cm. Gewicht 66 g. Die kurze Nadel ist lediglich 4,4 cm lang.

Deutsches Kreuz in Gold, gepunzt auf der Außenseite der Nadel mit 1, gemäß der Firmenliste der Präsidialkanzlei Kennzeichen für die Firma Deschler & Sohn, MÜNCHEN. Vier Vollnieten. Breite und Höhe 6,2 cm, Länge der Nadel 5,2 cm. Gewicht 70 g. Träger: Oberleutnant Erich Gust, 1./PzArtRgt 2, Verleihung am 01.06.1944.

- *Deutsches Kreuz* -

Deutsches Kreuz in Gold, gepunzt auf der Außenseite der Nadel mit 2, gemäß der Firmenliste der Präsidialkanzlei Kennzeichen für die Firma C.E. Juncker, BERLIN. Fünf Vollnieten. Breite und Höhe 6,2 cm, Länge der Nadel 5,2 cm. Gewicht 56 g. Träger: SS-Standartenoberjunker Erwin Fehlhaber, III./SS-PzGrenRgt 6 „Theodor Eicke“, Verleihung am 08.12.1944.

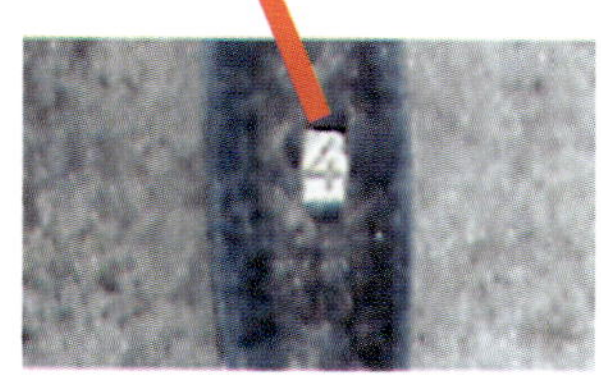

Deutsches Kreuz in Gold, gekennzeichnet auf der Außenseite der Nadel mit 4, gemäß der Firmenliste der Präsidialkanzlei Kennzeichen für die Firma Steinhauer & Lück, LÜDENSCHEID. Vier Hohlnieten. Breite und Höhe 6,3 cm, Länge der Nadel 5,0 cm. Gewicht 50 g.

Deutsches Kreuz in Gold, gepunzt auf der Innenseite der Nadel mit 20, gemäß der Firmenliste der Präsidialkanzlei Kennzeichen für die Firma C.F. Zimmermann, PFORZHEIM. Vier Hohlnieten. Breite und Höhe 6,2 cm, Länge der Nadel 5,1 cm. Gewicht 66 g. Träger: Feldwebel Franz Adler, 1./schwere Panzerabteilung 506 (Tiger), Verleihung am 09.03.1945.

Deutsches Kreuz in Gold, gekennzeichnet auf der Innenseite der Nadel mit 21, gemäß der Firmenliste der Präsidialkanzlei Kennzeichen für die Firma Gebr. Godet & Co., BERLIN. Sechs Vollnieten. Breite und Höhe 6,2 cm, Länge der Nadel 5,0 cm. Gewicht 50 g. Träger: Oberleutnant Richard Huntemüller, 2. Bttr/leichte Flak-Sturmabteilung 76 (mot), Verleihung Deutsches Kreuz in Gold am 02.05.1945. Ritterkreuz am 05.09.1944.

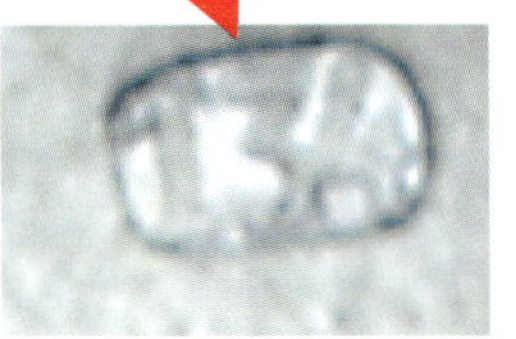

Deutsches Kreuz in Gold, gekennzeichnet auf der Grundplatte mit 134, gemäß der Firmenliste der Präsidialkanzlei Kennzeichen für die Firma Otto Klein, HANAU. Vier Hohlnieten. Breite und Höhe 6,3 cm, Länge der Nadel 5,1 cm. Gewicht 44 g. Träger: Oberleutnant Joachim Barth, 3. Kp/PzJgAbt 13, Verleihung am 19.12.1941.

Deutsches Kreuz in Gold in gestickter Ausführung auf schwarzem Stoff für Soldaten, die mit der schwarzen Panzeruniform ausgestattet waren. Breite und Höhe 7,5 cm. Der vergoldete Eichenlaubkranz ist aus Metall gefertigt. Die Rückseite ist mit einer schwarzen Papierabklebung versehen.

Deutsches Kreuz in Gold in gestickter Ausführung auf feldgrauem Stoff für Angehörige von Truppengattungen mit feldgrauer Bekleidung. Träger: Hauptmann Bruno Kahl, Kommandeur III. Abt/PzRgt 21 (20. PzDiv), Verleihung des Deutschen Kreuzes in Gold am 20.09.1942.

Deutsches Kreuz in Gold in gestickter Ausführung auf feldgrauem Heeresstoff. Leicht getragenes, von der Uniform abgetrenntes Stück. Breite und Höhe der Stoffunterlage 7,3 cm. Gewicht 8 g.

Deutsches Kreuz in Gold in einer besonderen gestickten Ausführung. Der Lorbeerkranz besteht hier nicht wie üblich aus Metall, sondern aus Goldfaden. Außerdem ist auf eine Tuchunterlage entsprechend des Uniformstoffes des Trägers verzichtet worden. Dieses privat beschaffte Stück stammt aus dem Besitz von Oberleutnant Albrecht Zorn, I. Abt/PzRgt 5 (21. PzDiv), Verleihung des Deutschen Kreuzes in Gold am 25.03.1942 in Nordafrika.

c. Das Deutsche Kreuz in Gold mit Brillanten

Um das Auszeichnungssystem zunehmend tiefer zu staffeln, wurde die Stiftung eines Deutschen Kreuzes in Gold mit Brillanten in Betracht gezogen.
Im Oktober 1942 wurden durch den Juwelier Rath in MÜNCHEN 20 Musterexemplare dieser Ausführung hergestellt. Die Stücke wurden an die Ordenskanzlei der Präsidialkanzlei geliefert. Sowohl eine formelle Stiftung als auch Verleihungen sind allerdings nicht erfolgt. Gegen Ende des 2. Weltkrieges verlegte die Ordenskanzlei von BERLIN nach Schloß Kleßheim bei SALZBURG. Dort fielen die Deutschen Kreuze in Gold mit Brillanten den Amerikanern in die Hände. Drei Exemplare werden im Museum der Military Academy von WESTPOINT (USA) verwahrt.

Deutsches Kreuz in Gold mit Brillanten und das dafür vorgesehene Verleihungsetui.

Für die Fertigung des Deutschen Kreuzes in Gold mit Brillanten wurde kein herkömmliches Deutsches Kreuz verwendet, dem man lediglich einen Kranz mit Brillanten aufsetzte, sondern besondere Materialien, vor allem Silber und Dukatengold, die dem hohen Stellenwert dieser besonderen Auszeichnung entsprechen sollten.
Das Zusammenfügen der Einzelteile erfolgte durch sechs Hohlnieten. Die Grundplatte ist massiv aus Silber ausgesägt und befeilt. Die Rückseite der Grundplatte ist hochglanzpoliert. Die Sternauflage besteht ebenfalls aus Silber, der altsilbergraue Farbton wurde durch einen Farbauftrag erzielt. Der Lorbeerkranz besteht aus Dukatengold, 21,6 Karat. Er ist handgearbeitet, nachgeschnitten und poliert. Die Jahreszahl 1941 ist graviert. In den Kranz sind 100 achteckig geschliffene Diamanten eingesetzt. Auch das Nadelsystem ist aus Silber. Auf der Außenseite der Nadel befindet sich mittig die Herstellergravur „RATH MÜNCHEN“.

3. Verleihungsberechtigung

Verleihungsberechtigt für das Deutsche Kreuz waren *„im Namen des Führers und Obersten Befehlshabers der Wehrmacht“* die Oberbefehlshaber der Wehrmachtteile, jeder für seinen Bereich, und der Chef des Oberkommandos der Wehrmacht. Verleihungsvorschläge für Angehörige des Heeres waren auf dem Dienstweg mit Stellungnahmen der Zwischenvorgesetzten dem Oberkommando des Heeres (OKH)/Heerespersonalamt (HPA) vorzulegen. Die Verleihungen wurden im Heeresverordnungsblatt (H.V.Bl.), herausgegeben vom Oberkommando des Heeres, veröffentlicht.

Das Deutsche Kreuz wurde in einem Verleihungsetui ausgeliefert bzw. überreicht. Davon gab es zunächst eine kleinere, dann eine größere Ausführung. Das Etui ist mit schwarz genarbtem Papier als Lederimitat bezogen. In geschlossenem Zustand beträgt bei der großen, quadratischen Ausführung die Seitenlänge 11,5 cm bis 11,7 cm und die Höhe 2,7 cm bis 2,8 cm. Es ist mit weißem, satinartigem, unterfüttertem Stoff ausgeschlagen. Das gleiche Material dient auf der Innenseite des Scharniers als Stoppband, um ein Überklappen des Deckels zu verhindern. Deckel und Bodenteil werden durch ein etwa 6 cm bis 8 cm langes Klavierband beweglich miteinander verbunden. Der Orden liegt auf einer leicht gewölbten Unterlage aus Preßpappe, die mit einem schwarzen, velourartigen Material bezogen ist und rundum von einer Kante aus weißem Karton begrenzt wird. Dieser Einsatz ist fest mit dem Bodenteil verklebt. Das Etui wurde durch einen Federmechanismus geschlossen. Das äußerlich völlig schlicht gehaltene Etui hat an den Oberkanten der Deckelseiten eine umlaufenden Zierlinie, die in Gold (beim Deutschen Kreuz in Gold) bzw. in Silber (beim Deutschen Kreuz in Silber) gehalten ist. Gewicht des Etuis ohne Auszeichnung etwa 80 g.

Deutsches Kreuz in Gold der Firma C.F. Zimmermann, PFORZHEIM, im großen Verleihungsetui mit der umlaufenden goldenen Zierlinie an der Oberkante der Deckelseiten.

4. Nachweis und Beurkundung

Mit dem Deutschen Kreuz ausgezeichnete Soldaten des Heeres erhielten zunächst ein Vorläufiges Besitzzeugnis im Format DIN A 5, dem eine „große“ Verleihungsurkunde an die Heimatadresse des Beliehenen folgen sollte. Aus Ersparnisgründen ist es im fortgeschrittenen Verlauf des Krieges meist bei dem Vorläufigen Besitzzeugnis geblieben. Bei Luftwaffe und Marine sah man von einem Vorläufigen Besitzzeugnis ab und stellte sofort eine große Verleihungsurkunde aus. Das Aussehen der Verleihungsurkunden war bei den Teilstreitkräften unterschiedlich. Für das Heer unterschrieb zunächst Generalfeldmarschall Walther von Brauchitsch und ab dem 19.12.1941 der Chef des Oberkommandos der Wehrmacht, Generalfeldmarschall Wilhelm Keitel. Die Verleihung wurde in die Personalpapiere eingetragen. Unbefugtes Tragen war strafbar. Zweitstücke und Ersatzstücke verlorengegangener Exemplare des Deutschen Kreuzes konnten von der Präsidialkanzlei in BERLIN zum Preis von 15,-- RM je Stück bezogen werden.

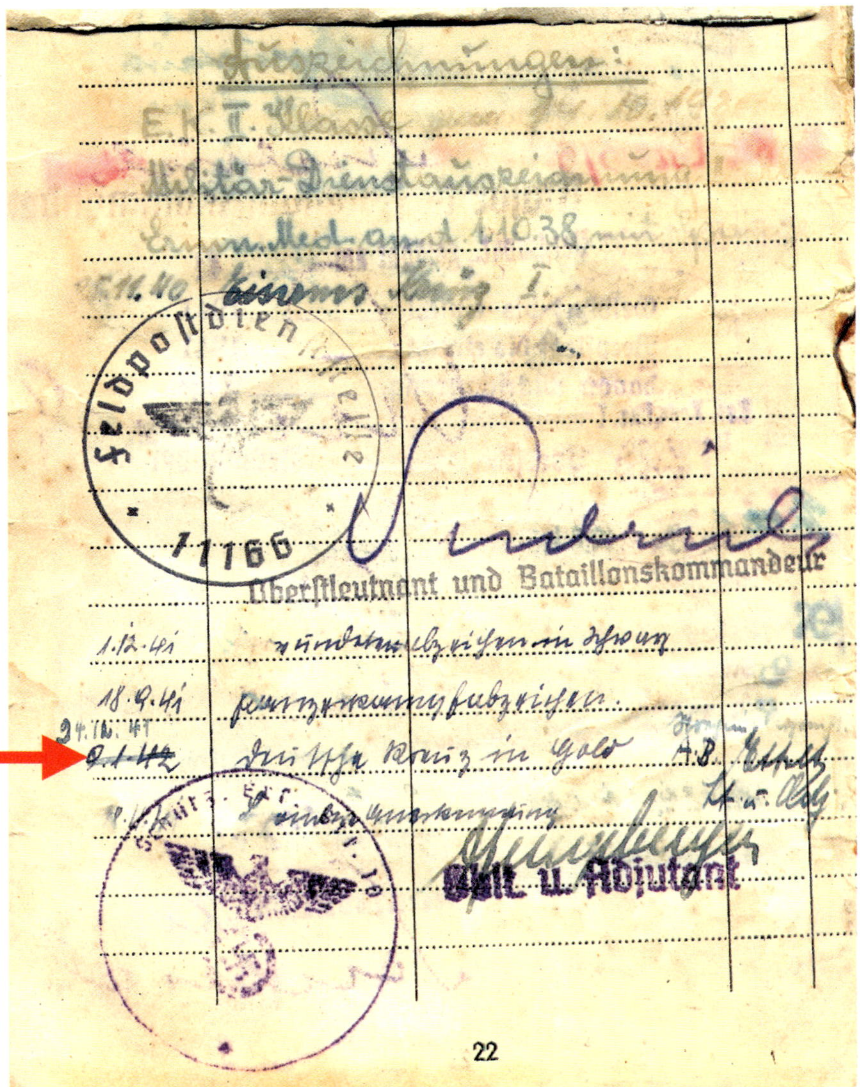

Auszug aus dem Soldbuch von Major Friedrich-Wilhelm Buschhausen, KpChef 6./Schützenregiment 10 (9. Panzerdivision) mit dem Nachweis der Verleihung des Deutschen Kreuzes in Gold vom 24.12.1941.

Vorläufiges Besitzzeugnis

Im Namen des Führers

verleihe ich
dem

Feldwebel M a i n z
6./Gr.Rgt. 163

das

Deutsche Kreuz in Gold

HQu OKH, den 1.Dezember 1943.

Oberkommando des Heeres

Keitel

Generalfeldmarschall

Vorläufiges Besitzzeugnis für das Deutsche Kreuz in Gold, ab 1943 verwendetes zweites Muster, bei dem im Text der Zusatz „ ... und Obersten Befehlshabers der Wehrmacht" entfiel. Dieses zweite Muster wurde nicht mehr mit der Originalunterschrift, sondern nur noch mit der Faksimile-Unterschrift von Generalfeldmarschall Wilhelm Keitel versehen.

Vorläufiges Besitzzeugnis

Im Namen des Führers
und Obersten Befehlshabers
der Wehrmacht
verleihe ich
dem

Hauptmann B u s c h h a u s e n ,
Kp. Chef 6./Schtz. Rgt. 1o

das

Deutsche Kreuz in Gold

HQu OKH, den 24. Dezember 19 41

Oberkommando des Heeres
~~Der Oberbefehlshaber des Heeres~~

Generalfeldmarschall

Der Oberbefehlshaber des Heeres

Vorläufiges Besitzzeugnis in der Originalgröße 13,5 cm x 20,0 cm für das Deutsche Kreuz in Gold. Erstes Muster mit der Originalunterschrift von Generalfeldmarschall Wilhelm Keitel.

IM NAMEN DES FÜHRERS
UND OBERSTEN BEFEHLSHABERS
DER WEHRMACHT
VERLEIHE ICH
DEM

HAUPTMANN
FRIEDRICH BUSCHHAUSEN
KOMPANIECHEF 6./S. R.10

DAS DEUTSCHE KREUZ
IN GOLD

HAUPTQUARTIER, DEN 28. DEZEMBER 1941

OBERKOMMANDO DES HEERES

Oberkommando des Heeres – Heeres-Personalamt

GENERALFELDMARSCHALL

„Große“ Verleihungsurkunde (hier verkleinert, Originalgröße 25,6 cm x 35,7 cm) für das Deutsche Kreuz in Gold von Hauptmann Friedrich Buschhausen. Die Angaben zur Person des Beliehenen und das Verleihungsdatum sind handschriftlich vorgenommen worden.

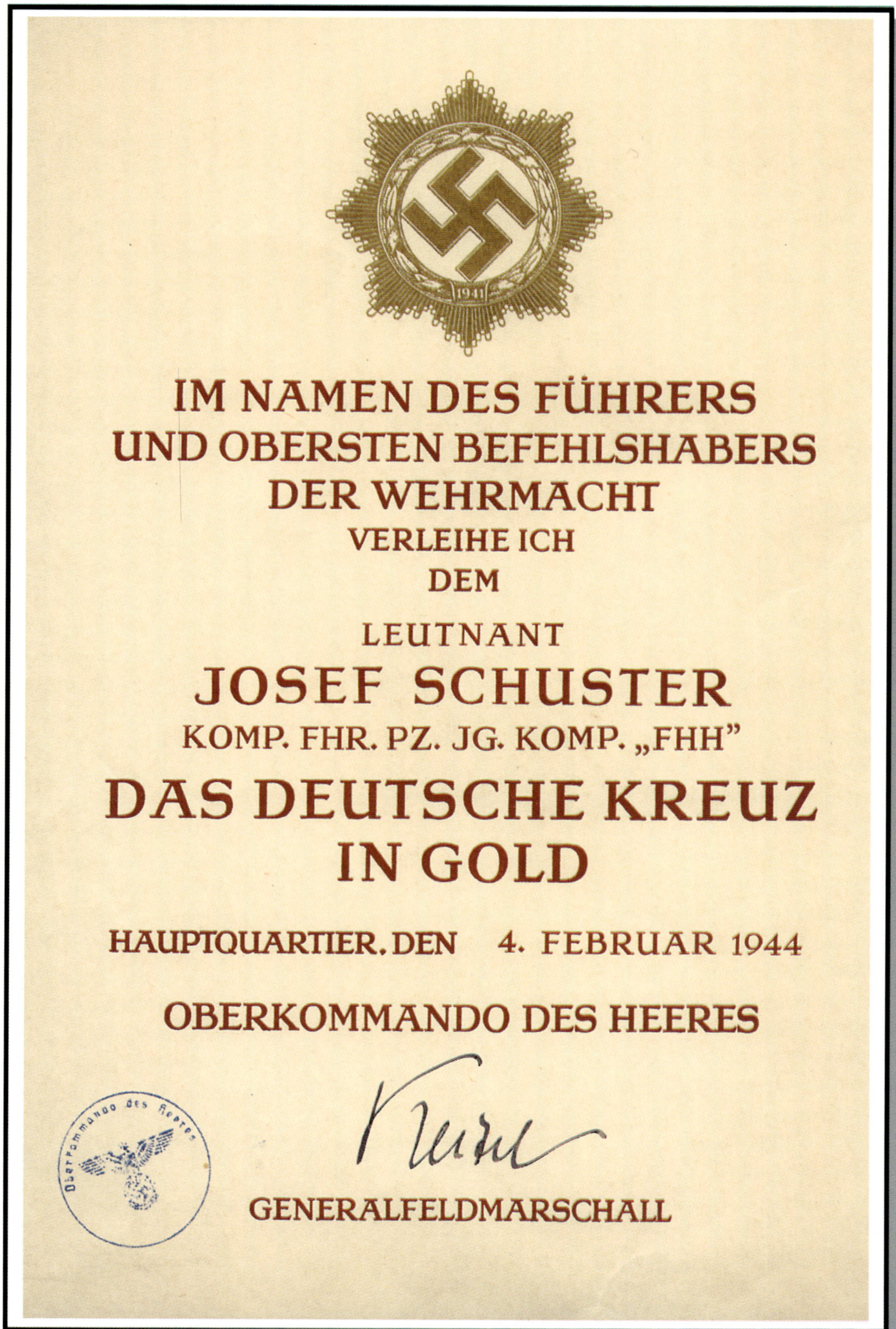

IM NAMEN DES FÜHRERS
UND OBERSTEN BEFEHLSHABERS
DER WEHRMACHT
VERLEIHE ICH
DEM

LEUTNANT
JOSEF SCHUSTER
KOMP. FHR. PZ. JG. KOMP. „FHH"

DAS DEUTSCHE KREUZ
IN GOLD

HAUPTQUARTIER, DEN 4. FEBRUAR 1944

OBERKOMMANDO DES HEERES

GENERALFELDMARSCHALL

„Große" Verleihungsurkunde (hier verkleinert, Originalgröße 25,5 cm x 35,5 cm) für das Deutsche Kreuz in Gold von Leutnant Josef Schuster, PzJgKp in der PzGrenDiv „Feldherrnhalle". Die Angaben zur Person des Beliehenen und das Verleihungsdatum sind eingedruckt.

5. Trageweise

Im Unterschied zu anderen deutschen Kriegsauszeichnungen, die meist auf der linken Brustseite getragen wurden, war das Deutsche Kreuz auf der rechten Brustseite anzubringen. Dadurch wurde der hohe Wert dieser Auszeichnung hervorgehoben. Außerdem hätte das Deutsche Kreuz auf der linken Brustseite mit dem Eisernen Kreuz 1. Klasse bzw. mit dem Kriegsverdienstkreuz 1. Klasse konkurriert. Die Tragegenehmigung galt auch für alle Uniformen der Partei und des Staates.
Für die Zivilkleidung konnte eine Miniatur des Deutschen Kreuzes als Anstecknadel in öffentlichen Verkaufsstellen erworben und am linken Rockaufschlag getragen werden.

Major Walter-Christian Müller, Deutsches Kreuz in Gold am 30.08.1944 als Hauptmann und Kommandeur der Panzerjägerabteilung 389, Ritterkreuz am 27.07.1944.

Major Bruno Kahl wurde als Hauptmann und Kdr III. Abt/PzRgt 21 (20. Panzerdivision) am 20.09.1942 mit dem Deutschen Kreuz in Gold ausgezeichnet. Auf obigem Foto trägt er an seiner schwarzen Panzeruniform die gestickte Ausführung. Ritterkreuz am 08.02.1943, (270.) Eichenlaub am 08.08.1943 als Kommandeur schweres Panzerjägerregiment 656.

Oberfeldwebel Kurt Göring, 2. Kp/schwere Panzerabteilung 502, wurde am 09.10.1944 an der Ostfront mit dem Deutschen Kreuz in Gold ausgezeichnet. Das Beispiel zeigt, daß nicht alle mit der schwarzen Panzeruniform ausgestattete Soldaten von der Möglichkeit Gebrauch machten, das Deutsche Kreuz in Gold in der gestickten Ausführung zu tragen.

6. Herstellung, Verleihungszahlen und Sammlerbewertung

Der künstlerische Entwurf des Deutschen Kreuzes stammt von Reichskultursenator Professor Klein, MÜNCHEN, Präsident der Akademie für angewandte Kunst, der neben mehreren Kriegsauszeichnungen in der Zeit des Dritten Reiches auch zahlreiche Briefmarken gestaltete.

Die Entwicklungsherstellung wurde der Firma Deschler & Sohn, MÜNCHEN, übertragen. Diese Firma erhielt bereits zwei Wochen vor Unterzeichnung der Stiftungsurkunde den Auftrag über 2.000 Stück Deutsche Kreuze, abzuliefern bis zum 03.10.1941. Noch während des Jahres 1941 wurden weitere Firmen mit der Herstellung beauftragt. Dies führte bezüglich Materialverarbeitung, Gewicht, Nadelsystem und Vernietung zu Abweichungen.

Die Herstellung des Deutschen Kreuzes war fertigungstechnisch sehr aufwändig. Die Verarbeitung dieses aus fünf Teilen mittels Nieten zusammengesetzten Ordens wurde trotzdem bis zum Kriegsende unverändert qualitativ hochwertig ausgeführt.

Folgende Firmen wurden von der Präsidialkanzlei ausgesucht und mit der Fertigung beauftragt:

Hersteller	Herstellerkennzeichen gemäß der Firmenliste der Präsidialkanzlei
Deschler & Sohn, MÜNCHEN	**1**
C.E. Juncker, BERLIN	**2**
Steinhauer & Lück, LÜDENSCHEID	**4**
Paul Meybauer, BERLIN	**7**
C.F. Zimmermann, PFORZHEIM	**20**
Gebrüder Godet & Co., BERLIN	**21**
Otto Klein & Co., HANAU	**134**

Es kommen auch Deutsche Kreuze vor, die keinerlei Herstellerkennzeichen aufweisen. Auch diese stammen von den o.a. Firmen.

Welche Firmen mit der Herstellung von Deutschen Kreuzen in Gold in der gestickten Ausführung beauftragt wurden, ist nicht bekannt.

Die fünf Teile des Deutschen Kreuzes sind im einzelnen: Grundplatte (in Sternform), Sternauflage (ebenfalls in Sternform), Medaillonplatte, aufgelegtes Hakenkreuz und Lorbeerkranz. Dazu kommen noch das Nadelsystem und die Vernietung.

Je nach Hersteller kommen Fertigungsunterschiede vor, weil unterschiedliche Prägewerkzeuge und Materialien verwendet wurden sowie manuelle Nacharbeiten erfolgten (z.B. Entgraten, Abrunden der Kanten). Dies erklärt die Unterschiede im Gewicht und in den Abmessungen.

Herstellungsmerkmale Deutsches Kreuz	
Grundplatte (Strahlenstern)	Zunächst wurde die Grundplatte aus Silber (ohne Feingehaltspunze) oder aus Buntmetall (Tombak/Kupfer-Zink-Legierung) hergestellt. Mit zunehmender Materialverknappung wurden die Sterne später aus dem Leichtmetall-Verbundstoff CUPAL gefertigt, wobei eine Aluminiumplatte durch großen Druck beidseitig mit einem dünnen Kupfermantel beschichtet wurde. Bei CUPAL-Fertigungen ist das Nadelsystem auf Grundplättchen gesetzt und dann eingelötet worden. Bei Buntmetallfertigungen wurde das Nadelsystem direkt auf die Grundplatte gelötet. Gemäß der von der Präsidialkanzlei sowie von der Leistungsgemeinschaft Deutscher Ordenshersteller (LDO) erlassenen Herstellungsvorschrift für das Deutsche Kreuz war die Rückseite der Grundplatte matt zu „sandeln".
Sternauflage	Die Sternauflage wurde üblicherweise aus Blech geprägt und dann brüniert.
Medaillonplatte	Die Medaillonplatte besteht aus mattiertem Weißmetall. Leicht vertieft ist in die Platte ein Ring gefräst, der durchgehend rot emailliert ist. Auf diesen Ring wurde später der Kranz aufgesetzt. Die mattweiße Medaillonplatte hat sich gegen mechanische und Witterungseinflüsse als sehr empfindlich erwiesen. Bei getragenen Stücken ist die Medaillonplatte oft verkratzt und angelaufen. Bereits der Alterungsprozeß in Verbindung mit ungünstigen Lagerungsbedingungen kann dazu führen, daß selbst bei ungetragenen Stücken die Platte ihr weiß verliert und dunkel wird.
Hakenkreuz	Das Hakenkreuz liegt immer absolut plan auf der gewölbten Medaillonplatte auf, hat eine schmale silberne Bordierung und steht auf der Spitze. Die Emaille des Hakenkreuzes ist stets tiefschwarz, porenfrei und seidenmatt glanzgeschliffen.
Lorbeerkranz	Bei den Exemplaren der Firma Deschler sind die Kanten des Lorbeerkranzes in der Form der Lorbeerblätter ausgearbeitet. Bei den Firmen Klein und Zimmermann weist der Lorbeerkranz einen nach außen und nach innen geschlossenen Rand auf. Die Zeichnung des Lorbeerkranzes ist stets fein ausgearbeitet und niemals verschwommen. Der Lorbeerkranz sollte so aufgesetzt sein, daß nach außen und innen der gleiche Abstand in der roten Randemaillierung sichtbar wird.
Nadelsystem	Die Nadel war bei frühen Stücken kürzer als bei den späteren Stücken ab etwa 1942 und ist stets massiv, flach und breit, entweder bauchig oder von oben nach unten verjüngt zulaufend gearbeitet.
Vernietung	Die früh verausgabten Stücke des Deutschen Kreuzes hatten zunächst 14, 12, 10 oder 6 Vollnieten. Schließlich beschränkte man sich im allgemeinen auf 4 Voll- bzw. Hohlnieten. Die Firma Juncker gab einer 5fachen Vernietung mit Vollnieten den Vorzug. Die Vernietung ist von allen Herstellern stets einwandfrei und exakt ausgeführt worden.

- Deutsches Kreuz -

Mit Stand vom 27.01.1945 sind für Angehörige des Heeres und der Waffen-SS insgesamt 15.461 Verleihungen des Deutschen Kreuzes in Gold nachgewiesen. Die genaue Anzahl der darüber hinausgehenden Verleihungen aus der letzten Phase des 2. Weltkrieges ist nicht bekannt. Durch die Übertragung der Verleihungsberechtigung an die Heeresgruppen und selbstständigen Armeen ist sowohl das Erfassen aller Ordensträger als auch das Ermitteln der exakten Verleihungszahlen des Deutschen Kreuzes in Gold und in Silber nicht mehr möglich, weil die diesbezüglichen Unterlagen nicht erhalten geblieben sind.

Insgesamt können für Heer und Waffen-SS etwa 17.000 Verleihungen des Deutschen Kreuzes in Gold angenommen werden. An Angehörige der Kriegsmarine sind etwa 1.500 und an Soldaten der Luftwaffe etwa 7.400 Verleihungen erfolgt. Daraus ergibt sich eine (grob) geschätzte Zahl von insgesamt etwa 26.000 Verleihungen des Deutschen Kreuzes in Gold.

15.461 Verleihungen des Deutschen Kreuzes in Gold in Heer und Waffen-SS mit Stand vom 27. Januar 1945	
Oberbefehlshaber	**77**
Kommandierende Generale	**48**
Chefs des Stabes und Ia von Heeresgruppen, Armeen und Armeekorps	**147**
Infanterie	**7.889**
Pioniere	**921**
Artillerie (einschließlich leichte und schwere Heeres-Flugabwehr-Bataillone)	**2.017**
Panzergrenadiertruppe	**1.151**
Aufklärungstruppe (einschließlich Radfahrtruppe und Kradschützenbataillone)	**776**
Panzertruppe	**771**
Sturmgeschützabteilungen	**292**
Panzerjägertruppe	**527**
Nachrichtentruppe	**9**
SS- und Polizeiverbände	**822**
Ausländer	**14**

Das Deutsche Kreuz in Silber wurde an etwa 1.000 Angehörige des Heeres und der Waffen-SS, an etwa 100 Angehörige der Kriegsmarine und an etwa 80 Angehörige der Luftwaffe verliehen, daraus ergibt sich eine (grob) geschätzte Gesamtzahl von etwa 1.200 Verleihungen des Deutschen Kreuzes in Silber.

- Deutsches Kreuz -

Derzeit können für Stücke mittlerer Qualität auf dem Sammlermarkt folgende Verkaufspreise als Anhalt dienen:

Deutsches Kreuz in Silber ohne Hersteller	2.000,-- €
Deutsches Kreuz in Silber je nach Herstellerkennzeichen und Vernietung	2.000,-- bis 3.000,-- €
Deutsches Kreuz in Gold ohne Hersteller	1.450,-- €
Deutsches Kreuz in Gold je nach Herstellerkennzeichen und Vernietung	1.500,-- bis 2.000,-- €
Stoffausführung des Deutschen Kreuzes in Gold je nach Truppengattung (Stoffunterlage)	500,-- bis 700,-- €
Großes Verleihungsetui	600,-- €

Auch vom Deutschen Kreuz wurden und werden zum Teil mit alten Werkzeugen Kopien gefertigt und in den Handel gebracht.

Major Werner Grün, Deutsches Kreuz in Gold als Oberleutnant am 25.03.1942, Ritterkreuz als Hptm und Führer I. Abt/PzRgt 5 am 08.02.1943 in Afrika. Auf obigem Foto trägt er das Deutsche Kreuz in Gold in gestickter Ausführung an der Tropenfeldbluse.

7. Das Gesetz über Titel, Orden und Ehrenzeichen von 1957

Durch Gesetz vom 26. Juli 1957 wurde das Tragen von deutschen Kriegsauszeichnungen des 2. Weltkrieges wieder zugelassen, jedoch nur in einer „entnazifizierten“ Form. Der bei anderen Kriegsauszeichnungen praktizierte ersatzlose Fortfall des Hakenkreuzes hätte beim Deutschen Kreuz zu einer unansehnlichen leeren Medaillonplatte geführt. Es war daher erforderlich, das als Blickfang wirkende Hakenkreuz durch ein anderes Symbol zu ersetzen. Durch die Einfügung des Eisernen Kreuzes in das Deutsche Kreuz in Gold und des Kriegsverdienstkreuzes in das Deutsche Kreuz in Silber wurde die in der Verleihungspraxis übliche Verbindung zu diesen beiden Kriegsauszeichnungen sichtbar zum Ausdruck gebracht. Ehemalige Angehörige der Deutschen Wehrmacht, die in die Bundeswehr eingetreten waren, durften das Deutsche Kreuz in der Originalgröße der abgeänderten Form nur zu besonderen Anlässen an der Uniform tragen.

Als Trageweise im täglichen Dienst war für den Dienstanzug eine verkleinerte Nachbildung des Deutschen Kreuzes auf einer neutralen, 2,5 cm breiten und 1,2 cm hohen, schwarzen Bandunterlage an der Bandschnalle vorgesehen, die über der linken Brusttasche getragen wurde.

Deutsches Kreuz in Silber (links) und Deutsches Kreuz in Gold (rechts) in der gemäß Gesetz von 1957 zugelassenen Form, Schwarzweißabbildungen.

Deutsches Kreuz in Silber, Ausführung 1957, an der Bandschnalle für die Bundeswehr.

Deutsches Kreuz in Gold, Ausführung 1957, an der Bandschnalle für die Bundeswehr.

Bergung eines Verwundeten (zeitgenössische Darstellung).

Kapitel 5

Verwundetenabzeichen

- Verwundetenabzeichen -

1. Vorgeschichte und Stiftung der Auszeichnung

a. Das Verwundetenabzeichen des 1. Weltkrieges 1914 - 1918

Im letzten Kriegsjahr des 1. Weltkrieges, am 03. März 1918, stiftete Kaiser Wilhelm II. eine Auszeichnung für Verwundete. Die Verleihung des auf der linken Brustseite getragenen Verwundetenabzeichens war zunächst auf die preußischen Soldaten des Heeres beschränkt. Später erfolgte eine Erweiterung auch auf andere Länder des Deutschen Reiches, auf die Luftwaffe und auf die Marine. Das Abzeichen ist hohl geprägt und zeigt für das Heer und die Luftwaffe auf gekörntem Grund einen deutschen Stahlhelm Modell 1916 vor zwei gekreuzten antiken Schwertern, umrahmt von einem Lorbeerkranz. Es kommen auch durchbrochene Varianten vor, bei denen der gekörnte Hintergrund fehlt.
Das Verwundetenabzeichen für die Marine zeigt auf gekörntem Grund einen Anker, umrahmt von einer Ankerkette.
Nach Kriegsende, noch während der Demobilisierung, wurden durch die Abwicklungsstäbe der Einheiten Verwundetenabzeichen an ausscheidende Soldaten verliehen.

Verwundetenabzeichen in Schwarz für ein- und zweimalige Verwundung aus dem 1. Weltkrieg.

Ab dem 30.01.1933 bis zum dritten Jahrestag von Hitlers Machtergreifung im Jahr 1936 konnten im 1. Weltkrieg verwundete Soldaten, die noch nicht im Besitz eines Verwundetenabzeichens waren, dieses bei den zuständigen Versorgungsämtern beantragen.

Links: Verwundetenabzeichen in „Mattweiß" (Silber) für drei- und vierfache Verwundung, rechts: Verwundetenabzeichen in „Mattgelb" (Gold) für fünf und mehr Verwundungen. Breite jeweils 3,8 cm, Höhe 4,3 cm.

b. Das Verwundetenabzeichen der LEGION CONDOR im Spanischen Bürgerkrieg 1936 - 1939

Der Einsatz deutscher Freiwilliger im Spanischen Bürgerkrieg im Rahmen der LEGION CONDOR veranlaßte Hitler am 22. Mai 1939, ein Verwundetenabzeichen zu stiften, das in der Ausführung dem Verwundetenabzeichen des 1. Weltkrieges entsprechen sollte. Allerdings sollte das Hakenkreuz an geeigneter Stelle dargestellt werden. Dieses befindet sich, auf die Spitze gestellt, auf dem abgebildeten Stahlhelm.

An Angehörige der LEGION CONDOR wurden nach offiziellen Angaben insgesamt 182 Verwundetenabzeichen in Schwarz und ein Verwundetenabzeichen in Silber verliehen. Diese Zahlen erscheinen sehr niedrig und lassen Zweifel zu.

Nachweislich sind mindestens bis März 1940 Verwundetenabzeichen dieser Form hergestellt und in großer Zahl, dann auch in der Goldstufe, bis weit in den 2. Weltkrieg hinein verliehen worden.

Verwundetenabzeichen in Schwarz in der für die LEGION CONDOR gestifteten Ausführung.

Verwundetenabzeichen in Schwarz in der für die LEGION CONDOR gestifteten Form für ein- und zweimalige Verwundung, durchbrochene Ausführung.

Verwundetenabzeichen in Silber in der für die LEGION CONDOR gestifteten Form für drei- und viermalige Verwundung, berieben, Breite 3,7 cm, Höhe 4,2 cm.

2. Das Verwundetenabzeichen des 2. Weltkrieges 1939 - 1945 im einzelnen

a. Das Verwundetenabzeichen in Schwarz

Mit Beginn des Polenfeldzuges am 01. September 1939 stiftete Adolf Hitler ein Verwundetenabzeichen für alle Wehrmachtteile:
„ ... als Ehrung für diejenigen, die bei tapferem Einsatz ihrer Person für das Vaterland durch feindliche Waffeneinwirkung verwundet oder beschädigt worden waren."

Das Verwundetenabzeichen von 1939 war zunächst mit dem für die LEGION CONDOR aus dem Spanischen Bürgerkrieg von 1936 - 1939 identisch. Erst ab 1940 wurde anstatt des alten Stahlhelmmodells M 16 aus dem 1. Weltkrieg das moderne, schlanke und gefällige Modell M 35 auf dem Verwundetenabzeichen abgebildet. Die Größe des Abzeichens mit etwa 3,6 cm bis 3,8 cm Breite und 4,3 cm bis 4,5 cm Höhe blieb unverändert.

Das Verwundetenabzeichen in Schwarz wurde für ein- und zweimalige Verwundung verliehen.
Mehrere gleichzeitig erlittene Verwundungen durch dieselbe Waffe, z.B. durch eine Maschinengewehrgarbe oder durch mehrere Splitter einer detonierenden Granate, galten als eine Verwundung.

Einer Verwundung durch feindliche Waffeneinwirkung waren solche Verwundungen oder Beschädigungen gleichzusetzen, die in Verbindung mit einer Kampfhandlung ohne eigenes Verschulden durch eigene Waffenwirkung entstanden waren.

Der Einsatz im Nachschubdienst, z.B. Transporte zum Kampfgebiet und zurück, aber auch der Wach-, Sicherungs- und Arbeitsdienst galt ebenfalls als Kampfhandlung, wenn dabei Verwundungen durch Luftangriffe, Partisanenüberfälle oder durch Sabotage eintraten.

Das Aufnehmen und Entschärfen eigener oder feindlicher Minen oder Blindgänger und das Legen von Minen gegen den Feind waren Kampfhandlungen gleichzusetzen. An Soldaten, die bei diesen Arbeiten ohne eigenes Verschulden zu Schaden kamen, konnte ebenfalls das Verwundetenabzeichen verliehen werden.
Das Gleiche galt für Verwundungen, die durch Sprengungen (z.B. im Sperreinsatz) innerhalb der Kampfzone verursacht wurden, wenn auf Grund der Gefechtslage die geltenden Sicherheitsbestimmungen außer Acht gelassen werden mußten.

Für die Ostfront waren die Verleihungsbedingungen für das Verwundetenabzeichen ebenfalls erfüllt, wenn ernste und dauernde Schädigungen (z.B. Amputationen) infolge von Erfrierungen im Zusammenhang mit Kampfhandlungen eingetreten waren. Dies galt auch für die Nachschubdienste und für den Einsatz im Wach-, Sicherungs- und Arbeitsdienst. Die Stufe des Verwundetenabzeichens richtete sich nach der Schwere der bleibenden Erfrierungsfolgen. Ausgenommen von dieser Bestimmung waren Erkältungskrankheiten mit nachfolgender dauernder Schädigung (z. B. Nierenleiden). Am 20.04.1944 wurde diese Bestimmung von der Ostfront auch auf die übrigen Kriegsschauplätze ausgedehnt.

- *Verwundetenabzeichen* -

Bei Verletzungen durch Eisenbahnunfälle galten die Verleihungsvoraussetzungen als erfüllt, wenn eine unmittelbare Einwirkung durch Kampfmittel erfolgte, z.B. durch Auffahren des Zuges auf eine Mine, Anbringen von Sprengmitteln oder durch einen Luftangriff auf den Zug.

Bei anderen Unfällen, auch wenn sie nur mittelbar auf Sabotage und Anschläge zurückzuführen waren wie z.B. bei Unfällen durch Störung bzw. Beschädigung von Betriebseinrichtungen (Signalanlagen, Gleisanlagen), bei Unfällen in der Ausbildung, bei der Erprobung von Kampfmitteln oder bei Erkrankung waren die Voraussetzungen nicht erfüllt, auch wenn diese Ereignisse unmittelbar an der Front eintraten. Führte ein kriegsbedingter Unfall jedoch zur Erblindung, konnte in jedem Fall sogleich das Verwundetenabzeichen in Gold verliehen werden.

Um das Verhalten der Gesamtbevölkerung bei feindlichen Luftangriffen als tapfer anzuerkennen, wurde am 11.03.1943 verfügt, daß das Verwundetenabzeichen aller Stufen rückwirkend ab dem 01.09.1939 an alle deutschen Männer, Frauen und Kinder verliehen werden konnte, die durch Feindeinwirkung bei Luftangriffen verwundet oder beschädigt wurden. Von dieser Möglichkeit wurde allerdings nur in sehr begrenztem Umfang Gebrauch gemacht.

Verletzungen durch entwichene Kriegsgefangene galten im allgemeinen nicht als Verwundung, es sei denn, es kam mit geflohenen Gefangenen zu Kampfhandlungen.

Truppenverbandplatz an der Ostfront im Kriegsjahr 1941, Skizze von Ernst Eigener.

Verwundetenabzeichen in Schwarz eines unbekannten Herstellers in der für Verwundete der LEGION CONDOR gestifteten Form, verliehen auch im Polenfeldzug und danach neben der 1940 geschaffenen Ausführung noch weit bis in den 2. Weltkrieg hinein. Breite 3,8 cm, Höhe 4,3 cm.

Verwundetenabzeichen in Schwarz in der 1940 geschaffenen Ausführung, gekennzeichnet mit 100, gemäß der Firmenliste der Präsidialkanzlei Kennzeichen für die Firma Rudolf Wächtler & Lange, MITTWEIDA/Sachsen. Verwundetenabzeichen in Schwarz sind ausschließlich hohl aus Messing- oder Eisenblech geprägt worden, Vollprägungen kommen bei dieser Stufe nicht vor.

Verwundetenabzeichen in Schwarz in der 1940 gestifteten Ausführung, gekennzeichnet sowohl mit EH als Abkürzung für die Firma Eduard Hahn, OBERSTEIN/Nahe, als auch mit 126, gemäß der Firmenliste der Präsidialkanzlei Kennzeichen für dieselbe Firma. Breite 3,7 cm, Höhe 4,4 cm. Gewicht 10 g. Als Material wurde Stahlblech verwendet.
1942 wurde in Betracht gezogen, Verwundetenabzeichen in Schwarz aus Kunststoff anstatt aus Metall herzustellen. Diese Überlegungen konnten sich genauso wenig durchsetzen wie auf Stoff gedruckte Ausführungen aller drei Stufen des Verwundetenabzeichens.

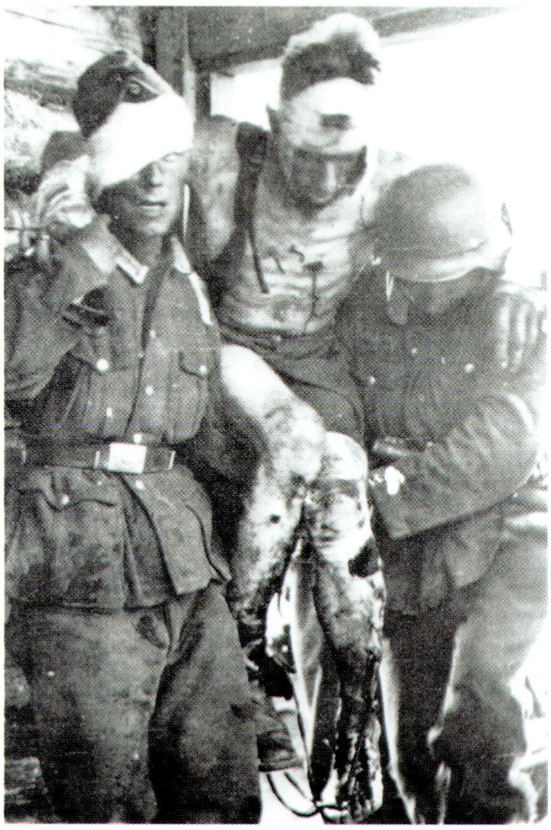

Verwundete deutsche Soldaten an der Ostfront.

b. Das Verwundetenabzeichen in Silber

Das Verwundetenabzeichen in Silber wurde unter Anrechnung früherer Verwundungen grundsätzlich für insgesamt drei- und viermalige Verwundungen verliehen, wobei auch solche aus dem 1. Weltkrieg und aus dem Spanischen Bürgerkrieg (LEGION CONDOR) berücksichtigt wurden.

Das Verwundetenabzeichen aus dem 1. Weltkrieg bzw. aus dem Spanischen Bürgerkrieg war abzulegen, wenn die Verleihung eines Verwundetenabzeichens des 2. Weltkrieges erfolgte. Das Tragen verschiedener Verwundetenabzeichen war nicht vorgesehen, ist jedoch vereinzelt vorgekommen, wie das Beispiel von Generalmajor Scherer zeigt (siehe dazu das Kapitel Cholmschild).

Unabhängig von der Zahl der Verwundungen konnte das Verwundetenabzeichen in Silber sofort verliehen werden

- wenn eine Hand bzw. ein Arm oder ein Fuß bzw. ein Bein oder ein Auge verlorenging oder dauernd unbrauchbar wurde,
- bei völliger Taubheit oder bei an Taubheit grenzender Schwerhörigkeit,
- bei Hirnverletzungen und bei abstoßend wirkender Entstellung des Gesichts.

Verwundetenabzeichen in Silber eines unbekannten Herstellers in der für Verwundete der LEGION CONDOR gestifteten Form, verliehen auch im Polenfeldzug und danach neben der 1940 geschaffenen Ausführung noch eine lange Zeit während des 2. Weltkrieges.

Das hier abgebildete Exemplar ist hohl geprägt und dann mit einem Boden versehen worden. Solche Stücke bezeichnet man daher als „hohl verbödet“. Breite 3,7 cm, Höhe 4,2 cm. Gewicht 20 g.

Verwundetenabzeichen in der 1940 geschaffenen Ausführung in Silber, gekennzeichnet mit 100 oberhalb des Nadelhakens auf dem Kopf stehend, gemäß der Firmenliste der Präsidialkanzlei Kennzeichen für die Firma Rudolf Wächtler & Lange, MITTWEIDA/Sachsen.

Verwundetenabzeichen in der 1940 geschaffenen Ausführung in Silber, gekennzeichnet mit 65, gemäß der Firmenliste der Präsidialkanzlei handelt es sich dabei um die Firma Klein & Quenzer AG, OBERSTEIN/Nahe. Vollprägung. Breite 3,6 cm, Höhe 4,3 cm. Gewicht 26 g.

Verwundetenabzeichen in der Form von 1940 in Silber, gepunzt mit 30, gemäß der Firmenliste der Präsidialkanzlei Kennzeichen für das Hauptmünzamt, WIEN. Vollprägung aus Buntmetall mit dünner Drahtnadel.

Verwundetenabzeichen in Silber eines unbekannten Herstellers in der Form von 1940. Die Versilberung ist zum Teil verblaßt. Hohlprägung. In den ersten Kriegsjahren wurden die Verwundetenabzeichen der Form von 1940 in der Silber- und Goldstufe ausschließlich in Vollprägung hergestellt. Seit 1944 bis zum Ende des Krieges sind auch diese Stufen aus Ersparnisgründen zum Teil in Hohlprägung gefertigt worden.

c. Das Verwundetenabzeichen in Gold

Das Verwundetenabzeichen in Gold wurde grundsätzlich ab der insgesamt fünften Verwundung verliehen.

Frühere Verwundungen, für die bereits ein Verwundetenabzeichen der entsprechenden Stufe verliehen worden war, wurden für die Verleihung der nächsthöheren Stufe angerechnet. Dies galt auch für Verwundungen, die bereits im 1. Weltkrieg oder während des Spanischen Bürgerkrieges (LEGION CONDOR) erlitten worden waren. Diese früheren Verwundetenabzeichen mußten bei einer Verleihung des 1939 gestifteten Verwundetenabzeichens abgelegt werden.

Unabhängig von der Anzahl der Verwundungen konnte das Verwundetenabzeichen in Gold sofort verliehen werden

- bei Verlust oder dauernder Unbrauchbarmachung beider Hände bzw. beider Arme oder beider Füße bzw. beider Beine,
- bei Verlust oder dauernder Unbrauchbarmachung einer Hand bzw. eines Armes und zusätzlich noch eines Fußes bzw. eines Beines,
- bei Verlust oder völliger Erblindung beider Augen. Dabei galt als Maßstab, daß für den Betreffenden ein Fingerzählen nicht mehr möglich war.

Nach einer Verwundung, für die das Verwundetenabzeichen in Schwarz verliehen worden war, konnte bei einer weiteren, „schwereren“ wie der Verlust einer Hand, eines Fußes, eines Auges oder bei völliger Taubheit ebenfalls sofort das Verwundetenabzeichen in Gold verliehen werden.

Bei einer einmaligen Verwundung ungewöhnlicher Art, wie z.B. bei schweren Bauch- und Brustschüssen, Genitalverwundungen, Lähmungen und Versteifungen und bei Grenzfällen, in denen Gliedmaßen nicht völlig unbrauchbar wurden bzw. wenn die dauernden Verwundungsfolgen noch nicht endgültig feststanden, wurde zunächst das Verwundetenabzeichen in Schwarz verliehen. Erst nachdem die dauernden Verwundungsfolgen endgültig feststanden, war für Angehörige des Heeres ein Antrag auf Verleihung der höheren Stufe dem Oberkommando des Heeres(OKH)/Heerespersonalamt (HPA) unmittelbar zur Entscheidung vorzulegen.

Kriegsblinde und Schwerstbeschädigte konnten außerdem um einen Dienstgrad außerplanmäßig befördert werden, falls ihre Führung und ihr Gesamtverhalten die Beförderung nicht ausschlossen. Ihre dauernde Wehrdienstunfähigkeit und Versehrtheit mußte jedoch nach wehrmachtärztlichem Urteil feststehen. An solche Schwerverwundete konnte außerdem ohne weitere Begründung das Eiserne Kreuz 2. Klasse verliehen werden.

Bei Unfällen in Ausübung des Dienstes in der Wehrmacht während des Krieges ohne Einwirkung von feindlichen Kampfmitteln war das Verwundetenabzeichen grundsätzlich nicht zu verleihen. Als einzige Ausnahme wurde verfügt, daß bei einer dabei erlittenen Erblindung die Voraussetzungen für die Verleihung des Verwundetenabzeichens in Gold stets als erfüllt angesehen werden konnten.

Verwundetenabzeichen in Gold eines unbekannten Herstellers in der Form LEGION CONDOR, erstmals verliehen im Polenfeldzug und danach neben der 1940 geschaffenen Ausführung noch eine lange Zeit während des 2. Weltkrieges.
Hohlprägung mit polierten Kanten. Breite 3,7 cm, Höhe 4,3 cm. Gewicht lediglich 8 g.

Der Träger dieser Auszeichnung, ein Infanterist, ist während des Polenfeldzuges durch das Auslösen einer Schützenmine so schwer verwundet worden, daß ihm sofort die Goldstufe des Verwundetenabzeichens verliehen werden konnte.

Verwundetenabzeichen in der Form von 1940 in Gold, gepunzt mit 30, gemäß der Firmenliste der Präsidialkanzlei Kennzeichen handelt es sich dabei um das Hauptmünzamt, WIEN. Vollprägung aus Buntmetall mit dünner Drahtnadel. Breite 3,6 cm, Höhe 4,3 cm. Gewicht 34 g.

Verwundetenabzeichen in der 1940 geschaffenen Ausführung in Gold, gekennzeichnet mit 65, gemäß der Firmenliste der Präsidialkanzlei handelt es sich dabei um die Firma Klein & Quenzer AG, OBERSTEIN/Nahe. Vollprägung. Breite 3,6 cm, Höhe 4,3 cm. Gewicht 26 g.

Verwundetenabzeichen in der Ausführung von 1940 in Gold, gepunzt mit 43, gemäß der Firmenliste der Präsidialkanzlei Kennzeichen für die Firma Julius Bauer Söhne, ZELLA MEHLIS/Thüringen. Vollprägung aus Buntmetall mit breiter Nadel.

Verwundetenabzeichen in der Ausführung von 1940 in Gold, gepunzt mit L 24 (ohne den sonst üblichen Schrägstrich!), gemäß der Firmenliste der LDO Kennzeichen für die Firma Fritz Zimmermann, STUTTGART. Seltene Halbhohlprägung aus Zink, Vergoldung zum Teil verblaßt. Während bei den Vollprägungen aus Buntmetall die Vergoldung qualitativ hochwertig ist und meist auch erhalten bleibt, hält die Vergoldung auf Zink weniger gut. Verliehen am 11.07.1943 an den (270.) Eichenlaubträger Major Bruno Kahl, Kommandeur III. Abt/PzJgRgt 656.

d. Das Verwundetenabzeichen des 20. Juli 1944

Am 20.07.1944 wurde ein Bombenattentat auf Adolf Hitler in dessen Hauptquartier verübt.

Vier Personen kamen dadurch zu Tode: Oberst i.G. Brand und der Stenograf Berger starben unmittelbar beim Anschlag, General der Flieger Korten und Generalleutnant Rudolf Schmundt erlagen später ihren Verletzungen.

Weitere 20 Beteiligte wurden in unterschiedlichen Graden verwundet. Daraufhin stiftete Hitler für die Verletzten und postum auch für die Toten des Attentats das Verwundetenabzeichen des 20. Juli 1944.

Es gibt hierzu weder eine Stiftungsurkunde noch erfolgte die Verfügung von Verleihungs- und Durchführungsbestimmungen. Das Verwundetenabzeichen des 20. Juli 1944 wurde wie das bereits vorhandene Verwundetenabzeichen des 2. Weltkrieges in den Stufen Schwarz, Silber und Gold verliehen.

Alle drei Stufen wurden in Vollprägung aus 800er Silber ausschließlich von der in der Ordensherstellung führenden Berliner Firma C.E. Juncker (LDO-Nummer L/12, in der Firmenliste der Präsidialkanzlei geführt unter der Nr. 2) gefertigt. Die Form entsprach grundsätzlich der des normalen Verwundetenabzeichens, allerdings waren Helm und Schwerter verkleinert und nach oben gerückt, so daß das Datum 20. Juli 1944 und die Unterschrift Hitlers darunter Platz hatten.

Frühere Verwundungen bzw. bereits verliehene Verwundetenabzeichen aus dem 1. bzw. 2. Weltkrieg wurden bei der Ermittlung der Verleihungsstufe angerechnet. In diesen Fällen durfte vom Beliehenen nur noch das Verwundetenabzeichen des 20. Juli 1944 getragen werden und vorher erworbene Verwundetenabzeichen waren abzulegen. Fünf Stufen in Gold, zwei in Silber und 17 in Schwarz sollen verliehen worden sein. Jedem der insgesamt 24 Beliehenen wurden zwei Exemplare übergeben. Die Verleihungen bzw. Aushändigung der Abzeichen erfolgte Ende August/Anfang September 1944.

Original eines Verwundetenabzeichens des 20. Juli 1944 in Schwarz.
Rand, Stahlhelm und Schwerter sind geschwärzt. Die innere gekörnte Fläche und die Inschrift sind in Silber belassen, so daß sich ein deutlicher optischer Kontrast ergibt.
Bei der Goldstufe sind Rand, Stahlhelm und Schwerter vergoldet. Die Silberstufe ist komplett silberfarben belassen. Breite 3,7 cm, Höhe 4,4 cm. Gewicht 39,5 g.

Adolf Hitler soll das Abzeichen zwar selber angenommen, aber nie getragen haben.

3. Verleihungsberechtigung

Für Wehrmachtsangehörige und Personen, die der Wehrmacht unterstellt waren (z.B. Waffen-SS, Reichsbahn, Organisation TODT, RAD, „Hiwis" usw.), gab es folgende fünf Dienststellen, die für das Verwundetenabzeichen verleihungsberechtigt waren:

- Der Fronttruppenteil, dort verleihungsberechtigt: Der Vorgesetzte vom Bataillonskommandeur an aufwärts auf Antrag des Einheitsführers. Bei Erblindungen der Vorgesetzte vom Divisionskommandeur an aufwärts.
- Der Ersatztruppenteil, dort verleihungsberechtigt: Der Vorgesetzte vom Bataillonskommandeur an aufwärts auf Antrag des Einheitsführers.
- Das Feld- oder Reservelazarett, dort verleihungsberechtigt: Der Chefarzt.
  Der Truppenteil war von der Verleihung in Kenntnis zu setzen. Es kam allerdings vor, daß ein Besitzzeugnis für dieselbe Verwundung sowohl durch ein Lazarett als auch durch den Fronttruppenteil ausgestellt worden ist.
- Die Heeresentlassungsstelle, wenn der Soldat auf Grund der Verwundung aus dem Wehrdienst entlassen werden mußte.
- Das Wehrbezirkskommando, wenn der Soldat bereits aus dem Wehrdienst entlassen worden war.

Für Angehörige der dem Reichsführer-SS unterstellten Verbände, soweit diese nicht der Wehrmacht unterstellt bzw. im Rahmen der Wehrmacht kämpften, und für Angehörige der dem Chef der Banden-Kampfverbände unterstellten Einheiten war verleihungsberechtigt:

- Der Reichsführer-SS.

Für die Verleihung des Verwundetenabzeichens an Zivilpersonen, die durch feindliche Luftangriffe verwundet oder beschädigt worden waren, waren die Luftgaukommandos zuständig. Verleihungen dieser Art sind allerdings nur in wenigen Fällen erfolgt.

Ein Rechtsanspruch auf eine Verleihung bestand nicht.
Der Verleihungsberechtigte konnte eine Verleihung ablehnen, wenn nach seiner Einschätzung die Verwundung zu geringfügig war oder wenn der Betreffende durch sein Gesamtverhalten für eine Verleihung ungeeignet schien. Ein besonderer Wert wurde nämlich gemäß Stiftungsverordnung auf den *„tapferen Einsatz der Person"* gelegt. Es galt der Grundsatz: Das Ehrenzeichen muß in Ehren erworben werden. Dieser tapfere Einsatz war allerdings überall da als gegeben anzunehmen, wo nicht ein offensichtlicher Mangel in der Bewährung, z.B. durch *„feiges Verhalten"* festgestellt wurde.

Eine postume Verleihung war nicht zulässig.

Die Aushändigung des Verwundetenabzeichen an den Beliehenen hatte in würdiger Form zu erfolgen.
Verwundetenabzeichen wurden in Verleihungstüten, Verleihungsschachteln aber auch in Verleihungsetuis ausgeliefert bzw. überreicht.

Links: Verleihungstüte für das Verwundetenabzeichen in Silber in der Originalgröße 5,9 cm x 10,5 cm.
Auf der Rückseite befindet sich der Aufdruck der Firma Steinhauer & Lück, LÜDENSCHEID (vergrößerte Abbildung), eines der führenden Unternehmen in der Herstellung von Orden und Ehrenzeichen.

Rechts: Verleihungsetui für ein Verwundetenabzeichen in Gold. Das Etui wurde von einer Firma hergestellt, die der Leistungsgemeinschaft Deutscher Ordenshersteller (LDO) angehört.
Außer dem LDO-Logo befindet sich kein weiterer Aufdruck auf dem Behältnis. Das hier abgebildete Etui ist 6,9 cm x 6,9 cm breit (quadratisch) und 2,1 cm hoch.

4. Nachweis und Beurkundung

Über die Verleihung des Verwundetenabzeichens wurde ein Besitzzeugnis ausgestellt. Dazu war zwar ein Muster in der Größe DIN A 5 vorgegeben, es kommen jedoch unterschiedliche Varianten verschiedener Größen vor. Die Verleihung war in die Personalpapiere einzutragen. Unbefugtes Tragen war strafbar.
Gegen Vorlage des Verleihungsnachweises konnte der Träger in öffentlichen Verkaufsstellen weitere Stücke des Verwundetenabzeichens erwerben.

Hauptmann Günter Braake, Kommandeur I. Btl/Grenadierregiment 422 in der 126. Infanteriedivision, während der Kämpfe im Kurland-Brückenkopf, ausgezeichnet mit dem Ritterkreuz des Eisernen Kreuzes am 27.08.1944.

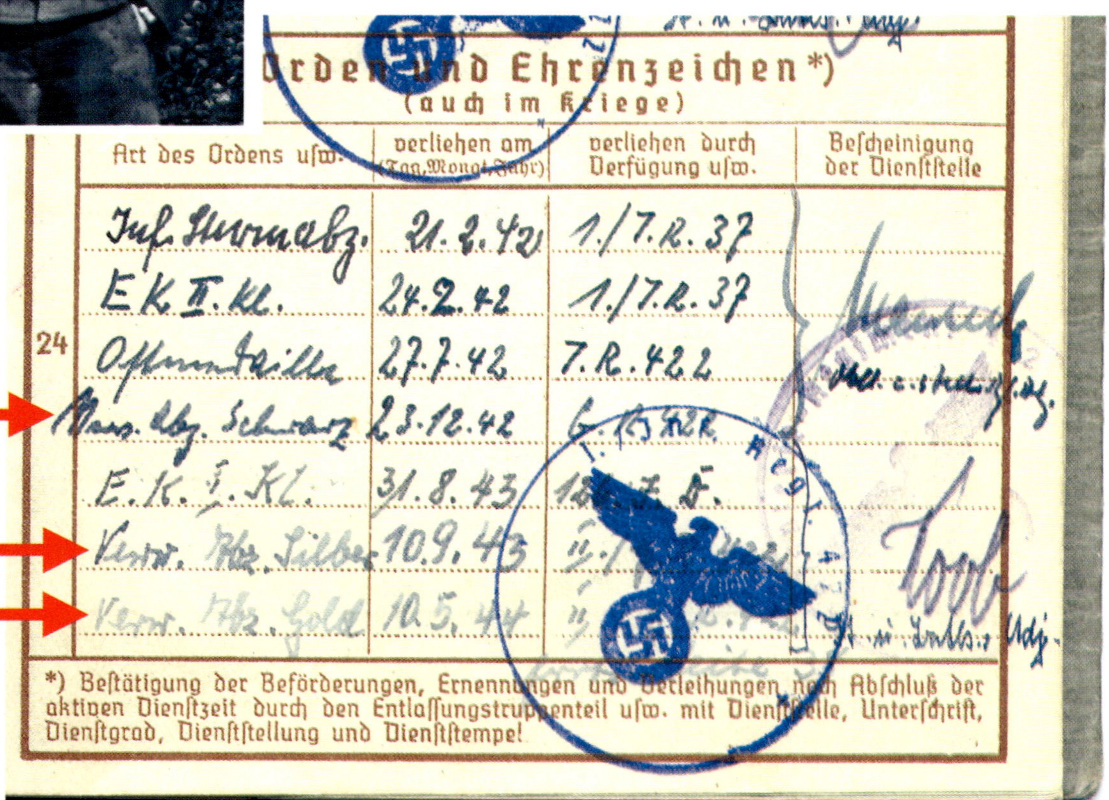

Orden und Ehrenzeichen*) (auch im Kriege)

Art des Ordens usw.	verliehen am (Tag, Monat, Jahr)	verliehen durch Verfügung usw.	Bescheinigung der Dienststelle
Inf. Sturmabz.	21.2.42	1/7.R.37	
E.K. II. Kl.	24.2.42	1/7.R.37	
Ostmedaille	27.7.42	7.R.422	
Verw. Abz. Schwarz	23.12.42	G.R. 422	
E.K. I. Kl.	31.8.43	126. I. D.	
Verw. Abz. Silber	10.9.43	[illegible]	
Verw. Abz. Gold	10.5.44	[illegible]	

24

*) Bestätigung der Beförderungen, Ernennungen und Verleihungen nach Abschluß der aktiven Dienstzeit durch den Entlassungstruppenteil usw. mit Dienststelle, Unterschrift, Dienstgrad, Dienststellung und Dienststempel!

Auszug aus dem Wehrpaß von Hauptmann Günter Braake mit dem Nachweis der Verleihung der Verwundetenabzeichen in Schwarz, in Silber und in Gold.

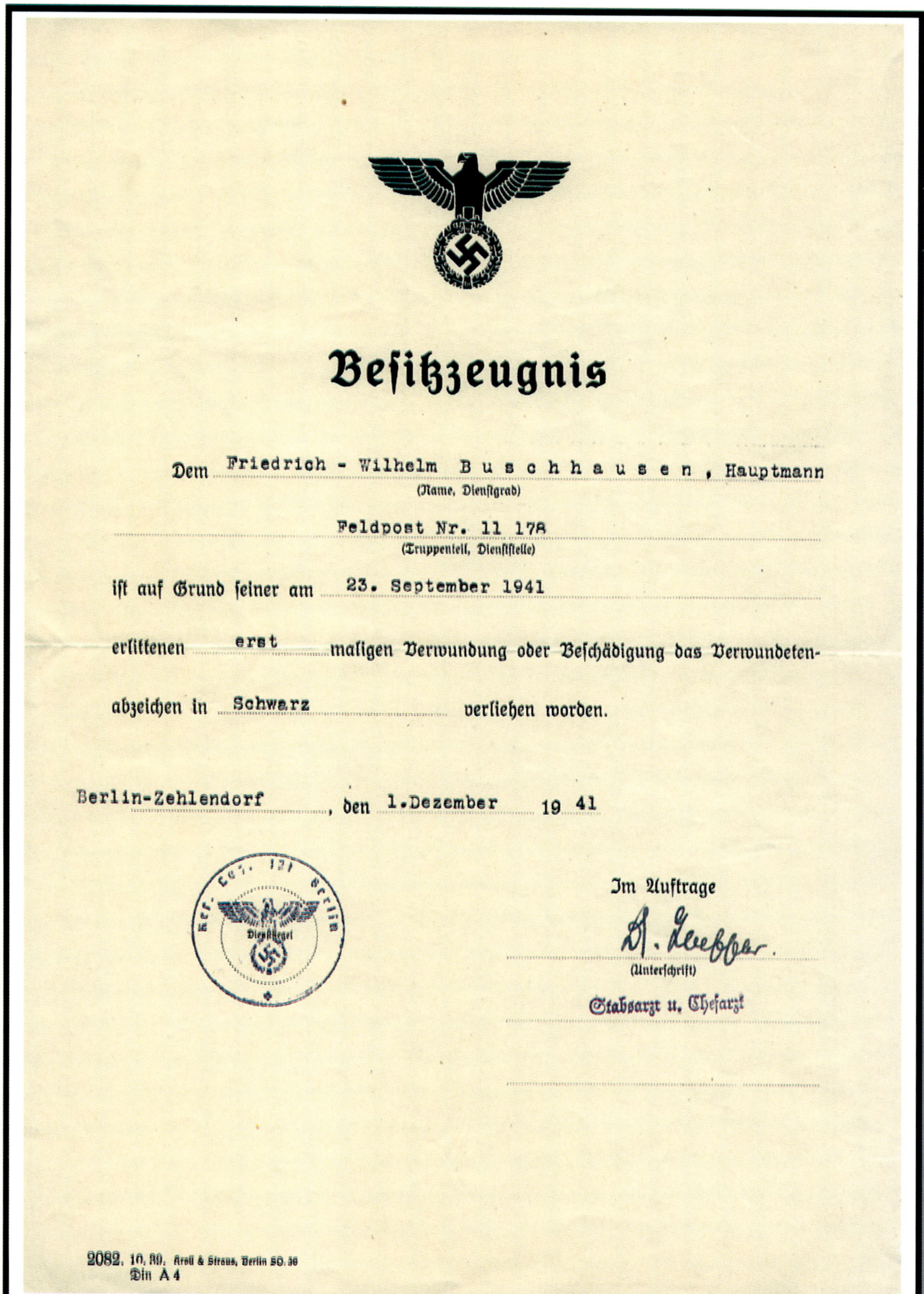

Besitzzeugnis

Dem Friedrich - Wilhelm B u s c h h a u s e n , Hauptmann
(Name, Dienstgrad)

Feldpost Nr. 11 178
(Truppenteil, Dienststelle)

ist auf Grund seiner am 23. September 1941

erlittenen erst maligen Verwundung oder Beschädigung das Verwundeten-

abzeichen in Schwarz verliehen worden.

Berlin-Zehlendorf, den 1.Dezember 1941

Im Auftrage

[illegible]
(Unterschrift)

Stabsarzt u. Chefarzt

2082. 10. 40. Kroll & Straus, Berlin SO 36
Din A 4

Besitzzeugnis (verkleinert, Originalgröße 21,0 cm x 29,6 cm) für ein Verwundetenabzeichen in Schwarz, hier für Hauptmann Friedrich-Wilhelm Buschhausen, Ritterkreuz am 10.05.1943.

Wolfram Kertz 1944

BESITZZEUGNIS

DEM

Oberleutnant Wolfram Kertz
(NAME, DIENSTGRAD)

3./Pz.Gren.Rgt.147
(TRUPPENTEIL, DIENSTSTELLE)

IST AUF GRUND

SEINER AM 24.12.1943 ERLITTENEN

1 MALIGEN VERWUNDUNG-BESCHÄDIGUNG

DAS

VERWUNDETENABZEICHEN

IN Schwarz

VERLIEHEN WORDEN.

Cosel O/S., DEN 14.Jan. 1944

(Dr. Preuß)

Stabsarzt und Chefarzt.
(DIENSTGRAD UND DIENSTSTELLE)

1704

Besitzzeugnis in der Originalgröße 13,9 cm x 20,0 cm für ein Verwundetenabzeichen in Schwarz, hier für Oberleutnant Wolfram Kertz, 3./PzGrenRgt 147 (25. PzDiv), Ritterkreuz am 04.10.1944 für seinen Einsatz beim Kampf um die Brücke von ARNHEIM im Sept. 1944.

- *Verwundetenabzeichen* -

Dem

SS-Unterscharführer Otto B r a b ä n d e r
(Name, Dienstgrad)

3./SS "Der Führer"
(Truppenteil, Dienststelle)

ist auf Grund seiner am 7.November 1941 erlittenen

erst maligen Verwundung oder Beschädigung

das

Verwundetenabzeichen

in schwarz verliehen worden

Wels, den - 3. Dez. 1941

Reserve-Lazarett Wels · Dienststempel · Teillazarett A.

Im Auftrage:

(Unterschrift, Dienstgrad)

Stabsarzt und Chefarzt d. Res.-Laz. Wels
(Dienststelle)

Otto Brabänder als Oberscharführer (Feldwebel)

Besitzzeugnis in der Originalgröße 14,7 cm x 20,9 cm für ein Verwundetenabzeichen in Schwarz, hier für einen Unterscharführer (entspricht dem Unteroffizier im Heer) in der 3. Kp/SS-Regiment (mot) „Der Führer“ (SS-Division „Reich“, ab 15.10.1942 „Das Reich“).

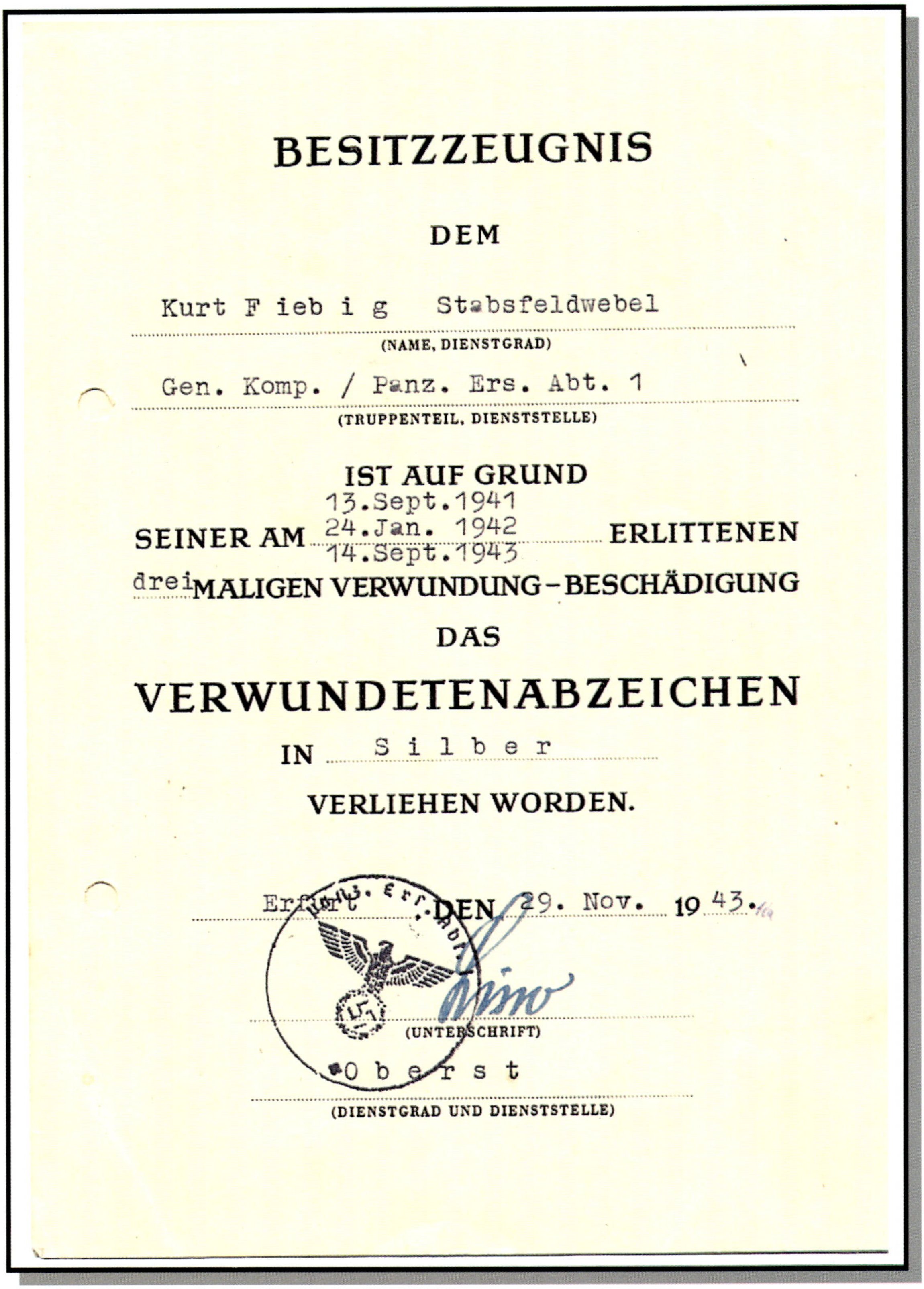

BESITZZEUGNIS

DEM

Kurt F ieb i g Stabsfeldwebel

(NAME, DIENSTGRAD)

Gen. Komp. / Panz. Ers. Abt. 1

(TRUPPENTEIL, DIENSTSTELLE)

IST AUF GRUND

SEINER AM 13.Sept.1941 24.Jan. 1942 14.Sept.1943 ERLITTENEN

dreiMALIGEN VERWUNDUNG-BESCHÄDIGUNG

DAS

VERWUNDETENABZEICHEN

IN S i l b e r

VERLIEHEN WORDEN.

Erfurt DEN 29. Nov. 1943.

(UNTERSCHRIFT)

O b e r s t

(DIENSTGRAD UND DIENSTSTELLE)

Besitzzeugnis in der Originalgröße 14,0 cm x 20,0 cm für ein Verwundetenabzeichen in Silber. Die PzErsAbt 1 war seit dem 01.08.1943 dem Kdr der Panzertruppen IX unterstellt.

BESITZZEUGNIS

DEM

General der Panzertruppe Walter Nehring
(NAME, DIENSTGRAD)

Komm.General XXIV.Pz.Korps
(TRUPPENTEIL, DIENSTSTELLE)

IST AUF GRUND

SEINER AM 1. 8.1943 ERLITTENEN

5.-MALIGEN VERWUNDUNG-~~BESCHÄDIGUNG~~

DAS

VERWUNDETENABZEICHEN

IN G O L D

VERLIEHEN WORDEN.

A.H.Qu., DEN 5.8. 19 43

Hollidt

(UNTERSCHRIFT)

General der Infanterie und
Oberbefehlshaber der 6. Armee
(DIENSTGRAD UND DIENSTSTELLE)

Walther Kurt Nehring

Karl-Adolf Hollidt

Besitzzeugnis in der Originalgröße 14,0 cm x 20,0 cm für ein Verwundetenabzeichen in Gold für fünfmalige Verwundung, hier für den General der Panzertruppe Walther Kurt Nehring, Ritterkreuz des Eisernen Kreuzes am 24.07.1941, (383.) Eichenlaub am 08.02.1944, (124.) Schwerter am 22.01.1945, unterschrieben vom Oberbefehlshaber der 6. Armee, General der Infanterie Karl-Adolf Hollidt, Ritterkreuz am 08.09.1941, (239.) Eichenlaub am 17.05.1943.

5. Trageweise

Das Verwundetenabzeichen wurde auf der linken Brustseite getragen. Falls dort ein Eisernes Kreuz 1. Klasse bzw. ein Kriegsverdienstkreuz 1. Klasse angebracht war, dann unter diesem. Bei Verleihung einer höheren Stufen durfte nur diese getragen werden, die niedrigen Stufen verblieben zur Erinnerung.

Für die Zivilkleidung konnte eine Miniatur des Verwundetenabzeichens als Anstecknadel in öffentlichen Verkaufsstellen erworben und am linken Rockaufschlag getragen werden.

Hauptmann Erwin Kreßmann, KpChef 1. Kp/sPzJgAbt 519, Deutsches Kreuz in Gold am 25.01.1944, Ritterkreuz am 09.12.1944, trägt unterhalb des Eisernen Kreuzes 1. Klasse neben dem Panzerkampfabzeichen in Silber das Verwundetenabzeichen in Silber, verliehen für dreimalige Verwundung durch den Kommandeur schwere Panzerjägerabteilung 519 am 30.01.1944.

6. Herstellung, Verleihungszahlen und Sammlerbewertung

Der künstlerische Entwurf für das Verwundetenabzeichen in der gefälligeren Form von 1940, die sich schließlich auch von der Ausführung des 1. Weltkrieges unterscheiden sollte, stammt von dem Bildhauer Hanisch-Concée und war im Frühjahr 1940 fertiggestellt. Im Verlauf des 2. Weltkrieges sollen 24 Firmen für die Herstellung von Verwundetenabzeichen tätig gewesen sein.
Verleihungszahlen sind nicht mehr zu ermitteln, zumal für das Verwundetenabzeichen im Unterschied zu anderen Kriegsauszeichnungen keine Verleihungslisten geführt werden mußten.

Nach sehr groben und ungesicherten Schätzungen könnten etwa 3.000.000 Verwundetenabzeichen in Schwarz, 1.500.000 in Silber und 750.000 Verwundetenabzeichen in Gold verliehen worden sein.

Derzeit können für Stücke mittlerer Qualität auf dem Sammlermarkt folgende Verkaufspreise als Anhalt dienen:

Verwundetenabzeichen, Form LEGION CONDOR in Schwarz, Hohlprägung	140,-- €
Verwundetenabzeichen, Form LEGION CONDOR in Schwarz, durchbrochen	170,-- €
Verwundetenabzeichen, Form LEGION CONDOR in Silber, Hohlprägung	250,-- €
Verwundetenabzeichen, Form LEGION CONDOR in Silber, hohl verbödet	350,-- €
Verwundetenabzeichen, Form LEGION CONDOR in Silber, durchbrochen	300,-- €
Verwundetenabzeichen, Form LEGION CONDOR in Gold, Hohlprägung	300,-- €
Verwundetenabzeichen, Form LEGION CONDOR in Gold, hohl verbödet	450,-- €
Verwundetenabzeichen, Form LEGION CONDOR in Gold, durchbrochen	350,-- €
Verwundetenabzeichen, Form von 1940 in Schwarz, Hohlprägung, o. Hersteller	20,-- €
Verwundetenabzeichen, Form von 1940 in Schwarz, Hohlprägung, mit Hersteller	25,-- €
Verwundetenabzeichen, Form von 1940 in Silber, Buntmetall	55,-- €
Verwundetenabzeichen, Form von 1940 in Silber, Zink	45,-- €
Verwundetenabzeichen, Form von 1940 in Gold, Buntmetall	160,-- €
Verwundetenabzeichen, Form von 1940 in Gold, Zink	130,-- €
Verwundetenabzeichen des 20. Juli 1944 in Schwarz	20.000,-- €
Verwundetenabzeichen des 20. Juli 1944 in Silber	25.000,-- €
Verwundetenabzeichen des 20. Juli 1944 in Gold	25.000,-- €

Bei den Verwundetenabzeichen in Silber und Gold hat die Qualität der Versilberung bzw. der Vergoldung ganz erheblichen Einfluß auf die Bewertung.

Im Jahre 2005 ist ein Verwundetenabzeichen des 20. Juli 1944 in Schwarz bei einer Auktion in MÜNCHEN für 30.000,-- € versteigert worden.

Auch Verwundetenabzeichen aller Stufen wurden und werden kopiert und in den Handel gebracht.

7. Das Gesetz über Titel, Orden und Ehrenzeichen von 1957

Durch Gesetz vom 26. Juli 1957 wurde das Tragen von deutschen Kriegsauszeichnungen des 2. Weltkrieges wieder zugelassen, jedoch nur in einer „entnazifizierten“ Form. Für das Verwundetenabzeichen bedeutete dies den ersatzlosen Fortfall des Hakenkreuzes.
Ehemalige Angehörige der Deutschen Wehrmacht, die in die Bundeswehr eingetreten waren, durften das Verwundetenabzeichen in der Originalgröße der abgeänderten Form nur zu besonderen Anlässen an der Uniform tragen. Als Trageweise im täglichen Dienst war für den Dienstanzug eine verkleinerte Nachbildung des Verwundetenabzeichens auf einer neutralen, 2,5 cm breiten und 1,2 cm hohen, schwarzen Bandunterlage an der Bandschnalle vorgesehen, die über der linken Brusttasche getragen wurde.

Das Tragen des Verwundetenabzeichens für deutsche Freiwillige aus dem Spanischen Bürgerkrieg 1936 - 1939 wurde nicht zugelassen. Ebenfalls verboten wurde das den Verwundeten des 20. Juli 1944 in besonderer Ausführung verliehene Verwundetenabzeichen mit dem Schriftzug Adolf Hitlers. Allerdings erkannte das neue System doch die bei dem Attentat erlittenen Verletzungen als Verwundung an und genehmigte dafür das Tragen des Verwundetenabzeichens in der allgemein zugelassenen Form.

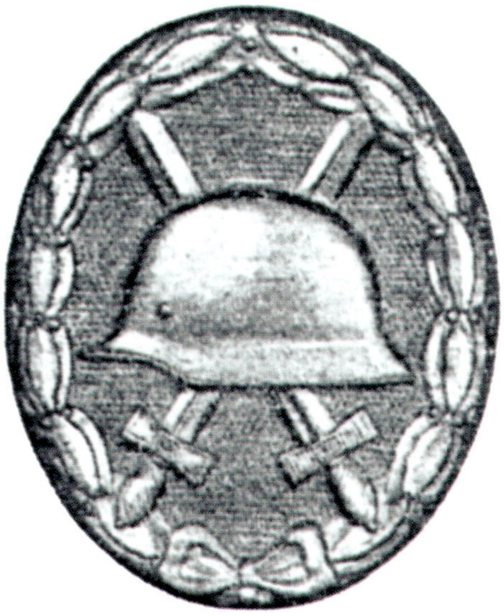

Verwundetenabzeichen des 2. Weltkrieges in der gemäß Gesetz von 1957 zugelassenen Form, Schwarzweißabbildung.

Verwundetenabzeichen in Gold, Ausführung 1957, an der Bandschnalle für die Bundeswehr.

Infanterie greift an (zeitgenössische Darstellung).

Kapitel 6

Infanteriesturmabzeichen

Wochenspruch der NSDAP, Folge 47, 15. - 21. November 1942 (verkleinerte Abbildung, Originalgröße DIN A 4), mit der Darstellung eines Infanteriesturmabzeichens in Silber. Herausgeber dieser Wochensprüche war die Reichspropagandaleitung.

- Infanteriesturmabzeichen -

1. Vorgeschichte und Stiftung der Auszeichnung

Nach Kriegsbeginn am 01.09.1939 stellte die Oberste Führung Überlegungen an, wie man den tapferen und bewährten Infanteristen nicht nur mit dem Eisernen Kreuz, sondern auch mit einer truppengattungsbezogenen Auszeichnung würdigen könnte.
Am 20. Dezember 1939 stiftete der Oberbefehlshaber des Heeres, Generaloberst von Brauchitsch, ausschließlich für die Infanterie das in Silber gehaltene Infanteriesturmabzeichen *„ ... als sichtbares Zeichen der Anerkennung des im Sturmangriff bewährten Infanteristen, zugleich aber auch als Ansporn zu höchster Pflichterfüllung“.*
Das Infanteriesturmabzeichen zeigt die damalige Standardwaffe der Infanterie, den Karabiner, mit aufgepflanztem Bajonett in einem Eichenlaubkranz. Darüber befindet sich das Hoheitszeichen.
Um selbst innerhalb der Infanterie noch mehr mit Auszeichnungen differenzieren zu können, wurde am 01. Juni 1940 zusätzlich zur silbernen Ausführung und gleichwertig daneben das Infanteriesturmabzeichen in Bronze gestiftet.

2. Die Ausführungen im einzelnen

a. Das Infanteriesturmabzeichen in Silber

Das Infanteriesturmabzeichen in Silber konnte ab dem 01.01.1940 an Angehörige der Schützenkompanien nicht motorisierter Infanteriedivisionen und der Gebirgsjägerkompanien verliehen werden, wenn sie

- an drei Sturmangriffen,
- an drei verschiedenen Kampftagen,
- in vorderster Linie,
- mit der Waffe in der Hand
- in gegnerische Stellungen eingebrochen waren.

Infanteriesturmabzeichen in Silber

Über die o.a. Anzahl hinausgehende Sturmangriffe wurden für die Nahkampfspange angerechnet.
Auch gewaltsame Aufklärung und Gegenangriffe waren als Sturmangriffe zu werten, wenn sie zum Nahkampf geführt hatten. Der Regimentskommandeur legte auf Vorschlag der Bataillonskommandeure nach jedem Angriff fest, für welche Einheiten eine Verleihung in Frage kam. Die Kompaniechefs bestimmten dann die Soldaten, welche den Bedingungen entsprochen hatten und erfaßten die Namen in Listen. Waren die geforderten drei Sturmangriffe erfüllt, wurde die Verleihung des Infanteriesturmabzeichens auf dem Dienstweg beim Regiment beantragt. Nach Genehmigung der Anträge erfolgte die Bekanntgabe der ausgezeichneten Soldaten durch Regimentsbefehl und der Regimentsstab stellte die entsprechenden Besitzzeugnisse aus.

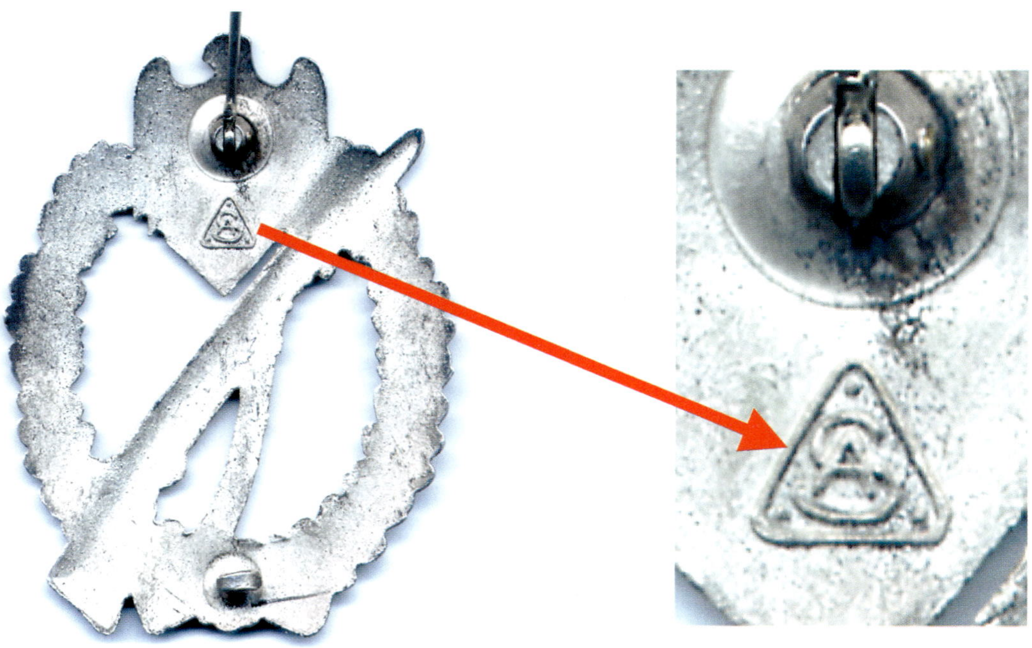

Infanteriesturmabzeichen in Silber mit dem Herstellerkennzeichen AS der Firma Adolf Scholze, GRÜNWALD/Nahe. Halbhohlprägung mit aufwändig gefertigtem Nadelbock. Breite 4,5 cm, Höhe 6,0 cm. Gewicht. Gewicht 20 g.

- Infanteriesturmabzeichen -

Infanteriesturmabzeichen in Silber, unbekannter Hersteller. Hohlgeprägte Stücke zeichnen sich durch eine scharfe Prägung und geringes Gewicht aus. Das obige Stück wiegt lediglich 16 g und ist daher an der Uniform angenehmer zu tragen als die schwerere Vollprägung.

Infanteriesturmabzeichen in Silber, unbekannter Hersteller. Halbhohlprägung mit gut erhaltener Versilberung. Gewicht 18 g.

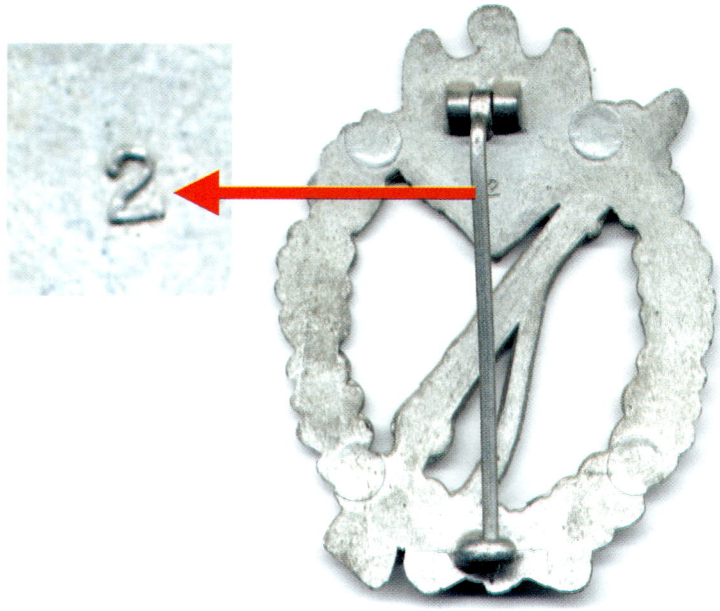

Infanteriesturmabzeichen in Silber, gekennzeichnet mit 2, gemäß der Firmenliste der Präsidialkanzlei handelt es sich dabei um die Firma C.E. Juncker, BERLIN. Vollprägung. Auf eine Versilberung wurde mit zunehmender Dauer des Krieges aus Ersparnisgründen verzichtet. Das helle Feinzink galt als Silberstufe. Breite 4,6 cm, Höhe 6,1 cm. Gewicht 22 g.

Infanteriesturmabzeichen in Silber eines unbekannten Herstellers. Vollprägung. Die Versilberung ist auf der Vorderseite tragebedingt berieben und auf der Rückseite altersbedingt streifig. Breite 4,6 cm, Höhe 6,1 cm. Gewicht 24 g.

- *Infanteriesturmabzeichen* -

Zunächst war das Infanteriesturmabzeichen ausschließlich für Angehörige der Schützenkompanien vorgesehen. Die Infanterieregimenter verfügten jedoch außerdem über Maschinengewehr-, Infanteriegeschütz- und Pakkompanien. Ab dem 01.06.1940 wurde die Verleihung des Infanteriesturmabzeichens auf diese Einheiten ausgedehnt, weil die Bedienungen durch die Wirkung ihrer Waffen häufig den Einbruch in die feindlichen Stellungen ermöglicht hatten. Sie mußten jedoch wie die einbrechenden Schützen im Nahkampfraum eingesetzt gewesen sein. Ob die Bedingungen für das Infanteriesturmabzeichen erfüllt waren, oblag der ausschließlichen Bewertung durch den Kompaniechef bzw. der Entscheidung des Regimentskommandeurs. Ausschlaggebend war der kämpferische Einsatz des einzelnen Mannes in vorderster Linie. Dazu war die Anlegung eines strengen Maßstabes befohlen, um den hohen Anforderungen, die an den Erwerb des Infanteriesturmabzeichens gestellt waren, gerecht zu werden. In diesem Zusammenhang ordnete der Kommandeur der SS-Verfügungs-Division (spätere Waffen-SS), SS-Gruppenführer Hausser, am 25.08.1940 an: *„ ... Es ist ... nicht zulässig, anzunehmen, daß sämtliche Angehörige eines Zuges oder einer Gruppe den Bedingungen entsprochen haben, wenn diese Einheiten einen entsprechenden Kampfauftrag durchführten. Die Feststellungen sind vielmehr in jedem einzelnen Fall, wenn erforderlich, durch Vernehmungen zu treffen.“*

Am 12.05.1941 verfügte das OKH, daß Kampfhandlungen, die für die Verleihung eines der verschiedenen Sturmabzeichen anzurechnen waren, bei der Versetzung eines Soldaten zu einer anderen Truppengattung auch für die Verleihung des für deren Waffe bestimmten Sturmabzeichens anrechnungsfähig sind.

Ebenfalls im Jahr 1941 wurde angeordnet, daß die Bedingungen für die Verleihung des Infanteriesturmabzeichens auch durch das Sanitätspersonal des jeweiligen Truppenteils erfüllt werden können. Als Voraussetzung mußten sie, unter den gleichen Kampfbedingungen wie die stürmende Infanterie, im Nahkampfraum Verwundete versorgen und bergen. Gehörte das Sanitätspersonal jedoch einer selbstständigen Sanitätsabteilung an, kam nicht das Infanteriesturmabzeichen, sondern das Allgemeine Sturmabzeichen zur Verleihung.

Bei Verwundung sollte die Auszeichnung zusammen mit dem Besitzzeugnis dem Lazarett zur Aushändigung übersandt werden. War dem Feldtruppenteil das Lazarett unbekannt, so wurden Auszeichnung und Besitzzeugnis nach vier Wochen dem Ersatztruppenteil zugestellt. Zum Teil erfolgte auch die Übersendung direkt an die Heimatanschrift des Soldaten.

Das Infanteriesturmabzeichen konnte auch postum verliehen werden, z.B. wenn der Soldat beim dritten Sturmangriff gefallen war. Auszeichnung und Besitzzeugnis wurden den Angehörigen zugesandt.

Sogar an unverschuldet in Kriegsgefangenschaft geratene und vermißte Soldaten war zunächst eine Verleihung möglich. Ab dem 27.09.1944 wurde jedoch die Verleihung von Kriegsauszeichnungen an vermißte und kriegsgefangene Angehörige der Wehrmacht ausgesetzt. Die Verleihung des Infanteriesturmabzeichens erfolgte ausschließlich innerhalb des Heeres, der Waffen-SS sowie an Angehörige der Ostvölker, die als Freiwillige im Rahmen des Heeres dienten. Eine Verleihung an Angehörige der Luftwaffe und der Kriegsmarine konnte in Ausnahmefällen erfolgen, wenn sie in Einheiten des Heeres eingesetzt bzw. diesen unterstellt waren. Für die Luftwaffen-Feldverbände war das Erdkampfabzeichen der Luftwaffe vorgesehen.

b. Das Infanteriesturmabzeichen in Bronze

Infanteriesturmabzeichen in Bronze

Fast ein halbes Jahr nach Einführung des Infanteriesturmabzeichens in Silber stiftete Generaloberst von Brauchitsch im Verlauf des Frankreichfeldzuges am 01. Juni 1940 das Infanteriesturmabzeichen in Bronze. Die Ausführung in Bronze ist nicht als eine niedrigere Stufe im Verhältnis zum Infanteriesturmabzeichen in Silber zu werten, sondern es handelt sich um eine gleichwertige, eigenständige Auszeichnung, welche für die Angehörigen der motorisierten Infanterie, nicht jedoch für Angehörige der Schützenregimenter in den Panzerdivisionen bzw. für Panzergrenadiere, bestimmt war.

Als Voraussetzung für die Verleihung galten die gleichen Bedingungen wie für das Infanteriesturmabzeichen in Silber, nämlich

- Teilnahme an drei Sturmangriffen,
- an drei verschiedenen Kampftagen,
- in vorderster Linie,
- mit der Waffe in der Hand
- in gegnerische Stellungen einbrechend.

Motorisierte Infanterieregimenter erhielten das Infanteriesturmabzeichen in Bronze.

Infanteriesturmabzeichen in Bronze, gepunzt mit  im Kreis auf dem Gewehrkolben, Kennzeichen für die Firma Hermann Wernstein, JENA-LÖBSTEDT. Dünne Vollprägung. Gewicht 18 g und damit erheblich weniger als die unten abgebildete Vollprägung mit 30 g.

Infanteriesturmabzeichen in Bronze mit dem Herstellerkennzeichen S.H.u.Co.41 der Firma Sohni, Heubach & Co., OBERSTEIN/Nahe. Vollprägung. Trotz vorgegebenem Muster gab es zwischen den Herstellern Prägeunterschiede, vor allem bei der Gestaltung des Adlerkopfes.

3. Verleihungsberechtigung

Das Infanteriesturmabzeichen wurde durch den Regimentskommandeur bzw. durch Vorgesetzte in vergleichbarer Dienststellung verliehen. Wurden die Bedingungen von Kommandeuren vom Regimentskommandeur an aufwärts selbst erfüllt, so erfolgte die Verleihung durch das Oberkommando des Heeres (OKH).

Der Bedarf an Infanteriesturmabzeichen war auf dem Dienstweg beim OKH anzufordern. Die Infanteriesturmabzeichen wurden in Verleihungstüten ausgeliefert bzw. überreicht. Je nach Herstellerfirma fallen Größe, Farbgebung und Beschriftung dieser Tüten unterschiedlich aus.

Verleihungstüte für das Infanteriesturmabzeichen in Silber in der Originalgröße 7,1 cm x 10,5 cm. Auf der Rückseite befindet sich der Aufdruck der Firma Carl Wild, Metallwarenfabrik, HAMBURG (vergrößerte Abbildung).

Verleihungstüte für das Infanteriesturmabzeichen in Bronze in der Originalgröße 6,0 cm x 10,5 cm. Auf der Rückseite befindet sich der Aufdruck der Firma Josef Feix Söhne, GABLONZ/Neiße (vergrößerte Abb.).

4. Nachweis und Beurkundung

Über die Verleihung des Infanteriesturmabzeichens wurde ein Besitzzeugnis ausgestellt. Dazu war zwar ein Muster in der Größe DIN A 5 vorgegeben, es kommen jedoch bezüglich Gestaltung, Schriftbild und Größe unterschiedliche Muster vor.
Die Verleihung wurde in die Personalpapiere eingetragen. Unbefugtes Tragen war strafbar.

Gegen Vorlage des Verleihungsnachweises konnte der Träger in öffentlichen Verkaufsstellen weitere Stücke des Infanteriesturmabzeichens erwerben.

Auszug aus dem Soldbuch eines Soldaten der Waffen-SS mit dem Nachweis der Verleihung des Infanteriesturmabzeichens in Silber.

Auszug aus dem Soldbuch eines Soldaten der Waffen-SS mit dem Nachweis der Verleihung des Infanteriesturmabzeichens in Bronze.

BESITZ-ZEUGNIS

Dem

Leutnant
Dienstgrad

Wolfram Kertz
Vor- und Zuname

5./J.R.193
Truppenteil

verleihe ich das

INFANTERIE-
STURMABZEICHEN

Voss, den 15. November 1940
Ort und Datum

von [illegible]
Oberst und Regimentskommandeur

Wolfram Kertz 1944

Frühes, variantes Besitzzeugnis in der Originalgröße 14,6 cm x 20,7 cm für das Infanteriesturmabzeichen, noch ohne den Zusatz IN SILBER, ausgestellt in VOSS, Südnorwegen. Wolfram Kertz wurde als Oberleutnant am 04.10.1944 mit dem Ritterkreuz ausgezeichnet.

Besitzzeugnis

Dem Feldwebel
(Dienstgrad)

Karl Krauss
(Vor- und Zuname)

11./I.R. 339
(Truppenteil)

verleihe ich das

Infanterie-Sturmabzeichen

— Silber —

Rgts. Gef. Stand, 16. 2. 42
(Ort und Datum)

i. V.

(Unterschrift)

Major
(Dienstgrad und Dienststellung)

Infanterie Regiment 339

Stempel

Karl Krauss als Oberleutnant

Häufig verwendetes Muster eines Besitzzeugnisses in der Originalgröße 13,9 cm x 20,0 cm für das Infanteriesturmabzeichen in Silber, handschriftlich ausgefertigt. Karl Krauss wurde als Oberleutnant am 17.10.1943 mit dem Deutschen Kreuz in Gold, am 05.12.1944 mit der Ehrenblattspange und am 24.12.1944 mit der Nahkampfspange in Gold ausgezeichnet.

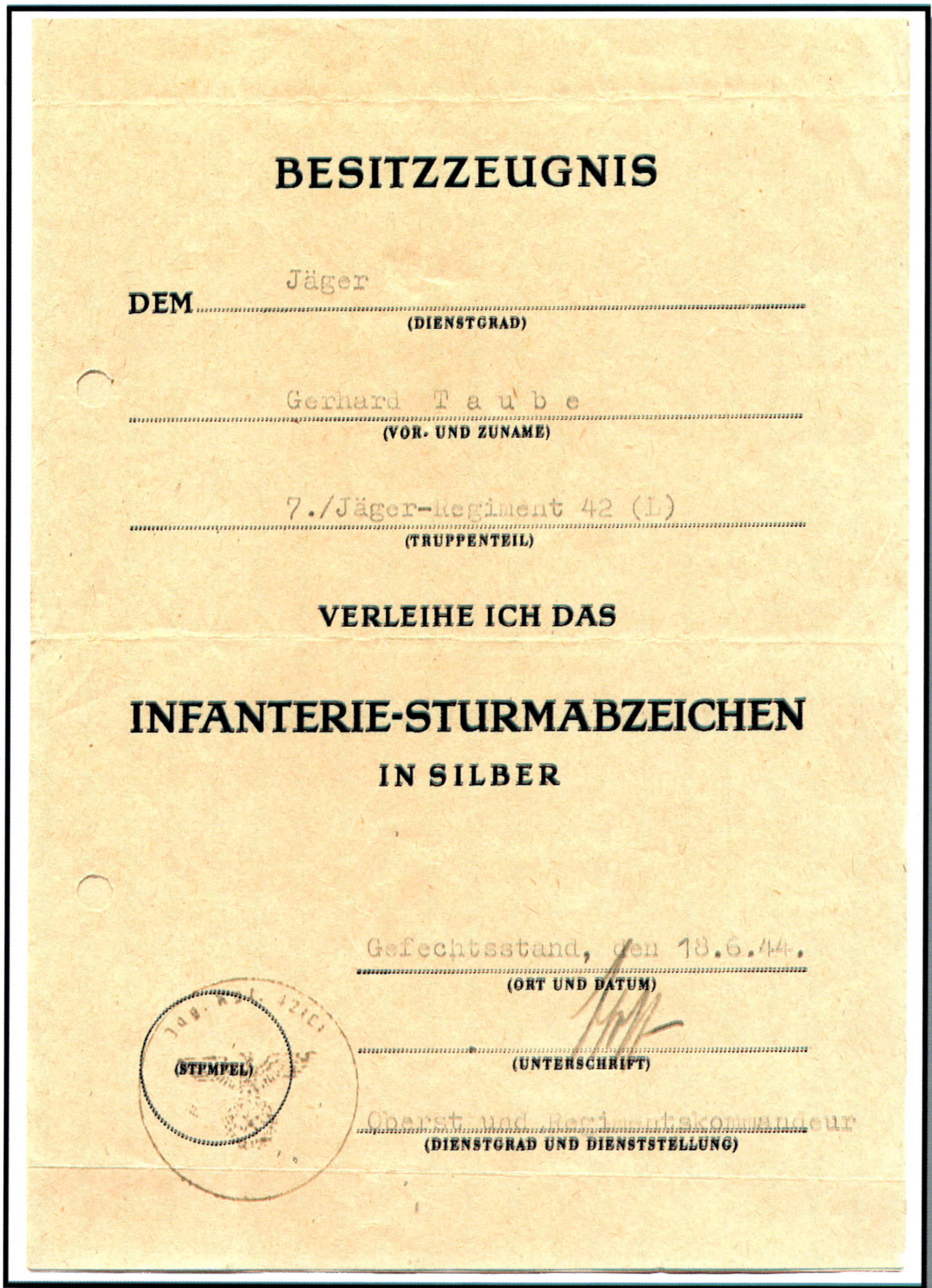

BESITZZEUGNIS

DEM Jäger
(DIENSTGRAD)

Gerhard Taube
(VOR- UND ZUNAME)

7./Jäger-Regiment 42 (L)
(TRUPPENTEIL)

VERLEIHE ICH DAS

INFANTERIE-STURMABZEICHEN
IN SILBER

Gefechtsstand, den 18.6.44.
(ORT UND DATUM)

(STEMPEL)

(UNTERSCHRIFT)

Oberst und Regimentskommandeur
(DIENSTGRAD UND DIENSTSTELLUNG)

Besitzzeugnis für ein Infanteriesturmabzeichen in Silber in der Originalgröße 14,0 cm x 19,9 cm für einen Jäger im Luftwaffen-Jägerregiment 42 (21. Luftwaffen-Felddivision), das als Jägerregiment 42 (L) am 01.11.1943 in das Heer übernommen wurde.

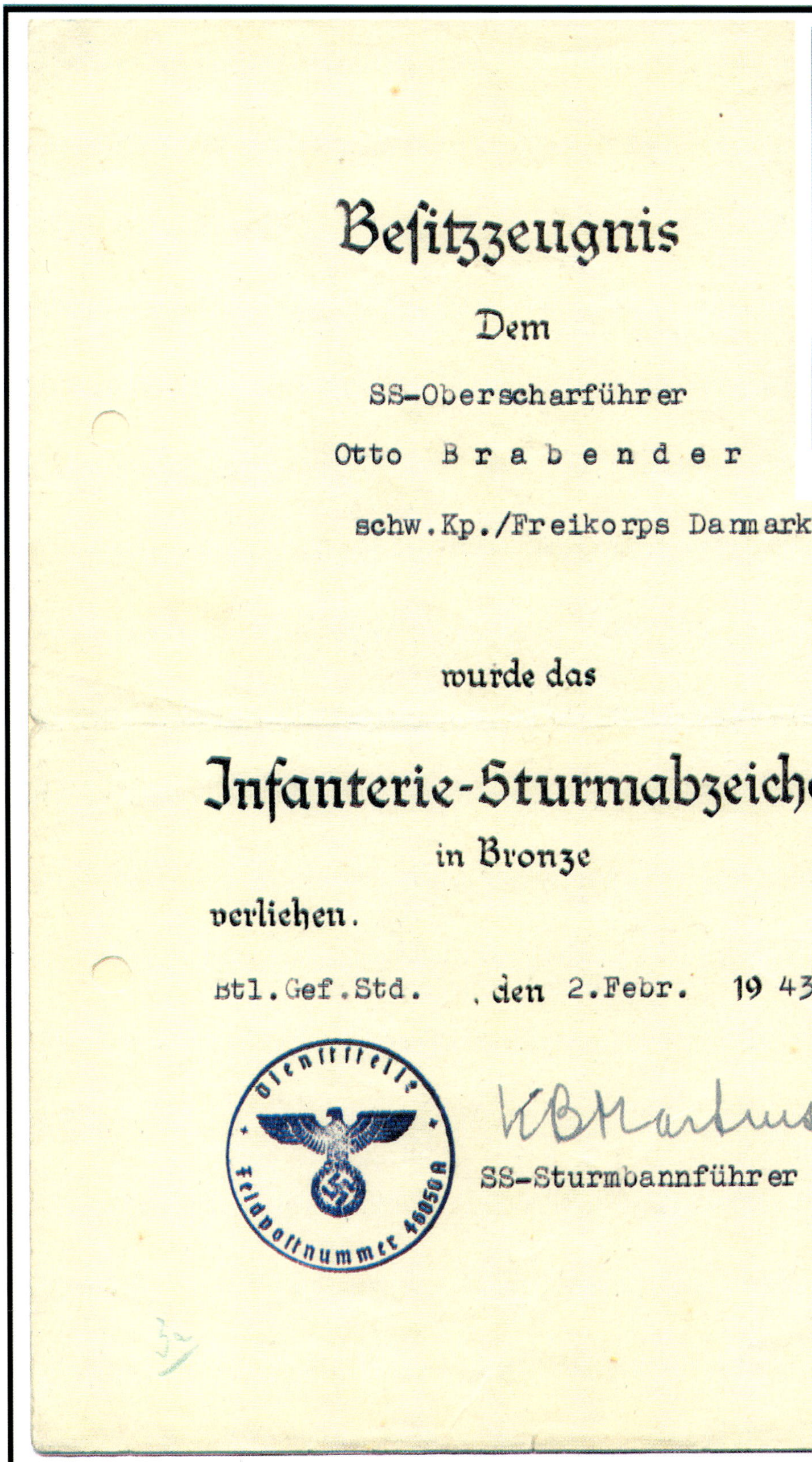

Besitzzeugnis

Dem

SS-Oberscharführer

Otto Brabender

schw.Kp./Freikorps Danmark

wurde das

Infanterie-Sturmabzeichen

in Bronze

verliehen.

Btl.Gef.Std. , den 2.Febr. 1943

SS-Sturmbannführer

Otto Brabender

Besitzzeugnis für ein Infanteriesturmabzeichen in Bronze in der Originalgröße 14,7 cm x 21,0 cm für einen Oberscharführer der Waffen-SS (entspricht dem Feldwebel im Heer).

5. Trageweise

Das Infanteriesturmabzeichen wurde angesteckt auf der linken Brustseite in und außer Dienst getragen. War der Träger im Besitz des Eisernen Kreuzes 1. Klasse, so war das Infanteriesturmabzeichen unterhalb davon anzubringen. Für die Zivilkleidung konnte eine Miniatur als Anstecknadel in öffentlichen Verkaufsstellen erworben und am linken Rockaufschlag getragen werden.

Am 12.05.1941 verfügte das OKH, daß der Soldat nur eines der verschiedenen Sturmabzeichen besitzen und tragen darf. Damit war grundsätzlich die Verleihung eines weiteren Sturmabzeichens, auch bei der Versetzung zu einer anderen Truppengattung, ausgeschlossen.

Leutnant Wolfram Kertz, 5./InfRgt 193 (69. InfDiv) im Jahre 1940 nach Beendigung des Norwegen-Feldzuges. Auf der linken Brustseite trägt er unterhalb des Eisernen Kreuzes 1. Klasse das Infanteriesturmabzeichen in Silber. Am 04.10.1944 wurde er für seinen Einsatz an der Westfront im Raum ARNHEIM mit dem Ritterkreuz ausgezeichnet.

6. Herstellung, Verleihungszahlen und Sammlerbewertung

Der künstlerische Entwurf für das Infanteriesturmabzeichen wurde nach Vorgaben des OKH durch die bekannte und besonders qualifizierte Herstellerfirma für Orden und Ehrenzeichen, C.E. Juncker, BERLIN, angefertigt.

Infanteriesturmabzeichen in Silber und Bronze wurden während des Krieges von einer Vielzahl von Herstellern produziert. Obwohl ein Muster vorgegeben war, kommen bei den verschiedenen Firmen Abweichungen im Prägebild vor.

Die Abzeichen wurden aus Blech, Buntmetall oder Zink als Vollprägung, Halbhohlprägung oder Hohlprägung hergestellt. Das Gewicht der Stücke weicht auf Grund der unterschiedlichen Fertigungsarten zum Teil erheblich voneinander ab. Am besten kommt das Prägebild bei hohlgeprägten Stücken aus Buntmetallblech zur Geltung, die zudem ein geringes Gewicht aufweisen.

Beim Infanteriesturmabzeichen handelt es sich um das am meisten verliehene Sturmabzeichen der Deutschen Wehrmacht. Verleihungszahlen sind nicht bekannt und auch nicht mehr zu ermitteln, weil die diesbezüglichen Unterlagen der entsprechenden Kommandobehörden durch die Kriegsereignisse verloren gegangen oder vernichtet worden sind.

Bei einer Schätzung der insgesamt hergestellten und ausgegebenen Infanteriesturmabzeichen ist der Nachkauf von Zweit- oder Drittstücken in öffentlichen Verkaufsstellen zu berücksichtigen.

Derzeit können für Stücke mittlerer Qualität auf dem Sammlermarkt folgende Verkaufspreise als Anhalt dienen:

Infanteriesturmabzeichen in Silber, Buntmetall versilbert, massiv	100,-- €
Infanteriesturmabzeichen in Silber, Blech versilbert, Hohlprägung	90,-- €
Infanteriesturmabzeichen in Silber, Zink versilbert, massiv oder hohl	70,-- €
Infanteriesturmabzeichen in Bronze, Buntmetall bronziert, massiv	110,-- €
Infanteriesturmabzeichen in Bronze, Blech bronziert, Hohlprägung	100,-- €
Infanteriesturmabzeichen in Bronze, Zink bronziert, massiv oder hohl	90,-- €

Spitzenstücke erzielen erheblich höhere Preise.

Da Infanteriesturmabzeichen in Bronze nicht so häufig verliehen worden sind wie solche in Silber, wird die Ausführung in Bronze höher bewertet.

Infanteriesturmabzeichen wurden und werden, wie andere Auszeichnungen der Deutschen Wehrmacht auch, kopiert und in den Handel gebracht.

7. Das Gesetz über Titel, Orden und Ehrenzeichen von 1957

Durch Gesetz vom 26. Juli 1957 wurde das Tragen von deutschen Kriegsauszeichnungen des 2. Weltkrieges wieder zugelassen, jedoch nur in einer „entnazifizierten" Form. Für das Infanteriesturmabzeichen bedeutete dies den ersatzlosen Fortfall des Hoheitszeichens.

Ehemalige Angehörige der Deutschen Wehrmacht, die in die Bundeswehr eingetreten waren, durften das Infanteriesturmabzeichen in Silber oder Bronze in der Originalgröße der abgeänderten Form nur zu besonderen Anlässen an der Uniform tragen.
Als Trageweise im täglichen Dienst war für den Dienstanzug eine verkleinerte Nachbildung auf einer neutralen, 2,5 cm breiten und 1,2 cm hohen, schwarzen Bandunterlage an der Bandschnalle vorgesehen, die über der linken Brusttasche angebracht wurde.

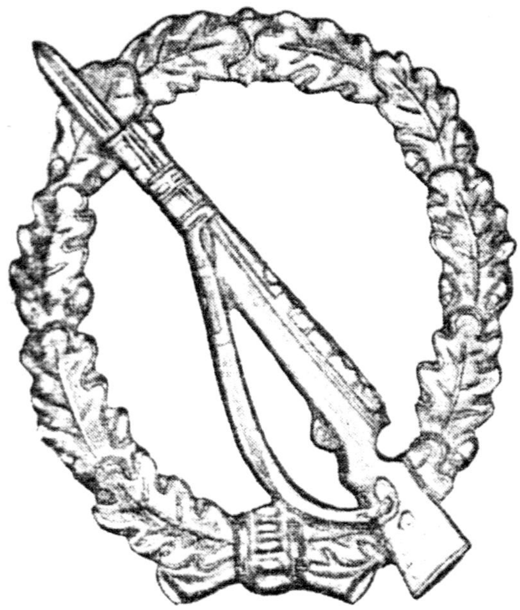

Infanteriesturmabzeichen in der gemäß Gesetz von 1957 zugelassenen Form, Schwarzweißabbildung.

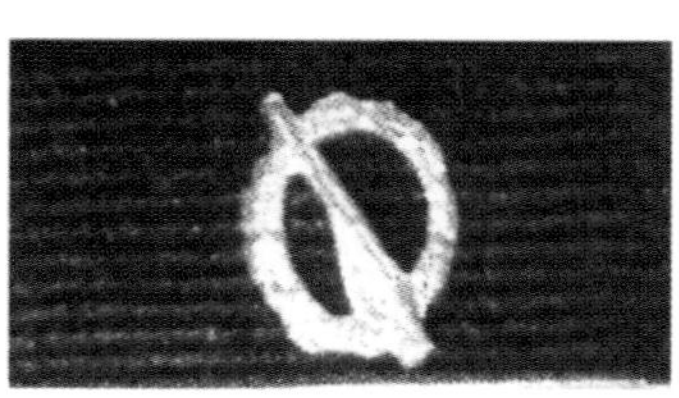

Infanteriesturmabzeichen in Silber, Ausführung 1957, an der Bandschnalle für die Bundeswehr.

Infanterie an der Ostfront im Nahkampf (zeitgenössische Darstellung).

Kapitel 7

Nahkampfspange

- Nahkampfspange -

1. Vorgeschichte und Stiftung der Auszeichnung

Das Infanteriesturmabzeichen reichte angesichts der harten und immer länger andauernden Kämpfe nicht mehr aus, um den monate- und jahrelang im Einsatz stehenden, vielfach bewährten Infanteristen auszuzeichnen, so daß für diese Soldaten die Einführung einer weiteren Auszeichnung erforderlich wurde.

Am 25. November 1942, nach 17 Monaten Ostfeldzug und insgesamt 38 Monaten Kriegsdauer, stiftete Hitler die Nahkampfspange in den Stufen Bronze, Silber und Gold *„ ... als sichtbares Zeichen der Anerkennung des mit der blanken Waffe und Nahkampfmitteln Mann gegen Mann kämpfenden Soldaten, zugleich aber auch als Ansporn zu höchster Pflichterfüllung.“*
Die Spange zeigt mittig angeordnet symbolhaft für den Nahkampf ein Bajonett, gekreuzt mit einer Stielhandgranate. Darüber befindet sich das Hoheitszeichen.

2. Die Stufen im einzelnen

a. Die Nahkampfspange in Bronze

Als Nahkampftage waren solche Kampftage anzurechnen, an denen der Soldat Gelegenheit fand, *„das Weiße im Auge des Feindes“* zu sehen, d.h. wenn er Mann gegen Mann bis zur letzten Entscheidung kämpfen mußte. Dieser Fall konnte jederzeit und unabhängig von der Gefechtsart eintreten, so z.B. im Angriff, beim Spähtrupp oder in der Verteidigung.

Der Kompaniechef beantragte auf dem Dienstweg über das Bataillon beim Regiment die Anerkennung eines Nahkampftages für seine Kompanie. Wurde dem Antrag stattgegeben, gab der Regimentskommandeur in einem Tagesbefehl den anzurechnenden Nahkampftag für die jeweilige Einheit bekannt. Der Kompaniechef bestimmte daraufhin unter Anlegung eines strengen Maßstabes diejenigen Soldaten, die den Bedingungen entsprochen hatten und erfaßte die Namen in einer Liste. Die Anerkennung und Bescheinigung der Nahkampftage für den einzelnen Soldaten erfolgte auf einem gesonderten Blatt, das der Soldat im Soldbuch bei sich zu tragen hatte.
Für die Truppenführer vom Kompaniechef an aufwärts war der Nahkampftag durch den nächsthöheren, für den jeweiligen Einsatz zuständigen Vorgesetzten zu bescheinigen.

Die Bedingungen für die Verleihung der Nahkampfspange in Bronze (1. Stufe) waren 15 Nahkampftage, die ab dem 01.12.1942 anzurechnen waren.
Um den vielfach bewährten Frontkämpfer hervorzuheben, konnten jedoch bei ununterbrochenem Einsatz im Osten nach dem 22.06.1941

- von 15 Monaten bis zu 15 Nahkampftage,
- von 12 Monaten bis zu 10 Nahkampftage,
- von 8 Monaten bis zu 5 Nahkampftage

nach gewissenhafter Prüfung des Kompaniechefs angerechnet werden.

- *Nahkampfspange* -

Der Divisionskommandeur war befugt, an Soldaten, für die auf Grund einer schweren Verwundung in Zukunft keine Gelegenheit mehr zum Nahkampf bestand, die Nahkampfspange in Bronze bereits nach zehn Nahkampftagen zu verleihen.

An Gefallene bzw. Verstorbene konnte die Nahkampfspange auch nachträglich verliehen werden, wenn sie vor dem Tode oder mit dem Tage des Todes die Bedingungen erfüllt hatten. Die Auszeichnung war in solchen Fällen mit dem Besitzzeugnis den Hinterbliebenen zur Erinnerung zu übersenden.

Nach der Stiftung des Bandenkampfabzeichens am 30.01.1944 konnte die Nahkampfspange mit Verfügung vom 21.08.1944 nur noch für Einsätze gegen reguläre Truppen verliehen werden.

Nahkampfspange in Bronze, gekennzeichnet mit dem Namen von Wilhelm Ernst Peekhaus, BERLIN, der für den künstlerischen Entwurf der Nahkampfspange verantwortlich war, und mit dem Herstellerkennzeichen A.G.M.u.K. der Firma Arbeitsgemeinschaft Metall und Kunststoff, GABLONZ/Neiße. Breite 9,6 cm, Höhe 2,5 cm. Gewicht 34 g.

Das quadratische Metallplättchen ist in diesem Fall von Hand durch Schläge mit einem meißelähnlichen Stichel „festgeklemmt“ worden. Wurde diese Arbeit nicht sorgfältig durchgeführt und die Nahkampfspange tragebedingt stark beansprucht, konnte das Plättchen herausfallen, was häufig vorkam.

Bei der 1. Stufe der Nahkampfspange kommt eine helle bis sehr dunkle Bronzierung vor.

b. Die Nahkampfspange in Silber

Die Voraussetzung für die Verleihung der Nahkampfspange in Silber (2. Stufe) waren 30 Nahkampftage, die ab dem 01.12.1942 anzurechnen waren.

Der Divisionskommandeur konnte an Soldaten, für die auf Grund einer schweren Verwundung in Zukunft keine Gelegenheit mehr zum Nahkampf bestand, die Nahkampfspange in Silber bereits nach 20 Nahkampftagen verleihen.

Bei der Verleihung der 2. Stufe der Nahkampfspange war stets zu prüfen, ob auf Grund der zahlreichen Nahkämpfe und der damit durch den Ausgezeichneten unter Beweis gestellten Einsatzbereitschaft und Tapferkeit auch das Eiserne Kreuz 1. Klasse zu verleihen sei.

Nahkampfspange in Silber, gekennzeichnet mit dem Namen von Wilhelm Ernst Peekhaus, BERLIN, der den künstlerischen Entwurf der Nahkampfspange ausführte, und mit dem Herstellerkennzeichen A.G.M.u.K. der Firma Arbeitsgemeinschaft Metall und Kunststoff, GABLONZ/Neiße. Breite 9,7 cm, Höhe 2,5 cm. Gewicht 32 g.

Das gezeigte Stück weist eine noch gut erhaltene Versilberung auf. Wie bei der Silberstufe anderer Auszeichnungen, wurde im späteren Verlauf des Krieges auch bei der Nahkampfspange in Silber bei Stücken aus Zink aus Ersparnisgründen zunehmend auf eine Versilberung verzichtet. Das helle Zinkmetall galt als Silberstufe.

c. Die Nahkampfspange in Gold

Die Voraussetzung für die Verleihung der Nahkampfspange in Gold (3. Stufe), der höchsten infanteristischen Auszeichnung der Wehrmacht, waren 50 Nahkampftage, die ab dem 01.12.1942 anzurechnen waren. Der Divisionskommandeur konnte an Soldaten, für die auf Grund einer schweren Verwundung in Zukunft keine Gelegenheit mehr zum Nahkampf bestand, die Nahkampfspange in Gold bereits nach 40 Nahkampftagen verleihen.

Die erste Verleihung einer Nahkampfspange in Gold ist nachweislich am 10.08.1943 erfolgt. Adolf Hitler als Oberster Befehlshaber der Wehrmacht und zugleich als Oberbefehlshaber des Heeres verfügte am 08.04.1944, daß er sich die Aushändigung (nicht die Verleihung) der goldenen Nahkampfspange persönlich vorbehalte. Er übergab am 27.08.1944 die Nahkampfspange in Gold an 14 Männer des Heeres und der Waffen-SS und an weitere Soldaten am 05.09.1944, 14.09.1944 und 26.09.1944. Im Spätherbst 1944 wurde Heinrich Himmler als Befehlshaber des Ersatzheeres mit der Aushändigung der Nahkampfspange in Gold beauftragt, weil die Ausgezeichneten gemäß Führerbefehl ein Jahr vom Fronteinsatz freigestellt und im Ersatzheer an Schulen ihre Erfahrung vermitteln sollten. Himmler übergab im Rathaussaal zu ULM am 12.12.1944 die goldene Nahkampfspange an 81 Soldaten des Heeres und der Waffen-SS.

Am 21.09.1944 wurde verfügt, daß Träger der 3. Stufe der Nahkampfspange ohne weitere Begründung zum Deutschen Kreuzes in Gold einzureichen seien. Außerdem war mit der Verleihung der Nahkampfspange in Gold ein Sonderurlaub von 21 Tagen verbunden.

Stark getragene Nahkampfspange in Gold, gekennzeichnet mit dem Namen von Wilhelm Ernst Peekhaus, der den künstlerischen Entwurf der Nahkampfspange angefertigt hatte, und mit dem Herstellerkennzeichen A.G.M.u.K. der Arbeitsgemeinschaft Metall und Kunststoff, GABLONZ/Neiße.

Nahkampfspange in Gold eines unbekannten Herstellers, auch die sonst übliche Kennzeichnung mit dem Namen von W.E. Peekhaus fehlt. Buntmetall. Verliehen am 04.04.1945 an Leutnant Erich Gust, Adjutant II. Btl/GrenRgt 23 in der 11. Infanteriedivision.

Nahkampfspange in Gold, Buntmetall, feuervergoldet, polierte Kanten, sogenannter 2. Typ aus der Fertigung der Firma C.E. Juncker, BERLIN, mit einem Gegenhaken zur Befestigung an der Uniform (sogenannte „Häkchenspange“) und mit einer mittigen Vernietung des Plättchens. Nahkampfspangen dieses Typs wurden durch Hitler und Himmler ausgehändigt.

3. Verleihungsberechtigung

Hatte ein Soldat die entsprechende Anzahl an Nahkampftagen erreicht, beantragte der Kompaniechef auf dem Dienstweg über das Bataillon bzw. über die Abteilung die Verleihung der Nahkampfspange beim Regiment.
Verleihungsberechtigt war derjenige Regimentskommandeur oder Kommandeur in vergleichbarer Dienststellung (z. B. Kommandeur eines selbstständigen Bataillons), in dessen Verband der letzte maßgebliche Einsatz stattfand.

Für Kommandeure vom selbstständigen Bataillon an aufwärts erfolgte die Verleihung der Nahkampfspange durch das Oberkommando des Heeres (OKH).

Nahkampfspangen wurden in Verleihungstüten (auch „Beutel" genannt), in Pappschachteln (auch als „Karton" bezeichnet) oder in aufwändigen Verleihungsetuis ausgeliefert bzw. überreicht.
Je nach Herstellerfirma fallen Größe, Farbe und Beschriftung unterschiedlich aus.

Verleihungsetui für die Nahkampfspange in Gold, ausgehändigt am 27.08.1944 durch den Führer und Obersten Befehlshaber der Wehrmacht im Führerhauptquartier an einen Unteroffizier.

4. Nachweis und Beurkundung

Über die Verleihung der Nahkampfspange wurde ein Besitzzeugnis ausgestellt. Dazu war zwar ein Muster in der Größe DIN A 5 vorgegeben, es kommen jedoch bezüglich Gestaltung, Schriftbild und Größe unterschiedliche Besitzzeugnisse vor. Die Verleihung wurde in der Personalpapiere eingetragen. Unbefugtes Tragen der Nahkampfspange war strafbar.
Gegen Vorlage des Verleihungsnachweises konnte der Ausgezeichnete in öffentlichen Verkaufsstellen weitere Stücke der Nahkampfspange erwerben.

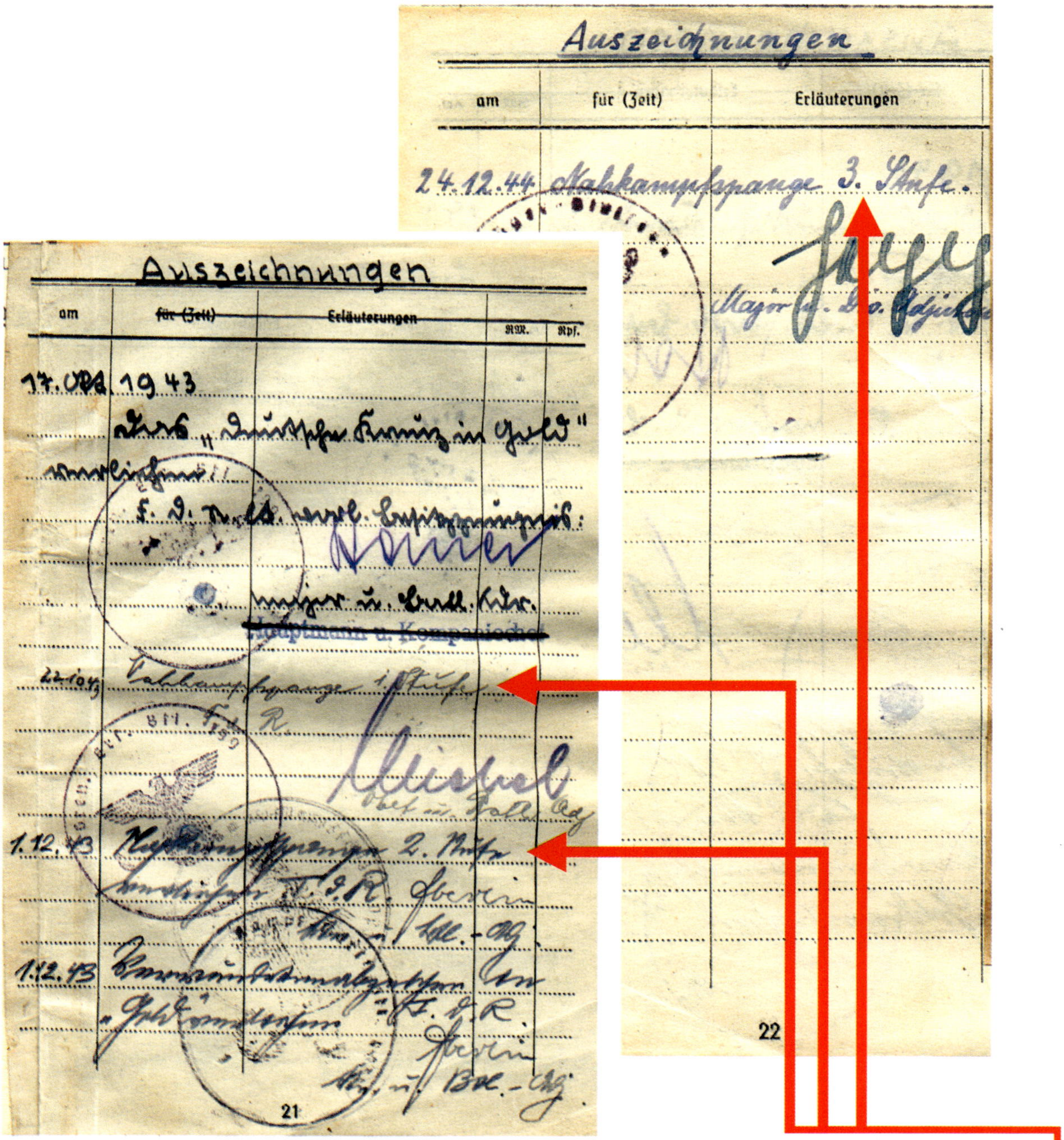

Auszug aus dem Soldbuch von Oberleutnant Karl Krauss, Feldersatzbataillon 85 (101. JgDiv) mit dem Nachweis der Verleihung aller drei Stufen der Nahkampfspange.

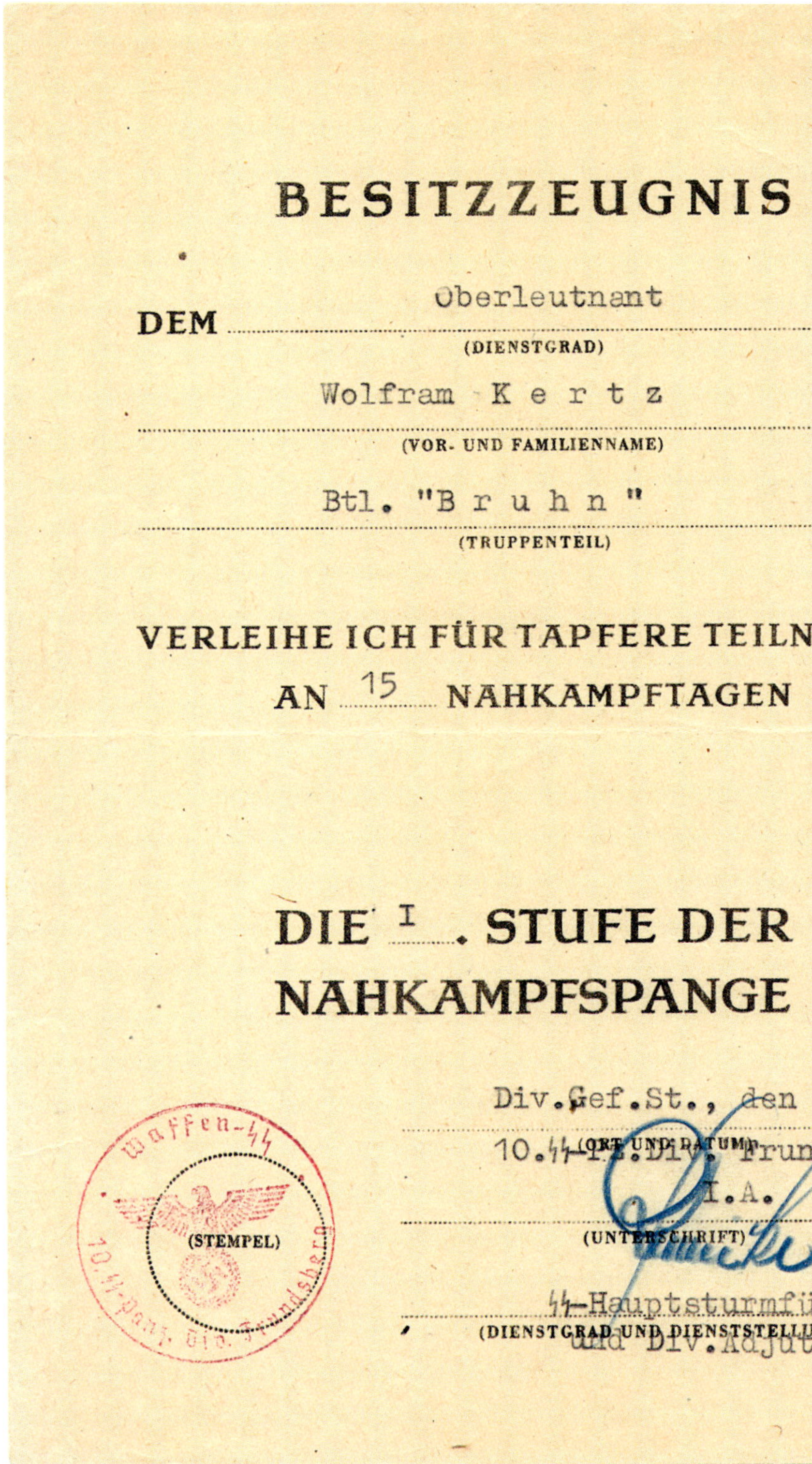

BESITZZEUGNIS

DEM Oberleutnant
(DIENSTGRAD)

Wolfram Kertz
(VOR- UND FAMILIENNAME)

Btl. "Bruhn"
(TRUPPENTEIL)

VERLEIHE ICH FÜR TAPFERE TEILNAHME
AN 15 NAHKAMPFTAGEN

DIE I. STUFE DER
NAHKAMPFSPANGE

Div.Gef.St., den 17.10.44
(ORT UND DATUM)
10.SS-Pz.Div."Frundsberg"
I.A.
(UNTERSCHRIFT)
SS-Hauptsturmführer
und Div.Adjutant
(DIENSTGRAD UND DIENSTSTELLUNG)

(STEMPEL)

Wolfram Kertz

Besitzzeugnis in der Originalgröße 14,0 cm x 20,0 cm für die Nahkampfspange in Bronze, unterschrieben von SS-Hauptsturmführer Reinecke, Adjutant der 10. SS-PzDiv „Frundsberg“. Das Bataillon „Bruhn“ war dieser Division im Kampfraum ARNHEIM unterstellt.

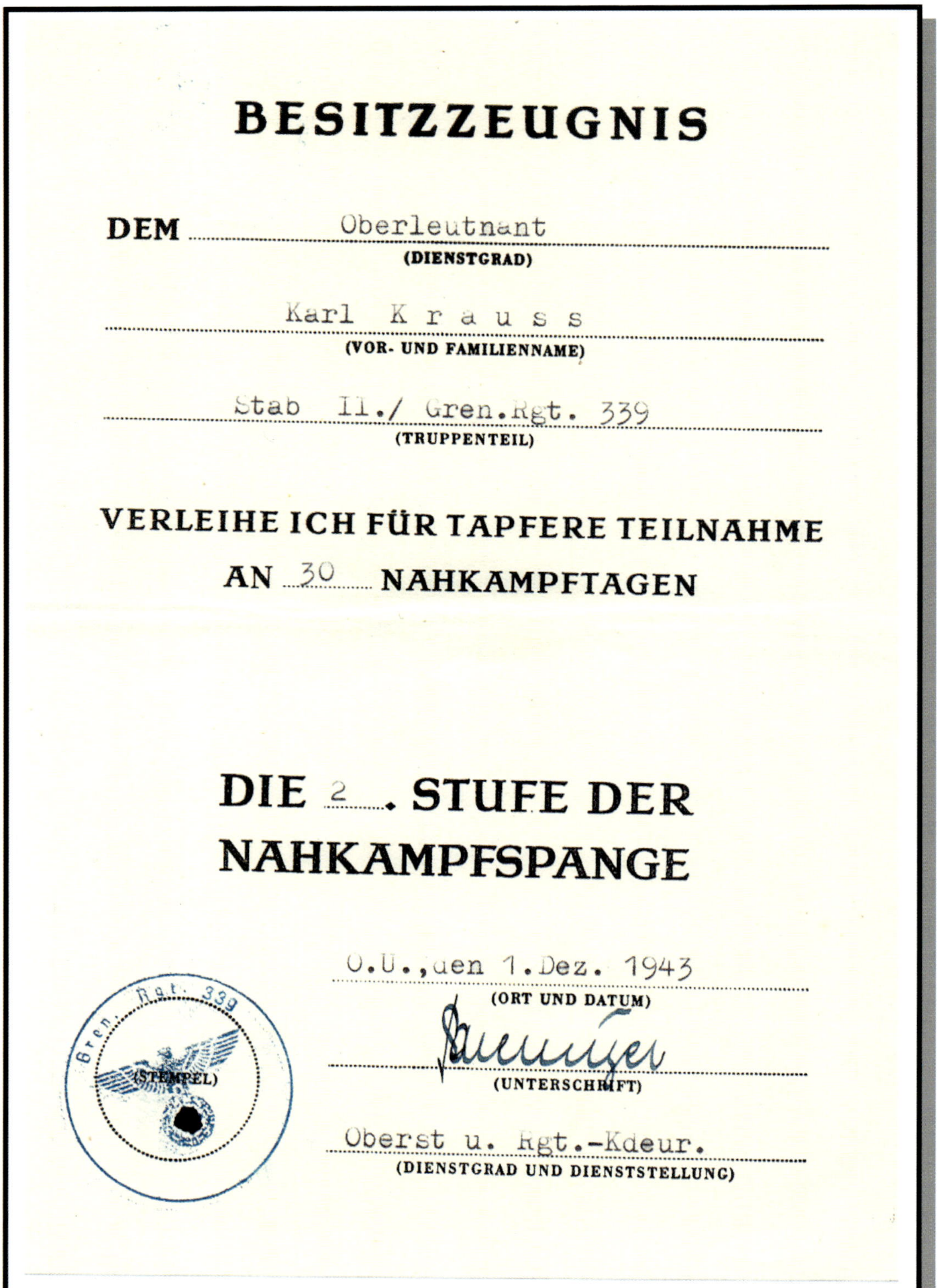

BESITZZEUGNIS

DEM Oberleutnant
(DIENSTGRAD)

Karl K r a u s s
(VOR- UND FAMILIENNAME)

Stab II./ Gren.Rgt. 339
(TRUPPENTEIL)

VERLEIHE ICH FÜR TAPFERE TEILNAHME
AN 30 NAHKAMPFTAGEN

DIE 2. STUFE DER
NAHKAMPFSPANGE

O.U., den 1.Dez. 1943
(ORT UND DATUM)

Gren. Rgt. 339
(STEMPEL)

(UNTERSCHRIFT)

Oberst u. Rgt.-Kdeur.
(DIENSTGRAD UND DIENSTSTELLUNG)

Besitzzeugnis in der Originalgröße 13,3 cm x 18,9 cm für die Nahkampfspange in Silber (2. Stufe), unterschrieben vom Kommandeur des Grenadierregiments 339 (167. InfDiv.)

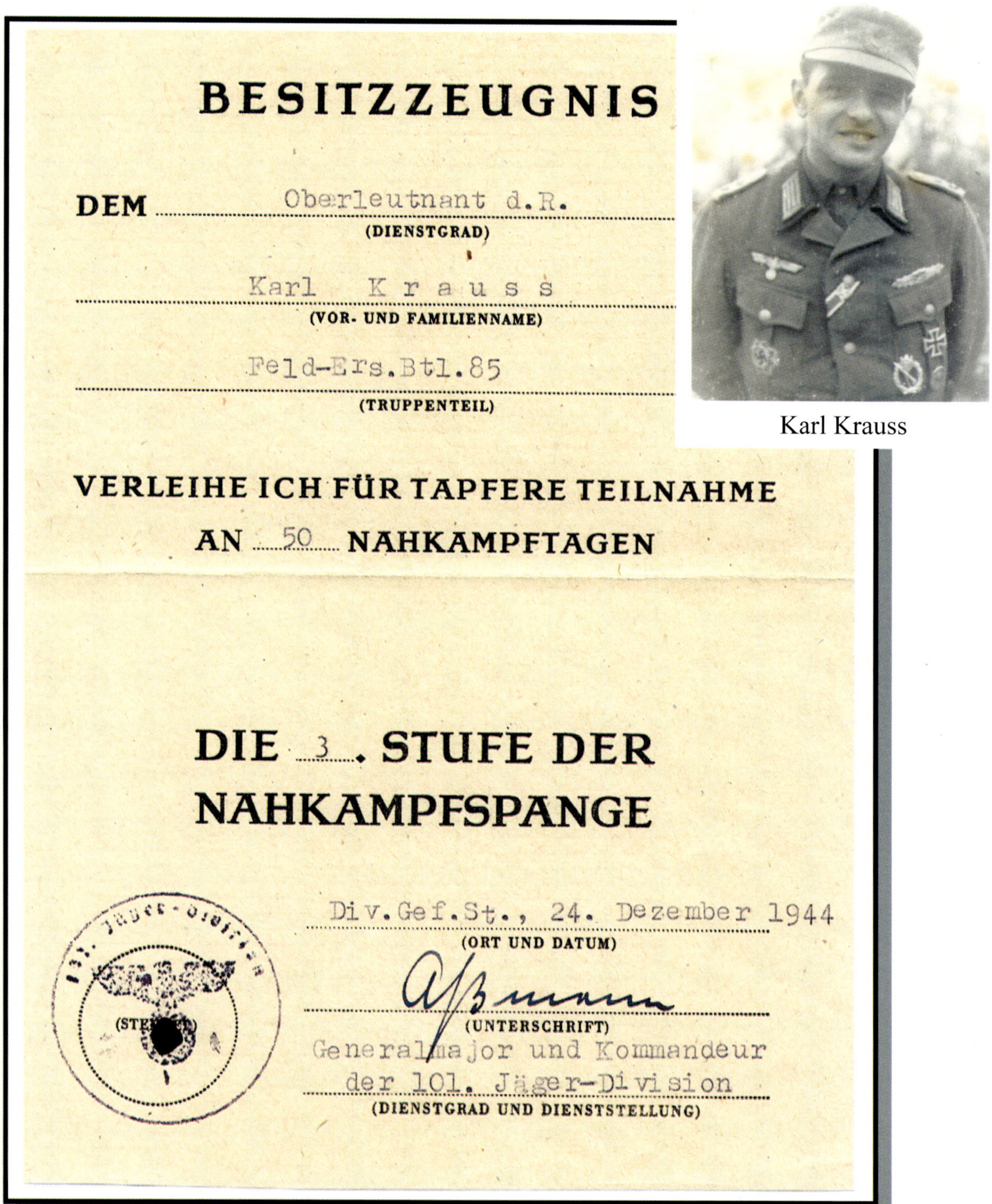

BESITZZEUGNIS

DEM Oberleutnant d.R.
(DIENSTGRAD)

Karl Krauss
(VOR- UND FAMILIENNAME)

Feld-Ers.Btl.85
(TRUPPENTEIL)

VERLEIHE ICH FÜR TAPFERE TEILNAHME
AN 50 NAHKAMPFTAGEN

DIE 3. STUFE DER
NAHKAMPFSPANGE

Div.Gef.St., 24. Dezember 1944
(ORT UND DATUM)

Aßmann
(UNTERSCHRIFT)

Generalmajor und Kommandeur
der 101. Jäger-Division
(DIENSTGRAD UND DIENSTSTELLUNG)

Karl Krauss

Besitzzeugnis in der Originalgröße 13,0 cm x 17,9 cm für die Nahkampfspange in Gold (3. Stufe), unterschrieben vom Kommandeur der 101. Jägerdivision, Generalmajor Dr. Walter Aßmann, Ritterkreuz am 10.02.1945. Oberleutnant Karl Krauss wurde am 17.10.1943 mit dem Deutschen Kreuz in Gold und am 05.12.1944 mit der Ehrenblattspange ausgezeichnet.

5. Trageweise

Die Nahkampfspange wurde auf der linken Brustseite über allen anderen dort angebrachten Auszeichnungen in und außer Dienst getragen. Bei Verleihung einer höheren Stufe war die vorhergehende abzulegen. Die niedrigeren Stufen verbleiben jedoch zur Erinnerung.
Für die Zivilkleidung konnte eine Miniatur der Nahkampfspange in öffentlichen Verkaufsstellen erworben und am linken Rockaufschlag getragen werden.

Oberleutnant Wolfram Kertz im Oktober 1944 in der feldgrauen Panzeruniform mit wiesengrüner Waffenfarbe für Panzergrenadiere. Über dem Eisernen Kreuz 1. Klasse trägt er die Nahkampfspange in Bronze. Diese wurde ihm als Oberleutnant und Kompaniechef der 8. Kompanie in der Kampfgruppe „Bruhn" am 17.10.1944 verliehen, nachdem er bereits am 04.10.1944 für den Kampf um die Brücke von ARNHEIM mit dem Ritterkreuz ausgezeichnet worden war.

6. Herstellung, Verleihungszahlen und Sammlerbewertung

Der Entwurf für die Nahkampfspange stammt von dem Kunstmaler und Graphiker Wilhelm Ernst Peekhaus, BERLIN.

Die bekanntesten Hersteller der Nahkampfspange sind:

	Herstellerkennzeichen auf der Nahkampfspange
- Arbeitsgemeinschaft Metall und Kunststoff, GABLONZ/Neiße	A.G.M.u.K.
- Josef Feix Söhne, GABLONZ/Neiße	JFS
- C.E. Juncker, BERLIN	Firma ausgeschrieben
- Friedrich Linden, LÜDENSCHEID	FLL in drei Kreisen
- Funcke & Brüninghaus, LÜDENSCHEID	F & BL
- Hymmen & Co., LÜDENSCHEID	H. & C.L. und L/53
- Gebrüder Wegerhoff, LÜDENSCHEID	GWL im Kreis
- Rudolf Souval, WIEN	R.S.

Es kommen auch Nahkampfspangen ohne Herstellerkennzeichen vor. Vermutlich stammen auch diese aus der Produktion der o.a. Firmen. Obwohl ein Muster vorgegeben war, ergeben sich im Prägebild je nach Hersteller Abweichungen. Auch bei den Nadeltypen, Nadelböcken und Nadelhaken gibt es zahlreiche Varianten. Maße und Gewichte sind ebenfalls herstellerbedingt unterschiedlich, so differiert z.B. das Gewicht zwischen 24,5 g und 36,5 g.

Die Nahkampfspange wurde in der Mitte durchbrochen gearbeitet. Anschließend wurde von der Rückseite ein quadratisches Metallplättchen im Farbton stahlblau bis schwarz eingesetzt und von Hand oder maschinell befestigt. Gegen Kriegsende wurden allerdings auch Nahkampfspangen hergestellt, bei denen das Mittelteil aus Ersparnisgründen nicht mehr durchbrochen war.
Verleihungszahlen der Nahkampfspange in Bronze und Silber sind nicht mehr feststellbar. Nachweisbar sind jedoch 585 Träger der Nahkampfspange in Gold, weil ihre Namen an das OKH/Heerespersonalamt (HPA) zu melden waren. Etwa 20 % der Träger der Nahkampfspange in Gold waren Mannschaften, etwa 55 % Unterführer und etwa 25 % Offiziere. Etwa 20 % wurden an Soldaten der Waffen-SS verliehen.

Derzeit können für Stücke mittlerer Qualität auf dem Sammlermarkt folgende Verkaufspreise als Anhalt dienen:

Nahkampfspange in Gold, Buntmetall, vergoldet, sogenannte „Häkchenspange“	9.000,-- €
Nahkampfspange in Gold, Zink, vergoldet, ab	500,-- €
Nahkampfspange in Silber, Buntmetall, versilbert	500,-- €
Nahkampfspange in Silber, Zink, versilbert	350,-- €
Nahkampfspange in Bronze, Buntmetall, bronziert	350,-- €
Nahkampfspange in Bronze, Zink, bronziert	250,-- €

Bei der 2. und 3. Stufe hat die Qualität der Versilberung bzw. Vergoldung erheblichen Einfluß auf die Bewertung. Auch Nahkampfspangen werden kopiert und in den Handel gebracht.

7. Das Gesetz über Titel, Orden und Ehrenzeichen von 1957

Durch Gesetz vom 26. Juli 1957 wurde das Tragen von deutschen Kriegsauszeichnungen des 2. Weltkrieges wieder zugelassen, jedoch nur in einer „entnazifizierten" Form. Wie bei vielen anderen Auszeichnungen des Heeres, entfiel auch bei der Nahkampfspange das Hoheitszeichen ersatzlos.

Ehemalige Angehörige der Deutschen Wehrmacht, die in die Bundeswehr eingetreten waren, durften die Nahkampfspange in der Originalgröße der abgeänderten Form nur zu besonderen Anlässen tragen.
Als Trageweise im täglichen Dienst war für den Dienstanzug eine verkleinerte Nachbildung der Nahkampfspange auf einer neutralen, 2,5 cm breiten und 1,2 cm hohen, schwarzen Bandunterlage an der Bandschnalle vorgesehen, die über der linken Brusttasche getragen wurde.

Nahkampfspange des Heeres in der gemäß Gesetz von 1957 zugelassenen Form, Schwarzweißabbildung.

Nahkampfspange in Bronze, Ausführung 1957, an der Bandschnalle für die Bundeswehr.

„Angreifende Panzer“ (Skizze von Ernst Eigener, Ostfront 1941).

Kapitel 8

Panzerkampfabzeichen

- *Panzerkampfabzeichen* -

1. Vorgeschichte und Stiftung der Auszeichnung

Kampfwagen-Abzeichen
der Weimarer Republik von 1921.

Am 13. Juli 1921 verfügte der damalige Reichswehrminister Geßler: „*Um die Erinnerung an die Leistungen der durch den Friedensvertrag aufgelösten Kampfwagenverbände im deutschen Volke wach zu halten, wird für die ehemaligen Besatzungen der deutschen Kampfwagen ein Erinnerungsabzeichen, das Kampfwagen-Abzeichen, gestiftet.*“
Dieses Kampfwagen-Abzeichen wurde an ehemalige Angehörige der deutschen Kampfwagenabteilungen des 1. Weltkrieges verliehen, die an mindestens drei Fronteinsätzen beteiligt gewesen waren oder während eines Einsatzes verwundet wurden. Es kam insgesamt lediglich 99mal zur Verleihung. Ursprünglich war nur die Firma C.E. Juncker, BERLIN, mit der Herstellung betraut. Im Laufe der Nachkriegszeit haben jedoch auch andere Firmen das Abzeichen hergestellt. Die Auszeichnung zeigt einen umkränzten deutschen Sturmpanzerwagen A 7 V, von dem nur 20 Stück zum Einsatz kamen. Zusammen mit 25 Beutetanks umfaßte demnach die deutsche Panzerwaffe im 1. Weltkrieg lediglich 45 Kampfwagen, gegliedert in neun Abteilungen zu je fünf Wagen. Über dem Sturmpanzerwagen A 7 V befindet sich ein Totenkopf, der gegen Ende des 1. Weltkrieges am Bug aller Sturmpanzerwagen A 7 V angebracht war. Der Totenkopf galt von 1934 - 1945 als Traditionsabzeichen der Panzertruppe und war als Symbol eines kämpferischen Elitegeistes auf den Kragenpatten der deutschen Panzeruniformen angebracht.

Deutscher Kampfwagen A 7 V im 1. Weltkrieg.

- *Panzerkampfabzeichen* -

In der Zeit von November 1936 bis März 1939 dienten deutsche Freiwillige im Rahmen der LEGION CONDOR im Spanischen Bürgerkrieg auf der Seite der Nationalspanischen Truppen des Generals Franco. Deutsche Panzermänner wurden sowohl im Kampf als auch als Ausbildungskräfte für die spanischen Panzerbesatzungen im Rahmen einer Lehrtruppe (Panzerabteilung) eingesetzt. Der Kommandeur der deutschen Panzertruppe in Spanien, Oberst von Thoma, führte bereits Ende 1936 ein sogenanntes „Panzertruppenabzeichen“ ein, das bis 1939 in Spanien 415mal durch ihn verliehen wurde. Der Oberbefehlshaber des Heeres, Generaloberst von Brauchitsch, erkannte diese Auszeichnung am 10. Juli 1939 durch eine entsprechende Verordnung an. Die Bedingungen für die Verleihung waren dreimonatiger Einsatz in Spanien und untadeliges Verhalten. Die Auszeichnung zeigt unter einem großen Totenkopf einen Kampfpanzer in der Bauart der späten zwanziger Jahre.

Panzertruppenabzeichen der LEGION CONDOR.

Das Panzertruppenabzeichen wurde zunächst in Spanien, dann auch in Deutschland aus Silber gefertigt. Oberst von Thoma erhielt als einziger ein Panzertruppenabzeichen in Gold. Oft beschafften sich die Träger Zweitstücke, so daß weit mehr als die oben genannten Exemplare existieren.

Angehörige der LEGION CONDOR vor einem Panzerkampfwagen I im Spanischen Bürgerkrieg 1936 - 1939. Der Soldat links im Bild trägt auf der linken Brustseite das Panzertruppenabzeichen der LEGION CONDOR.

Am 01.09.1939 begann der Polenfeldzug. Er brachte die Feuertaufe für die erst am 15.10.1935 entstandene und damit noch junge deutsche Panzertruppe und bedeutete kriegsgeschichtlich den Beginn einer neuen Epoche. Was sich bereits im 1. Weltkrieg abgezeichnet hatte, wurde nun Gewißheit: Die schlachtentscheidende Rolle der Infanterie war endgültig auf die Panzertruppe übergegangen, die in engem Zusammenwirken mit der Luftwaffe innerhalb von nur vier Wochen zu einem überwältigenden Erfolg gegen den zahlenmäßig etwa gleichstarken Gegner beigetragen hatte. Allerdings war es zu keinen größeren Kampfhandlungen mit einem ebenfalls gepanzerten Gegner gekommen.
Als neue, truppengattungsbezogene Auszeichnung stiftete der Oberbefehlshaber des Heeres, Generaloberst von Brauchitsch, zeitgleich mit dem Infanteriesturmabzeichen am 20. Dezember 1939 das in Silber gehaltene Panzerkampfabzeichen. Um innerhalb der gepanzerten Kampftruppen noch mehr mit Auszeichnungen differenzieren zu können, wurde am 01. Juni 1940 zusätzlich zur silbernen Ausführung und gleichwertig daneben das Panzerkampfabzeichen in Bronze gestiftet.

Das Kampfabzeichen zeigt einen deutschen Panzerkampfwagen in einem Eichenlaubkranz mit dem Hoheitszeichen. Im weiteren Verlauf des Krieges, am 22. Juni 1943, wurden für beide Ausführungen des Panzerkampfabzeichens höhere Stufen mit den Einsatzzahlen „25“, „50“, „75“ und „100“ eingeführt.

2. Die Ausführungen und Stufen im einzelnen

a. Das Panzerkampfabzeichen in Silber

Panzerkampfabzeichen in Silber

Das Panzerkampfabzeichen in Silber (bis Juni 1940 auch als „Panzerkampfwagenabzeichen“ bezeichnet) konnte an Angehörige von Panzerbesatzungen verliehen werden, wenn sie sich ab dem 01.01.1940 bei mindestens dreimaligem Einsatz im Gefecht an drei verschiedenen Tagen bewährt hatten, wobei sich die Besatzung aktiv am Kampf beteiligt haben mußte. Der Regimentskommandeur legte auf Vorschlag der Abteilungskommandeure nach jedem Einsatz fest, für welche Einheiten, einschließlich der unterstellten Truppenteile, eine Anrechnung des Einsatzes in Frage kam. Die Kompaniechefs bestimmten die Soldaten, welche den Bedingungen entsprochen hatten und erfaßten die Namen in Listen. Waren die geforderten drei Einsätze erfüllt, wurde die Verleihung der Auszeichnung auf dem Dienstweg beim Regiment beantragt. Nach Genehmigung der Anträge erfolgte die Bekanntgabe der ausgezeichneten Soldaten durch Regimentsbefehl und der Regimentsstab stellte die entsprechenden Besitzzeugnisse aus.

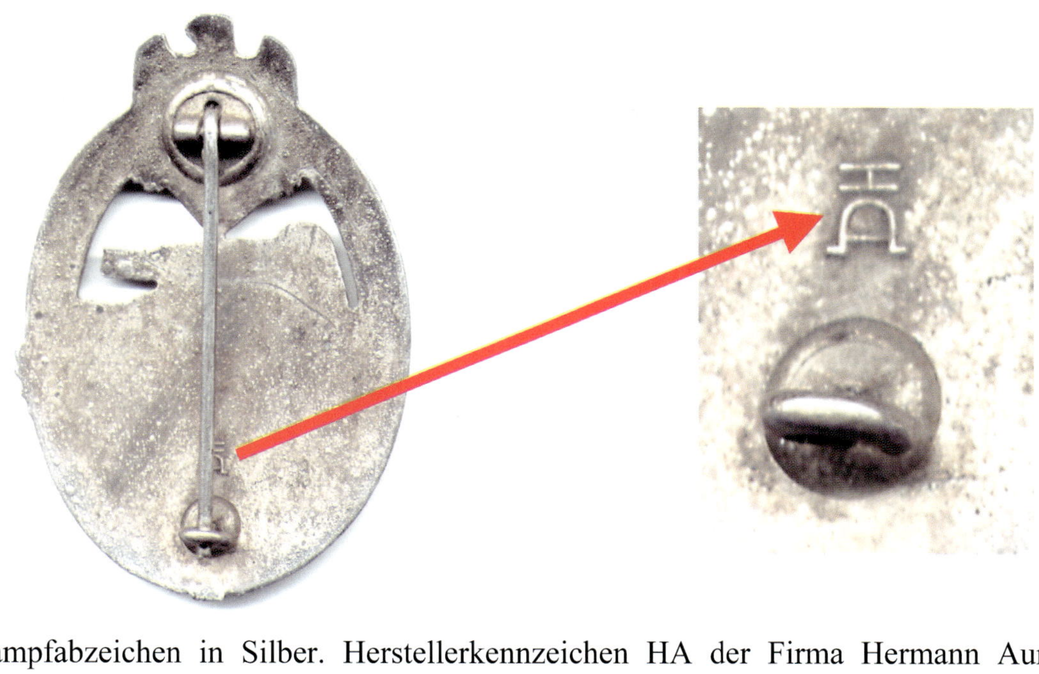

Panzerkampfabzeichen in Silber. Herstellerkennzeichen HA der Firma Hermann Aurich, DRESDEN. Vollprägung. Breite 4,1 cm, Höhe 5,9 cm. Gewicht 26 g. Das hier abgebildete Stück wurde am 15.08.1942 in Nordafrika an den Oberschirrmeister Paul-Friedrich Koch, 2./PzRgt 5, verliehen und bis Anfang 1943 in Afrika getragen (siehe dazu auch das entsprechende Besitzzeugnis unter Nachweis und Beurkundung in diesem Kapitel).

Panzerkampfabzeichen in Silber eines unbekannten Herstellers. Hohlprägung. Breite 4,2 cm, Höhe 5,9 cm. Gewicht lediglich 12 g und damit deutlich weniger als bei Vollprägungen. Der tragebedingte Abrieb der Vorderseite läßt das Buntmetall unter der Versilberung erkennen. Bezüglich der Frage, welcher Panzertyp abgebildet wurde, ist festzustellen, daß die drei Stützrollen des Laufwerks zwar auf einen Panzerkampfwagen III hindeuten, bei der Kanone handelt es sich jedoch eindeutig um die kurze Kampfwagenkanone 7,5 cm, die zur Zeit der Stiftung der Auszeichnung nur im Panzerkampfwagen IV verwendet wurde.

Panzerkampfabzeichen in Silber eines unbekannten Herstellers. Hohlprägung. Breite 4,1 cm, Höhe 5,8 cm. Gewicht 12 g. Ungewöhnlich ist die hier sehr stark ausgebildete kurze 7,5 cm Panzerkanone, die so stark geneigt ist, daß sie nahezu in ihrer gesamten Länge unmittelbar auf der Wanne aufliegt.

Panzerkampfabzeichen in Silber eines unbekannten Herstellers. Vollprägung. Breite 4,1 cm, Höhe 5,9 cm. Gewicht 28 g.

Panzerkampfabzeichen in Silber eines unbekannten Herstellers. Hohlprägung. Breite 4,1 cm, Höhe 5,9 cm. Gewicht 16 g. Der Träger hat das Gelände unterhalb des Panzers ausgeschnitten, vermutlich, um den Panzer deutlicher hervorzuheben. Diese „Marotte“ war eine Eigenmächtigkeit vor allem „alter“ Panzersoldaten.

- Panzerkampfabzeichen -

Im Verlauf des Krieges erweiterte das Oberkommando des Heeres (OKH) den Kreis der Soldaten, die das Panzerkampfabzeichen in Silber erwerben konnten. Sanitätsoffiziere und Sanitätspersonal konnten damit ausgezeichnet werden, wenn sie sich, im Panzer mitfahrend, bei mindestens dreimaligem Einsatz im Gefecht an drei verschiedenen Tagen bei der Versorgung und Bergung von Verwundeten bewährt hatten. Kradmelder der Panzereinheiten konnten die Bedingungen erfüllen, wenn sie sich, in der vordersten Linie mitfahrend, unter unmittelbarer feindlicher Waffenwirkung an drei verschiedenen Kampftagen bewährt hatten. Angehörige von Instandsetzungstrupps konnten die Bedingungen erfüllen, wenn sie sich in der vordersten Linie bei der Instandsetzung im Kampf befindlicher Panzer an drei verschiedenen Kampftagen bewährt hatten und auch an Angehörige von Panzernachrichtenabteilungen wurde das Panzerkampfabzeichen in Silber verliehen.

Im Dezember 1944 verfügte das OKH, daß an Panzerjägerverbände, die mit dem Jagdpanzer 38, Jagdpanzer IV, Jagdpanther, Jagdtiger, Sturmgeschütz III und IV ausgerüstet waren, ebenfalls das Panzerkampfabzeichen in Silber zu verleihen seien. Die übrigen Panzerjägereinheiten wurden wie bisher mit dem Allgemeinen Sturmabzeichen ausgezeichnet.

Das am 20. Dezember 1939 gestiftete Panzerkampfabzeichen reichte angesichts der harten und immer länger andauernden Einsätze nicht mehr aus, um den über eine lange Zeitdauer im Einsatz stehenden, vielfach bewährten Frontsoldaten angemessen auszuzeichnen.
Daher wurde unter dem Datum des 22. Juni 1943, zwei Jahre nach Beginn des Ostfeldzuges, eine Verordnung für die Einführung höherer Stufen erlassen. Diese wurden verliehen:

mit der Einsatzzahl „25“ in der II. Stufe,
mit der Einsatzzahl „50“ in der III. Stufe,
mit der Einsatzzahl „75“ in der IV. Stufe.

Die IV. Stufe konnte nach 100 Einsätzen mit der Zahl „100“ erneut verliehen werden.

Die Einsatztage für die höheren Stufen waren ab dem 01.07.1943 anzurechnen, für bereits verliehene Panzerkampfabzeichen wurden drei Einsatztage aus der Zeit vor dem 01.07.1943 ohne weiteren Nachweis anerkannt. Die anrechnungsfähigen Einsätze waren auf einem gesonderten Blatt im Soldbuch zu vermerken und zu bescheinigen.

Um die bewährten Frontkämpfer hervorzuheben, wurde verfügt, daß bei ununterbrochenem Einsatz im Osten oder in Afrika nach dem 22.06.1941 angerechnet werden konnten:

25 Einsatztage für 15 Monate ununterbrochenen Einsatz,
15 Einsatztage für 12 Monate ununterbrochenen Einsatz,
10 Einsatztage für 8 Monate ununterbrochenen Einsatz.

Verwundung oder Fronturlaub galten nicht als Unterbrechung. Die Einsatztage dieser Sonderregelung waren durch den Kompaniechef dem Regimentskommandeur zur Genehmigung vorzulegen. Der Divisionskommandeur war befugt, an Soldaten, für die auf Grund einer Verwundung in Zukunft keine Gelegenheit mehr zu anrechnungsfähigen Einsätzen bestand, die höheren Stufen vor Erreichen der oben angeführten Einsatztage zu verleihen, und zwar

die II. Stufe bereits nach 18 Einsatztagen,
die III. Stufe bereits nach 35 Einsatztagen und
die IV. Stufe (mit der Zahl 75) bereits nach 60 Einsatztagen.

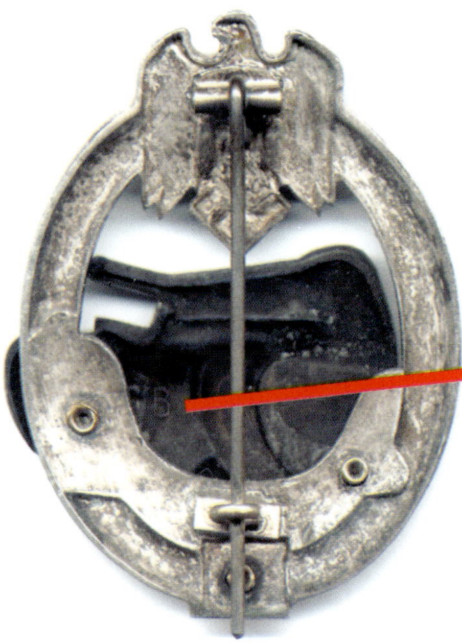

G.B.
Das „G“ ist durch den Eichenlaubkranz verdeckt.

Panzerkampfabzeichen in Silber, II. Stufe mit der Einsatzzahl „25“. Herstellerkennzeichen G.B. der Firma Gustav Brehmer, MARKNEUKIRCHEN/Sachsen. Breite 4,7 cm, Höhe 6,0 cm. Gewicht 24 g. Die vorderseitige Versilberung auf dem Kranz aus Feinzink ist im Bereich des Hoheitszeichens noch gut erhalten, im unteren Teil bereits teilweise verblaßt.

Panzerkampfabzeichen in Silber, II. Stufe mit der Einsatzzahl „25". Herstellerkennzeichen JFS der Firma Josef Feix Söhne, GABLONZ/Neiße. Vollprägung des Eichenlaubkranzes. Breite 4,7 cm, Höhe 6,1 cm. Gewicht 30 g.

Panzerkampfabzeichen in Silber, III. Stufe mit der Einsatzzahl „50". Herstellerkennzeichen JFS der Firma Josef Feix Söhne, GABLONZ/Neiße. Vollprägung des Eichenlaubkranzes mit nahezu vollständig erhaltener Versilberung. Breite 4,7 cm, Höhe 6,1 cm. Gewicht 32 g.

Panzerkampfabzeichen in Silber, IV. Stufe mit der Einsatzzahl „75“. Herstellerkennzeichen JFS der Firma Josef Feix Söhne, GABLONZ/Neiße. Vollprägung des Eichenlaubkranzes. Breite 5,0 cm, Höhe 6,1 cm. Gewicht 34 g. Die Vergoldung ist auf dem aus Feinzink hergestellten Eichenlaubkranz ziemlich verblaßt. Die Nadel aus Eisen hält die Vergoldung besser.

Panzerkampfabzeichen in Silber, IV. Stufe mit der Einsatzzahl „100". Ohne Herstellerkennzeichen. Dünne Drahtnadel. Breite 4,9 cm, Höhe 6,0 cm. Gewicht 32 g. Die Vergoldung des Kranzes und die Versilberung des Panzers sind noch nahezu vollständig erhalten. Träger dieser IV. Stufe war Major Walter von Wietersheim, Kdr der I. (Panther) Abt/PzRgt „Großdeutschland", Ritterkreuz am 15.05.1944 als Hauptmann und Kdr der II. Abt/PzRgt „GD".

b. Das Panzerkampfabzeichen in Bronze

Während des Frankreichfeldzuges, am 01. Juni 1940, wurde zeitgleich mit dem Allgemeinen Sturmabzeichen das Panzerkampfabzeichen in Bronze gestiftet als eine gleichwertige Auszeichnung neben dem Panzerkampfabzeichen in Silber, um innerhalb der gepanzerten Truppen noch differenzierter auszeichnen zu können.

Panzerkampfabzeichen in Bronze

Das Panzerkampfabzeichen in Bronze konnte verliehen werden an Angehörige der

- Schützenregimenter der Panzerdivisionen (im Juli 1942 in Panzergrenadierregimenter umbenannt),
- Kradschützenbataillone der Panzerdivisionen und
- Panzerspäheinheiten.

Für die Panzerspäheinheiten galten die gleichen Bedingungen wie für das Panzerkampfabzeichen in Silber, für die Panzergrenadiere und Kradschützenbataillone die Bestimmungen wie für das Infanteriesturmabzeichen, nämlich

- Teilnahme an drei Sturmangriffen in vorderster Linie,
- an drei verschiedenen Kampftagen,
- mit der Waffe in der Hand einbrechend.

Das Panzerkampfabzeichen in Bronze wurde an Panzergrenadiere, Kradschützen und Panzerspäheinheiten verliehen.

Panzerkampfabzeichen in Bronze mit dem Herstellerkennzeichen KWM der Firma Karl Wurster KG, MARKNEUKIRCHEN/Sachsen. Vollprägung. Breite 4,1 cm, Höhe 5,9 cm. Gewicht 34 g.

Panzerkampfabzeichen in Bronze eines unbekannten Herstellers. Hohlprägung. Breite 4,2 cm, Höhe 5,9 cm. Gewicht 14 g und damit erheblich leichter als das oben abgebildete Stück.

Panzerkampfabzeichen in Bronze, II. Stufe mit der Einsatzzahl „25“. Bei der II. und III. Stufe des Panzerkampfabzeichens in Bronze sind Eichenlaubkranz und Panzerkampfwagen in Bronze gehalten. Herstellerkennzeichen JFS der Firma Josef Feix Söhne, GABLONZ Neiße. Vollprägung des Eichenlaubkranzes. Breite 4,6 cm, Höhe 6,0 cm. Gewicht 32 g. Wie für das Panzerkampfabzeichen in Silber, so wurde auch für das Panzerkampfabzeichen in Bronze am 22.06.1943 die II. bis IV. Stufe eingeführt, allerdings nur für Besatzungen von Panzerspäheinheiten nach den Bestimmungen für das Panzerkampfabzeichen in Silber. Für Kradschützen und Panzergrenadiere wurden weitere Sturmangriffe für die Nahkampfspange angerechnet.

Panzerkampfabzeichen in Bronze, III. Stufe mit der Einsatzzahl „50“. Unbekannter Hersteller. Dünne Drahtnadel. Der bronzierte Panzer und das Schildchen aus Gelbmetall mit der Einsatzzahl sind mit dem Eichenlaubkranz vernietet. Breite 4,6 cm, Höhe 6,1 cm. Gewicht 32 g.

Panzerkampfabzeichen in Bronze, IV. Stufe mit der Einsatzzahl „75". Unbekannter Hersteller. Halbhohlprägung des Eichenlaubkranzes und dünne Drahtnadel. Breite 4,8 cm, Höhe 6,0 cm. Gewicht 30 g. Die Auszeichnung zeigt einen bronzierten Panzer, umrahmt von einem breiten, vergoldeten Eichenlaubkranz.

Auch die IV. Stufe des Panzerkampfabzeichens in Bronze konnte mit der Einsatzzahl „100" erneut verliehen werden. Bei diesem stark getragenen Stück eines unbekannten Herstellers sind lediglich noch Reste der Vergoldung des Eichenlaubkranzes und nur noch geringe Spuren der Bronzierung des Panzers erkennbar. Breite 4,9 cm, Höhe 5,9 cm. Gewicht 30 g.

3. Verleihungsberechtigung

Das Panzerkampfabzeichen wurde zunächst durch die Kommandeure der Panzerdivisionen verliehen. An Angehörige der Korps-, Armee- oder Heerestruppen erfolgte die Verleihung durch denjenigen Divisionskommandeur, dem diese Einheiten beim Einsatz unterstellt waren. Nach einer Verfügung des OKH vom 09.09.1942 wurde die Verleihungsberechtigung auf die Regimentskommandeure bzw. Vorgesetzte in vergleichbarer Dienststellung übertragen (Kommandeure selbstständiger Abteilungen bzw. Bataillone).
Wurden die Bedingungen von Kommandeuren vom Regimentskommandeur an aufwärts erfüllt, so erfolgte die Verleihung durch das OKH.

4. Nachweis und Beurkundung

Über die Verleihung des Panzerkampfabzeichens wurde ein Besitzzeugnis ausgestellt. Dazu war zwar ein Muster in der Größe DIN A 5 vorgegeben, es kommen jedoch bezüglich Gestaltung, Schriftbild und Größe unterschiedliche Besitzzeugnisse vor. Die Verleihung wurde in die Personalpapiere eingetragen. Unbefugtes Tragen des Panzerkampfabzeichen war strafbar.
Gegen Vorlage des Verleihungsnachweises konnte der Ausgezeichnete in öffentlichen Verkaufsstellen weitere Stücke des Panzerkampfabzeichens erwerben.

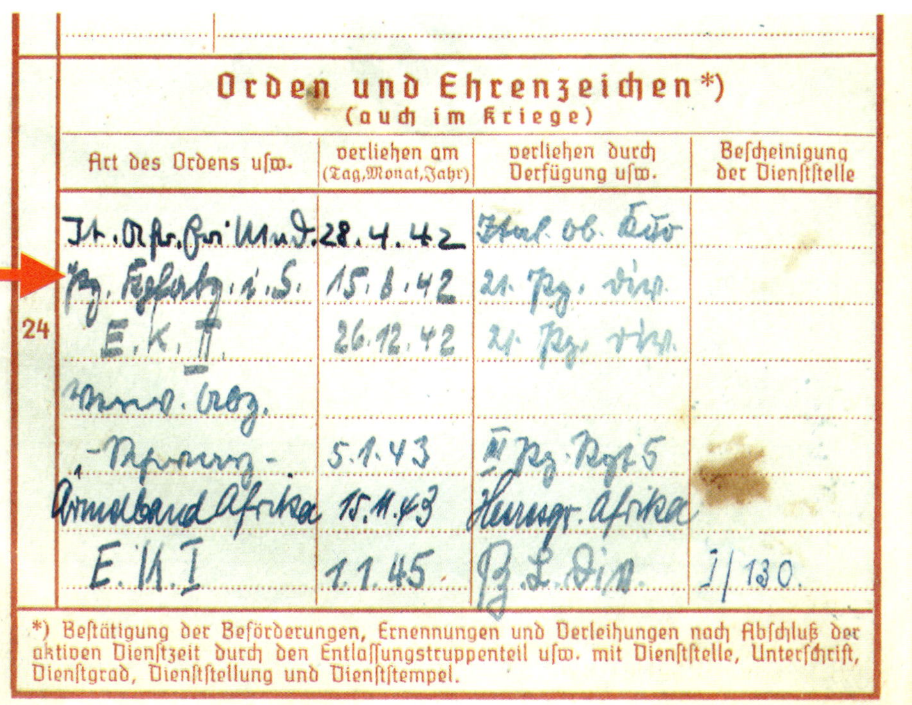

Orden und Ehrenzeichen*)
(auch im Kriege)

Art des Ordens usw.	verliehen am (Tag, Monat, Jahr)	verliehen durch Verfügung usw.	Bescheinigung der Dienststelle
[illegible]	28.4.42	[illegible]	
[illegible]	15.8.42	21. Pz. Div.	
E.K. II	26.12.42	21. Pz. Div.	
[illegible]			
[illegible]	5.1.43	II. Pz. Rgt. 5	
Ärmelband Afrika	15.1.43	Heeresgr. Afrika	
E.K. I	1.1.45	Pz. L. Div.	I/130

24

*) Bestätigung der Beförderungen, Ernennungen und Verleihungen nach Abschluß der aktiven Dienstzeit durch den Entlassungstruppenteil usw. mit Dienststelle, Unterschrift, Dienstgrad, Dienststellung und Dienststempel.

Auszug aus dem Wehrpaß von Unteroffizier Werner Trodler, 6. Kp/PzRgt 5 (im Afrikafeldzug der 21. PzDiv unterstellt) mit dem Nachweis der Verleihung des Panzerkampfabzeichens in Silber.

- *Panzerkampfabzeichen* -

Auszug aus dem Soldbuch von Oberleutnant Jürgen Dultz.

Das Panzerkampfabzeichen in Silber der I. Stufe ohne Einsatzzahl wurde ihm am 24.02.1942 während seines Einsatzes in Afrika beim Panzerregiment 5 verliehen (das Panzerregiment 5 war im Afrika-feldzug der 21. Panzerdivison unterstellt).

Das Panzerkampfabzeichen der II. Stufe mit der Einsatzzahl „25“ wurde ihm am 27.04.1944 vom Kdr des Panzer-regiments „Großdeutschland“ verliehen.

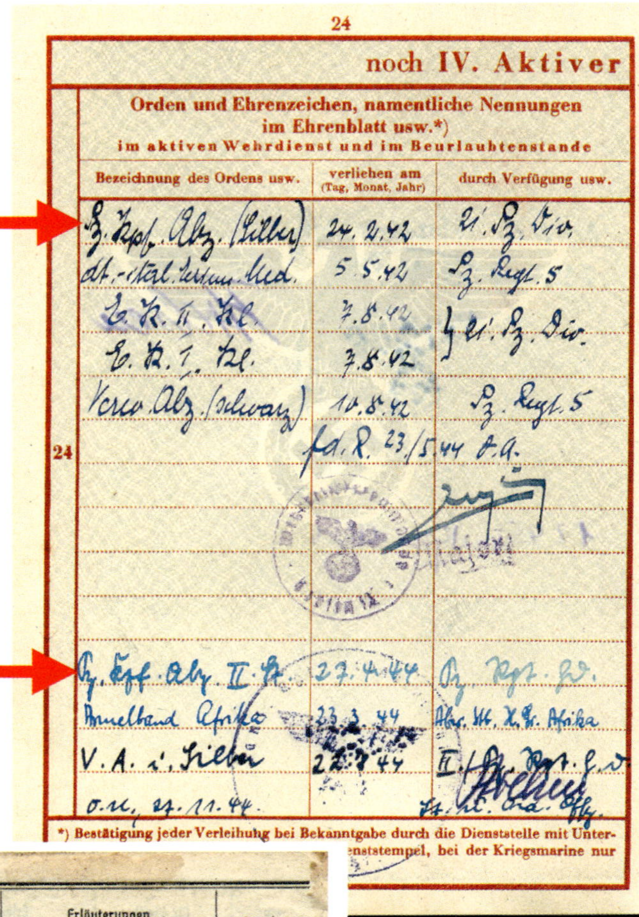

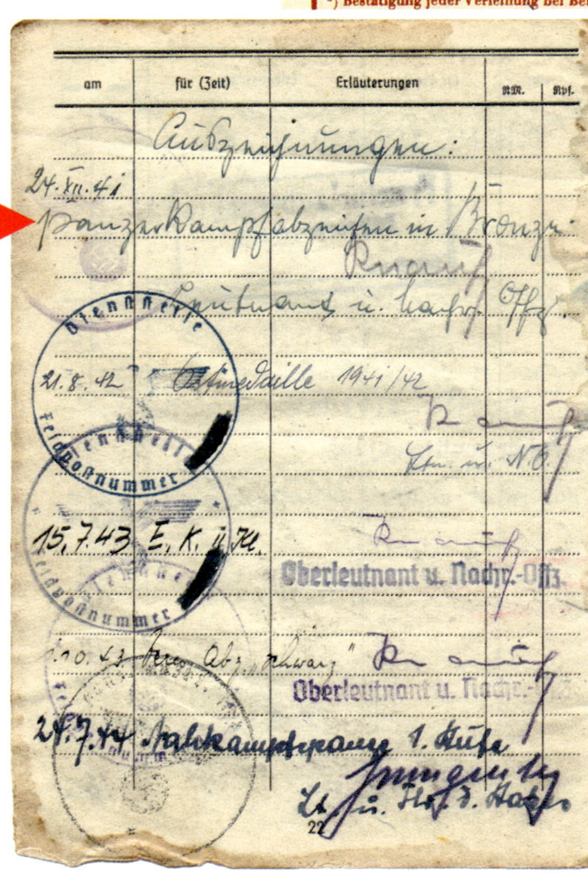

Auszug aus dem Soldbuch eines Panzergrenadiers mit dem Nachweis der Verleihung des Panzerkampfabzeichens in Bronze.

- Panzerkampfabzeichen -

1944: Oberleutnant Jürgen Dultz, Panzerregiment „Großdeutschland“. Auszeichnungen: Eisernes Kreuz 1. Klasse, Verwundetenabzeichen in Silber, Panzerkampfabzeichen II. Stufe mit der Einsatzzahl „25“.

Antrag

auf Verleihung des Panzerkampfwagenabzeichens

Stufe II

1.	Vor- und Familienname (Rufnamen unterstreichen)	Jürgen Dultz
2.	Dienstgrad	Leutnant
3.	Truppenteil	Stab II./Pz.Rgt. G.D.
4.	Datum des Sturmangriffs und Verwendung	a Für 13 Mon. ununterbrochenen Einsatz in Afrika 15 Einsatztage b Für bereits verl. Pz.Kpf.Abz. 3 " " c Ab 1.7.1943 8 " " Zusammen 26 Einsatztage
5.	Vermerk über die Verleihung und Aushändigung	Verliehen am 27.April 1944, durch Kdr.Pz.Rgt.GD., Oberst Langkeit

F.d.R.

Oblt.u.Rgt.Adj.

O.U., den 6.10.1943
(Ort und Datum)

(Unterschrift)

Hptm. u. Abt.-Kommandeur
(Dienstgrad u. Dienststellung)

Der Antrag ist nach Verleihung zu den Personalakten zu nehmen.

Antrag auf Verleihung des Panzerkampfabzeichens in Silber II. Stufe (hier noch als Panzerkampfwagenabzeichen bezeichnet) für den Leutnant Jürgen Dultz, Panzerregiment „Großdeutschland“. Verkleinert, Originalgröße DIN A 4. Der Antrag wurde am 06.10.1943 unterschrieben vom Kommandeur der II. Abteilung, Hauptmann Walter von Wietersheim, Ritterkreuz am 15.05.1944. Leutnant Dultz wurde die II. Stufe des Panzerkampfabzeichens in Silber am 27.04.1944 durch den Regimentskommandeur Oberst Langkeit verliehen.

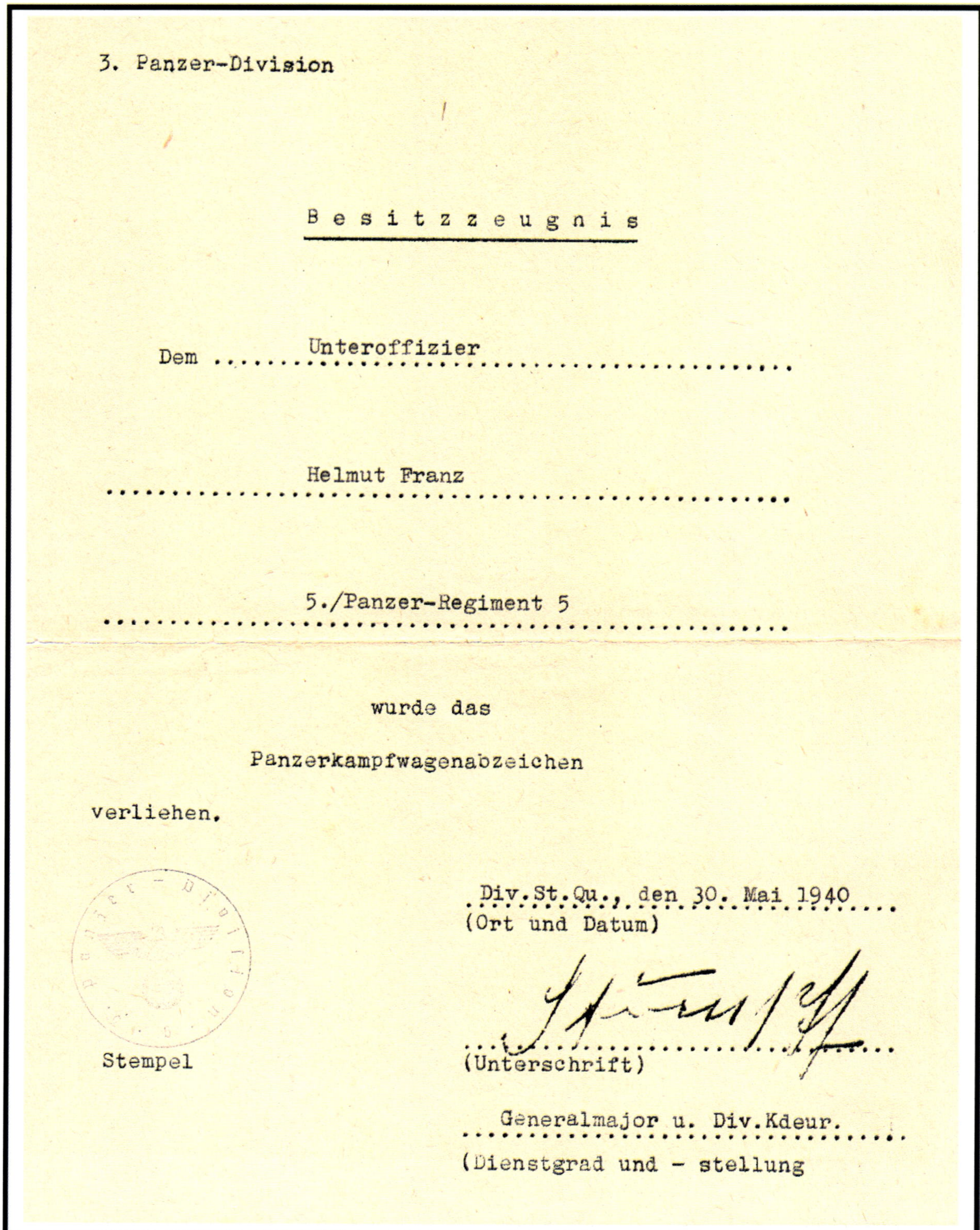

3. Panzer-Division

Besitzzeugnis

Dem ....Unteroffizier........

........Helmut Franz........

........5./Panzer-Regiment 5........

wurde das

Panzerkampfwagenabzeichen

verliehen.

Div.St.Qu., den 30. Mai 1940
(Ort und Datum)

Stempel

....
(Unterschrift)

Generalmajor u. Div.Kdeur.
....
(Dienstgrad und - stellung

Besitzzeugnis (Ausschnitt, Originalgröße DIN A 4) für ein Panzerkampfabzeichen in Silber, hier noch als Panzerkampfwagenabzeichen bezeichnet. Der Zusatz - Silber - fehlt, weil im Mai 1940 das Panzerkampfabzeichen in Bronze noch nicht gestiftet war. Das Besitzzeugnis ist von der 3. Panzerdivison im Umdruckverfahren hergestellt worden und trägt die Faksimile-Unterschrift des Divisionskommandeurs, Generalmajor Stumpff, Ritterkreuz am 29.09.1941.

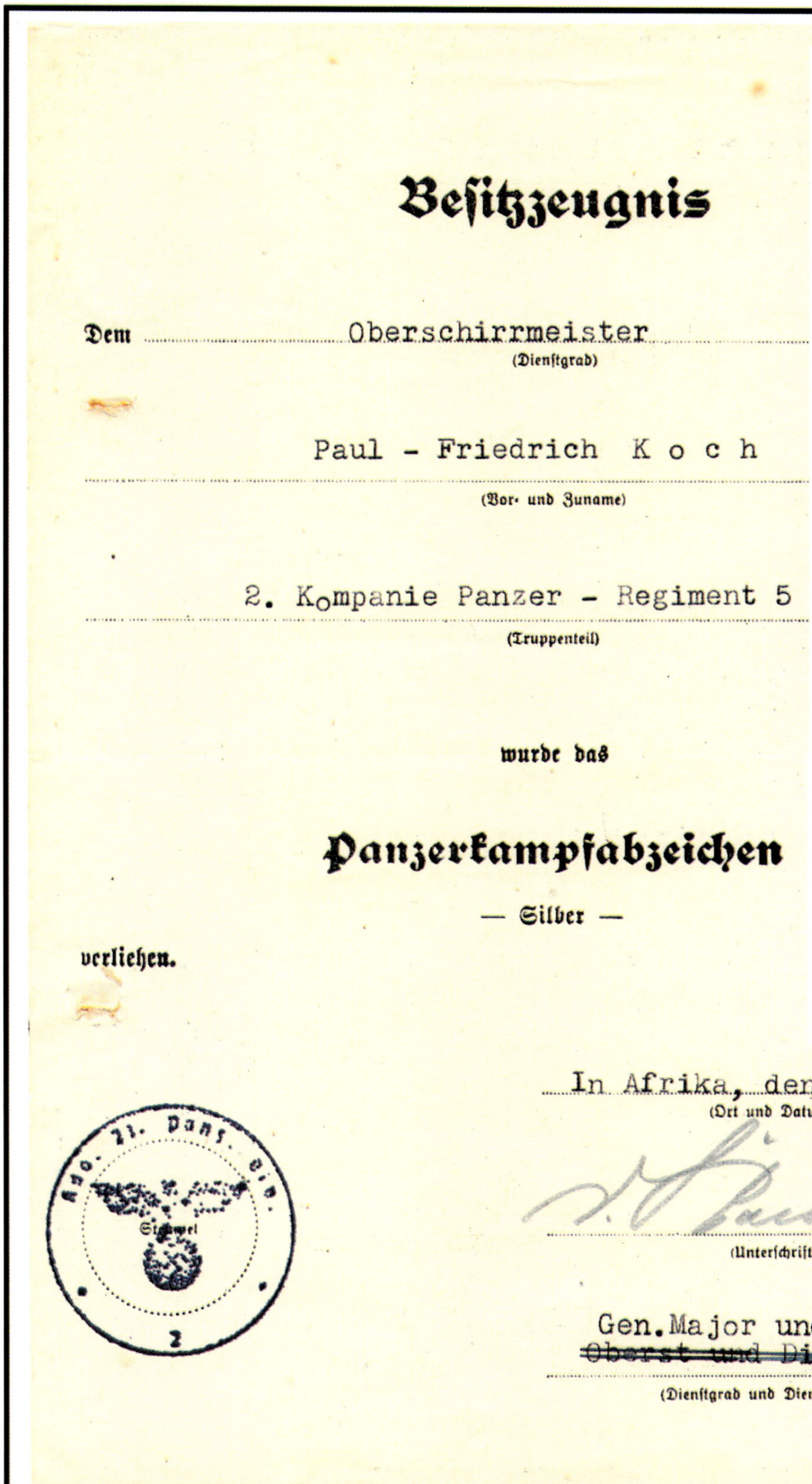

Besitzzeugnis

Dem Oberschirrmeister
(Dienstgrad)

Paul - Friedrich Koch
(Vor- und Zuname)

2. Kompanie Panzer - Regiment 5
(Truppenteil)

wurde das

Panzerkampfabzeichen

— Silber —

verliehen.

In Afrika, den 15.8.1942
(Ort und Datum)

v. Randow
(Unterschrift)

Gen.Major und Div.Kdr.
~~Oberst und Div.-Fuehrer~~
(Dienstgrad und Dienststellung)

Paul-Friedrich Koch auf Heimaturlaub im Herbst 1942. Am Waffenrock der PzTr trägt er das Panzerkampfabzeichen in Silber, den Ärmelstreifen AFRIKA-KORPS und das Tätigkeitsabzeichen für Schirrmeister.

Besitzzeugnis in der Originalgröße 14,7 cm x 20,9 cm für das Panzerkampfabzeichen in Silber, unterschrieben vom Kdr der 21. PzDiv, GenMaj von Randow, der am 21.12.1942 in Nordafrika ums Leben kam, als sein Wagen auf eine Mine fuhr. Oberschirrmeister Koch wurde Ende Juni 1942 Schirrmeister der 2./PzRgt 5 und gleichzeitig Zugführer des II. Zuges.

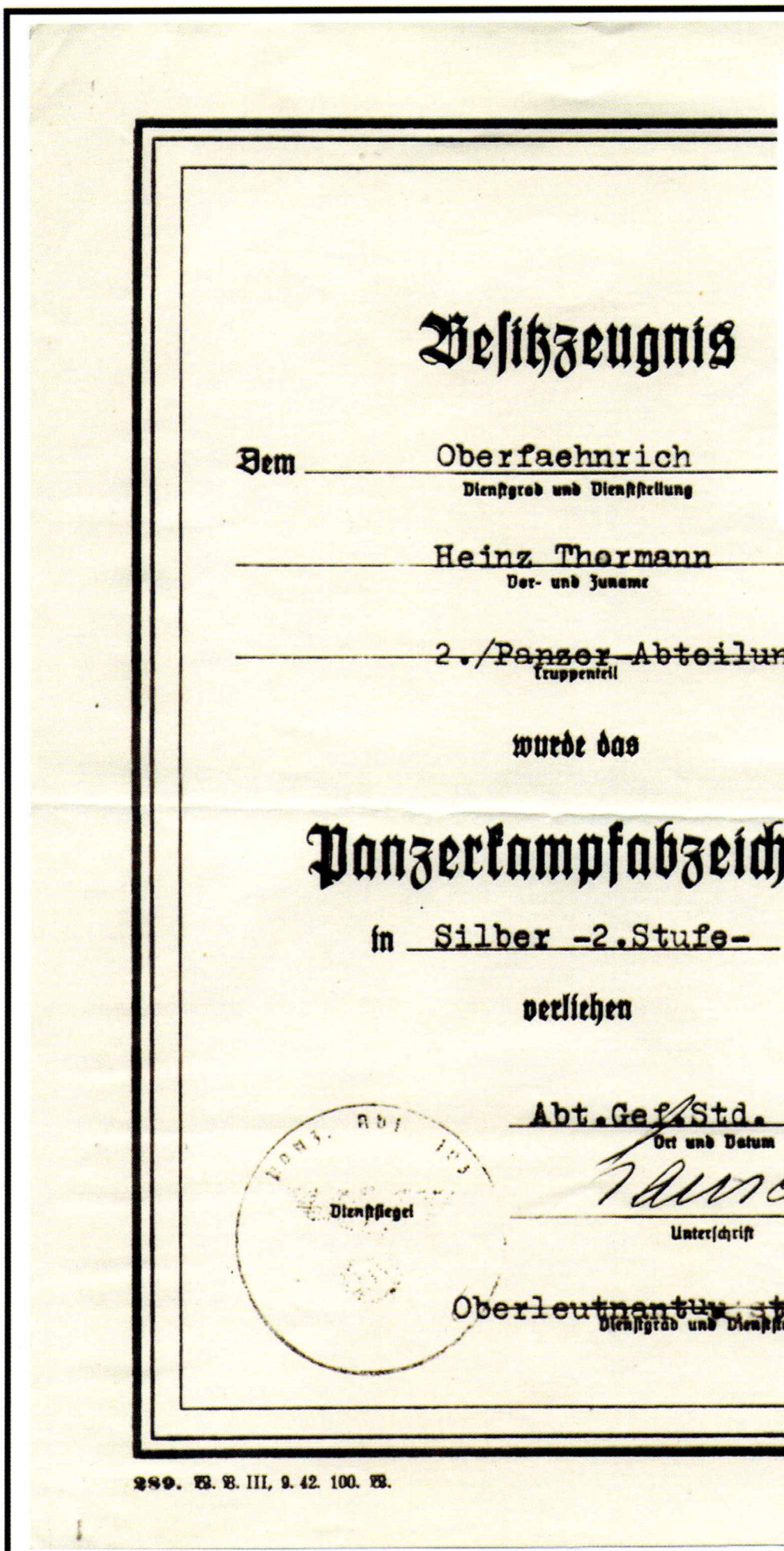

Besitzzeugnis

Dem Oberfaehnrich
Dienstgrad und Dienststellung

Heinz Thormann
Vor- und Zuname

2./Panzer-Abteilung 103
Truppenteil

wurde das

Panzerkampfabzeichen

in Silber -2.Stufe-

verliehen

Abt.Gef.Std. 27.10.44
Ort und Datum

Dienstsiegel

Unterschrift

Oberleutnant u. stellv.Abt.Fhr.
Dienstgrad und Dienststellung

280. W.B. III, 9.42. 100. W.

Heinz Thormann

Besitzzeugnis in der Originalgröße 14,4 cm x 19,9 cm für ein Panzerkampfabzeichen in Silber der II. Stufe mit der Einsatzzahl „25“, unterschrieben vom Stellvertretenden Abteilungsführer der Panzerabteilung 103 (3. Panzergrenadierdivision).

BESITZZEUGNIS

DEM Leutnant
(DIENSTGRAD)

Erich Schmid
(VOR- UND FAMILIENNAME)

5./Pz.Rgt.Großdeutschland
(TRUPPENTEIL)

VERLEIHE ICH FÜR TAPFERE TEILNAHME
AN 25 EINSATZTAGEN

DIE II. STUFE ZUM
PANZERKAMPFABZEICHEN
IN SILBER

Rgt.Gef.Std., den 28.10.1944
(ORT UND DATUM)

(STEMPEL)

Kahl
(UNTERSCHRIFT)

Major und Regimentsführer
(DIENSTGRAD UND DIENSTSTELLUNG)

Bruno Kahl

Besitzzeugnis in der Originalgröße 14,1 cm x 20,0 cm für ein Panzerkampfabzeichen in Silber der II. Stufe mit der Einsatzzahl „25“, unterschrieben von Major Bruno Kahl, der vom 01.10.1944 bis April 1945 das Panzerregiment „Großdeutschland“ führte. Deutsches Kreuz in Gold am 20.09.1942, Ritterkreuz am 08.02.1943, (270.) Eichenlaub am 08.08.1943 und mit dem Panzerkampfabzeichen in Silber der III. Stufe mit der Einsatzzahl „50“ ausgezeichnet.

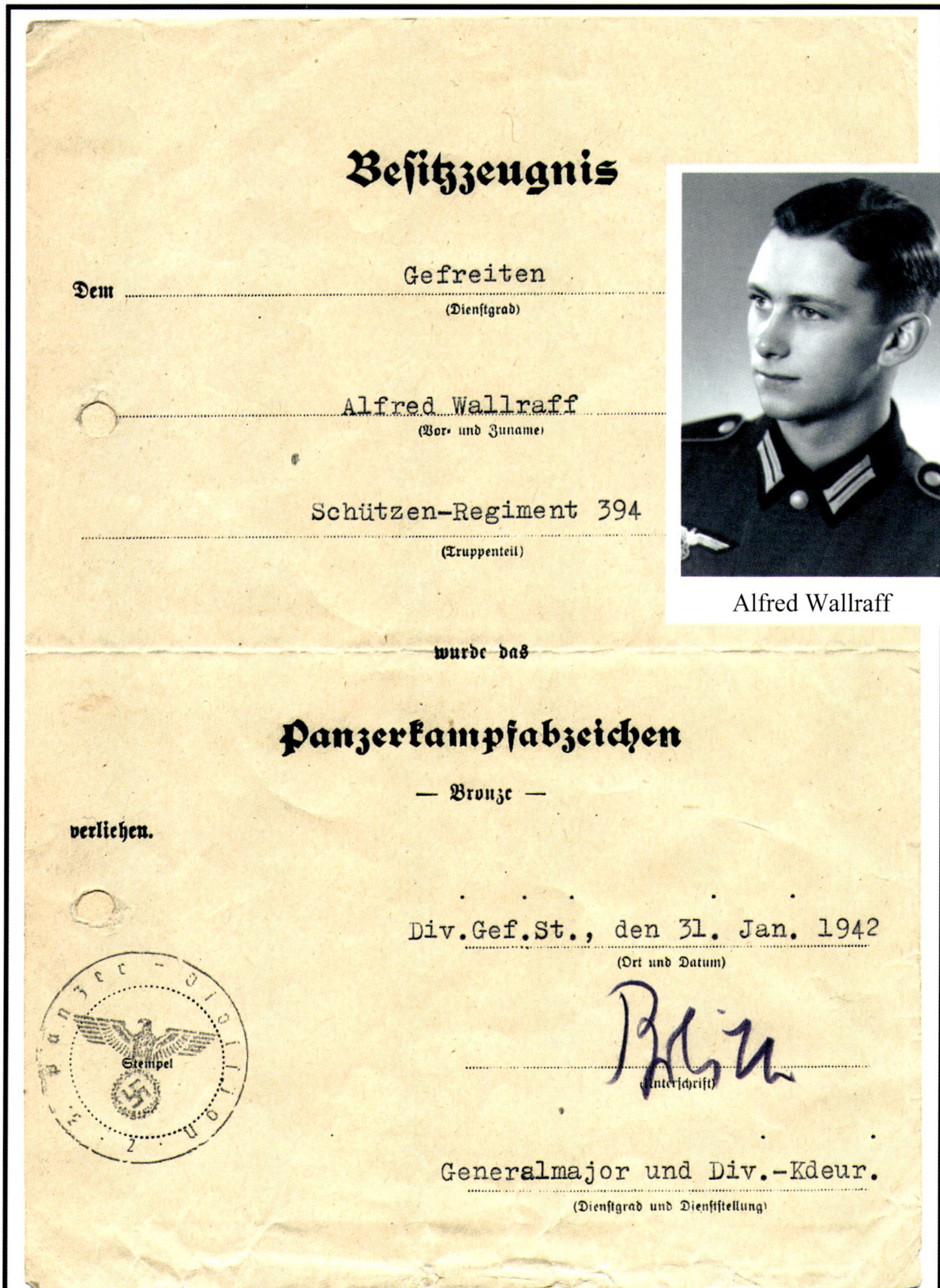

Besitzzeugnis

Dem Gefreiten
(Dienstgrad)

Alfred Wallraff
(Vor- und Zuname)

Schützen-Regiment 394
(Truppenteil)

wurde das

Panzerkampfabzeichen

— Bronze —

verliehen.

Div.Gef.St., den 31. Jan. 1942
(Ort und Datum)

Breith
(Unterschrift)

Generalmajor und Div.-Kdeur.
(Dienstgrad und Dienststellung)

Alfred Wallraff

Besitzzeugnis in der Originalgröße 14,8 cm x 20,9 cm für ein Panzerkampfabzeichen in Bronze, hier für den Gefreiten Alfred Wallraff, Schützenregiment 394 (3. PzDiv), unterschrieben vom Kommandeur der 3. Panzerdivision, Generalmajor Hermann Breith, Ritterkreuz am 03.06.1940, (69.) Eichenlaub am 31.01.1942, (48.) Schwerter am 21.02.1944.

5. Trageweise

Das Panzerkampfabzeichen wurde angesteckt auf der linken Brustseite in und außer Dienst getragen. War der Ausgezeichnete im Besitz des Eisernen Kreuzes 1. Klasse, so war das Panzerkampfabzeichen unterhalb davon anzubringen. Für die Zivilkleidung konnte eine Miniatur als Anstecknadel in öffentlichen Verkaufsstellen erworben und am linken Rockaufschlag getragen werden.
Bei Verleihung einer höheren Stufe war die vorhergehende abzulegen, die niedrigeren Stufen verblieben jedoch zur Erinnerung.

Neben dem Panzerkampfabzeichen des 2. Weltkrieges war das Tragen des Kampfwagenabzeichens des 1. Weltkrieges bzw. des Panzertruppenabzeichens der LEGION CONDOR erlaubt.

Anstecknadel für Zivilanzug (vergrößert, Originalgröße 1 cm x 1,5 cm).

Ein Unteroffizier der Panzertruppe trägt das Panzerkampfabzeichen in Silber und darunter das Panzertruppenabzeichen der LEGION CONDOR sowie das Sportabzeichen in Bronze. Auf der rechten Brustseite ist das Spanienkreuz in Silber mit Schwertern erkennbar.

Oberstleutnant Dr. Franz Bäke, Kdr PzRgt 11, mit dem PzKpfAbz in Silber IV. Stufe („100“). Weitere Auszeichnungen: Ritterkreuz mit Eichenlaub und Schwertern, EK 1. Klasse, Verwundetenabzeichen Gold, Sportabz. Gold, EK 2. Klasse mit Wiederholungsspange 1939 und Ostmedaille (im Knopfloch) drei Panzervernichtungsabzeichen auf silbernem Band (rechter Oberarm).

6. Herstellung, Verleihungszahlen und Sammlerbewertung

Der Entwurf für das Panzerkampfabzeichen stammt von dem Kunstmaler und Graphiker Ernst Peekhaus, BERLIN. Panzerkampfabzeichen der I. Stufe (ohne Einsatzzahl) wurden von einer Vielzahl von Herstellern gefertigt. Obwohl ein Muster vorgegeben war, kommen bei den verschiedenen Firmen Abweichungen im Prägebild vor.

Die Abzeichen wurden aus Buntmetall oder Zink als Vollprägung, Halbhohlprägung oder Hohlprägung hergestellt.
Das Gewicht der Stücke weicht auf Grund der unterschiedlichen Fertigungsarten zum Teil erheblich voneinander ab. Am besten kommt das Prägebild bei hohlgeprägten Stücken aus Buntmetallblech zur Geltung, die zudem ein geringes Gewicht aufweisen.

Gegen Kriegsende verzichtete man zunehmend bei aus Zink hergestellten Panzerkampfabzeichen in Silber der I. Stufe aus Ersparnisgründen auf die Versilberung. Das helle Zinkmetall galt als Silberstufe.
Verleihungen der höheren Stufe waren verhältnismäßig selten. Panzerkampfabzeichen der II. bis IV. Stufe sind vor allem von den Firmen Josef Feix Söhne, GABLONZ/Neiße (JFS) und Gustav Brehmer, MARKNEUKIRCHEN/Sachsen (G.B.) bekannt.

Verleihungszahlen der Sturmabzeichen sind nicht bekannt und auch nicht mehr zu ermitteln, weil die diesbezüglichen Unterlagen der entsprechenden Kommandobehörden weitgehend durch die Kriegsereignisse verloren gegangen oder vernichtet worden sind.
Bei einer Schätzung der verliehenen bzw. hergestellten Panzerkampfabzeichen der Ausführungen in Silber und Bronze aller Stufen ist zu berücksichtigen, daß sich viele Träger unter Vorlage des Verleihungsnachweises über öffentliche Verkaufsstellen weitere Stücke beschafft haben, um ihre verschiedenen Uniformröcke auszustatten.

Derzeit können für Stücke mittlerer Qualität auf dem Sammlermarkt folgende Verkaufspreise als Anhalt dienen:

Panzerkampfabzeichen in Silber, Zink, massiv oder hohl geprägt	120,-- €
Panzerkampfabzeichen in Silber, II. Stufe mit Einsatzzahl „25“	1.100,-- €
Panzerkampfabzeichen in Silber, III. Stufe mit Einsatzzahl „50“	1.300,-- €
Panzerkampfabzeichen in Silber, IV. Stufe mit Einsatzzahl „75“	2.600,-- €
Panzerkampfabzeichen in Silber, IV. Stufe mit Einsatzzahl „100“	3.500,-- €
Panzerkampfabzeichen in Bronze, Zink, massiv oder hohl geprägt	130,-- €
Panzerkampfabzeichen in Bronze, II. Stufe mit Einsatzzahl „25“	1.250,-- €
Panzerkampfabzeichen in Bronze, III. Stufe mit Einsatzzahl „50“	1.500,-- €
Panzerkampfabzeichen in Bronze, IV. Stufe mit Einsatzzahl „75“	2.800,-- €
Panzerkampfabzeichen in Bronze, IV. Stufe mit Einsatzzahl „100“	3.800,-- €

Spitzenstücke erzielen erheblich höhere Preise. Bei den höheren Stufen hat die Qualität der Versilberung bzw. der Vergoldung des Kranzes ganz erheblichen Einfluß auf die Bewertung. Vor allem von den höheren Stufen des Panzerkampfabzeichens in Silber und Bronze wurden und werden Kopien hergestellt.

7. Das Gesetz über Titel, Orden und Ehrenzeichen von 1957

Durch Gesetz vom 26. Juli 1957 wurde das Tragen von deutschen Kriegsauszeichnungen des 2. Weltkrieges wieder zugelassen, jedoch nur in einer „entnazifizierten" Form. Für das Panzerkampfabzeichen bedeutete dies den ersatzlosen Fortfall des Hoheitszeichens.

Ehemalige Angehörige der Deutschen Wehrmacht, die in die Bundeswehr eingetreten waren, durften das Panzerkampfabzeichen in der Originalgröße der abgeänderten Form nur zu besonderen Anlässen an der Uniform tragen. Als Trageweise im täglichen Dienst war für den Dienstanzug eine verkleinerte Nachbildung auf einer neutralen, 2,5 cm breiten und 1,2 cm hohen, schwarzen Bandunterlage an der Bandschnalle vorgesehen, die über der linken Brusttasche angebracht wurde.

Panzerkampfabzeichen in der gemäß Gesetz von 1957 zugelassenen Form.

Panzerkampfabzeichen II. Stufe mit Einsatzzahl „25" und IV. Stufe mit Einsatzzahl „75", in der gemäß Gesetz von 1957 zugelassenen Form, jeweils als Schwarzweißabbildung.

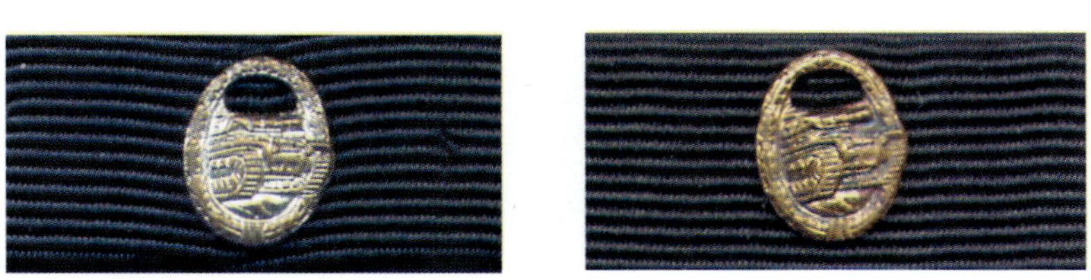

Panzerkampfabzeichen in Silber und Bronze, Ausführung 1957, an der Bandschnalle für die Bundeswehr.

Rechts:
Oberfeldwebel Wilhelm Wendt als Hauptfeldwebel der 5. Kompanie, PzRgt 5 (21. PzDiv). Am 30.06.1941 wurde ihm auf dem nordafrikanischen Kriegsschauplatz das Ritterkreuz des Eisernen Kreuzes verliehen.

Weitere Auszeichnungen, linke Brustseite: Eisernes Kreuz 1. Klasse, Panzerkampfabzeichen in Silber, Panzertruppenabzeichen der LEGION CONDOR, rechte Brustseite: Spanienkreuz in Bronze mit Schwertern.
Im Knopfloch der Tropenfeldbluse: Eisernes Kreuz 2. Klasse in Form des Ordensbandes.

Links:
Derselbe Wilhelm Wendt im Frühjahr 1958 als Hauptfeldwebel in Bundeswehruniform.
Zu einem besonderen Anlaß (siehe weißes Privathemd statt graublaues Diensthemd) trägt er seine Auszeichnungen im Original nach der gemäß Gesetz von 1957 abgeänderten Form.
Das Tragen von Auszeichnungen aus dem Spanischen Bürgerkrieg (Panzertruppenababzeichen der LEGION CONDOR und Spanienkreuz) war nach dem Gesetz von 1957 nicht zugelassen.

Deutsche Sturmgeschütze III im Einsatz (zeitgenössische Postkarte).

Kapitel 9

Allgemeines Sturmabzeichen

- Allgemeines Sturmabzeichen -

1. Vorgeschichte und Stiftung der Auszeichnung

Nach der am 20. Dezember 1939 erfolgten Einführung des Infanteriesturmabzeichens für die Infanterie und des Panzerkampfabzeichens für die gepanzerten Kampftruppen ergab sich die Notwendigkeit, bisher nicht berücksichtigte Truppengattungen, die im Bereich des Heeres ebenfalls maßgeblich an den Erfolgen der Deutschen Wehrmacht beteiligt waren, genauso mit einem Sturmabzeichen würdigen und auszeichnen zu können.
Dies waren z.B. Pioniere, Panzerjäger, Heeresflak im Erdeinsatz und Sturmartillerie.

Daher stiftete der Oberbefehlshaber des Heeres, Generaloberst von Brauchitsch, am 01. Juni 1940 das Allgemeine Sturmabzeichen „ *... für Soldaten aller anderen Waffen, einschließlich der Sturmartillerie, die mit der Infanterie oder Panzern zusammen kämpfen oder im eigenen Verband die Bedingungen des Infanteriesturmabzeichens erfüllen, ...* “

Durch die Stiftung im Kriegsjahr 1940 konnten die Leistungen während des Polenfeldzuges 1939 für das Allgemeine Sturmabzeichen allerdings nicht mehr berücksichtigt werden.

Das in silberfarben gehaltene Allgemeine Sturmabzeichen, das zunächst als Besonderes Sturmabzeichen, aber auch als Pioniersturmabzeichen oder nur einfach als Sturmabzeichen bezeichnet wurde, zeigt in einem ovalen Eichenlaubkranz eine Stielhandgranate und ein Bajonett, gegeneinander gekreuzt. Darüber befindet sich das Hoheitszeichen.
Im Unterschied zum Infanteriesturmabzeichen und zum Panzerkampfabzeichen, für die jeweils neben der silbernen Ausführung auch eine solche in Bronze gestiftet wurde, begnügte man sich beim Allgemeinen Sturmabzeichen ausschließlich mit der silbernen Ausführung.

Sturmpioniere (zeitgenössische Skizze von Hans Liska) wurden mit dem Allgemeinen Sturmabzeichen ausgezeichnet.

2. Die Stufen im einzelnen

a. Das Allgemeine Sturmabzeichen ohne Einsatzzahl

Das Allgemeine Sturmabzeichen konnte ab dem 01.06.1940 verliehen werden an Soldaten des Heeres, der Waffen-SS und an Angehörige der Polizeiverbände, die weder unter die Bestimmungen für die Verleihung des Infanteriesturmabzeichens noch unter die Bedingungen für die Verleihung des Panzerkampfabzeichens fielen, wenn sie, infanteristisch eingesetzt, folgende Bedingungen erfüllt hatten

- Teilnahme an drei Sturmangriffen
- an drei verschiedenen Kampftagen
- in vorderster Linie
- mit der Waffe in der Hand einbrechend

Erfolgreiche gewaltsame Aufklärung und Gegenangriffe waren ebenfalls als Sturmangriffe zu werten, sofern sie zum Nahkampf geführt hatten.

Weitere, über die Anzahl drei hinausgehende Sturmangriffe wurden für die Nahkampfspange angerechnet.

Allgemeines Sturmabzeichen.

Für Angehörige der Panzerjägerabteilungen (soweit sie nicht mit Selbstfahrlafetten ausgestattet waren), der Artillerie und auch der im Erdkampf eingesetzten Heeresflak galten die Bedingungen als erfüllt, wenn sie

- den Sturmangriff mit vorgetragen
- und durch den Einsatz ihrer Waffe
- aus vorderster Linie
- den Einbruch in die feindliche Stellung miterzwungen hatten.

Angehörige der Sturmartillerie und Panzerjäger auf Selbstfahrlafette (z.B. Waffensysteme Panzerjäger I, MARDER I - III, NASHORN/HORNISSE) mußten die Bedingungen wie für das Panzerkampfabzeichen erfüllen, nämlich

- dreimaliger Einsatz im Gefecht
- an drei verschiedenen Tagen
- unter aktiver Beteiligung am Kampf.

Weitere über die Anzahl drei hinausgehende Sturmangriffe dieser sogenannten „schweren Waffen" wurden für die höheren Stufen des Allgemeinen Sturmabzeichens angerechnet. Dazu hatte der Soldat im Soldbuch ein gesondertes Blatt bei sich zu tragen, auf dem die anrechnungsfähigen Einsatztage vermerkt und bescheinigt wurden.

- *Allgemeines Sturmabzeichen* -

Der Regimentskommandeur bzw. Vorgesetzte in vergleichbarer Dienststellung (z.B. Kommandeur eines selbständigen Bataillons) legte durch Regiments- usw. -befehl nach jedem Einsatz fest, für welche Einheiten, einschließlich der unterstellten Truppenteile, eine Anrechnung des Einsatzes für die Verleihung des Allgemeinen Sturmabzeichens in Frage kam. Die Kompaniechefs bestimmten dann diejenigen Soldaten, welche den Bedingungen entsprochen hatten und legten ihre Namen in Listen fest. Waren die geforderten drei Sturmangriffe bzw. Einsätze erfüllt, wurde die Verleihung der Auszeichnung auf dem Dienstweg bis zum 09.09.1942 bei der Division, danach beim Regiment beantragt. Wurde dem Verleihungsantrag stattgegeben, erfolgte die Bekanntgabe der ausgezeichneten Soldaten durch Regiments- usw. -befehl und der zuständige Stab stellte die entsprechenden Besitzzeugnisse aus.
Es wurde wiederholt darauf hingewiesen, daß bei jeder Verleihung der einzelne Mann nach seinem kämpferischen Einsatz zu bewerten war und nicht der geschlossene Truppenteil.

Mit Verfügung vom 08.09.1942 legte das OKH fest, daß auch Sanitätstruppen das Allgemeine Sturmabzeichen erwerben konnten, wenn Ärzte und Sanitäter unter den gleichen Bedingungen wie die stürmende Infanterie im Nahkampfraum Verwundete versorgt und geborgen hatten.

Am 04.07.1944 bestimmte das OKH, daß in den Aufklärungsabteilungen der Gebirgs- und Jägerdivisionen sowie in den übrigen Aufklärungseinheiten des Feldheeres (außer Divisionsfüsilierbataillone und Panzeraufklärer) das Allgemeine Sturmabzeichen zu verleihen sei.

Für Panzerjäger war grundsätzlich die Verleihung des Allgemeinen Sturmabzeichens vorgesehen.

Allgemeines Sturmabzeichen, auf der dünnen, runden Drahtnadel gepunzt mit L/18, gemäß der Firmenliste der Leistungsgemeinschaft Deutscher Ordenshersteller (LDO) Kennzeichen für die Firma B.H. Mayer's Hofkunstprägeanstalt, PFORZHEIM. Hohlprägung. Breite 4,2 cm, Höhe 5,3 cm. Gewicht 14 g.

Allgemeines Sturmabzeichen eines unbekannten Herstellers. Halbhohlprägung mit nahezu vollständig erhaltener Versilberung. Der Nadelbock ist repariert worden. Breite 4,2 cm, Höhe 5,4 cm. Gewicht 28 g.

Allgemeines Sturmabzeichen eines unbekannten Herstellers. Vollprägung aus Feinzink. Die ursprünglich helle Versilberung ist tragebedingt dunkler geworden. Breite 4,1 cm, Höhe 5,2 cm. Gewicht 24 g.

b. Die höheren Stufen des Allgemeinen Sturmabzeichens

Das am 01. Juni 1940 gestiftete Allgemeine Sturmabzeichen reichte angesichts der harten und immer länger dauernden Einsätze nicht mehr aus, um die Leistungen von Soldaten bestimmter Truppengattungen angemessen zu würdigen.

Daher wurde unter dem Datum des 22. Juni 1943, zwei Jahre nach Beginn des Ostfeldzuges und zeitgleich mit der Stiftung der höheren Stufen des Panzerkampfabzeichens, eine Verordnung für die Einführung höherer Stufen des Allgemeinen Sturmabzeichens erlassen.

Die höheren Stufen des Allgemeinen Sturmabzeichens wurden verliehen an Angehörige der

- Sturmgeschützeinheiten,
- Sturmpanzereinheiten,
- Panzerjägereinheiten der Panzerjägerabteilungen auf Selbstfahrlafette
- und ab September 1944 auch an Angehörige der Panzerartillerie (soweit der Einsatz als Begleitartillerie bei Panzerangriffen erfolgte)

und zwar

mit der Einsatzzahl „25“ in der II. Stufe,
mit der Einsatzzahl „50“ in der III. Stufe sowie
mit der Einsatzzahl „75“ in der IV. Stufe.
Die IV. Stufe konnte nach 100 Einsätzen mit der Zahl „100“ erneut verliehen werden.

Die Einsatztage für die höheren Stufen waren ab dem 01.07.1943 anzurechnen, für bereits verliehene Allgemeine Sturmabzeichen wurden drei Einsatztage aus der Zeit vor dem 01.07.1943 ohne weiteren Nachweis anerkannt.

Um die bewährten alten Frontkämpfer hervorzuheben, konnten bei ununterbrochenem Einsatz im Osten oder in Afrika nach dem 22.06.1941 ohne weiteren Nachweis angerechnet werden:

25 Einsatztage für 15 Monate ununterbrochenen Einsatz,
15 Einsatztage für 12 Monate ununterbrochenen Einsatz,
10 Einsatztage für 8 Monate ununterbrochenen Einsatz.

Verwundung oder Fronturlaub galten nicht als Unterbrechung. Die Einsatztage dieser Sonderregelung waren durch den Kompaniechef dem Regimentskommandeur zur Genehmigung vorzulegen.

Der Divisionskommandeur war befugt, an Soldaten, für die auf Grund einer Verwundung in Zukunft keine Gelegenheit mehr zu anrechnungsfähigen Einsätzen bestand, die höheren Stufen vor Erreichen der oben aufgeführten Einsatztage zu verleihen und zwar

die II. Stufe bereits nach 18 Einsatztagen,
die III. Stufe bereits nach 35 Einsatztagen und
die IV. Stufe (mit der Zahl „75“) bereits nach 60 Einsatztagen.

Allgemeines Sturmabzeichen, II. Stufe mit der Einsatzzahl „25“. Herstellerkennzeichen JFS der Firma Feix Söhne, GABLONZ/Neiße. Flache, breite Nadel. Lediglich das Gelbmetall des Schildchens mit der Einsatzzahl ist verblaßt. Breite 4,8 cm, Höhe 5,7 cm. Gewicht 30 g. Träger der Auszeichnung war ein Unteroffizier 3./StuGBrig 276, Verleihung am 03.02.1945.

Allgemeines Sturmabzeichen, II. Stufe mit der Einsatzzahl „25“. Unbekannter Hersteller. Hohlprägung sowohl des Hoheitszeichens als auch des Eichenlaubkranzes. Dünne, runde Drahtnadel. Breite 4,7 cm, Höhe 5,6 cm. Gewicht 26 g.

Allgemeines Sturmabzeichen, III. Stufe mit der Einsatzzahl „50“. Herstellerkennzeichen RK der Firma Rudolf A. Karneth & Sohn. Vollprägung des Eichenlaubkranzes. Breite 4,8 cm, Höhe 5,8 cm. Gewicht 32 g. Das Gelbmetall des Schildchens ist bereits verblaßt. Die Bläschen auf der Rückseite des Eichenlaubkranzes sind herstellungsbedingt entstanden.

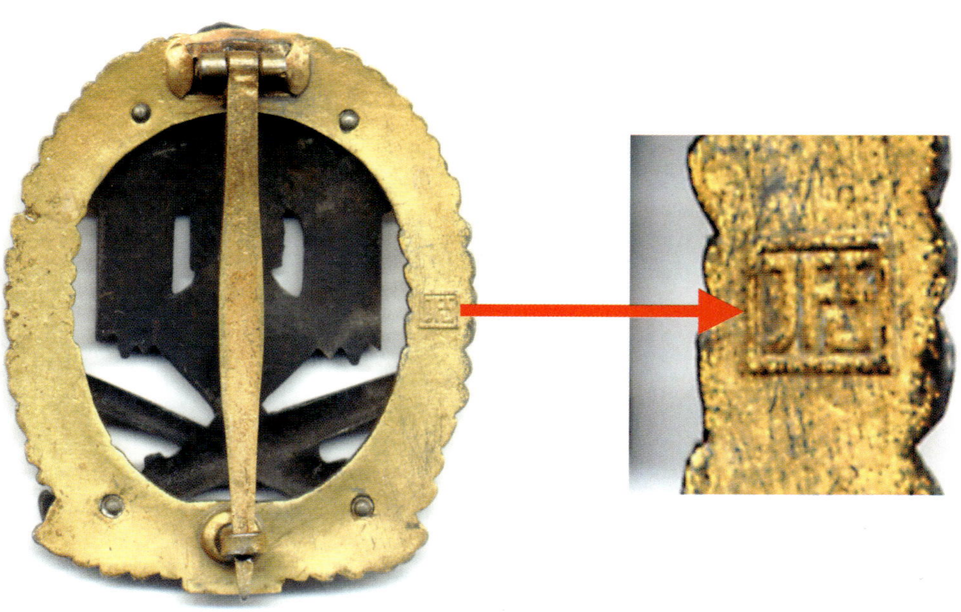

Allgemeines Sturmabzeichen, IV. Stufe mit der Einsatzzahl „75“. Herstellerkennzeichen JFS der Firma Josef Feix Söhne, GABLONZ/Neiße. Flache, breite Nadel. Vollprägung des Eichenlaubkranzes, dessen Vergoldung noch vollständig erhalten geblieben ist. Breite 4,7 cm, Höhe 5,5 cm. Gewicht 36 g.

Allgemeines Sturmabzeichen, IV. Stufe mit der Einsatzzahl „75“. Herstellerkennzeichen JFS der Firma Josef Feix Söhne, GABLONZ/Neiße. Stark getragenes Stück, bei dem die Vergoldung des Eichenlaubkranzes trage- und witterungsbedingt weitgehend verblaßt ist.

Allgemeines Sturmabzeichen, IV. Stufe mit der Einsatzzahl „100“. Ohne Herstellerkennzeichen. Hohlprägung sowohl des Eichenlaubkranzes als auch des Hoheitszeichens. Dünne, runde Drahtnadel. Breite 4,8 cm, Höhe 5,6 cm. Gewicht 28 g.

3. Verleihungsberechtigung

Allgemeine Sturmabzeichen wurden zunächst durch die Divisionskommandeure verliehen. An Angehörige der Korps-, Armee- oder Heerestruppen erfolgte die Verleihung durch denjenigen Divisionskommandeur, dem diese Einheiten beim Einsatz unterstellt waren.
Nach einer Verfügung des OKH vom 09.09.1942 wurde die Verleihungsberechtigung auf die Regimentskommandeure bzw. auf Vorgesetzte in vergleichbarer Dienststellung (z.B. Kommandeure selbstständiger Abteilungen bzw. Bataillone) übertragen. Die Verleihungen waren im Regiments- usw. -befehl bekanntzugeben. Wurden die Bedingungen von Kommandeuren vom Regimentskommandeur an aufwärts erfüllt, so erfolgte die Verleihung durch das OKH.

Bei Erfüllung der Verleihungsbedingungen war dem Soldat das Sturmabzeichen so schnell wie möglich zu verleihen. Bei Verwundung war die Auszeichnung zusammen mit dem Besitzzeugnis dem Lazarett zur Aushändigung zu übersenden. War dem Feldtruppenteil die Lazarettanschrift unbekannt, so hatte der Versand nach vier Wochen an den Ersatztruppenteil zu erfolgen, zum Teil wurden Abzeichen und Besitzzeugnis auch direkt der Heimatanschrift des Soldaten zugestellt.
War ein Soldat, der ausgezeichnet werden sollte, vermißt und eine Aushändigung des Sturmabzeichens daher verwehrt, so war es nach sechs Wochen den Angehörigen zu übersenden. Ab dem 27.09.1944 wurde jedoch die Verleihung von Kriegsauszeichnungen an vermißte und kriegsgefangene Angehörige der Wehrmacht ausgesetzt. Auch eine postume Verleihung war möglich, wenn z.B. der Soldat beim dritten Sturmangriff gefallen war. In solchen Fällen wurden Besitzzeugnis und Auszeichnung den Angehörigen zugeschickt.

Für Sturmgeschützbesatzungen war die Verleihung
aller Stufen des Allgemeinen Sturmabzeichens vorgesehen.

4. Nachweis und Beurkundung

Über die Verleihung des Allgemeinen Sturmabzeichens wurde ein Besitzzeugnis ausgestellt. Dazu war zwar ein Muster in der Größe DIN A 5 vorgegeben, es kommen jedoch bezüglich Größe, Schriftbild und Gestaltung unterschiedliche Besitzzeugnisse vor. Die Verleihung wurde in die Personalpapiere eingetragen. Unbefugtes Tragen des Allgemeinen Sturmabzeichens war strafbar.
Gegen Vorlage des Verleihungsnachweises konnten vom Träger in öffentlichen Verkaufsstellen weitere Stücke des Allgemeinen Sturmabzeichens erworben werden.

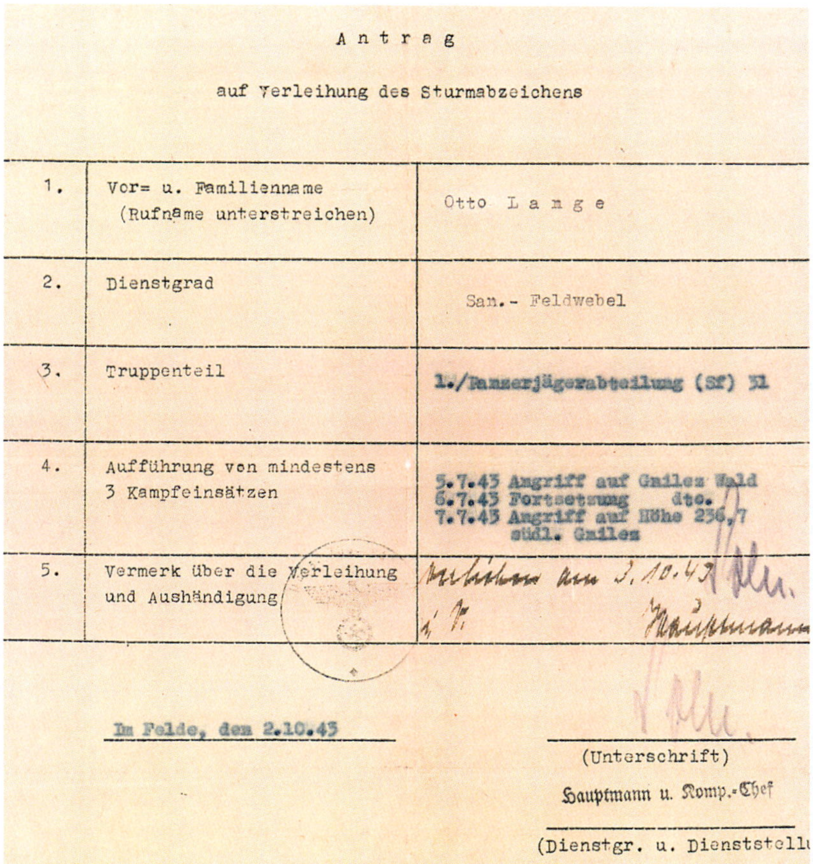

A n t r a g

auf Verleihung des Sturmabzeichens

1.	Vor= u. Familienname (Rufname unterstreichen)	Otto L a n g e
2.	Dienstgrad	San.- Feldwebel
3.	Truppenteil	1./Panzerjägerabteilung (Sf) 31
4.	Aufführung von mindestens 3 Kampfeinsätzen	5.7.43 Angriff auf Gnilez Wald 6.7.43 Fortsetzung dto. 7.7.43 Angriff auf Höhe 236,7 südl. Gnilez
5.	Vermerk über die Verleihung und Aushändigung	verliehen am 3.10.43 ...

Im Felde, den 2.10.43

(Unterschrift)

Hauptmann u. Komp.-Chef

(Dienstgr. u. Dienststelle)

Antrag auf Verleihung des Allgemeinen Sturmabzeichens für einen Sanitätsfeldwebel in der 1. Bttr/ Panzerjägerabteilung (SF) 31 in der 31. Infanteriedivision.

Verkleinerte Abbildung, im Original hat der Antrag die Größe DIN A 4.

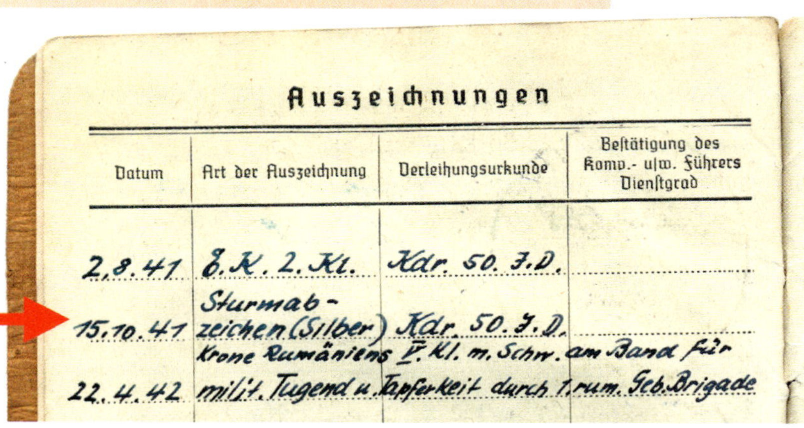

Auszeichnungen

Datum	Art der Auszeichnung	Verleihungsurkunde	Bestätigung des Komp.- usw. Führers Dienstgrad
2.8.41	E.K. 2. Kl.	Kdr. 50. I.D.	
15.10.41	Sturmabzeichen (Silber)	Kdr. 50. I.D.	
22.4.42	Krone Rumäniens V. Kl. m. Schw. am Band für milit. Tugend u. Tapferkeit	durch 1. rum. Geb.Brigade	

Auszug aus dem Soldbuch von Hptm Straube, ArtRgt 150 (50. Inf Div), mit dem Nachweis der Verleihung des Allgemeinen Sturmabzeichens. Siehe dazu auch das Besitzzeugnis auf der nächsten Seite.

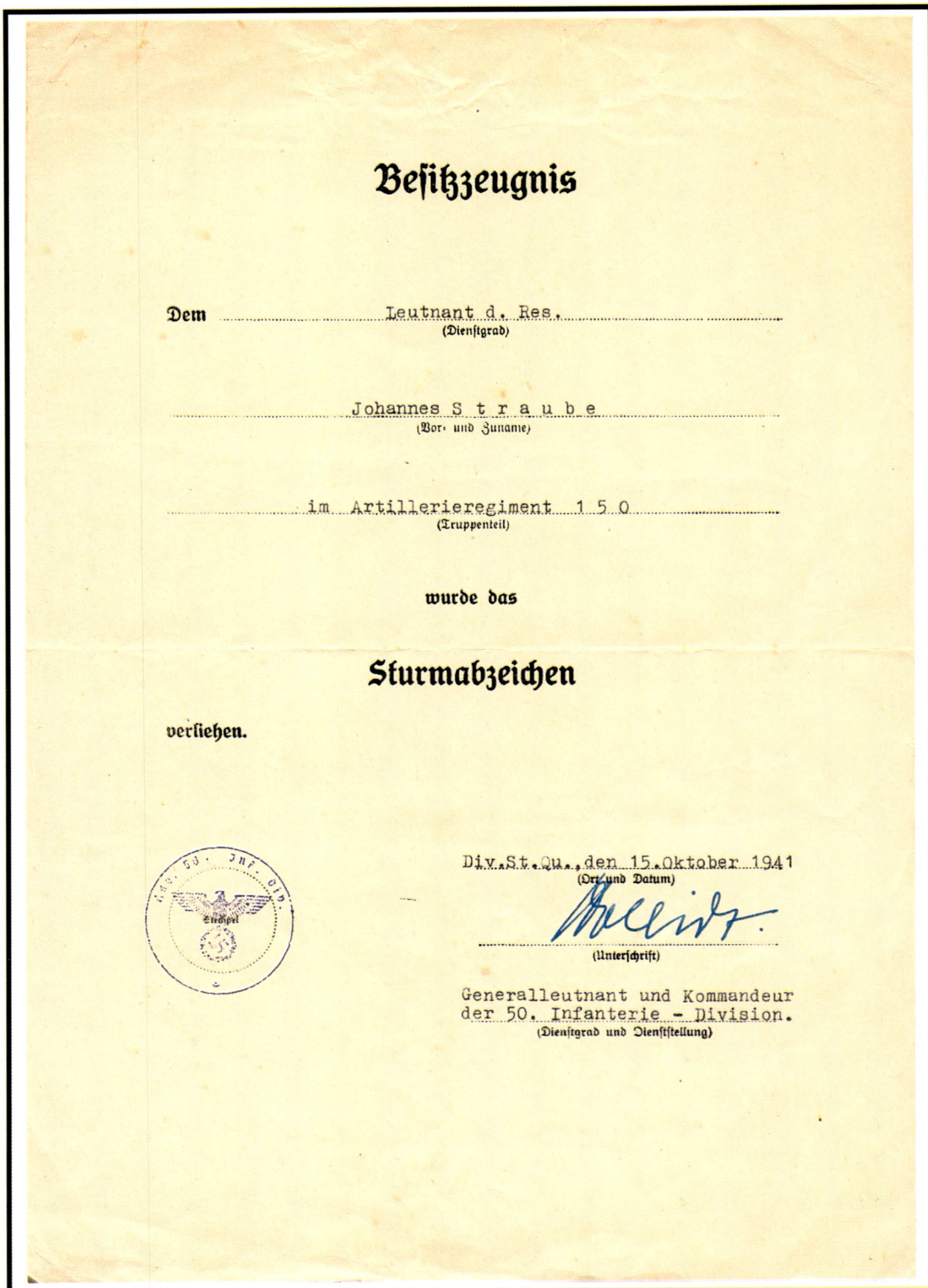

Besitzzeugnis

Dem Leutnant d. Res.
(Dienstgrad)

Johannes S t r a u b e
(Vor- und Zuname)

im Artillerieregiment 1 5 0
(Truppenteil)

wurde das

Sturmabzeichen

verliehen.

Div.St.Qu., den 15.Oktober 1941
(Ort und Datum)

(Unterschrift)

Generalleutnant und Kommandeur
der 50. Infanterie - Division.
(Dienstgrad und Dienststellung)

Besitzzeugnis (verkleinerte Abbildung, Originalgröße DIN A 4 - 20,9 cm x 29,7 cm) für das Allgemeine Sturmabzeichen, unterschrieben von Generalleutnant Karl-Adolf Hollidt, Kommandeur der 50. InfDiv, Ritterkreuz am 08.09.1941, (239.) Eichenlaub am 17.05.1943.

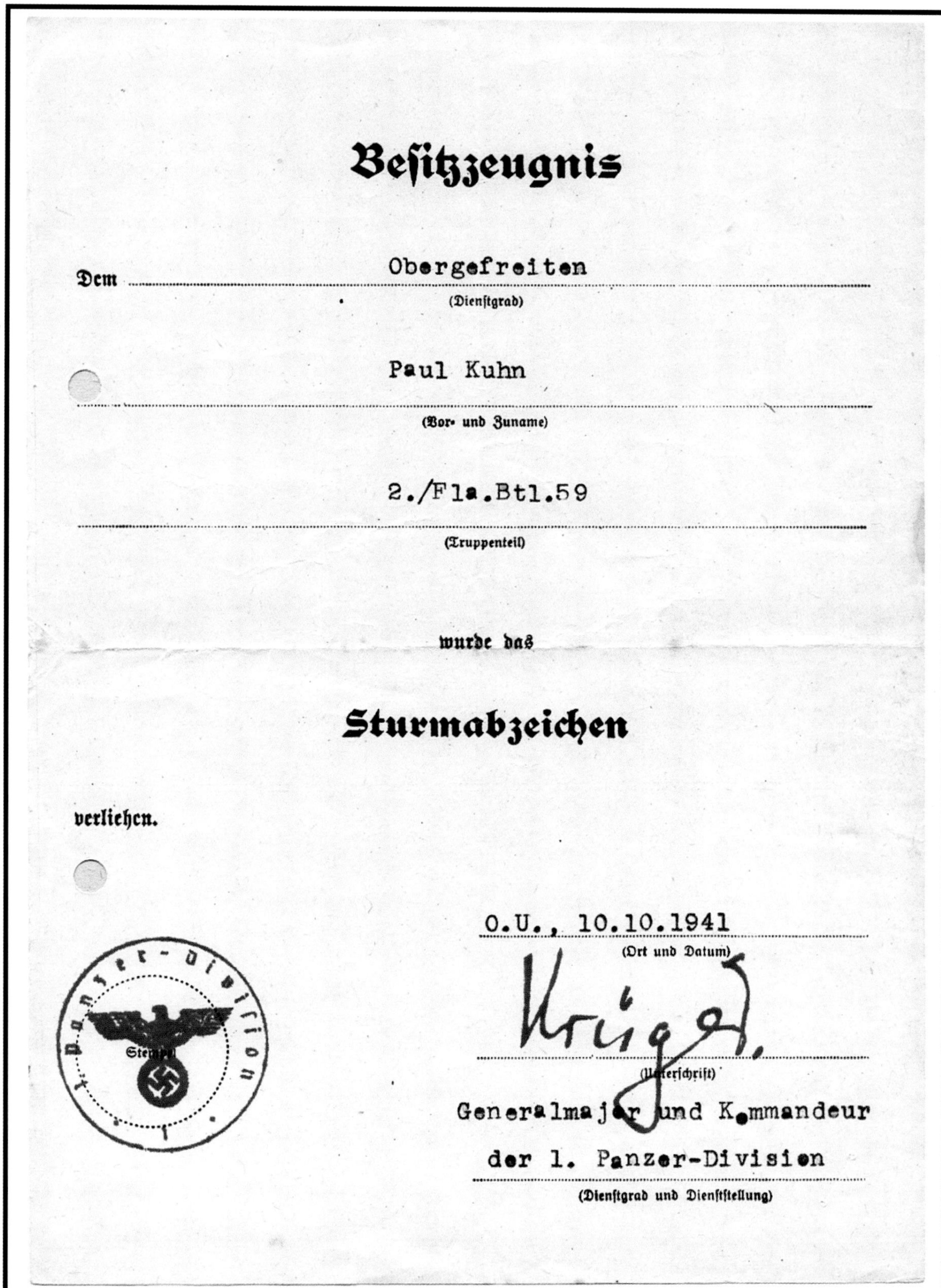

Besitzzeugnis

Dem Obergefreiten
(Dienstgrad)

Paul Kuhn
(Vor- und Zuname)

2./Fla.Btl.59
(Truppenteil)

wurde das

Sturmabzeichen

verliehen.

O.U., 10.10.1941
(Ort und Datum)

Krüger
(Unterschrift)

Generalmajor und Kommandeur
der 1. Panzer-Division
(Dienstgrad und Dienststellung)

Besitzzeugnis in der Originalgröße 14,8 cm x 20,9 cm für das Allgemeine Sturmabzeichen, unterschrieben von Generalmajor Walter Krüger, Kommandeur der 1. Panzerdivision, Ritterkreuz am 15.07.1941, (373.) Eichenlaub als Generalleutnant am 24.01.1944.

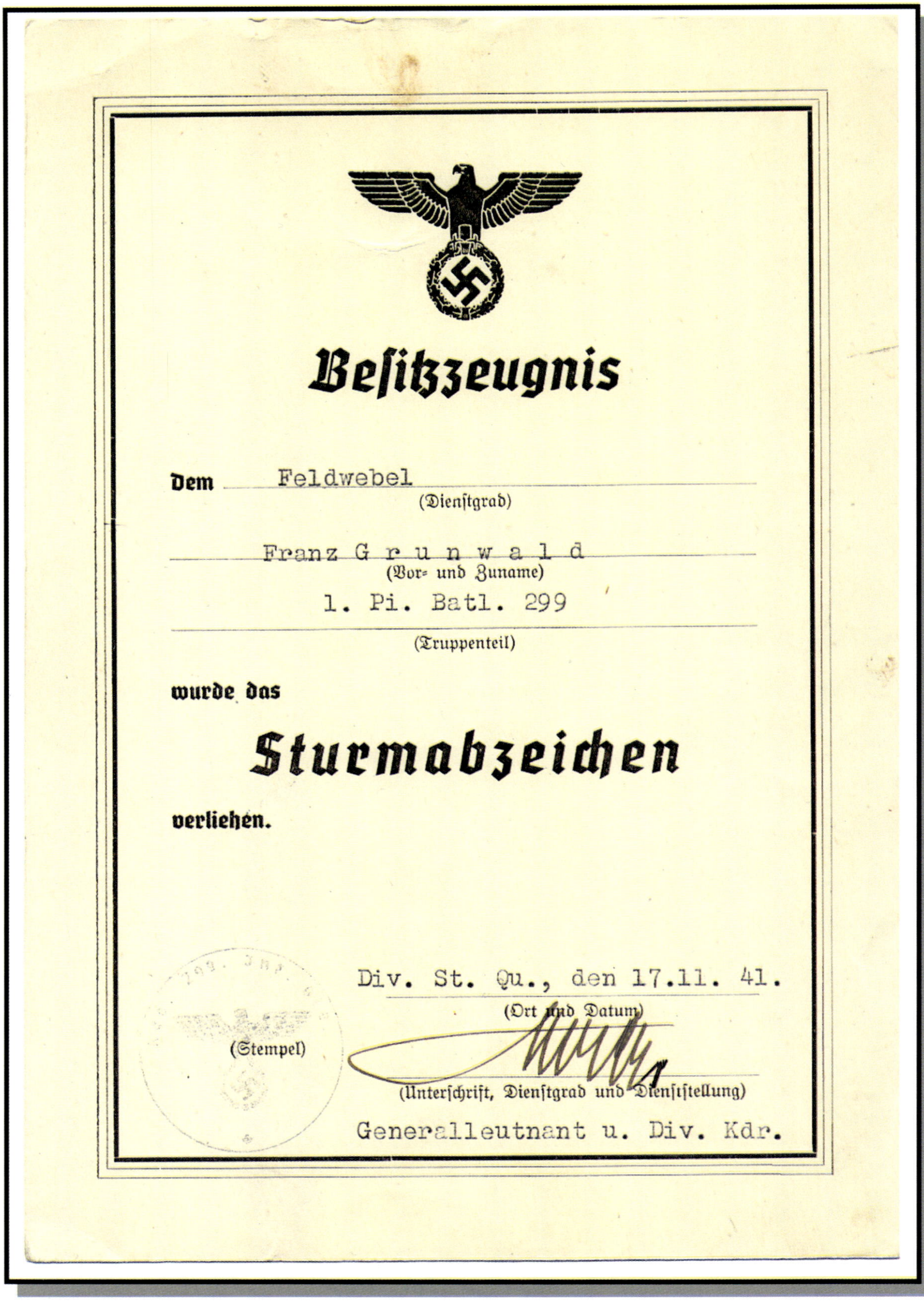

Besitzzeugnis

Dem Feldwebel
(Dienstgrad)

Franz G r u n w a l d
(Vor- und Zuname)

1. Pi. Batl. 299
(Truppenteil)

wurde das

Sturmabzeichen

verliehen.

(Stempel)

Div. St. Qu., den 17.11. 41.
(Ort und Datum)

(Unterschrift, Dienstgrad und Dienststellung)

Generalleutnant u. Div. Kdr.

Besitzzeugnis in der Originalgröße 14,9 cm x 21,0 cm für das Allgemeine Sturmabzeichen, unterschrieben von GenLt Willi Moser, Kdr der 299. InfDiv, Ritterkreuz am 26.10.1941.

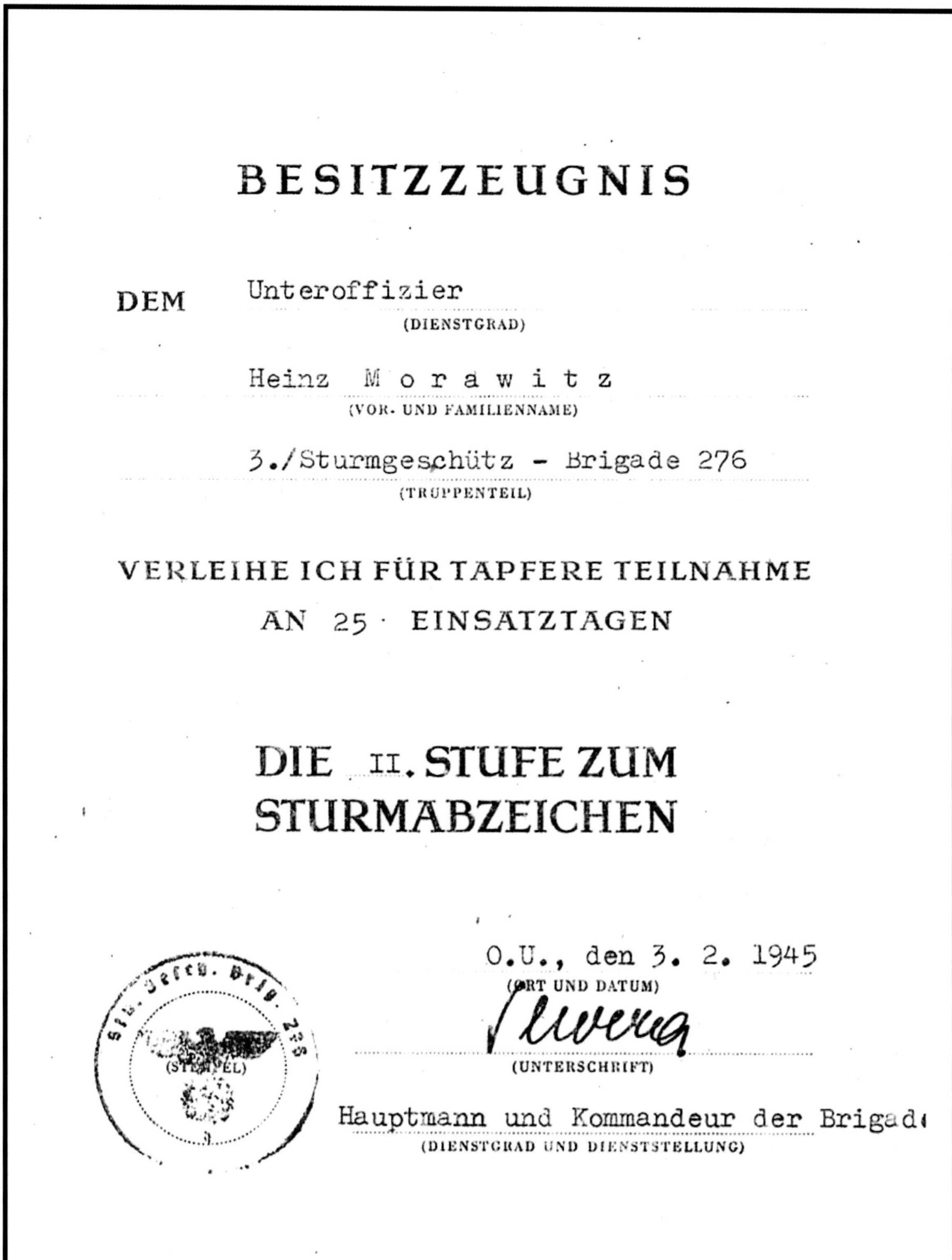

BESITZZEUGNIS

DEM Unteroffizier
(DIENSTGRAD)

Heinz M o r a w i t z
(VOR- UND FAMILIENNAME)

3./Sturmgeschütz - Brigade 276
(TRUPPENTEIL)

VERLEIHE ICH FÜR TAPFERE TEILNAHME
AN 25 · EINSATZTAGEN

DIE II. STUFE ZUM
STURMABZEICHEN

O.U., den 3. 2. 1945
(ORT UND DATUM)

(UNTERSCHRIFT)

(STEMPEL)

Hauptmann und Kommandeur der Brigad
(DIENSTGRAD UND DIENSTSTELLUNG)

Schwarzweißkopie eines Besitzzeugnisses in der Größe DIN A 5 für das Allgemeine Sturmabzeichen, II. Stufe mit der Einsatzzahl „25“, unterschrieben vom Kommandeur der Sturmgeschützbrigade 276, Hauptmann Sewera, Deutsches Kreuz in Gold am 22.09.1944.

5. Trageweise

Das Allgemeine Sturmabzeichen wurde angesteckt auf der linken Brustseite in und außer Dienst getragen. War der damit Ausgezeichnete bereits im Besitz des Eisernen Kreuzes 1. Klasse, so war das Allgemeine Sturmabzeichen unterhalb davon anzubringen. Bei Verleihung einer höheren Stufe war die vorhergehende abzulegen, die niedrigeren Stufen verblieben jedoch zur Erinnerung.

Für die Zivilkleidung konnte eine Miniatur als Anstecknadel in öffentlichen Verkaufsstellen erworben und am linken Rockaufschlag getragen werden.

Grundsätzlich durfte nur eines der Sturmabzeichen getragen werden. Soldaten der Heeresflak war es allerdings erlaubt, neben dem Allgemeinen Sturmabzeichen auch das Heeres-Flak-Abzeichen zu tragen.

Major Bruno Kahl, Kdr III./PzJgRgt 656, mit dem ihm am 15.08.1941 verliehenen Allgemeinen Sturmabzeichen. Ritterkreuz am 08.02.1943, (270.) Eichenlaub am 08.08.1943.

6. Herstellung, Verleihungszahlen und Sammlerbewertung

Der Entwurf für das Allgemeine Sturmabzeichen stammt von dem Kunstmaler und Graphiker Wilhelm Ernst Peekhaus, BERLIN.
Allgemeine Sturmabzeichen der I. Stufe (ohne Einsatzzahl) wurden von einer Vielzahl von Herstellern gefertigt. Obwohl ein Muster vorgegeben war, kommen bei den verschiedenen Firmen Abweichungen im Prägebild vor.

Die Abzeichen wurden aus Buntmetall oder Zink als Vollprägung, Halbhohlprägung oder Hohlprägung hergestellt. Das Gewicht der Stücke weicht auf Grund der unterschiedlichen Fertigungsarten voneinander ab. Am besten kommt das Prägebild bei hohlgeprägten Stücken aus Buntmetall zur Geltung, die sich außerdem durch ein geringes Gewicht auszeichnen.

Im späteren Verlauf des Krieges verzichtete man zunehmend bei aus Zink hergestellten Allgemeinen Sturmabzeichen der I. Stufe aus Ersparnisgründen auf die Versilberung. Das helle Zinkmetall galt als Silberstufe.
Allgemeine Sturmabzeichen der II. bis IV. Stufe sind vor allem von den Firmen Josef Feix Söhne (JFS) und Rudolf A. Karneth & Sohn (RK), beide GABLONZ/Neiße, bekannt.

Über die ausgegebenen Besitzzeugnisse wurden bei den ausstellenden Dienststellen Listen geführt. Diese Listen sollten nach dem Kriege an das jeweils zuständige Generalkommando übergeben werden, sind allerdings durch die Kriegsereignisse verloren gegangen bzw. vernichtet worden. Damit sind Verleihungszahlen für das Allgemeine Sturmabzeichen nicht mehr zu ermitteln. Verleihungen der höheren Stufen sind selten, aber auch deren Anzahl ist nicht bekannt.
Bei einer Schätzung der insgesamt verliehenen bzw. hergestellten Abzeichen ist zu berücksichtigen, daß sich viele Träger in öffentlichen Verkaufsstellen weitere Allgemeine Sturmabzeichen beschafft haben.

Auf dem Sammlermarkt sind vor allem die Allgemeinen Sturmabzeichen mit Einsatzzahl sehr gefragt. Dies schlägt sich im Preis nieder. Derzeit können für Stücke mittlerer Qualität auf dem Sammlermarkt folgende Verkaufspreise als Anhalt dienen:

Allgemeines Sturmabzeichen, Buntmetall, massiv		150,-- €,
Allgemeines Sturmabzeichen, Blech, Hohlprägung		120,-- €,
Allgemeines Sturmabzeichen, Zink, massiv oder hohl		100,-- €,
Allgemeines Sturmabzeichen, Zink	II. Stufe („25“)	1.100,-- €,
Allgemeines Sturmabzeichen, Zink	III. Stufe („50“)	1.400,-- €,
Allgemeines Sturmabzeichen, Zink	IV. Stufe („75“)	2.600,-- €,
Allgemeines Sturmabzeichen, Zink	IV. Stufe („100“)	3.800,-- €.

Spitzenstücke erzielen sogar höhere Preise.

Bei den höheren Stufen hat die Qualität der Versilberung bzw. der Vergoldung des Kranzes ganz erheblichen Einfluß auf die Bewertung. Vom Allgemeinen Sturmabzeichen aller Stufen wurden und werden Kopien hergestellt und in den Handel gebracht.

7. Das Gesetz über Titel, Orden und Ehrenzeichen von 1957

Allg. Sturmabzeichen in der gemäß Gesetz von 1957 zugelassenen Form.

Durch Gesetz vom 26. Juli 1957 wurde das Tragen von deutschen Kriegsauszeichnungen des 2. Weltkrieges wieder zugelassen, jedoch nur in einer „entnazifizierten" Form. Dem Allgemeinen Sturmabzeichen wurde der Adler des Hoheitszeichens gelassen. Lediglich das Hakenkreuz wurde entfernt.

Ehemalige Angehörige der Deutschen Wehrmacht, die in die Bundeswehr eingetreten waren, durften das Allgemeine Sturmabzeichen in der Originalgröße der abgeänderten Form nur zu besonderen Anlässen an der Uniform tragen.
Als Trageweise im täglichen Dienst war für den Dienstanzug eine verkleinerte Nachbildung auf einer neutralen, 2,5 cm breiten und 1,2 cm hohen, schwarzen Bandunterlage an der Bandschnalle vorgesehen, die über der linken Brusttasche angebracht wurde.

Allgemeines Sturmabzeichen III. Stufe mit Einsatzzahl „50" und IV. Stufe mit Einsatzzahl „75", in der gemäß Gesetz von 1957 zugelassenen Form, jeweils als Schwarzweißabbildung.

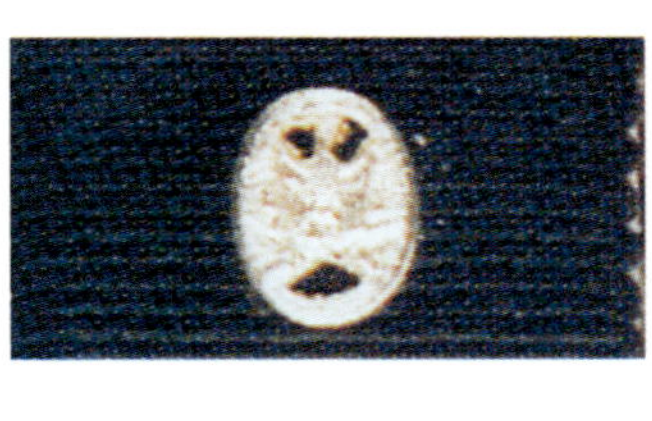

Allgemeines Sturmabzeichen, Ausführung 1957, an der Bandschnalle für die Bundeswehr.

Bandenkampf in den Weiten des ostischen Raumes stellt an die Grenadiere besonders hohe Anforderungen
(Zeitgenössische Darstellung und zeitgenössischer Text)

Kapitel 10

Bandenkampfabzeichen

- Bandenkampfabzeichen -

1. Vorgeschichte und Stiftung der Auszeichnung

Die Angehörigen der Deutschen Wehrmacht wurden im Verlauf des 2. Weltkrieges in den besetzten Gebieten zunehmend mit Zivilpersonen konfrontiert, die völkerrechtswidrig, heimtückisch und oft grausam gegen die Besatzungsmacht kämpften. Überfälle aus dem Hinterhalt auf Soldaten und Dienststellen, Morde, Sabotage, die Sprengung von Brücken und Schienenwegen mit der Folge der Unterbrechung von Nachschublinien waren an der Tagesordnung. In den Ostgebieten nannten sich diese Kräfte „Partisanen“. Nach dem heutigen Sprachgebrauch würde man sie auf Grund ihrer Art zu kämpfen als „Terroristen“ bezeichnen.

Die deutsche Führung bezeichnete diese Freischärler als „Banden“. Zu ihrer Bekämpfung mußten mit fortschreitender Dauer des Krieges nicht nur Polizei-, SS- und Sicherungskräfte, sondern auch Truppenteile des Heeres, der Luftwaffe und der Marine eingesetzt werden.

Am 21.03.1944 veröffentlichten die Allgemeinen Heeresmitteilungen die Verordnung Hitlers vom 30. Januar 1944 über die Stiftung des Bandenkampfabzeichens:
„In Anerkennung des Einsatzes in dem vom Gegner immer straffer organisierten und verschärften Bandenkampf stifte ich das Bandenkampf-Abzeichen. Das Bandenkampf-Abzeichen ist ein Tapferkeits- und Leistungsabzeichen. ...
Die Verleihung des Bandenkampf-Abzeichens erfolgt in drei Stufen (Bronze, Silber, Gold). ...
Die Durchführungsbestimmungen erläßt der Reichsführer-SS.“

Die Zuständigkeit des Reichsführer-SS war darauf zurückzuführen, daß es sich bei der Partisanenbekämpfung vorrangig um polizeiliche Aufgaben handelte. Er erließ die entsprechenden Bestimmungen unter dem Datum des 01.02.1944.
Der Kampf gegen das Partisanenunwesen und damit die Auszeichnung mit dem Bandenkampfabzeichen konnte jedoch nicht auf die SS und die Polizei beschränkt bleiben. Das Abzeichen wurde schließlich zur einer Auszeichnung für alle Teilstreitkräfte der Deutschen Wehrmacht.

Zunächst war das Bandenkampfabzeichen nur für deutsche Verbände vorgesehen. Zusatzbestimmungen regelten jedoch sehr bald, daß die Auszeichnung auch an nichtdeutsche Führer, Unterführer und Männer aller im Bandenkampf eingesetzten Verbände verliehen werden konnte, wenn sie auf Hitler vereidigt waren.

Das Bandenkampfabzeichen besteht aus einem ovalen Eichenlaubkranz, in dessen Mitte ein germanisches Schwert in eine Schlangengrube mit fünf Schlangen sticht. Unterhalb des Schwertgriffes befindet sich ein Hakenkreuz, das als Sonnenrad ausgebildet ist. Vor der Schwertspitze ist ein Totenkopf angebracht.

Kriegslagebedingt ergab sich in der Zeit nach der Stiftung dieser Auszeichnung immer weniger die Gelegenheit zum Bandenkampf. Außerdem waren die Banden in der Regel bestrebt, den offenen Kampf gegen deutsche Streitkräfte zu vermeiden und wählten eher die Heimtücke.
Daher ist das Bandenkampfabzeichen ein seltenes deutsches Kampfabzeichen aus der Zeit des 2. Weltkrieges.

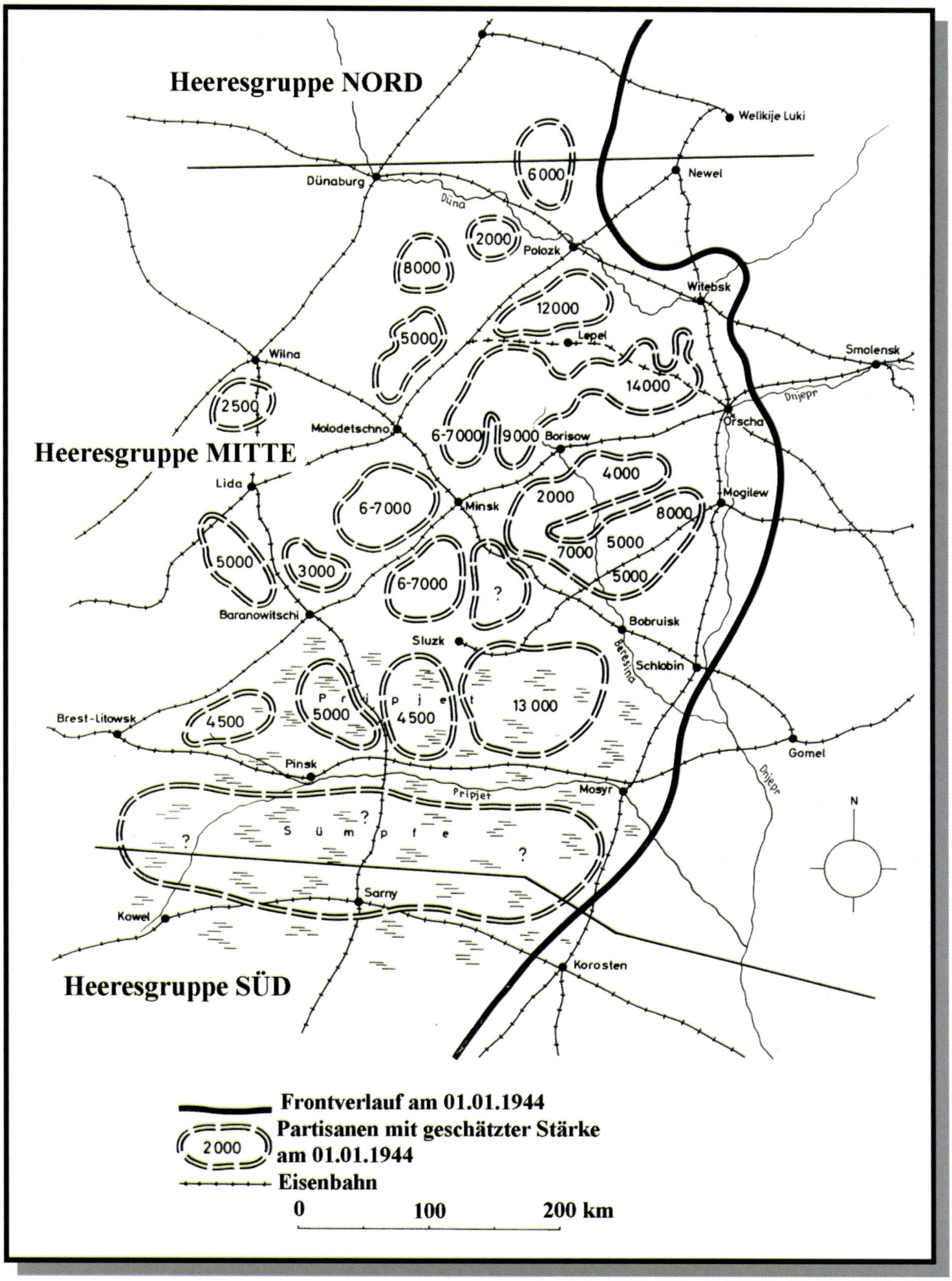

Partisanentätigkeit im Mittelabschnitt der Ostfront Anfang 1944.

2. Die Stufen im einzelnen

a. Das Bandenkampfabzeichen in Bronze

Das Bandenkampfabzeichen in Bronze wurde im allgemeinen
für 20 Bandenkampftage verliehen.

Luftwaffenangehörige benötigten als Voraussetzung für die Verleihung dieser Stufe
30 Bandenkampftage.

Als Bandenkampftage galten rückwirkend ab dem 01.01.1943 für das Heer Tage, an denen es zum Nahkampf, also zum Kampf Mann gegen Mann, mit Banden gekommen war.

Für Angehörige der Luftwaffe wurde jeder Tag angerechnet, an dem sie unter Feindbeschuß einen Einsatz gegen Banden flogen oder ein zur Unterstützung der Partisanen eingesetztes Feindflugzeug abschossen. Ein derartiger Abschuß wurde mit drei Bandenkampftagen angerechnet.
Angehörige der Marine konnten das Bandenkampfabzeichen erwerben, wenn sie zum Küstenschutz (z.B. Schwarzes Meer und Dalmatinische Küste) eingesetzt waren und wenn es dabei zu Gefechten mit Banden bzw. deren Wasserfahrzeugen gekommen war (sog. „Enterkampf"). Nicht zur Anrechnung für Marineangehörige kam jedoch deren Artillerieeinsatz gegen Banden von See her.
Die für das Bandenkampfabzeichen angerechneten Kampftage durften nicht für andere Kampfabzeichen (z.B. Sturmabzeichen, Nahkampfspange) berücksichtigt werden.

Bandenkampfabzeichen in Bronze eines unbekannten Herstellers. Hohlprägung. Breite, flache Nadel. Zwei Durchbrüche im Bereich der Schlangen.

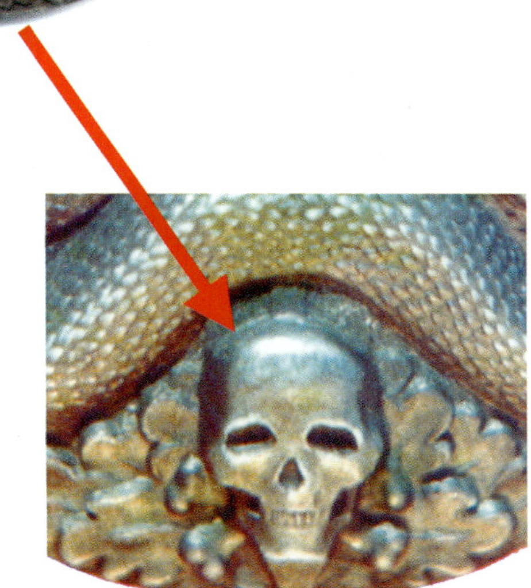

Der Totenkopf unterhalb der Schlangen vor der Schwertspitze fällt in seiner Gestaltung je nach Hersteller sehr unterschiedlich aus.

Bandenkampfabzeichen in Bronze eines unbekannten Herstellers. Halbhohlprägung mit sehr scharfem Prägebild. Dünne Drahtnadel. Drei Durchbrüche im Bereich der Schlangen. Breite 4,8 cm, Höhe 5,8 cm. Gewicht 35,6 g.

- *Bandenkampfabzeichen* -

Der Kompaniechef oder der Vorgesetzte in vergleichbarer Dienststellung hatte unverzüglich und möglichst noch am gleichen Tage mit der Tagesmeldung auf dem Dienstweg die Anrechnung eines Bandenkampftages für seine Einheit vorzuschlagen. Der Regimentskommandeur bzw. Kommandeur in vergleichbarer Dienststellung (z.B. Kommandeur eines selbstständigen Bataillons) legte dann in einem Tagesbefehl den anzurechnenden Kampftag für die jeweiligen Einheiten fest. Daraufhin wurden durch den Kompaniechef usw. die an dem Bandenkampf beteiligten und bewährten Soldaten bestimmt. Dabei handelte es sich stets um eine Einzelfallentscheidung. Die Betreffenden erhielten zur Einlage in ihr Soldbuch ein gesondertes Blatt, auf dem der anzurechnende Kampftag eingetragen und bescheinigt wurde.

Für die Führer vom Kompaniechef oder in vergleichbarer Dienststellung an aufwärts waren die Kampftage durch den nächsthöheren, für den jeweiligen Einsatz zuständigen Vorgesetzten zu bescheinigen.

An Gefallene, Verstorbene und tödlich Verunglückte war das Bandenkampfabzeichen nachträglich zu verleihen, wenn sie vor dem Tode oder am Tage ihres Todes die Bedingungen erfüllt hatten. Die verliehene Auszeichnung war dann mit einem Besitzzeugnis den Hinterbliebenen als Erinnerungsstück zu übersenden.

Der Reichsführer-SS verfügte im Oktober 1944, daß das Bandenkampfabzeichen auch bei annähernder Erfüllung der geforderten Bedingungen an Schwerverwundete, die zu einem weiteren Einsatz nicht mehr in der Lage waren, verliehen werden konnte. Allerdings behielt er sich solche Verleihungen persönlich vor.

Bandenkampf.

b. Das Bandenkampfabzeichen in Silber

Das Bandenkampfabzeichen in Silber wurde im allgemeinen
für 50 Bandenkampftage verliehen.

Angehörige der Luftwaffe benötigten als Voraussetzung für die Verleihung dieser Stufe
75 Bandenkampftage.

Die ersten Bandenkampfabzeichen aller Stufen wurden von der bekannten Firma C.E. Juncker, BERLIN, qualitativ hochwertig im Stanzverfahren gefertigt.
Zunehmend mußten dann weitere Firmen mit der Herstellung beauftragt werden, um den Bedarf zu decken. Die Kriegslage zwang zur Einsparung von Material und Arbeitsgängen. Auch eine Verschlechterung der Qualität des Feinzinks trat ein, weil aus Materialmangel anderes minderwertiges Material beigemischt wurde.

Von den stabilen, breiten, bauchigen Nadeln ging man immer mehr zu dünnen, runden Drahtnadeln über. Auch die Befestigung des Nadelhakens auf dem Abzeichen wurde zunehmend vereinfacht.

Bandenkampfabzeichen in Silber eines unbekannten Herstellers. Hohlprägung aus Zink mit drei Durchbrüchen im Bereich der Schlangen. Breite 4,9 cm, Höhe 5,7 cm. Gewicht 26 g.
Vor allem die Rückseite der Auszeichnung läßt erkennen, daß die Verarbeitung einiges zu wünschen übrig läßt. So ist der Rand des Abzeichens sehr ungleichmäßig gearbeitet und die Versilberung hält auf dem minderwertigen Feinzink nur begrenzt und ist zum Teil bereits verblaßt.

c. Das Bandenkampfabzeichen in Gold

Das Bandenkampfabzeichen in Gold wurde im allgemeinen
für 100 Bandenkampftage verliehen.

Angehörige der Luftwaffe benötigten als Voraussetzung für die Verleihung dieser Stufe
150 Bandenkampftage.

Zur erstmaligen Verleihung von Bandenkampfabzeichen in Gold wie auch zu den Verleihungszahlen für diese Stufe liegen keine verläßlichen Unterlagen vor.

Verschiedene Dokumente von Heeresdienststellen lassen die Vermutung zu, daß bereits im Kriegsjahr 1944 Bandenkampfabzeichen in Gold verliehen worden sind. Die Mehrzahl der Verleihungen dieser Stufe erfolgte jedoch erst im Jahre 1945 vor allem für Einsätze gegen Partisanen auf dem Balkan, nachdem durch die Zurücknahme der Ostfront dort kaum noch Gelegenheit zum Bandenkampf bestand.

Das Bandenkampfabzeichen in Gold ist eine extrem seltene Auszeichnung. Leider sind von den ohnehin seltenen Stücken nur wenige erhalten geblieben, bei denen die Vergoldung auf Feinzink noch einigermaßen erhalten und nicht im Verlauf der Zeit verblaßt ist.

Bandenkampfabzeichen in Gold eines unbekannten Herstellers. Hohlprägung aus Zink mit drei Durchbrüchen im Bereich der Schlangen und mit einer noch fast vollständig erhaltenen Vergoldung.

d. Das Bandenkampfabzeichen in Gold mit Brillanten

Der Reichsführer-SS bestellte Ende 1944 bei der Firma C.E. Juncker, BERLIN, einige Bandenkampfabzeichen in Gold mit Brillanten. Diese Exemplare waren nicht als weitere Stufe, sondern als besondere Ehrung für ausgesuchte Einzelpersonen gedacht. Zu einer Verleihung ist es jedoch kriegsbedingt nicht mehr gekommen. Die Stücke waren massiv aus 800er Silber geprägt und feuervergoldet. Auf der Rückseite befindet sich eine bauchige, breite Nadel, die mit der Silberpunze und mit dem Hersteller-kennzeichen der Firma Juncker versehen ist. Bandenkampfabzeichen in Gold mit Brillanten weisen im Vergleich zu den übrigen Banden-kampfabzeichen ein außerordentlich hohes Gewicht von 70,8 g auf.

Bandenkampfabzeichen in Gold mit Brillanten.

Bei dem Bandenkampfabzeichen in Gold mit Brillanten handelt es sich um eine Juwelierarbeit der Firma Juncker, BERLIN.

Das Hakenkreuz ist mit 25 kleinen Brillanten besetzt, und zwar mit sechs Brillanten in jedem Kreuzarm und zusätzlich mit einem Brillanten im Zentrum des als Sonnenrad dargestellten Hakenkreuzes.

3. Verleihungsberechtigung

Der Kompaniechef bzw. Führer in vergleichbarer Dienststellung hatte die Verleihung des Bandenkampfabzeichens auf dem Dienstweg über die vorgesetzte Dienststelle bei der zuständigen Verleihungsdienststelle zu beantragen.

Für das Bandenkampfabzeichen waren verleihungsberechtigt:

- Der Reichsführer-SS.

- Der Chef der Bandenkampfverbände
  - für Angehörige der Stäbe der Höheren SS- und Polizeiführer,
  - für Angehörige aller unmittelbar unterstellten Dienststellen und Einheiten der SS und Polizei,
  - für Angehörige aller unmittelbar unterstellten Einheiten des Heeres und der Luftwaffe.

- Die Höheren SS- und Polizeiführer
  - für Angehörige aller unterstellten Dienststellen und Einheiten der SS und Polizei,
  - für Angehörige aller unterstellten Einheiten des Heeres und der Luftwaffe.

- Das Oberkommando des Heeres (OKH)
  - für Angehörige des Heeres.

  Gemäß Verfügung des OKH vom 07.03.1944 wurde die Verleihungsberechtigung für Angehörige des Heeres auf taktische Vorgesetzte mit den Befugnissen mindestens eines Divisionskommandeurs übertragen. Die Verleihung an Kommandeure vom Regimentskommandeur an aufwärts (bzw. an Kommandeure von selbständigen Bataillonen) erfolgte durch das OKH.

- Das Oberkommando der Luftwaffe (OKL)
  - für Angehörige der Luftwaffe.

  Im Mai 1944 übertrug das OKL die Verleihungsberechtigung ebenfalls auf die zuständigen Divisionskommandeure. Soweit keine Unterstellung unter eine Division vorlag, war der zuständige Kommandierende General verleihungsberechtigt.

- Das Oberkommando der Kriegsmarine (OKM)
  - für Angehörige der Kriegsmarine.

  Das OKM übertrug die Verleihungsberechtigung auf die Oberbefehlshaber der Marinegruppenkommandos und Marineoberkommandos.

Nachdem Hitler am 08.04.1944 verfügte, daß er sich künftig die Aushändigung (nicht die Verleihung!) der Nahkampfspange in Gold persönlich vorbehalte, folgte Himmler am 25.08.1944 bezüglich des Bandenkampfabzeichens in Gold diesem Beispiel und wollte somit *„die tapfersten und erfolgreichsten Bandenkämpfer“* würdigen. Hierzu waren von den verleihungsberechtigten Dienststellen Abschriften der Verleihungsanträge für das Bandenkampfabzeichen in Gold der Reichsführung-SS vorzulegen. In der Folge wurden z.B. vier Bandenkampfabzeichen in Gold durch Himmler persönlich am 15.02.1945 an Angehörige der Waffen-SS ausgehändigt.

Die Bandenkampfabzeichen nebst den entsprechenden Besitzzeugnissen wurden den beantragenden Dienststellen zwecks Aushändigung an die Beliehenen unmittelbar übersandt.

Zur Anlieferung der Auszeichnungen waren diese zum Schutz gegen Beschädigung einzeln in so genannten Verleihungstüten verpackt.

Neben diesen Verleihungstüten kommen auch Verleihungsetuis von Firmen der Leistungsgemeinschaft Deutscher Ordenshersteller (LDO) vor.

Diese Verleihungsetuis sind aufwändig gearbeitet und von guter Qualität. Das Etui für das Bandenkampfabzeichen ist meist außen dunkelgrün, der Deckel innen gelblich-weiß. Der Einsatz ist mit blau-violettem Samt bezogen, in der Mitte erhöht und mit einem senkrechten Schlitz zur Aufnahme der Nadel versehen, damit die Auszeichnung plan auf dem Samt aufliegen kann.

4. Nachweis und Beurkundung

Über die Verleihung des Bandenkampfabzeichens wurde ein Besitzzeugnis ausgestellt.

Dazu war zwar ein Muster in der Größe DIN A 5 vorgegeben, es kommen jedoch bezüglich Gestaltung, Schriftbild und Größe unterschiedliche Besitzzeugnisse vor bis hin zu einfachen, maschinengeschriebenen Frontfertigungen auf Blankopapier aus der letzten Phase des Krieges.

Die Verleihung wurde in die Personalpapiere eingetragen. Unbefugtes Tragen des Bandenkampfabzeichens war strafbar.

Ersatz für verlorengegangene Abzeichen erfolgte nur gegen Vorlage des Besitzzeugnisses, bei schriftlicher Bestellung nur gegen Einsendung einer mit Dienstsiegel versehenen beglaubigten Abschrift des Besitzzeugnisses und gegen Bezahlung.

Gegen Vorlage des Verleihungsnachweises konnte der Ausgezeichnete in öffentlichen Verkaufsstellen weitere Stücke des Bandenkampfabzeichens, meist in besserer Ausführung, erwerben.

Von dieser Möglichkeit wurde vor allem von Dienstgraden Gebrauch gemacht, die über mehrere Uniformröcke verfügten und bei Wechsel des Rockes nicht ständig ihr dienstlich verliehenes Bandenkampfabzeichen umstecken wollten.
Dadurch wird nachvollziehbar, warum Offiziere und Unteroffiziere oftmals über mehrere Stücke der an sie verliehenen Auszeichnungen verfügen.

5. Trageweise

Das Bandenkampfabzeichen wurde wie alle Kampfabzeichen angesteckt auf der linken Brustseite in und außer Dienst getragen. Trug der Ausgezeichnete bereits das Eiserne Kreuz 1. Klasse, so war das Bandenkampfabzeichen unterhalb davon anzubringen.
Für die Zivilkleidung konnte eine Miniatur des Bandenkampfabzeichens als Anstecknadel in öffentlichen Verkaufsstellen erworben und am linken Rockaufschlag getragen werden.
Bei Verleihung einer höheren Stufe war die vorhergehende abzulegen, die niedrigeren Stufen verblieben jedoch zur Erinnerung.

Wie im Falle des Heeres-Flak-Abzeichens, so konnte umständebedingt auch neben dem Bandenkampfabzeichen ein weiteres Kampfabzeichen (Panzerkampfabzeichen, Allgemeines Sturmabzeichen, Infanteriesturmabzeichen, Nahkampfspange usw.) verliehen und getragen werden.

Darstellung eines Unteroffiziers der Infanterie mit dem Bandenkampfabzeichen in Silber. Weitere Auszeichnungen: Angesteckt auf der linken Brustseite Eisernes Kreuz 1. Klasse und Verwundetenabzeichen in Schwarz, als kleine Ordensschnalle Eisernes Kreuz 2. Klasse, als Bänder im Knopfloch Kriegsverdienstkreuz 2. Klasse mit Schwertern und Ostmedaille.

6. Herstellung, Verleihungszahlen und Sammlerbewertung

Das Bandenkampfabzeichen wurde von mehreren Herstellern gefertigt. Obwohl ein Muster vorgegeben war, variierten die Prägestempel und zeigen je nach Hersteller abweichende Fertigungsmerkmale, insbesondere hinsichtlich der Anzahl der Durchbrüche im Bereich der Schlangen und bei der Gestaltung des Totenkopfes.

Bezüglich der Durchbrüche im Bereich der Schlangen kommen ein, zwei, drei oder auch vier Durchbrüche vor. Es sind auch Stücke bekanntgeworden, bei denen man aus Gründen der Vereinfachung des Fertigungsablaufes ganz auf die Durchbrüche verzichtet hat.

Die meisten Bandenkampfabzeichen sind hohl geprägt, es kommen jedoch auch Halbhohlprägungen und Vollprägungen vor. Letztere sind allerdings seltener.
Diese Unterschiede führen zu erheblichen Abweichungen hinsichtlich des Gewichts, das von etwa 26 g bei Hohlprägungen bis zu 40,0 g bei Vollprägungen reicht.

Über die Verleihungen wurden von den Verleihungsdienststellen Listen erstellt und über den Chef der Bandenkampfverbände an das Hauptamt Persönlicher Stab Reichsführer-SS, Hauptabteilung Auszeichnungen und Orden, übersandt.
Diese Listen sind auf Grund der Kriegsereignisse verloren gegangen bzw. vernichtet worden, so daß Verleihungszahlen für das Bandenkampfabzeichen nicht bekannt und nicht mehr zu ermitteln sind.

Bei einer groben Schätzung der insgesamt verliehenen bzw. hergestellten Bandenkampfabzeichen muß auch hier berücksichtigt werden, daß sich viele Träger in öffentlichen Verkaufsstellen weitere Bandenkampfabzeichen beschafft haben.

Derzeit können für Stücke mittlerer Qualität auf dem Sammlermarkt folgende Verkaufspreise als Anhalt dienen:

Bandenkampfabzeichen in Gold, Zink, vergoldet, hohl	3.000,-- €,
Bandenkampfabzeichen in Gold, Buntmetall, vergoldet, massiv	4.000,-- €,
Bandenkampfabzeichen in Silber, Zink, versilbert, hohl	2.000,-- €,
Bandenkampfabzeichen in Silber, Buntmetall, versilbert, massiv	2.500,-- €,
Bandenkampfabzeichen in Bronze, Zink, bronziert, hohl	1.500,-- €,
Bandenkampfabzeichen in Bronze, Buntmetall, bronziert, massiv	1.500,-- €.

Spitzenstücke erzielen höhere Preise.

Bei den Bandenkampfabzeichen in Silber und Gold hat die Qualität bzw. der Erhaltungsgrad der Versilberung bzw. Vergoldung erheblichen Einfluß auf die Bewertung. Gerade vom Bandenkampfabzeichen aller Stufen wurden und werden auf Grund der Seltenheit dieser Auszeichnung Kopien hergestellt und in den Handel gebracht. Daher ist beim Ankauf höchste Vorsicht geboten.

7. Das Gesetz über Titel, Orden und Ehrenzeichen von 1957

Durch Gesetz vom 26. Juli 1957 wurde das Tragen von deutschen Kriegsauszeichnungen des 2. Weltkrieges wieder zugelassen, jedoch nur in einer „entnazifizierten“ Form. Für das Bandenkampfabzeichen hatte dies zur Folge, daß sowohl das im Schwertoberteil befindliche und als Sonnenrad ausgebildete Hakenkreuz als auch der Totenkopf an der Schwertspitze ersatzlos entfernt wurden.

Ehemalige Angehörige der Deutschen Wehrmacht, die in die Bundeswehr eingetreten waren, durften das Bandenkampfabzeichen in der Originalgröße der abgeänderten Form nur zu besonderen Anlässen an der Uniform tragen.
Als Trageweise im täglichen Dienst war für den Dienstanzug eine verkleinerte Nachbildung auf einer neutralen, 2,5 cm breiten und 1,2 cm hohen, schwarzen Bandunterlage an der Bandschnalle vorgesehen, die über der linken Brusttasche getragen wurde.

Bandenkampfabzeichen in der gemäß Gesetz von 1957 zugelassenen Form, Schwarzweißabbildung.

Bandenkampfabzeichen in Bronze, Ausführung 1957, an der Bandschnalle für die Bundeswehr.

8,8 cm Flak bei der Bekämpfung von Feindflugzeugen (zeitgenössische Darstellung).

Kapitel 11

Heeres-Flak-Abzeichen

- Heeres-Flak-Abzeichen -

1. Vorgeschichte und Stiftung der Auszeichnung

Wenn man von der Bekämpfung feindlicher Flugzeuge durch Bodentruppen spricht, sind die Begriffe Fliegerabwehr und Flugabwehr zu unterscheiden: Zur Fliegerabwehr sind grundsätzlich alle Truppenteile befähigt, so z.B. durch den Einsatz von Handwaffen, durch die Fliegerabwehr-MG auf Fahrzeugen oder durch MG auf Fliegerabwehr-Dreibein. Daher spricht man auch von Fliegerabwehr aller Truppen. Flugabwehr hingegen ist die Aufgabe der ausschließlich dafür vorgesehenen Einheiten und Verbände.

Zu Beginn des 2. Weltkrieges verfügte das Heer der Deutschen Wehrmacht über keine eigenständige Flugabwehrtruppe. Die Flugabwehr wurde von Flugabwehreinheiten der Infanterie oder durch die Flugabwehr der Luftwaffe wahrgenommen.
Erst im Jahre 1940 begann das Heer mit der Aufstellung einer neuen Truppengattung, der Heeres-Flak-Artillerie (Waffenfarbe rot). Insgesamt 68 Heeres-Flak-Verbände und 30 Flak-Verbände der Waffen-SS sind im Laufe des Krieges zum Einsatz gekommen. Die meisten von ihnen wurden den Panzer- und Panzergrenadierdivisionen unterstellt.

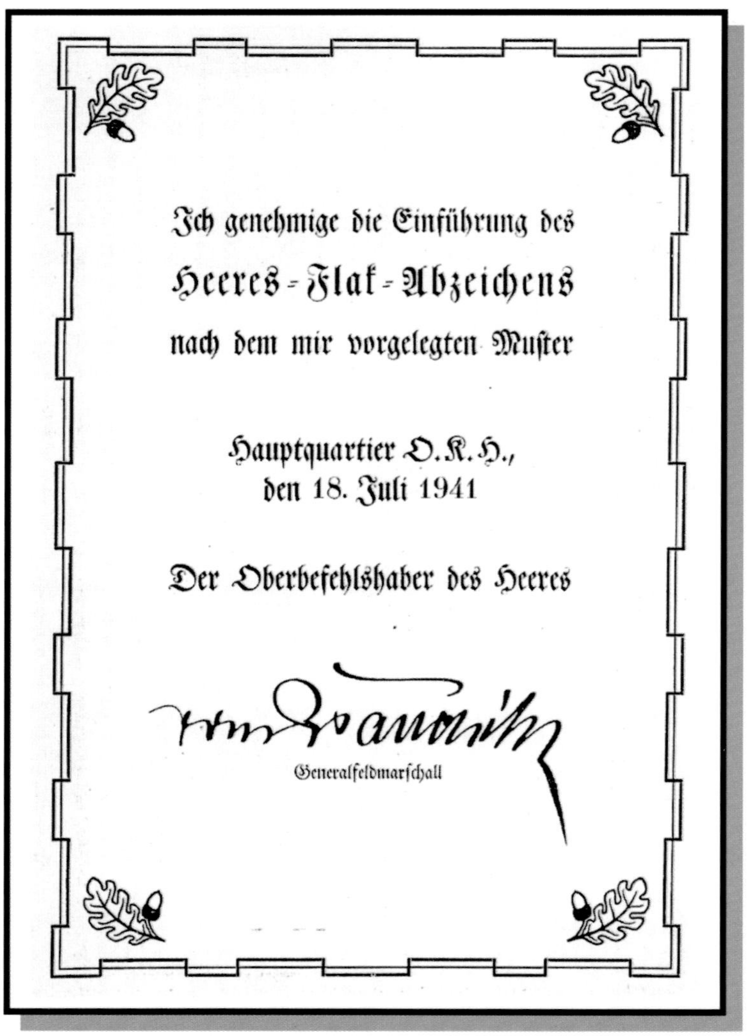

Ich genehmige die Einführung des

Heeres-Flak-Abzeichens

nach dem mir vorgelegten Muster

Hauptquartier O.K.H.,
den 18. Juli 1941

Der Oberbefehlshaber des Heeres

Generalfeldmarschall

Am 18. Juli 1941 genehmigte der Oberbefehlshaber des Heeres, Generalfeldmarschall von Brauchitsch, die Einführung des Heeres-Flak-Abzeichens

„ ... als Anerkennung für mehrfach bewährte Beteiligung an erfolgreichen Kampfhandlungen gegen Luftziele“.

Bereits am 10.01.1941 hatte der Oberbefehlshaber der Luftwaffe das Flak-Kampfabzeichen der Luftwaffe gestiftet, welches die damalige Standardwaffe der Flak-Artillerie, das 8,8 cm Flak-Geschütz, in einem Eichenlaubkranz zeigt. Darüber befindet sich der Luftwaffenadler, der in seinen Fängen das Hakenkreuz trägt.
Das Heer übernahm dieses Abzeichen nahezu unverändert, lediglich die Bekränzung wurde umgestaltet und der Luftwaffenadler durch den beim Heer üblichen Adler ersetzt.

2. Das Heeres-Flak-Abzeichen im einzelnen

Das Heeres-Flak-Abzeichen wurde lediglich in einer Stufe gestiftet, die in altsilber gehalten sein sollte. Es kommen jedoch auch stahl- oder dunkelgrau getönte Abzeichen vor.
Bedingt durch die Schwierigkeit der Zuordnung von Abschußerfolgen bei Luftzielen und angesichts der zentralen Verleihung des Abzeichens durch das Oberkommando des Heeres (OKH) waren die Verleihungsbestimmungen kompliziert und der Aufwand erheblich.

Die Verleihung erfolgte ab dem 22.06.1941 an alle Soldaten sowohl der Heeres-Flugabwehr als auch der Heeres-Flak-Artillerie zunächst nach folgenden Bedingungen:

- Für Fla-Kompanien und leichte Batterien der Heeres-Flak-Artillerie bei mindestens fünf Abschüssen durch Geschütze desselben Zuges an Zugführer, Geschützführer und Geschützbedienungen, soweit diese an den Abschüssen unmittelbar beteiligt gewesen sind.
- Für schwere Batterien der Heeres-Flak-Artillerie bei mindestens fünf Abschüssen an die Angehörigen der Gefechtsbatterie, soweit diese an den Abschüssen unmittelbar beteiligt gewesen sind.
- An die vorgesetzten Führer der an den Abschüssen beteiligten Einheiten, auch wenn diese das Feuer nicht selbst geleitet haben, und zwar:
    - An Kompanie- bzw. Batterie-Chefs, wenn die Hälfte der Gefechtsbedienungen das Heeres-Flak-Abzeichen erhalten hat und der Chef bei den Kampfhandlungen, die für die Verleihung maßgebend waren, die Einheit geführt hat.
    - An Btl- bzw. Abteilungskommandeure, wenn die Hälfte der Chefs (bei drei Einheiten mind. zwei) das Abzeichen erhalten hat und der Kommandeur bei den Kampfhandlungen, die für die Verleihung maßgebend waren, den Verband geführt hat.

Heeres-Flak-Abzeichen eines unbekannten Herstellers. Vollprägung mit dünner Drahtnadel. Breite 4,4 cm, Höhe 5,9 cm. Gewicht 24,0 g.

- *Heeres-Flak-Abzeichen* -

Mit Verfügung vom 04.09.1942 erfolgte auf Grund der bisherigen Erfahrungen und in Angleichung an die Bestimmungen der Luftwaffe eine Neuregelung der Verleihungsbestimmungen.

Es wurde eine Punktberechnung mit dem Ziel eingeführt, Verleihungen ausschließlich an Einzelpersonen vorzunehmen.

Voraussetzung für die Verleihung des Heeres-Flak-Abzeichens waren 16 Punkte.

Unabhängig von dieser Punktebewertung blieben die Bestimmungen für die Verleihung an Chefs und Kommandeure (siehe oben) unverändert.

Folgende Punktebewertung wurde vorgenommen:

Beteiligung am Abschuß eines feindlichen Flugzeuges (Absturz infolge Luftsperrmittel oder Flakscheinwerferblendwirkung ist dem Abschuß sinngemäß gleichzusetzen) — zwei Punkte

Wurde jedoch der Abschuß erzielt durch
- einen Zug der Flugabwehr-Kompanien,
- einen Zug einer leichten Flakbatterie,
- einen selbstständigen oder zu einer Flak-Artillerieeinheit gehörenden Flugabwehr-Zug,
- eine schwere Flak-Batterie,

allein, ohne Mitwirkung anderer Züge bzw. schwerer Batterien, dann betrug die Punktzahl für die beteiligten Soldaten — vier Punkte

Erstmaliges Auffassen eines feindlichen Flugzeuges durch einen Flakscheinwerfer 150 cm oder 60 cm auf Grund von akustischer (nicht elektrischer Ortung) mit anschließender Weitergabe des Zieles an einen anderen Flakscheinwerferein — Punkt

Wurde der Abschuß mehreren, zusammenwirkenden Einheiten zugesprochen, waren bei allen diesen Einheiten die Punkte gemäß der obigen Aufstellung anzurechnen.

„Beteiligung" wurde definiert als eine dienstliche Verrichtung, die in unmittelbarem Zusammenhang mit der erfolgreichen Kampfhandlung gestanden hat.

Beteiligt in diesem Sinne waren neben den Geschützbedienungen und ihren unmittelbaren Vorgesetzten demnach auch Soldaten in anderen Funktionen in der Feuerstellung, so z.B. Flugmeldepersonal, Nachrichtenpersonal, Fernmelde-Gerät-Bedienungen und Kraftfahrer (wenn diese mit ihrem Kfz unmittelbar in die Kampfhandlungen eingeschaltet waren).

Traten Härten bei einzelnen Soldaten hinsichtlich der Anrechnung von Punkten auf, sollten diese durch zeitweise Einteilung auf „Kampfposten" ausgeglichen werden.

- Heeres-Flak-Abzeichen -

Der Abschuß eines feindlichen Flugzeuges durch Heeres-Flak mußte als Voraussetzung zur Anrechnung für das Heeres-Flak-Abzeichen durch das OKH anerkannt werden.
Dazu waren außer einem eindeutigen Gefechtsbericht der abschießenden Einheit die Aussage mindestens eines einwandfreien, möglichst neutralen Zeugen sowie eine Skizze erforderlich, die enthalten mußte:

- die Ortsangabe des Abschusses,
- die Stellung der abschießenden Einheit oder Teileinheit,
- der Zielweg,
- die Aufschlagstelle und
- der Standort des Zeugen.

Diese Unterlagen waren auf dem Dienstweg mit einer Stellungnahme der Zwischenvorgesetzten (Regiment, Division usw.) einzureichen. Aus den Gefechtsberichten und aus den Stellungnahmen mußte ferner hervorgehen, ob andere Einheiten (eigene Flugzeuge, Flak-Einheiten oder andere Truppenteile) am Abschuß des Flugzeuges beteiligt waren.

Wurde dann der Abschuß vom OKH anerkannt, erhielt die betreffende Einheit eine Abschußanerkennungsurkunde mit der Angabe einer Anerkennungsnummer.

Bei jeder Einheit der Heeres-Flugabwehr war eine Liste über die Beteiligung der Soldaten an den Kampfhandlungen mit eingetragener Punktebewertung zu führen.

Aus dieser Liste mußte neben dem Punktestand hervorgehen:

- Name, Vorname, Dienstgrad,
- Tag und Stunde des Abschusses,
- Ort der Feuerstellung,
- Typ des abgeschossenen Flugzeuges,
- Aufschlagort.

Beim Ausscheiden eines Soldaten aus der Einheit war den Überweisungspapieren ein Auszug aus der o.a. Liste beizufügen. Die listenmäßige Feststellung für Chefs und Kommandeure erfolgte durch den nächsthöheren taktischen Vorgesetzten.

Bei Erfüllung der Voraussetzungen für die Verleihung des Heeres-Flak-Abzeichens war ein entsprechender Antrag auf dem Dienstweg dem OKH vorzulegen. Dem Antrag war ein Listenauszug mit den jeweiligen Abschuß-Anerkennungsnummern des OKH und eine Stellungnahme der Zwischenvorgesetzten beizufügen.

Die Namen der Beliehenen waren durch Tagesbefehl bekanntzugeben.

Verhältnismäßig wenige Flak-Soldaten sind mit dem Heeres-Flak-Abzeichen ausgezeichnet worden, weil der ständige Mangel an schweren Waffen im Heer überwiegend zur Verwendung der Flak im Erdeinsatz zwang. Der Einsatz im Erdkampf wurde jedoch nicht für das Heeres-Flak-Abzeichen, sondern für ein Sturmabzeichen nach den dafür getroffenen Bestimmungen angerechnet. Daher wurde verfügt, daß das Heeres-Flak-Abzeichen neben einem Sturmabzeichen verliehen und getragen werden durfte.

3. Verleihungsberechtigung

Das Heeres-Flak-Abzeichen wurde durch das OKH verliehen. Für die Verleihung waren dort zuständig:

- Ab dem 22.06.1941
  - die Inspektion der Heeres-Flak-Artillerie.
- Ab dem 15.10.1941
  - für die Heeres-Flugabwehr-Truppen der General der Infanterie beim Oberbefehlshaber des Heeres,
  - für die Heeres-Flak-Artillerie einschließlich der Flak-Abteilungen der Waffen-SS-Verbände und der Flugabwehr-Züge bei Artillerie-Einheiten der General der Artillerie beim Oberbefehlshaber des Heeres.
- Ab dem 07.02.1944
  - der General der Heeres-Flak-Truppen beim OKH.

Die Abzeichen und die Besitzzeugnisse wurden den beantragenden Dienststellen zwecks Aushändigung an die Beliehenen unmittelbar übersandt. Zur Anlieferung der Abzeichen waren diese zum Schutz gegen Beschädigung einzeln in Tüten verpackt, die bei der Verleihung dem Beliehenen meist ausgehändigt wurden. Je nach Herstellerfirma fallen Größe, Farbgebung und Beschriftung dieser Verleihungstüten unterschiedlich aus.

Verleihungstüte für das Heeres-Flak-Abzeichen in der Originalgröße 5,9 cm x 10,4 cm.
Auf der Rückseite befindet sich der Aufdruck der Firma Emil Peukert, GABLONZ/Neiße (vergrößerte Abbildung).

4. Nachweis und Beurkundung

Über die Verleihung des Heeres-Flak-Abzeichens wurde ein Besitzzeugnis ausgestellt. Bedingt durch den Wechsel der Zuständigkeit für die Verleihung weichen die Muster in Größe, Schriftart und Gestaltung voneinander ab.

Da die Verleihung des Heeres-Flak-Abzeichens stets durch Dienststellen des OKH erfolgte, kommen keine von der Truppe gefertigten Besitzzeugnisse vor.

Nur Inhaber eines Besitzzeugnisses waren zum Tragen des Abzeichens berechtigt. Unbefugtes Tragen des Heeres-Flak-Abzeichens war strafbar.

Die erfolgte Verleihung war in der Kriegsstammrolle, im Wehrpaß und im Soldbuch des beliehenen Soldaten einzutragen.

Die Abgabe von Zweitstücken oder Ersatz für verlorene Abzeichen erfolgte bei schriftlicher Bestellung nur gegen Einsendung einer mit Dienstsiegel versehenen beglaubigten Abschrift des Besitzzeugnisses und gegen Bezahlung.
Gegen Vorlage des Verleihungsnachweises konnte der Ausgezeichnete in öffentlichen Verkaufsstellen weitere Stücke des Heeres-Flak-Abzeichens erwerben.

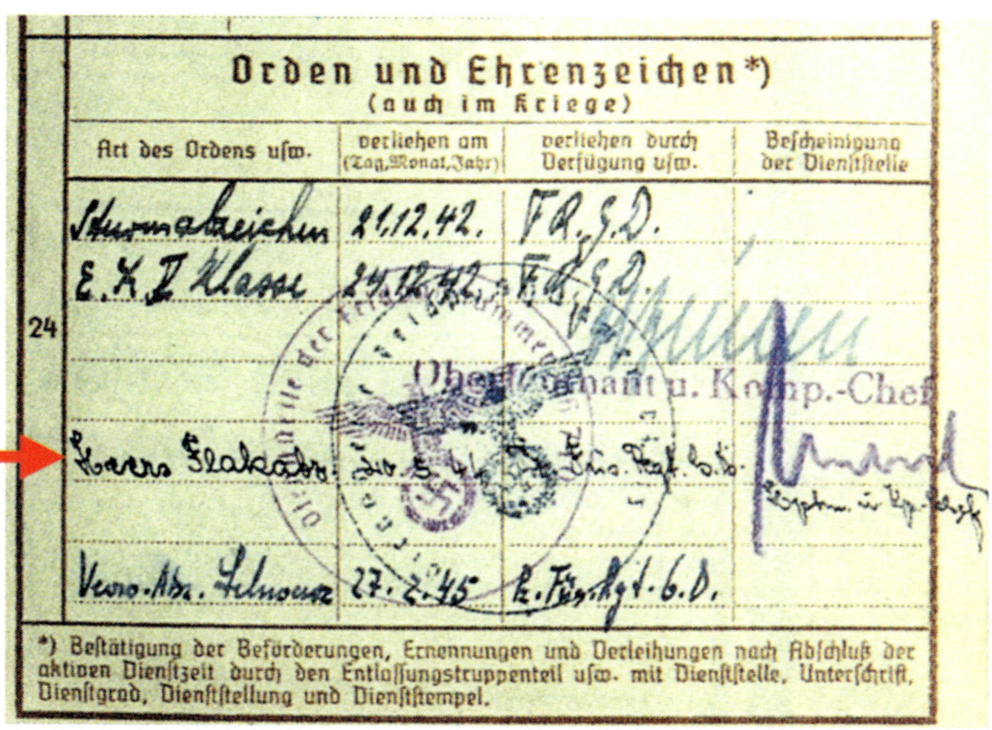

24

Orden und Ehrenzeichen*)
(auch im Kriege)

Art des Ordens usw.	verliehen am (Tag, Monat, Jahr)	verliehen durch Verfügung usw.	Bescheinigung der Dienststelle
Sturmabzeichen	21.12.42.	F.R.G.D.	
E.K. II Klasse	21.12.42.	F.R.G.D.	Oberleutnant u. Komp.-Chef
Heeres Flakabz.	[illegible]	[illegible]	[illegible]
Verw.-Abz. Schwarz	27.2.45	R.Füs.Rgt. G.D.	

*) Bestätigung der Beförderungen, Ernennungen und Verleihungen nach Abschluß der aktiven Dienstzeit durch den Entlassungstruppenteil usw. mit Dienststelle, Unterschrift, Dienstgrad, Dienststellung und Dienststempel.

Auszug aus dem Wehrpaß eines Soldaten der 16. (Fla)Kp/Füsilierregiment „Großdeutschland" mit dem Nachweis der Verleihung des Heeres-Flak-Abzeichens.

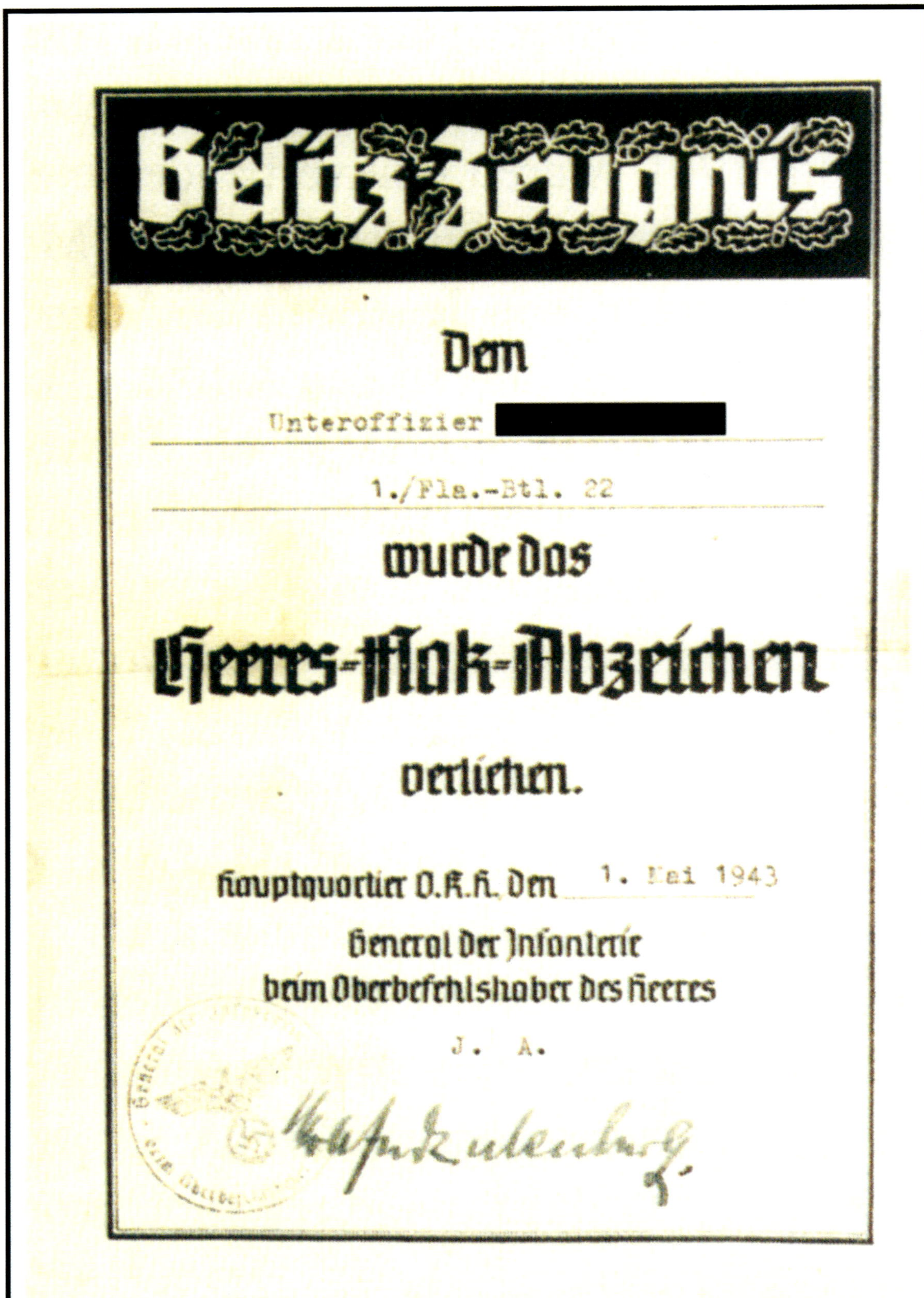

Besitzzeugnis

Dem

Unteroffizier

1./Fla.-Btl. 22

wurde das

Heeres-Flak-Abzeichen

verliehen.

Hauptquartier O.K.H., den 1. Mai 1943

General der Infanterie
beim Oberbefehlshaber des Heeres

J. A.

Besitzzeugnis in der Größe DIN A 5 für das Heeres-Flak-Abzeichen, unterschrieben im Auftrag des Generals der Infanterie beim Oberbefehlshaber des Heeres.

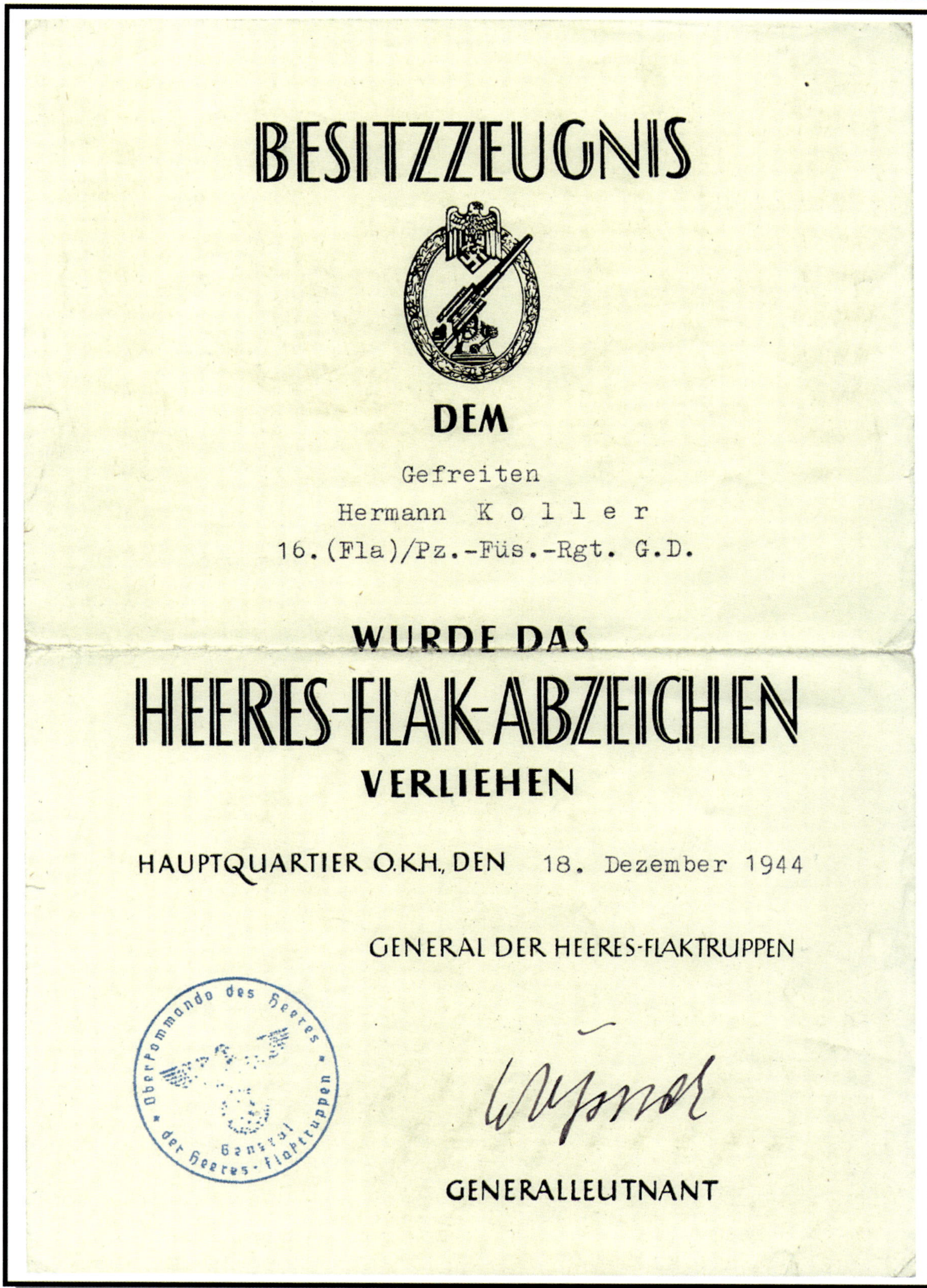

BESITZZEUGNIS

DEM

Gefreiten

Hermann K o l l e r

16.(Fla)/Pz.-Füs.-Rgt. G.D.

WURDE DAS

HEERES-FLAK-ABZEICHEN

VERLIEHEN

HAUPTQUARTIER O.K.H., DEN 18. Dezember 1944

GENERAL DER HEERES-FLAKTRUPPEN

Oberkommando des Heeres · General der Heeres-Flaktruppen

GENERALLEUTNANT

Besitzzeugnis in der Originalgröße 14,9 cm x 21,0 cm für das Heeres-Flak-Abzeichen eines Gefreiten im Panzerfüsilierregiment der Panzergrenadierdivision „Großdeutschland", unterschrieben von Generalleutnant Eugen Wößner, seit dem 24. Juni 1944 General der Heeres-Flaktruppen und Inspekteur der Heeres-Flak.

5. Trageweise

Das Heeres-Flak-Abzeichen wurde angesteckt auf der linken Brustseite in und außer Dienst getragen. War der damit Ausgezeichnete bereits im Besitz des Eisernen Kreuzes 1. Klasse, so war das Heeres-Flak-Abzeichen unterhalb davon anzubringen.
Für die Zivilkleidung konnte eine Miniatur als Anstecknadel in öffentlichen Verkaufsstellen erworben und am linken Rockaufschlag getragen werden.

Neben dem Heeres-Flak-Abzeichen durfte ausnahmsweise auch ein Sturmabzeichen getragen werden, weil der Einsatz der Flak im Erdkampf nur für ein Sturmabzeichen und nicht für das Heeres-Flak-Abzeichen angerechnet werden durfte. In diesem Fall war das Heeres-Flak-Abzeichen vom Träger aus gesehen links neben dem Sturmabzeichen zu tragen.

Der Oberbefehlshaber des Ersatzheeres, Generaloberst Fritz Fromm, gratuliert am 07.03.1944 einem Oberfeldwebel der PzGrenDiv „Großdeutschland“, der außer dem Heeres-Flak-Abzeichen das Allgemeine Sturmabzeichen trägt, zu einer Auszeichnung.

Darstellung eines Leutnants der Heeres-Flak-Artillerie in der feldgrauen Panzeruniform mit dem Heeres-Flak-Abzeichen unterhalb des Eisernen Kreuzes 1. Klasse.

6. Herstellung, Verleihungszahlen und Sammlerbewertung

Der künstlerische Entwurf für das Heeres-Flak-Abzeichen wurde von dem bekannten Berliner Kunstmaler und Graphiker Ernst Wilhelm Peekhaus geschaffen, der auch den künstlerischen Entwurf für das Allgemeine Sturmabzeichen, das Panzerkampfabzeichen und die Nahkampfspange entworfen hat.

Das Abzeichen wurde während des Krieges von mehreren Herstellern gefertigt. Dazu wurde Buntmetall und zunehmend Feinzink verwendet. Die Produktion erfolgte meist als Vollprägung.
Der bekannteste Hersteller von Heeres-Flak-Abzeichen ist die Firma C.E. Juncker, BERLIN.

Einige Firmen versahen die Abzeichen mit ihrem Herstellerkennzeichen. Solche Stücke sind allerdings seltener als Abzeichen ohne Hersteller.

Obwohl ein Muster vorgegeben war, weichen die Prägestempel voneinander ab und zeigen je nach Hersteller geringfügige Fertigungsvarianten, insbesondere bei der Gestaltung des Adlers.

Über die Verleihungen wurden beim OKH Listen geführt. Diese Listen sind auf Grund der Kriegsereignisse verloren gegangen bzw. vernichtet worden. Verleihungszahlen sind daher nicht bekannt und auch nicht mehr zu ermitteln.

Bei einer groben Schätzung der insgesamt verliehenen bzw. hergestellten Heeres-Flak-Abzeichen ist zu berücksichtigen, daß sich viele Träger zur Ausstattung ihrer verschiedenen Uniformröcke weitere Stücke des Heeres-Flak-Abzeichens in öffentlichen Verkaufsstellen beschafft haben.

Derzeit können für Stücke mittlerer Qualität auf dem Sammlermarkt folgende Verkaufspreise als Anhalt dienen:

Heeres-Flak-Abzeichen, Buntmetall, Hersteller C.E. Juncker	600,-- €
Heeres-Flak-Abzeichen, Buntmetall	500,-- €
Heeres-Flak-Abzeichen, Zink, Hersteller C.E. Juncker	500,-- €
Heeres-Flak-Abzeichen, Zink	300,-- €

Spitzenstücke erzielen höhere Preise.

Das Heeres-Flak-Abzeichen wurde erheblich weniger verliehen als das Flak-Kampfabzeichen der Luftwaffe, das in der Zinkausführung lediglich mit 180,-- € bewertet wird.

Auch vom Heeres-Flak-Abzeichen wurden und werden Kopien hergestellt und in den Handel gebracht.

7. Das Gesetz über Titel, Orden und Ehrenzeichen von 1957

Durch Gesetz vom 26. Juli 1957 wurde das Tragen von deutschen Kriegsauszeichnungen des 2. Weltkrieges wieder zugelassen, jedoch nur in einer „entnazifizierten“ Form. Für das Heeres-Flak-Abzeichen bedeutete dies, wie für viele andere Auszeichnungen des Heeres auch, das ersatzlose Entfernen des Hoheitszeichens. Beim Flak-Kampfabzeichen der Luftwaffe hingegen blieb der Luftwaffenadler erhalten (siehe unten) und lediglich das Hakenkreuz geriet in Fortfall.

Ehemalige Angehörige der Deutschen Wehrmacht, die in die Bundeswehr eingetreten waren, durften das Heeres-Flak-Abzeichen in der Originalgröße der abgeänderten Form nur zu besonderen Anlässen an der Uniform tragen.
Als Trageweise im täglichen Dienst war für den Dienstanzug eine verkleinerte Nachbildung auf einer neutralen, 2,5 cm breiten und 1,2 cm hohen, schwarzen Bandunterlage an der Bandschnalle vorgesehen, die über der linken Brusttasche getragen wurde.

Heeres-Flak-Abzeichen in der gemäß Gesetz von 1957 zugelassenen Form, Schwarzweißabbildung.

Flak-Kampfabzeichen der Luftwaffe, dem in der gemäß Gesetz von 1957 zugelassenen Form der Adler erhalten blieb.

Heeres-Flak-Abzeichen, Ausführung 1957, an der Bandschnalle für die Bundeswehr.

Panzernahkämpfer im Einsatz gegen einen russischen T 34 (zeitgenössische Darstellung).

Kapitel 12

Panzervernichtungsabzeichen

(Sonderabzeichen für das Niederkämpfen von Panzerkampfwagen usw. durch Einzelkämpfer)

- *Panzervernichtungsabzeichen* -

1. Vorgeschichte und Stiftung der Auszeichnung

Soweit den Truppenteilen überhaupt schwere panzerbrechende Waffen zur Verfügung standen, reichten diese mit Fortdauer des Krieges zur Bekämpfung der zunehmend auftretenden feindlichen Panzermassen immer weniger aus. Der Frontsoldat sah sich daher gezwungen, auch andere Mittel zur Panzerbekämpfung anzuwenden.

Mit Panzerbüchsen, Minen, Gewehrgranaten, geballten Ladungen, Brandflaschen und Hafthohlladungen rückten tapfere Einzelkämpfer den Feindpanzern im Nahkampf zu Leibe.

Mit Verfügung vom 23.10.1941 gab das Oberkommando des Heeres (OKH) bekannt, daß der persönliche Einsatz bei der Vernichtung feindlicher Kampfwagen im Nahkampf mit Nahkampfmitteln als Sturmangriff galt.
Die Würdigung der Panzernahkämpfer erfolgte außerdem durch 14 Tage Sonderurlaub für jeden vernichteten Feindpanzer, eine Regelung, die sich zwar besonders motivierend auswirkte, aber auf Grund des ständigen Personalmangels auf Dauer nicht aufrechterhalten werden konnte. Die Oberste Führung sah sich daher veranlaßt, anstatt des Sonderurlaubs für solche Leistungen eine besondere Auszeichnung zu verleihen.

Am 11.03.1942 veröffentlichte das „Heeres-Verordnungsblatt" folgende Verfügung des OKH vom 09. März 1942 (auszugsweise Wiedergabe):

„Der Führer hat die Einführung eines Sonderabzeichens für das Niederkämpfen von Panzerkampfwagen usw. durch Einzelkämpfer genehmigt.
Das Sonderabzeichen wird an Soldaten verliehen, die ab 22.6.1941 als Einzelkämpfer mit Nahkampfwaffen oder Nahkampfmitteln (Panzerbüchse, Gewehrgranate, geballte Ladung usw.) einen feindlichen Panzerkampfwagen oder ein sonstiges feindliches gepanzertes Fahrzeug im Nahkampf vernichtet oder außer Gefecht gesetzt haben.
Für jeden vernichteten Panzerkampfwagen wird je ein Sonderabzeichen verliehen. ..."

Damit wurde die Anrechnung einer Panzernahbekämpfung als Sturmangriff hinfällig.

1942 und 1943 wurden die Panzerfaust und der Panzerschreck, auch „Ofenrohr" genannt, eingeführt, so daß eine Panzerbekämpfung durch Einzelkämpfer auch aus größerer Entfernung als bisher möglich wurde. Als Folge der Einführung dieser neuen Technologie für den Panzernahkampf wurde am 18.12.1943 verfügt, daß das Sonderabzeichen auch an diejenigen Soldaten verliehen werden konnte, die mit der Panzerfaust oder dem Panzerschreck einen feindlichen Panzerkampfwagen vernichtet oder außer Gefecht gesetzt hatten.
Als Anleitung für den Panzernahkämpfer gab das Oberkommando des Heeres (OKH) am 13.05.1944 das 24seitige Merkblatt 77/3 „Der Panzerknacker" heraus, das sich durch viele eindrucksvolle, zum Teil farbige Abbildungen, und durch eine einfache, auch für den Soldaten verständliche Sprache, auszeichnete.

Das Sonderabzeichen für das Niederkämpfen von Panzerkampfwagen usw. durch Einzelkämpfer wurde umgangssprachlich als „Panzervernichtungsabzeichen", „Panzernahkampfabzeichen" oder auch als „Panzerknackerbalken" bezeichnet.

2. Die Stufen im einzelnen

a. Das Panzervernichtungsabzeichen auf silbernem Band

Das Abzeichen besteht aus einem Band aus Aluminiumgespinst, sollte 9,0 cm breit und 3,2 cm hoch sein sowie am Rand zwei eingewirkte 0,3 cm breite schwarze Streifen aufweisen. Auf dem Band ist die schwarze, auch stahlgraue, Silhouette eines deutschen Panzerkampfwagens IV aus Eisen- oder Buntmetallblech aufgelegt.

Panzervernichtungsabzeichen auf silbernem Band.

Rückseite des oben abgebildeten Panzervernichtungsabzeichens auf silbernem Band. Unter der Stoffabdeckung zeichnen sich die Gegenplatte und drei Haltestifte deutlich ab.
Da nicht immer genügend Abzeichen vorrätig waren, kam es gelegentlich auch zur Übergabe von an der Front angefertigten Panzervernichtungsabzeichen. Diese wurden meist aus Uniformlitze zusammengenäht und mit einer aus Stoff geschnittenen Panzersilhouette versehen. Beim Eintreffen des Originalabzeichens wurde die Frontfertigung wieder abgelegt.

(Angebliche) Frontfertigung eines Panzervernichtungsabzeichens auf silbernem Band.

b. Das Panzervernichtungsabzeichen auf goldenem Band

Am 07.01.1944 veröffentlichten die Allgemeinen Heeresmitteilungen folgende Verfügung des OKH vom 18. Dezember 1943:

„Der Führer hat die Einführung des Sonderabzeichens auf goldenem Band genehmigt. Das Sonderabzeichen auf goldenem Band wird nach dem 5. anrechnungsfähigen Niederkämpfen von Panzerkampfwagen usw. an Stelle eines weiteren silbernen Sonderabzeichens verliehen. Die vorher verliehenen 4 silbernen Abzeichen sind dann abzulegen und verbleiben dem betreffenden Soldaten zur Erinnerung. ...“

Herstellungsart und Abmessungen entsprachen dem Abzeichen auf silbernem Band.

Stark getragenes Panzervernichtungsabzeichen auf goldenem Band eines unbekannten Herstellers.

Rückseite des oben abgebildeten Panzervernichtungsabzeichens auf goldenem Band.

Bis zur Stiftung des Sonderabzeichens auf goldenem Band wurde für jeden vernichteten Feindpanzer jeweils ein Sonderabzeichen getragen, z.B. bei sieben vernichteten Panzern auch sieben Abzeichen.
Nach der Einführung des Abzeichens auf goldenem Band waren dann von den sieben Abzeichen fünf Stück abzulegen und durch ein goldenes Abzeichen zu ersetzen. In der Praxis kam es auch vor, daß keine goldenen Abzeichen verfügbar waren, dann wurden eben wie früher statt eines goldenen Abzeichens fünf auf silbernem Band getragen.

- Panzervernichtungsabzeichen -

Aus heute nicht mehr nachvollziehbaren Gründen entstanden für das Panzervernichtungsabzeichen auf goldenem Band verschiedene Varianten.

Neben der vorstehend abgebildeten üblichen Herstellungsart des goldenen Bandes mit schwarzem (auch stahlgrauem) Panzer gibt es folgende weitere Ausführungen:

- goldenes Band mit silberfarbigem Panzer,

- goldenes Band mit goldfarbigem Panzer,

- silbernes Band mit goldfarbigem Panzer.

3. Verleihungsberechtigung

Das Panzervernichtungsabzeichen konnte an Soldaten des Heeres, der Waffen-SS und der Luftwaffe (z.B. Fallschirmjäger, Angehörige von Luftwaffen-Felddivisionen) verliehen werden. Die Verleihung war nicht wie bei den Sturmabzeichen an eine bestimmte Truppengattung gebunden. Eine Verleihung an Marineangehörige war zwar nicht vorgesehen, es sind jedoch Sonderabzeichen auch an Soldaten der Marine verliehen worden, die gegen Ende des Krieges in Heeres- oder Volkssturmeinheiten im Einsatz waren und bei diesen Einheiten als Einzelkämpfer Feindpanzer vernichtet hatten. Das Panzervernichtungsabzeichen wurde durch den Bataillonskommandeur bzw. Abteilungskommandeur auf schriftlichen Vorschlag des Kompaniechefs verliehen. Berücksichtigt wurden Panzervernichtungen ab dem 22.06.1941 (Beginn des Angriffs auf die Sowjetunion).
Die Abzeichen waren über die Division bei den Armeeoberkommandos anzufordern, die wiederum ihren Bedarf zum 15. jeden Monats an das OKH zu melden hatten.

Das Sonderabzeichen konnte, wenn die Voraussetzungen erfüllt waren, auch an gefallene oder verstorbene Soldaten verliehen werden. In diesem Falle waren eine beglaubigte Abschrift des Bataillonsbefehls und das Sonderabzeichen den Hinterbliebenen durch den Kompaniechef baldmöglichst zuzuleiten.
Zur Anlieferung der Auszeichnungen waren diese zum Schutz gegen Beschädigung einzeln in Papiertüten verpackt. Diese wurden dem Beliehenen meist ebenfalls ausgehändigt, daher spricht man auch von Verleihungstüten.

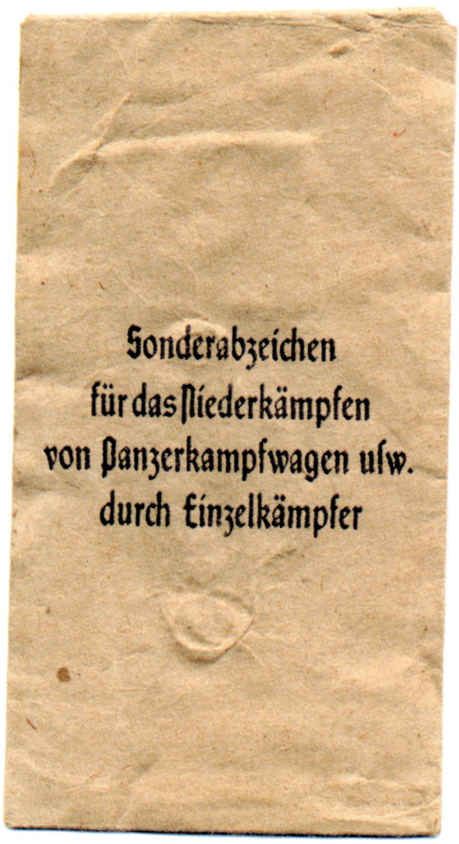

Verleihungstüte für das Sonderabzeichen für das Niederkämpfen von Panzerkampfwagen usw. durch Einzelkämpfer in der Originalgröße 5,6 cm x 10,5 cm.
Auf der Rückseite befindet sich der Aufdruck der Firma Carl Wild, Metallwarenfabrik, HAMBURG (vergrößerte Abbildung).

4. Nachweis und Beurkundung

Die Verleihung des Sonderabzeichens erfolgte durch Bataillons- bzw. Abteilungsbefehl. Eine beglaubigte Abschrift des Befehls sollte dem Beliehenen ausgehändigt werden. In der Praxis war es üblich, dem Soldaten eine Bescheinigung oder Bestätigung des Bataillons- bzw. Abteilungskommandeurs oder des Kompaniechefs auszustellen, aus der die Verleihung hervorging.

Die Verleihung wurde in die Personalpapiere eingetragen. Nur Inhaber eines entsprechenden Nachweises waren zum Tragen des Sonderabzeichens berechtigt. Unbefugtes Tragen war strafbar. Die Abgabe von Zweitstücken oder Ersatz für verlorene Abzeichen erfolgte nur gegen Vorlage des Verleihungsnachweises, bei schriftlicher Bestellung nur gegen Einsendung einer mit Dienstsiegel versehenen beglaubigten Abschrift des Nachweises und gegen Bezahlung.

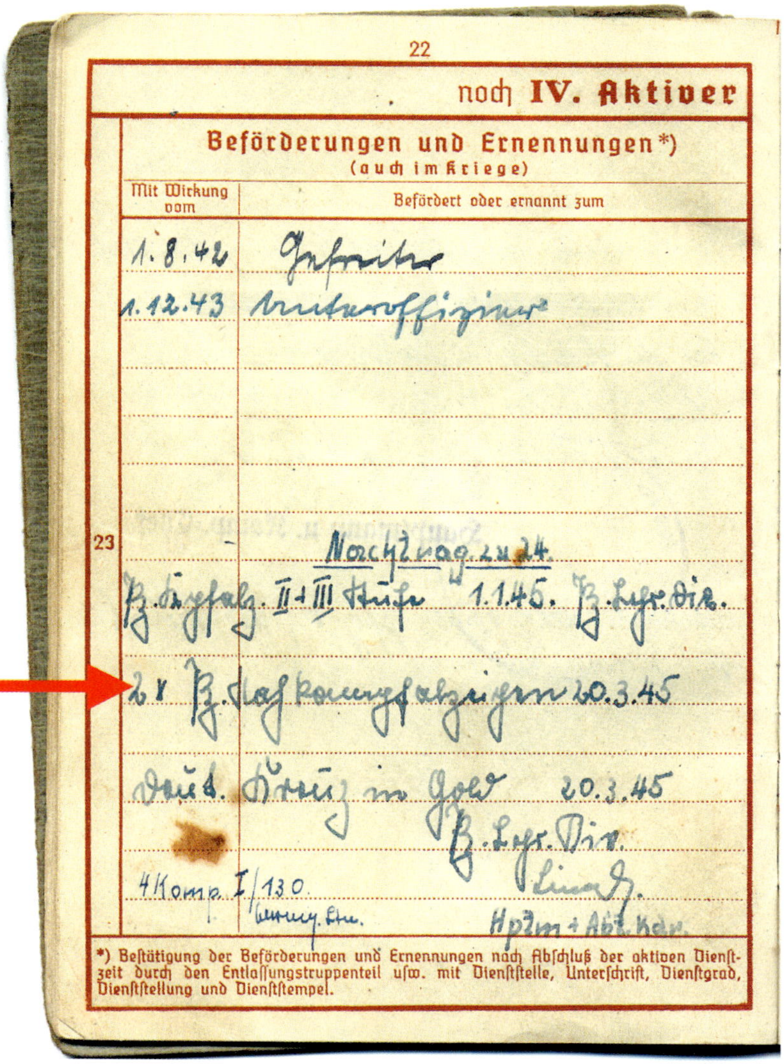

Auszug aus dem Wehrpaß eines Unteroffiziers der 4. Kp/ PzLehrRgt 130 in der Panzerlehrdivision mit dem Nachweis der Verleihung von zwei Panzervernichtungsabzeichen, hier unzutreffend als „Panzernahkampfabzeichen“ bezeichnet.

Leutnant Horst Mainz, GrenRgt 163 (197. InfDiv) und das ihm auf Grund eines am 24.04.1945 mit der Panzerfaust abgeschossenen Feindpanzers verliehene Panzervernichtungsabzeichen auf silbernem Band.

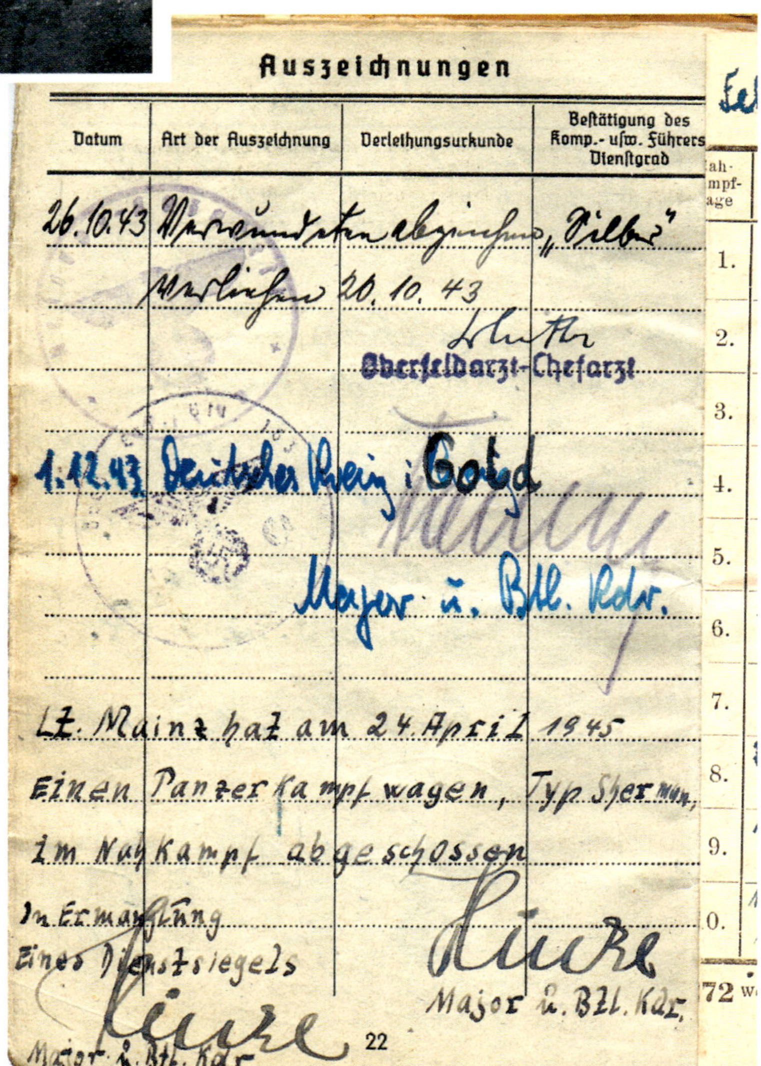

Auszeichnungen

Datum	Art der Auszeichnung	Verleihungsurkunde	Bestätigung des Komp.- usw. Führers Dienstgrad
26.10.43	Verwundetenabzeichen „Silber"		
	verliehen 20.10.43		Oberfeldarzt-Chefarzt
1.12.43	Deutsches Kreuz i. Gold		Major u. Btl. Kdr.

Lt. Mainz hat am 24 April 1945 Einen Panzerkampfwagen, Typ Sherman, im Nahkampf abgeschossen

In Ermangelung Eines Dienstsiegels

Major u. Btl. Kdr.

Major u. Btl. Kdr.

22

Auszug aus dem Soldbuch von Leutnant Horst Mainz (Foto oben), 6. Kp/GrenRgt 163 (197. InfDiv), mit dem Nachweis einer Panzervernichtung im Nahkampf, unterschrieben vom Bataillonskommandeur. Deutsches Kreuz in Gold als Feldwebel am 01.12.1943.

- *Panzervernichtungsabzeichen* -

Da als Nachweis für die Verleihung des Panzervernichtungsabzeichens lediglich die Abschrift des entsprechenden Bataillons- bzw. Abteilungsbefehls dienen sollte, war das Ausstellen einer Verleihungsurkunde bzw. eines Besitzzeugnisses grundsätzlich nicht vorgesehen. Daher gibt es dafür auch kein Muster.

Die Truppe hat jedoch verschiedentlich Besitzzeugnisse selbst hergestellt und ausgegeben.

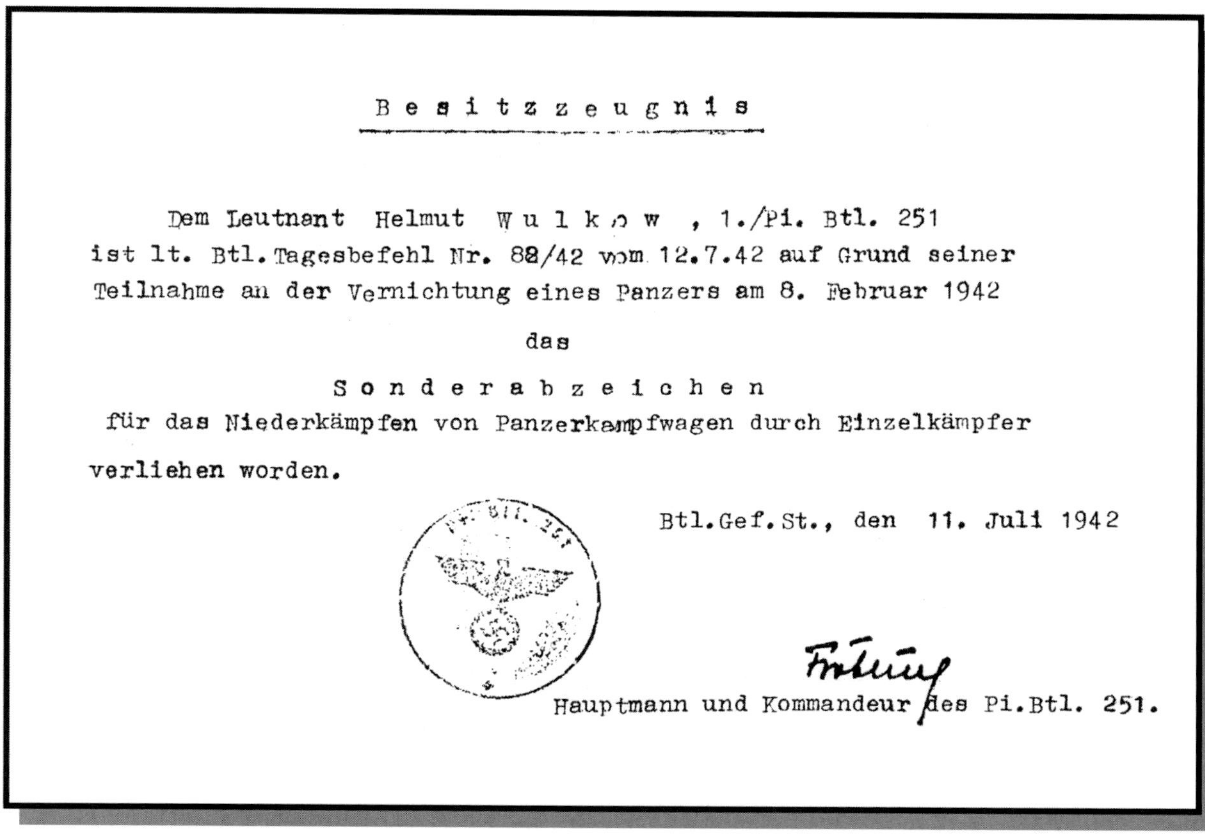

B e s i t z z e u g n i s

Dem Leutnant Helmut W u l k o w , 1./Pi. Btl. 251 ist lt. Btl.Tagesbefehl Nr. 88/42 vom 12.7.42 auf Grund seiner Teilnahme an der Vernichtung eines Panzers am 8. Februar 1942

das

S o n d e r a b z e i c h e n

für das Niederkämpfen von Panzerkampfwagen durch Einzelkämpfer

verliehen worden.

Btl.Gef.St., den 11. Juli 1942

Hauptmann und Kommandeur des Pi.Btl. 251.

Schwarzweißkopie einer mit „Besitzzeugnis" überschriebenen Bestätigung des Kommandeurs Pionierbataillon 251 im DIN A 5 - Querformat, hier verkleinerte Abbildung, über die Verleihung eines Panzervernichtungsabzeichens auf silbernem Band.

Die Formulierung solcher Bescheinigungen war nicht vorgegeben und dem jeweiligen Truppenführer freigestellt.
Daher kommen Verleihungsnachweise mit sehr unterschiedlicher Textgestaltung vor. Es gibt Nachweise, in denen lediglich der Abschuß eines Feindpanzers oder auch nur die Trageberechtigung für das Abzeichen bestätigt wird. Andere Bescheinigungen führen darüber hinaus den vernichteten Panzertyp, die Art und Weise der Vernichtung mit genauer Zeit- und Ortsangabe und sogar die dabei angewendeten Kampfmittel auf.

Mit einer Verordnung vom 19.10.1942 wurde das Panzervernichtungsabzeichen in die Reihe der Waffenabzeichen eingefügt, die in strafrechtlicher Hinsicht denselben Schutz genossen wie die Orden und Ehrenzeichen.

5. Trageweise

Da der linke Oberärmel der Uniform bereits für das Tragen der Ärmelschilde vorgesehen war bzw. dort von der Waffen-SS der Ärmeladler getragen wurde, stand für das Tragen des Panzervernichtungsabzeichens noch der rechte Oberärmel zur Verfügung. Dort war das Sonderabzeichen etwa in Höhe der rechten Brusttaschenklappe anzubringen.

Bei erneuter Verleihung wurde ein weiteres Abzeichen unter dem bereits vorhandenen angebracht. Sonderabzeichen auf goldenem Band waren oberhalb der Sonderabzeichen auf silbernem Band zu tragen.

Oberleutnant Günther Viezenz, Ritterkreuz am 07.01.1944 als Kompaniechef 10. Kp/GrenRgt 7 in der 252. Infanteriedivision. Er erzielte insgesamt 21 Erfolge in der Panzernahbekämpfung. Nach Eintritt in die Bundeswehr war er zuletzt Oberst und Inspizient der Infanterie im Heeresamt in Köln.

SS-Hauptscharführer (vergleichbar Oberfeldwebel im Heer) Adolf Peichl, Zugführer in der 12. (gep.)/SS-PzGrenRgt 4 „Der Führer", 2. SS-Panzerdivision „Das Reich", Ritterkreuz am 16.10.1944.
Er trägt, auch auf dem Schwarzweißfoto deutlich erkennbar, auf dem rechten Oberärmel ein Panzervernichtungsabzeichen auf goldenem Band und darunter ein Panzervernichtungsabzeichen auf silbernem Band.

6. Herstellung, Verleihungszahlen und Sammlerbewertung

Panzervernichtungsabzeichen wurden von mehreren Herstellern gefertigt, weisen allerdings grundsätzlich keine Herstellerkennzeichen auf.
Obwohl in der Stiftungsverfügung vom 09.03.1942 die Maße des Sonderabzeichens mit 9,0 cm Breite und 3,2 cm Höhe vorgegeben sind, kommen Abweichungen sowohl in der Breite als auch in der Höhe vor. Die meisten Stücke sind 8,8 cm breit, die Höhe differiert zwischen 3,1 cm und 3,3 cm.

Die rechteckige Gegenplatte ist 5,4 cm breit und 2,1 cm hoch und an den Ecken abgerundet. Die Rückseite des Sonderabzeichens wurde mit einem Stück Stoff in der Größe des Abzeichens abgedeckt. Auf Grund der Materialknappheit wurden dazu alle Arten von verfügbaren Stoffen verwendet. So kommen feldgraue Uniformstoffe bei der Stoffabdeckung genauso vor wie hell- bis dunkelgraue, dunkelblaue und sogar schwarze Tuche.

Es ist nicht bekannt und auch nicht mehr zu ermitteln, wieviele Sonderabzeichen insgesamt verliehen bzw. hergestellt wurden. Mitte 1944 waren es bereits über 10.000 Soldaten, denen ein oder mehrere Panzervernichtungsabzeichen verliehen worden waren.

Derzeit können für Stücke mittlerer Qualität auf dem Sammlermarkt folgende Verkaufspreise als Anhalt dienen:

Panzervernichtungsabzeichen auf goldenem Band	1.500,-- €,
Panzervernichtungsabzeichen auf silbernem Band	500,-- €.

Da Panzervernichtungsabzeichen selten sind und außerdem keine NS-Symbole aufweisen, wurden bzw. werden sie zahlreich kopiert und im Handel angeboten.

7. Das Gesetz über Titel, Orden und Ehrenzeichen von 1957

Durch Gesetz vom 26. Juli 1957 wurde das Tragen von deutschen Kriegsauszeichnungen des 2. Weltkrieges wieder zugelassen, jedoch nur in einer „entnazifizierten" Form. Da das Panzervernichtungsabzeichen keine NS-Symbole aufweist, waren keine Veränderungen erforderlich.

Ehemalige Angehörige der Deutschen Wehrmacht, die in die Bundeswehr eingetreten waren, durften Ärmelbänder, Ärmelschilde, Scharfschützenabzeichen, Kraftfahrbewährungsabzeichen, Tieffliegervernichtungsabzeichen und auch das Panzervernichtungsabzeichen nicht im Original, auch nicht in der abgeänderten Ausführung von 1957, an der Bundeswehruniform tragen.
Als Trageweise im täglichen Dienst war für den Dienstanzug in entsprechender farblicher Wiedergabe eine 2,5 cm breite und 1,2 cm hohe Nachbildung des Panzervernichtungsabzeichens an der Bandschnalle vorgesehen, die über der linken Brusttasche getragen wurde.

Oberst der Reserve (Bw) Wolfram Kertz, langjähriger erster Vorsitzender und danach Ehrenvorsitzender der Ordensgemeinschaft der Ritterkreuzträger, mit der Bandschnalle für die Bundeswehr über der linken Brusttasche.

Auszeichnungen von oben nach unten und von links nach rechts:
Ritterkreuz des Eisernen Kreuzes, Eisernes Kreuz 1. Klasse, Eisernes Kreuz 2. Klasse, Nahkampfspange in Bronze, Verwundetenabzeichen in Silber, Sonderabzeichen für das Niederkämpfen von Panzerkampfwagen durch Einzelkämpfer auf silbernem Band, Infanteriesturmabzeichen in Silber, Panzerkampfabzeichen in Bronze, Sportabzeichen in Gold (Bundeswehr).

Panzervernichtungsabzeichen auf goldenem Band und auf silbernem Band, Ausführung 1957, an der Bandschnalle für die Bundeswehr.

Bekämpfung eines russischen Tieffliegers mit Handwaffen (zeitgenössische Darstellung).

Kapitel 13

Tieffliegervernichtungsabzeichen

- *Tieffliegervernichtungsabzeichen* -

1. Vorgeschichte und Stiftung der Auszeichnung

Der ständig zunehmenden Übermacht der feindlichen Kampftruppen an allen Fronten entsprach eine immer deutlicher zu Tage tretende feindliche Überlegenheit auch in der Luft, der die Deutsche Luftwaffe und die eigenen Flugabwehrkräfte nicht mehr gewachsen waren. Vergleichbar mit der Panzerbekämpfung durch den Einzelschützen mußten die hoffnungslos überforderten deutschen Bodentruppen auch im Kampf gegen feindliche Tiefflieger versuchen, sich selbst zu helfen. Dies geschah durch die Fliegerabwehr aller Truppen mit Handwaffen als letztes Mittel.

Innerhalb des Heeres wurde im Falle eines Flugzeugabschusses durch Handwaffen zunächst unterschiedlich verfahren. Einzelne Soldaten wurden für einen Abschuß ausschließlich mit Sonderurlaub belohnt, andere wiederum erhielten Sonderurlaub und zusätzlich eine Anerkennungsurkunde.

Am 01.09.1941 wurde im Heer die Anerkennungsurkunde des Oberbefehlshabers des Heeres für Flugzeugabschüsse eingeführt, die im Oberkommando des Heeres (OKH) ausgestellt und vom Oberbefehlshaber des Heeres, Generalfeldmarschall von Brauchitsch, persönlich unterschrieben wurde. Die Urkunde im DIN A 5 - Querformat hatte die gleiche Form und Aufmachung wie die Anerkennungsurkunde des Oberbefehlshabers des Heeres (siehe dazu Kapitel 28) und wurde sowohl an geschlossene Einheiten und Verbände als auch an Einzelschützen ausgegeben. Die Ausfertigung für Einzelschützen erfolgte allerdings nur dann, wenn diesen der Abschuß zweifelsfrei zuerkannt werden konnte. Insgesamt sind lediglich 56 Anerkennungsurkunden dieses ersten Musters ausgegeben worden, davon 21 an einzelne Soldaten, 25 an Kompanien/Batterien, sieben an Bataillone/Abteilungen und drei an Regimenter.

Nachdem Hitler am 19.12.1941 auch den Oberbefehl über das Heer übernommen hatte, erhielt die Anerkennungsurkunde ein DIN A 4 - Hochformat, eine Gestaltung wie die Anerkennungsurkunde des Führers (siehe dazu ebenfalls Kapitel 28) und wurde in der Reichsdruckerei einschließlich der Faksimile-Unterschrift Hitlers gedruckt. Bis Februar 1945 sind 535 solcher Anerkennungsurkunden dieses zweiten Musters verliehen worden. Die geringe Anzahl von insgesamt 591 Verleihungen der beiden Muster ist auf das damit verbundene entsprechend dem Heeres-Flak-Abzeichen aufwändige Nachweis- und Antragsverfahren zurückzuführen.

Kurz vor Kriegsende, am 12. Januar 1945, wurde durch Hitler ein Tieffliegervernichtungsabzeichen gestiftet. In der Stiftungsverfügung wurde herausgestellt:
„Der Abschuß feindlicher Tiefflieger mit allen zur Verfügung stehenden Mitteln ist von besonderer Wichtigkeit.“

Die Durchführungsbestimmungen verfügte der Chef des Oberkommandos der Wehrmacht, Generalfeldmarschall Keitel, am 13.01.1945 (Auszug):
„Das Sonderabzeichen ... wird an Soldaten verliehen, die in diesem Kriege mit Handwaffen (Gewehr, Maschinenpistole oder MG Kaliber 2 cm und kleiner) einen feindlichen Tiefflieger abgeschossen haben. Für jedes abgeschossene Flugzeug wird an den entscheidend beteiligten Einzelschützen ein Sonderabzeichen verliehen. ...“

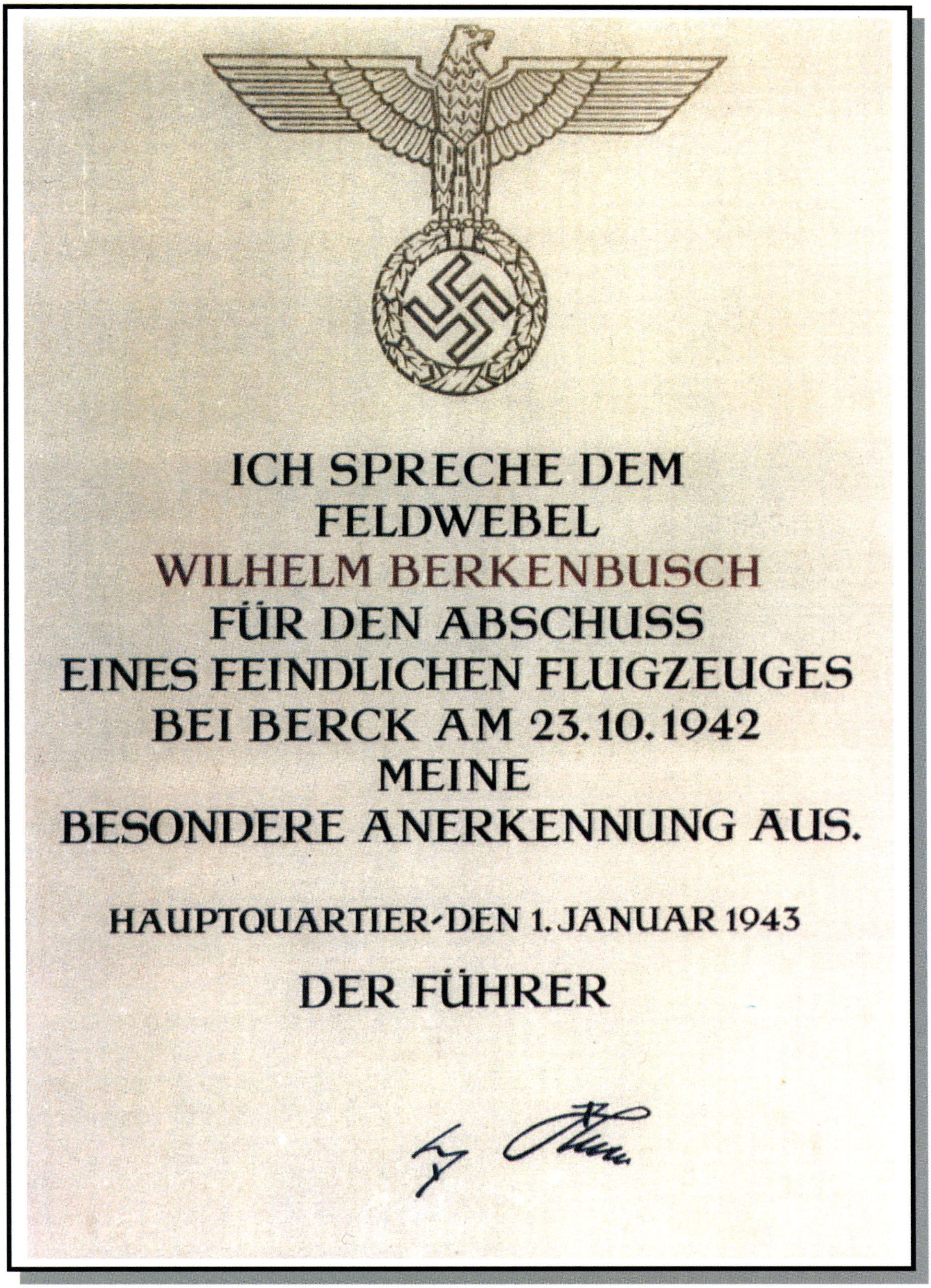

ICH SPRECHE DEM
FELDWEBEL
WILHELM BERKENBUSCH
FÜR DEN ABSCHUSS
EINES FEINDLICHEN FLUGZEUGES
BEI BERCK AM 23.10.1942
MEINE
BESONDERE ANERKENNUNG AUS.

HAUPTQUARTIER, DEN 1. JANUAR 1943

DER FÜHRER

Anerkennungsurkunde des Führers für Flugzeugabschüsse mittels Handwaffen, Originalgröße DIN A 4, hier verkleinerte Abbildung, mit der Faksimile-Unterschrift Hitlers.

2. Die Stufen im einzelnen

a. Das Tieffliegervernichtungsabzeichen auf silbernem Band

Das Abzeichen sollte gemäß der Stiftungsverfügung wie das Panzervernichtungsabzeichen aus einem Band aus Aluminiumgespinst bestehen, 9,0 cm breit und 3,2 cm hoch sein sowie am oberen und unteren Rand zwei eingewirkte 0,3 cm breite schwarze Streifen aufweisen. Auf dem Aluminiumgespinst war die Silhouette eines nach unten stürzenden einmotorigen Flugzeuges in Schwarz aus Eisen- oder Buntmetallblech vorgesehen.

Es sind zwar noch Verleihungen des Tieffliegervernichtungsabzeichens vorgenommen worden, eine Serienfertigung der Abzeichen war jedoch auf Grund der Kriegsereignisse nicht mehr möglich.

Muster für ein Tieffliegervernichtungsabzeichen auf silbernem Band. Originale aus der Kriegszeit sind nicht bekannt geworden.

b. Das Tieffliegervernichtungsabzeichen auf goldenem Band

Wie beim Panzervernichtungsabzeichen, so sollte auch beim Tieffliegervernichtungsabzeichen für fünf Abschüsse ein Abzeichen auf goldenem Band getragen werden. Herstellungsart und Abmessungen sollten dem Abzeichen auf silbernem Band entsprechen.

Die vorher verliehenen silbernen Abzeichen waren abzulegen und konnten dem betreffenden Soldaten zur Erinnerung verbleiben.

Auch Sonderabzeichen auf goldenem Band sind nicht mehr durch Firmen hergestellt bzw. von diesen ausgeliefert worden.

3. Verleihungsberechtigung

Das Tieffliegervernichtungsabzeichen wurde durch Truppenführer mindestens im Range eines selbstständigen Brigadekommandeurs auf schriftlichen Vorschlag des Kompaniechefs verliehen. Gemäß einer Verfügung des OKH vom 27.01.1945 sollten Einzelschützen, die vor der Einführung des Abzeichens die Anerkennungsurkunde des Oberbefehlshabers des Heeres bzw. die Anerkennungsurkunde des Führers für den Abschuß eines feindlichen Flugzeuges mit Handwaffen erhalten hatten, das Tieffliegervernichtungsabzeichen nachträglich ausgehändigt werden.

Die Auslieferung der Abzeichen an die Truppe wurde dem Wehrmachtsbeschaffungsamt (Bekleidung und Ausrüstung) übertragen.

Das Sonderabzeichen konnte, wenn die Voraussetzungen erfüllt waren, auch an gefallene oder verstorbene Soldaten verliehen werden. In diesem Falle waren eine beglaubigte Abschrift des Tagesbefehls und das Sonderabzeichen den Hinterbliebenen durch den Kompaniechef unverzüglich zuzuleiten.

4. Nachweis und Beurkundung

Wie für das Panzervernichtungsabzeichen, so war auch für das Tieffliegervernichtungsabzeichen die Ausfertigung einer Verleihungsurkunde bzw. eines Besitzzeugnisses nicht vorgesehen. Die Verleihung des Sonderabzeichens erfolgte auf Grund eines Bataillons- usw. befehls. Eine beglaubigte Abschrift des Tagesbefehls sollte dem Beliehenen ausgehändigt werden.

Die Verleihung war in die Personalpapiere einzutragen. Unbefugtes Tragen war strafbar.

5. Trageweise

Wie für das Panzervernichtungsabzeichen, so war auch für das Tieffliegervernichtungsabzeichen als Trageweise der rechte Oberärmel der Uniform vorgesehen.

Bei erneuter Verleihung sollte ein weiteres Abzeichen unter dem vorhergehenden angebracht werden.

Zeitgenössische Fotos mit Trägern von Tieffliegervernichtungsabzeichen haben bisher nicht vorgelegen.

6. Herstellung, Verleihungszahlen und Sammlerbewertung

Da Tieffliegervernichtungsabzeichen nicht mehr ausgeliefert worden sind, weist der Bewertungskatalog von Detlev Niemann, 2. Auflage von 2004, für diese Auszeichnung auch keine Preisfestsetzung aus und merkt an:

„ ... zeitgenössische Originale sind bislang nicht bekannt.“

Auch von dieser Auszeichnung wurden und werden Kopien hergestellt und in den Handel gebracht.

7. Das Gesetz über Titel, Orden und Ehrenzeichen von 1957

Durch Gesetz vom 26. Juli 1957 wurde das Tragen von deutschen Kriegsauszeichnungen des 2. Weltkrieges wieder zugelassen, jedoch nur in einer „entnazifizierten“ Form. Beim Tieffliegervernichtungsabzeichen war keine Veränderung erforderlich, weil diese Auszeichnung keine NS-Symbole aufwies.

Ehemalige Angehörige der Deutschen Wehrmacht, die in die Bundeswehr eingetreten waren, durften das Tieffliegervernichtungsabzeichen in Originalgröße nicht an der Uniform tragen.
Als Trageweise im täglichen Dienst war für den Dienstanzug in entsprechender farblicher Wiedergabe eine 2,5 cm breite und 1,2 cm hohe Nachbildung des Tieffliegervernichtungsabzeichens an der Bandschnalle vorgesehen, die über der linken Brusttasche getragen wurde.

Tieffliegervernichtungsabzeichen auf silbernem Band, Ausführung 1957, an der Bandschnalle für die Bundeswehr.

Tieffliegervernichtungsabzeichen auf goldenem Band, Ausführung 1957, an der Bandschnalle für die Bundeswehr.

Nachschub für die Ostfront (zeitgenössische Postkarte).

Kapitel 14

Kraftfahrbewährungsabzeichen

- *Kraftfahrbewährungsabzeichen* -

1. Vorgeschichte und Stiftung der Auszeichnung

Die Leistungen der Kraftfahrer der Deutschen Wehrmacht verdienen Respekt und Anerkennung. Neben dem anspruchsvollen fahrerischen Können wurden ihnen Geschick, Improvisationstalent, Sorgfalt, technisches Verständnis, Sachkenntnis, Wendigkeit, Mut, Orientierungsvermögen und äußerster Einsatzwille abverlangt.

Oft auf sich allein gestellt, hatten sie schwierige Situationen zu meistern. Zu jeder Tages- und Nachtzeit, unter extremen klimatischen Bedingungen, in unklaren taktischen Lagen und in jedem Gelände hatten sie auf den verschiedenen Kriegsschauplätzen ihren Auftrag zu erfüllen.

Fahrer von Versorgungsfahrzeugen schufen durch ihren aufopferungsvollen Dienst oft erst die Voraussetzungen für den Einsatz der Truppenteile, denn ohne Betriebsstoff bzw. Munition ist auch das beste Waffensystem wirkungslos.

Zudem ging es auch für die Kraftfahrer ums Überleben, wenn sie sich z.B. zwischen Front und Hinterland den verstärkt auftretenden Partisanen gegenübersahen oder durch feindliche Tiefflieger angegriffen wurden.

In Anbetracht der außerordentlichen Verdienste der Kraftfahrer stiftete Hitler am 23. Oktober 1942 für alle Teilstreitkräfte der Wehrmacht das Kraftfahrbewährungsabzeichen:

„... als Anerkennung für den Kriegseinsatz besonders bewährter Kraftfahrer“.

Das Abzeichen hat eine runde Form und zeigt zwei Lorbeerzweige, die sich oben mit den Blattspitzen berühren und unten mit den beiden Blattstielen übereinanderliegen. Im umschlossenen Raum ist ein Kraftwagenlenkrad abgebildet, dessen Lenkstange von der Mitte nach links unten zeigt.

Das Kraftfahrbewährungsabzeichen wurde in den Stufen Bronze, Silber und Gold verliehen.

Das Kraftfahrbewährungsabzeichen wurde verliehen an:

- Kraftfahrer der Wehrmacht,
- Kraftfahrer, die zwar nicht der Deutschen Wehrmacht angehörten, der Wehrmacht jedoch unterstellt waren,
- sonstige Kraftfahrer, die nicht der Wehrmacht angehörten wie z.B. Kraftfahrer des Reichsarbeitsdienstes, der Reichspost usw.,
- auf Hitler vereidigte, im Rahmen bzw. in Verbänden der Deutschen Wehrmacht kämpfende ausländische Freiwillige,
- Freiwillige fremder Volksstämme aus den von den Bolschewisten befreiten Ostgebieten, auch an entlassene Kriegsgefangene, soweit diese unter dem Befehl der Deutschen Wehrmacht im Rahmen bzw. in Verbänden der Deutschen Wehrmacht kämpften.

Eine Verleihung an Angehörige verbündeter oder befreundeter Länder sowie postume Verleihungen waren nicht statthaft.

2. Die Stufen im einzelnen

a. Das Kraftfahrbewährungsabzeichen in Bronze

Voraussetzungen für die Verleihung des Kraftfahrbewährungsabzeichens in Bronze waren:

Einsatz ab dem 01.12.1940
- in den Gebieten des ehemaligen Jugoslawien, in Griechenland, Bulgarien und Rumänien,
- im Gebiet ostwärts der russischen Westgrenze 1940 (vor Eingliederung der baltischen Staaten durch die Sowjetunion),
- in Finnland und in Norwegen nördlich des Polarkreises,
- im Gebiet der in Lappland eingesetzten deutschen Truppen und in Afrika.

Im Verlauf des Krieges wurde gemäß Verfügung des Oberkommandos der Wehrmacht (OKW) vom 09.03.1944 die Verleihung auf weitere Operationsgebiete ausgedehnt und zwar:
- Einsatz auf der Insel Sizilien ab 01.06.1943,
- Einsatz auf den Inseln Sardinien und Korsika ab 01.07.1943,
- Einsatz in Italien südlich der Linie ANCONA - PIOMBINO ab 01.08.1943,
- Einsatz in Albanien ab 09.09.1943.

Gemäß Verfügung OKW vom 16.05.1944:
- Einsatz ab 01.02.1944 in den durch Befehl der Heeresgruppe Nord festgelegten rückwärtigen Armeegebieten und rückwärtigen Armeezonen in Estland, Lettland und Litauen.

Gemäß Verfügung OKW vom 16.05.1944:
- Einsatz ab 01.06.1944 in den durch Heeresgruppenbefehl festgelegten rückwärtigen Armeegebieten und rückwärtigen Armeezonen an allen Fronten.

In vorstehenden Einsatzgebieten Bewährung unter besonders schwierigen Bedingungen

- als Kradmelder	an 90 Einsatztagen,
- als Fahrer von Gefechtskraftfahrzeugen	an 120 Einsatztagen,
- als Fahrer von Kraftfahrzeugen der Trosse, Kolonnen und Stäbe sowie an Fahrer von Krankenkraftwagen (Kr.Kw.)	an 150 Einsatztagen,
- als Fahrer von Kraftfahrzeugen der Versorgungstruppen	an 165 Einsatztagen,
- als Kraftfahrer sonstiger Dienststellen und Einheiten der Wehrmacht	an 185 Einsatztagen.

Als Einsatztage galten bei Vorliegen erschwerter Unterbringungs- und Instandsetzungsverhältnisse, z.B.

- Fahrten unter Feindeinwirkung,
- besonders große Tagesleistungen an Strecke und Fahrzeit oder besonders schwierige Wegeverhältnisse, oder
- Fahrten unter ungewöhnlich harten klimatischen Bedingungen.

Die Kraftfahrer mußten diesen schwierigen Bedingungen zum Trotz
- durch überlegene und umsichtige Fahrweise
- und gewissenhafte Fahrzeugpflege und Instandhaltung hervorgetreten sein.

- *Kraftfahrbewährungsabzeichen* -

Für jeden Kraftfahrer war eine Liste anzulegen, in die unter Angabe des Datums die anrechnungsfähigen Einsatztage einzutragen waren. Bei Verwundung, Versetzung usw. war diese Liste mit den Personalpapieren mitzugeben.

Bei einem selbstverschuldetem Unfall wurden die bis dahin bewerteten Einsatztage ungültig.

Das Kraftfahrbewährungsabzeichen war zu entziehen:

- Bei nachgewiesener nachlässiger Fahrzeugpflege, Instandhaltung und Fahrweise, die zu einem vorzeitigen Materialverschleiß geführt hatte oder
- bei einem selbst verschuldeten Unfall durch unüberlegte und leichtsinnige Handhabung eines Kraftfahrzeuges oder
- bei Bestrafung wegen Überschreitung der vorgeschriebenen Höchstgeschwindigkeit.

Die Entziehung erfolgte durch die für die Verleihung des Kraftfahrbewährungsabzeichens zuständige Dienststelle, der der Betreffende zur Zeit der Entziehung angehörte. Die Entziehung war der verleihenden Dienststelle zwecks Streichung in der Verleihungsliste mitzuteilen.

Wiederverleihung, beginnend mit der untersten Stufe in Bronze, war zulässig. Die Verleihungsvoraussetzungen mußten erneut erfüllt werden, wobei im Fall des selbstverschuldeten Unfalls Einsatztage erst nach sechsmonatiger einwandfreier Führung bewertet werden durften. In den übrigen Fällen setzte die Bewertung sofort ein.

Kraftfahrbewährungsabzeichen in Bronze eines unbekannten Herstellers. Hohlprägung. Befestigung mit zwei Splinten auf einer feldgrauen Tuchunterlage sowie auf einer runden Gegenplatte. Ohne Tuchunterlage: Breite 4,0 cm, Höhe 4,5 cm. Gewicht mit Tuchunterlage 10 g. Bei dem obigen Stück ist die rückseitige Papierabklebung weitgehend entfernt worden.

b. Das Kraftfahrbewährungsabzeichen in Silber

Die Verleihung der Stufe in Silber setzte die nochmalige Erfüllung der geforderten Bedingungen für die Stufe in Bronze, auch hinsichtlich der Fristen, voraus.

Kraftfahrbewährungsabzeichen in Silber eines unbekannten Herstellers.

c. Das Kraftfahrbewährungsabzeichen in Gold

Für das Kraftfahrbewährungsabzeichen in Gold waren die geforderten Bedingungen für die Stufe in Bronze ein drittes Mal zu erfüllen.

Kraftfahrbewährungsabzeichen in Gold eines unbekannten Herstellers. Bei diesem Stück umklammern nicht kurze, kegelförmige Splinte den Rand der Gegenplatte, sondern schmale, lange Splinte sind durch zwei Öffnungen in der Gegenplatte geführt.

3. Verleihungsberechtigung

Verleihungsberechtigt waren:

Vorgesetzte vom Regimentskommandeur bzw. diesen gleichgestellte Truppenvorgesetzte, z.B. Kommandeur eines selbstständigen Bataillons, an aufwärts
- für Kraftfahrer der Wehrmacht,
- für nichtwehrmachtangehörige Kraftfahrer, die der Wehrmacht unterstellt waren.

Vom Staatsminister und Chef der Präsidialkanzlei zu bestimmende Verleihungsdienststellen
- für sonstige Kraftfahrer.

Verleihungsanträge waren durch die Einheitsführer nach Anhören der für die kraftfahrtechnische Überwachung der Kraftfahrzeuge eingesetzten Dienstgrade (z.B. Schirrmeister) auf dem Dienstweg vorzulegen.

Der Bedarf an Abzeichen für die Wehrmacht war monatlich auf dem Dienstweg an die Oberkommandos der Wehrmachtteile zu melden.
Diese forderten dann die Abzeichen beim Wehrmachtbeschaffungsamt (Bekleidung und Ausrüstung) an.

Die Kraftfahrbewährungsabzeichen wurden in sogenannten Verleihungstüten ausgeliefert.

4. Nachweis und Beurkundung

Über die Verleihung des Kraftfahrbewährungsabzeichens wurde ein Besitzzeugnis ausgestellt. Dazu war zwar ein Muster in der Größe DIN A 5 vorgegeben, es kommen jedoch bezüglich Gestaltung, Schriftbild und Größe unterschiedliche Besitzzeugnisse vor.

Außerdem waren Verleihungslisten zu führen, die vom Verleihungsberechtigten zu unterschreiben waren.

Nur Inhaber eines Besitzzeugnisses waren zum Tragen des Kraftfahrbewährungsabzeichens berechtigt. Unbefugtes Tragen war strafbar.

Eine dienstliche Ersatzgestellung für verlorengegangene Abzeichen erfolgte nicht.

Gegen Vorlage des Verleihungsnachweises konnte der Träger in öffentlichen Verkaufsstellen weitere Stücke des Kraftfahrbewährungsabzeichens erwerben.

Der Tag der Verleihung war in die Personalpapiere, insbesondere in das Soldbuch und in den Wehrpaß einzutragen.

BESITZZEUGNIS

DEM Oberschirrmeister
(DIENSTGRAD)

Jos. N i e s
(VOR- UND ZUNAME)

Stab II./Gren. Rgt. (mot) 92
(TRUPPENTEIL)

WURDE DAS

KRAFTFAHR-
BEWÄHRUNGSABZEICHEN

IN Bronce

VERLIEHEN.

Rgt.Gef.Std., d. 10.Juni 1944
(ORT UND DATUM)

(STPMPEL)

(UNTERSCHRIFT)

Oberst u. Rgts.Kdr.
(DIENSTGRAD UND DIENSTSTELLUNG)

Besitzzeugnis in der Originalgröße 14,0 cm x 19,9 cm für ein Kraftfahrbewährungsabzeichen in Bronze, unterschrieben vom Kommandeur GrenRgt (mot) 92 (Heerestruppe bei HGr Süd).

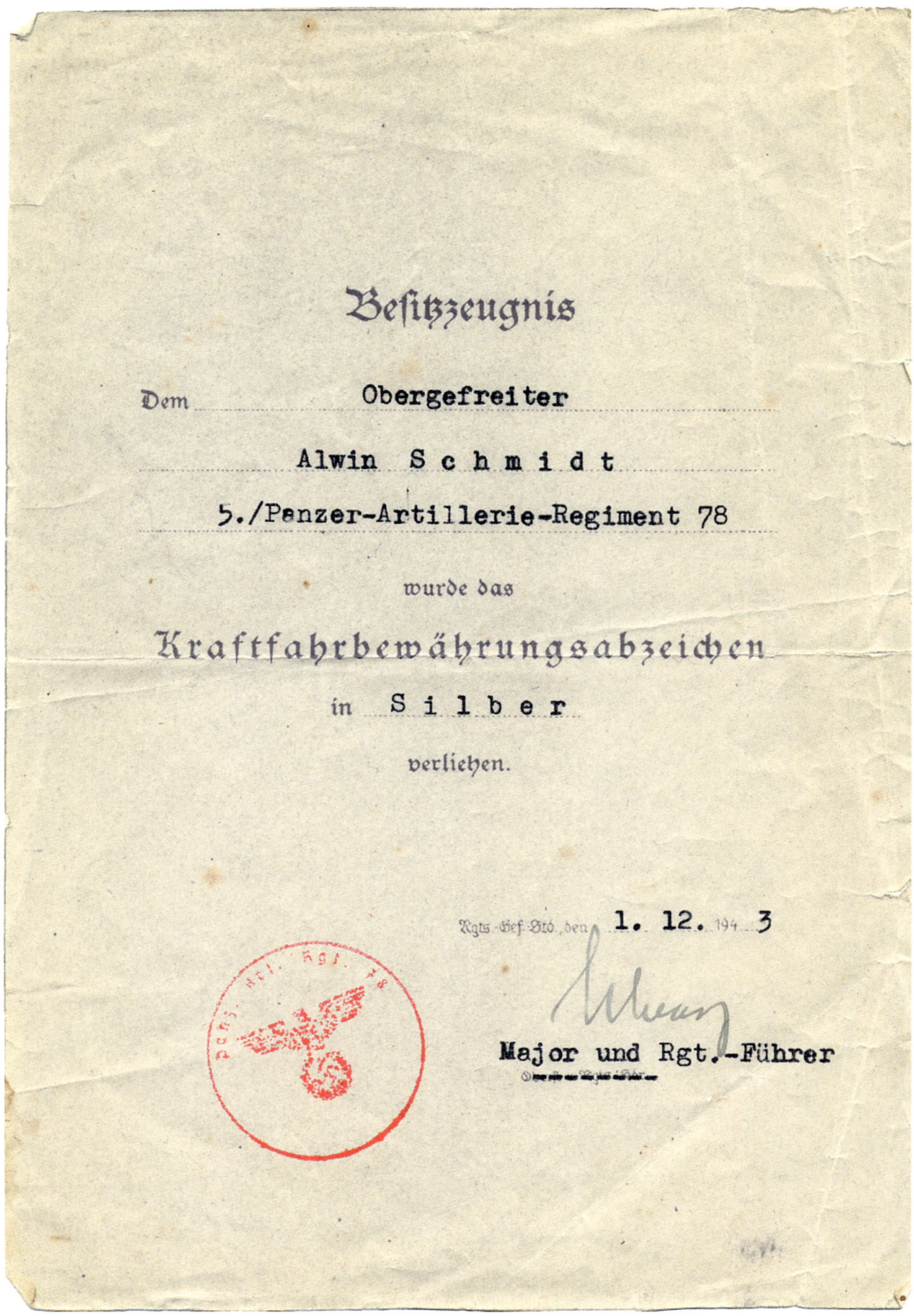

Besitzzeugnis

Dem Obergefreiter

Alwin Schmidt

5./Panzer-Artillerie-Regiment 78

wurde das

Kraftfahrbewährungsabzeichen

in Silber

verliehen.

Rgts.-Gef.-Std., den 1. 12. 1943

Major und Rgt.-Führer

Besitzzeugnis in der Originalgröße 14,7 cm x 21, 0 cm für ein Kraftfahrbewährungsabzeichen in Silber, unterschrieben vom Führer Panzerartillerieregiment 78 (7. Panzerdivision).

Besitzzeugnis

Dem Obergefreiten
Dienstgrad

Wilhelm Käfer
Vor- und Zuname

1o.(Fla.)/Panzergrenadier Regiment 11
Truppenteil

wurde das

Kraftfahrbewährungsabzeichen

in Gold verliehen.

Im Felde, den 21.12.1943.
Ort und Tag

(Stempel)

Unterschrift

Obstlt.u.Regimentskommandeur.
Dienstgrad und Dienststellung

19/444/43

1384 Wehrkreisdruckerei XVII, Wien. 1.43. H.M. 1942/27, Muster 3 zu Nr. 977.

Besitzzeugnis in der Originalgröße 14,9 cm x 20,8 cm für ein Kraftfahrbewährungsabzeichen in Gold, unterschrieben vom Kommandeur Panzergrenadierregiment 11 (9. Panzerdivision).

5. Trageweise

Das Kraftfahrbewährungsabzeichen wurde in der Mitte des linken Unterärmels getragen. Bei Verleihung einer höheren Stufen durfte nur diese getragen werden, die niedrigen Stufen verblieben jedoch zur Erinnerung.

Für die Zivilkleidung konnte eine Miniatur des Kraftfahrbewährungsabzeichens in öffentlichen Verkaufsstellen erworben und am linken Rockaufschlag getragen werden.

Unterscharführer Fritz Sieland, 5. SS-Panzerdivision „Wiking“, mit dem Kraftfahrbewährungsabzeichen in Bronze auf dem linken Unterärmel. Weitere Auszeichnungen: Nahkampfspange in Bronze, Infanteriesturmabzeichen in Bronze, Verwundetenabzeichen in Schwarz. Kleine Ordensschnalle: KVK 2. Klasse mit Schwertern und Ostmedaille. Ordensband im Knopfloch: EK 2. Klasse.

Kradmelder im Einsatz.

6. Herstellung, Verleihungszahlen und Sammlerbewertung

Das Kraftfahrbewährungsabzeichen wurde von mehreren Herstellern gefertigt. Leider weisen die Stücke grundsätzlich keine Herstellerkennzeichen auf. Somit ist die Zuordnung zu bestimmten Firmen nicht möglich.

Die Verleihungslisten sind durch die Kriegsereignisse verloren gegangen, so daß Verleihungszahlen nicht mehr feststellbar sind.

Derzeit können für Stücke mittlerer Qualität auf dem Sammlermarkt folgende Verkaufspreise als Anhalt dienen:

Kraftfahrbewährungsabzeichen in Bronze	30,-- €,
Kraftfahrbewährungsabzeichen in Silber	40,-- €,
Kraftfahrbewährungsabzeichen in Gold	50,-- €.

Bei der 2. und 3. Stufe hat die Qualität der Versilberung bzw. der Vergoldung ganz erheblichen Einfluß auf die Bewertung.

Auch Kraftfahrbewährungsabzeichen wurden und werden kopiert und in den Handel gebracht.

7. Das Gesetz über Titel, Orden und Ehrenzeichen von 1957

Durch Gesetz vom 26. Juli 1957 wurde das Tragen von deutschen Kriegsauszeichnungen des 2. Weltkrieges wieder zugelassen, jedoch nur in einer „entnazifizierten" Form. Da das Kraftfahrbewährungsabzeichen keine NS-Symbole aufweist, waren keine Veränderungen erforderlich.

Ehemalige Angehörige der Deutschen Wehrmacht, die in die Bundeswehr eingetreten waren, durften Ärmelbänder, Ärmelschilde, Scharfschützenabzeichen, Panzervernichtungsabzeichen, Tieffliegervernichtungsabzeichen und auch das Kraftfahrbewährungsabzeichen nicht im Original, auch nicht in der ggf. abgeänderten Ausführung von 1957, an der Bundeswehruniform tragen.
Als Trageweise für den täglichen Dienst war für den Dienstanzug eine verkleinerte Nachbildung des Kraftfahrbewährungsabzeichens auf einer neutralen, 2,5 cm breiten und 1,2 cm hohen, schwarzen Bandunterlage an der Bandschnalle vorgesehen, die über der linken Brusttasche getragen wurde.

Am Kraftfahrbewährungsabzeichen wurden 1957 keine Veränderungen vorgenommen, Schwarzweißabbildung.

Kraftfahrbewährungsabzeichen in Bronze, Ausführung 1957, an der Bandschnalle für die Bundeswehr.

Scharfschütze mit Karabiner 98k und Zielfernrohr 41 (zeitgenössische Postkarte).

Kapitel 15

Scharfschützenabzeichen

- *Scharfschützenabzeichen* -

1. Vorgeschichte und Stiftung der Auszeichnung

Die Deutsche Wehrmacht wurde vor allem an der Ostfront zunehmend mit dem „Scharfschützenübel" konfrontiert, das zu empfindlichen Verlusten führte. Gegen feindliche Scharfschützen gab es nur ein Mittel, nämlich noch bessere eigene Scharfschützen. Das Verhältnis von deutschen zu russischen Scharfschützen lag allerdings meist bei 1 : 20.

Auf einen einmonatigen Schießlehrgang folgte ein einmonatiger Scharfschützenlehrgang. Die Lehrgänge fanden auf mehreren Truppenübungsplätzen im Reich sowie in der Seetaler-Alpe im gebirgigen Gelände der Steiermark statt. Zur Schußabgabe war das Gewehr stets aufzulegen. Als Treffpunkt war in der Regel der Kopf des Zieles zu wählen. Normalerweise wurde lediglich ein einziger Schuß pro Deckung abgegeben. Nachschüsse waren unüblich, um nicht vom Gegner aufgeklärt zu werden. Auf Grund der Erfahrungen an der Ostfront setzte man den Scharfschützen oft gemeinsam mit einem Beobachter ein.

Die meisten Abschüsse erfolgten bis zu einer Entfernung von 400 Metern. Bis dahin war die Wertigkeit des Zieles noch gut zu beurteilen und der Treffer durch einen Zeugen, der den Abschuß stets zu bestätigen hatte, besser zu erkennen als auf weiter entfernte Ziele.

Die Scharfschützen erhielten nur im Rahmen ihres Kampfauftrages eine Bestätigung ihrer Abschüsse. Im Verlauf von eigenen oder feindlichen Angriffen entfiel diese Abschußbestätigung. Somit muß zweifelsfrei angenommen werden, daß die tatsächlichen Erfolge weit höher lagen als die bestätigten Ergebnisse. Scharfschützen unterstanden im Einsatz unmittelbar dem Bataillonskommandeur, hatten sich jedoch bei dem für den jeweiligen Gefechtsstreifen verantwortlichen Kompaniechef an- bzw. abzumelden. Bis zur Einführung des Scharfschützenabzeichens erfolgte die Anerkennung der Abschußerfolge durch die Verleihung des Eisernen Kreuzes.

Zu einem sehr späten Zeitpunkt, erst am 20. August 1944, erging folgender Führerbefehl:
„In Anerkennung des hohen Einsatzes des Einzelschützen mit Gewehr als Scharfschütze und zur Würdigung der hierbei erzielten Erfolge führe ich für das Heer und die SS-Verfügungstruppe (gemeint ist die Waffen-SS, Anmerkung des Verfassers) *das Scharfschützenabzeichen ein. Das Scharfschützenabzeichen wird in 3 Stufen verliehen. ...“*

Um die Jahreswende 1944/45 wurde der Personenkreis der Beliehenen auf die Luftwaffe und die Kriegsmarine ausgedehnt, weil sich auch Angehörige dieser Teilstreitkräfte im infanteristischen Einsatz befanden.

Das Scharfschützenabzeichen hat eine ovale Form, ist aus Stoff gefertigt und maschinengestickt. In einem grauen Feld erscheint ein aus einem Eichenlaubbruch hervorschauender Adlerkopf, der vom Betrachter aus nach rechts sieht. Der Kopf ist schwarz mit weißer Zeichnung, ockerfarbenem Auge und geschlossenem, ockerfarbenem Schnabel. Der Eichenlaubbruch ist dunkelzinnobergrün und besteht aus zwei gespreizt stehenden, links und rechts etwa in der Mitte an den Rand stoßenden Eichenblättern. Darunter befindet sich links eine Eichel und rechts ein weiteres kleines Eichenblatt. Die Adern des Eichenlaubbruches sind in maigrün gehalten.

2. Die Stufen im einzelnen

a. Das Scharfschützenabzeichen I. Stufe, ohne besondere Umrandung

Voraussetzung für die Verleihung des Scharfschützenabzeichens der I. Stufe waren mindestens 20 Feindabschüsse, die nach dem 01.09.1944 erzielt worden waren.

Eine rückwirkende Anrechnung von Abschüssen vor diesem Datum erfolgte nicht, wohl auch deshalb, um angesichts der kritischen Kriegslage zusätzlichen Verwaltungsaufwand zu vermeiden. Auch diese Bestimmung hat dazu beigetragen, daß das Abzeichen sehr selten ist.

Im Nahkampf erzielte Abschüsse wurden nicht angerechnet. Im übrigen mußte der Feind bewegungsunfähig geschossen sein und durfte nicht die Absicht gezeigt haben, überzulaufen oder sich gefangen zu geben.

Über jeden Abschuß war bei der Einheit eine Meldung und Bestätigung durch mindestens einen Zeugen einzureichen. Die Kompanien legten auf Grund der Meldungen Scharfschützenlisten an. Ein Auszug aus der Scharfschützenliste war bei Versetzungen zusammen mit den sonstigen Papieren der neuen Einheit zu übergeben.

Scharfschützenabzeichen I. Stufe eines unbekannten Herstellers. Links Vorderseite, rechts Rückseite. Breite 4,7 cm, Höhe 6,2 cm. Die Bestimmung „ohne besondere Umrandung" bedeutet keinesfalls, daß das Abzeichen der I. Stufe überhaupt nicht umrandet ist. Es hat eine 0,3 cm breite Umrandung aus dem gleichen maigrünen Faden, der auch für die Äderung des Eichenlaubbruches verwendet wurde.

b. Das Scharfschützenabzeichen II. Stufe, mit Silberkordel umrandet

Scharfschützenabzeichen II. Stufe, mit Silberkordel umrandet.

Voraussetzung für die Verleihung des Scharfschützenabzeichens der II. Stufe waren mindestens 40 Feindabschüsse, die nach dem 01.09.1944 erzielt worden waren.

Die Abbildung zeigt, daß die „besondere Umrandung“ mit einer silbernen Kordel zusätzlich um die maigrüne Einfassung angebracht wurde.

c. Das Scharfschützenabzeichen III. Stufe, mit goldgelber Kordel umrandet

Scharfschützenabzeichen III. Stufe, mit goldgelber Kordel umrandet.

Voraussetzung für die Verleihung des Scharfschützenabzeichens der III. Stufe waren mindestens 60 Feindabschüsse, die nach dem 01.09.1944 erzielt worden waren.

Die Abbildung zeigt, daß die „besondere Umrandung“ mit einer goldgelben Kordel zusätzlich um die maigrüne Einfassung angebracht wurde.

3. Verleihungsberechtigung

Das Scharfschützenabzeichen wurde durch den nächsten truppendienstlichen Vorgesetzten mit den Befugnissen mindestens eines Regimentskommandeurs auf schriftlichen Vorschlag des Einheitsführers verliehen. Voraussetzung war, daß der betreffende Soldat als planmäßiger Scharfschütze ausgebildet und eingesetzt war.

4. Nachweis und Beurkundung

Zum Nachweis der Abschüsse diente ein Scharfschützenheft. Über die Verleihung des Scharfschützenabzeichens wurde ein Besitzzeugnis ausgestellt, das von den Verleihungsdienststellen selbst zu beschaffen bzw. selbst herzustellen war. Diese Bestimmung führte vermehrt zu einfachen, maschinengeschriebenen Besitzzeugnissen. Nur Inhaber eines Besitzzeugnisses waren zum Tragen der Auszeichnung berechtigt. Unbefugtes Tragen war strafbar. Der Tag der Verleihung wurde in die Personalpapiere eingetragen.

5. Trageweise

Das Scharfschützenabzeichen war auf dem rechten Unterärmel zu tragen. Bei Verleihung einer höheren Stufen durfte nur diese getragen werden, die niedrigen Stufen verblieben jedoch zur Erinnerung.
Zeitgenössische Fotos von der Trageweise haben bisher nicht vorgelegen.

6. Herstellung, Verleihungszahlen und Sammlerbewertung

Die Scharfschützenabzeichen weisen keine Herstellerkennzeichen auf. Die Truppe hatte Anforderungen von Abzeichen an das Allgemeine Heeresamt zu richten.
Verleihungslisten sind durch die Kriegsereignisse verloren gegangen, so daß Verleihungszahlen nicht mehr feststellbar sind.

Derzeit können für Stücke mittlerer Qualität auf dem Sammlermarkt folgende Verkaufspreise als Anhalt dienen:

Scharfschützenabzeichen I. Stufe, ohne Randkordel	1.900,-- €
Scharfschützenabzeichen II. Stufe, silberne Randkordel	2.500,-- €
Scharfschützenabzeichen III. Stufe, goldene Randkordel	4.000,-- €

Die hohe Bewertung der Auszeichnung und das Fehlen von NS-Symbolen verleiten in besonderem Maße zur Herstellung von Kopien dieses Abzeichens.

7. Das Gesetz über Titel, Orden und Ehrenzeichen von 1957

Durch Gesetz vom 26. Juli 1957 wurde das Tragen von deutschen Kriegsauszeichnungen des 2. Weltkrieges wieder zugelassen, jedoch nur in einer „entnazifizierten" Form. Beim Scharfschützenabzeichen waren keine Veränderungen erforderlich.

Ehemalige Angehörige der Deutschen Wehrmacht, die in die Bundeswehr eingetreten waren, durften trotzdem das Scharfschützenabzeichen im Original nicht zur Uniform tragen.
Als Trageweise im täglichen Dienst war für den Dienstanzug eine verkleinerte Nachbildung auf einer neutralen, 2,5 cm breiten und 1,2 cm hohen, schwarzen Bandunterlage an der Bandschnalle vorgesehen, die über der linken Brusttasche angebracht wurde.

Scharfschützenabzeichen I. Stufe, Ausführung 1957, an der Bandschnalle für die Bundeswehr.

Transportflugzeug Ju 52 setzt Fallschirmjäger ab (zeitgenössisches Foto).

Kapitel 16

Fallschirmschützenabzeichen des Heeres

- *Fallschirmschützenabzeichen des Heeres* -

1. Vorgeschichte und Stiftung der Auszeichnung

Am 20.02.1937 verfügte das Allgemeine Heeresamt (AHA) im Oberkommando des Heeres (OKH) die Aufstellung einer Fallschirminfanteriekompanie in Stärke von etwa 160 Infanteristen zum 01.04.1937 in STENDAL.
In der dortigen Luftwaffen-Fallschirmschule I fand die Sprungausbildung für die Soldaten dieser Einheit statt. Der damalige Oberbefehlshaber der Heeres, Generaloberst Freiherr von Fritsch, stiftete für diese neue Truppe am 01. September 1937 das Fallschirmschützenabzeichen des Heeres als Leistungsabzeichen und unter dem gleichen Datum veröffentlichte das AHA die Verleihungsbestimmungen.

Die Fallschirminfanteriekompanie wuchs ab 01.06.1938 zu einem Fallschirminfanteriebataillon in Stärke von etwa 600 Mann an. Bataillonskommandeur war Major Richard Heidrich, der spätere General der Fallschirmtruppe und Träger des (382.) Eichenlaubs und der (55.) Schwerter.

Anfang November 1938 verlegte das Bataillon von STENDAL nach BRAUNSCHWEIG. Im Rahmen eines Appells übergab dort der damalige Inspekteur der Infanterie, Generalmajor Eugen Ott, dem das Fallschirminfanteriebataillon als Lehr- und Versuchstruppe unmittelbar unterstand, am 04.11.1938 die Truppenfahne.

Mit Wirkung vom 01.01.1939 wurde das Fallschirminfanteriebataillon des Heeres in die Luftwaffe als II. Bataillon des Fallschirmjägerregiments 1 überführt.
Die Verleihung von Fallschirmschützenabzeichen des Heeres wurde damit zunächst eingestellt. Ehemalige Angehörige der Fallschirminfanterie durften allerdings das Fallschirmschützenabzeichen des Heeres an Stelle des Fallschirmschützenabzeichens der Luftwaffe weitertragen.

Die Fallschirmtruppe des Heeres lebte im Verlauf des 2. Weltkrieges wieder auf. Hitler als Oberster Befehlshaber der Wehrmacht wies im Juni 1943 das SS-Führungshauptamt an, einen Fallschirmjägerverband der Waffen-SS aufzustellen. Daraufhin wurde im Juli 1943 aus Freiwilligen verschiedener Divisionen der Waffen-SS und aus SS-Strafbataillonen in CHULM (Protektorat Böhmen und Mähren) das SS-Fallschirmjägerbataillon 500 aufgestellt. Nach verlustreichen Einsätzen in der Partisanenbekämpfung auf dem Balkan wurde der Verband im Oktober 1944 in SS-Fallschirmjägerbataillon 600 umbenannt und kam im Baltikum, in Pommern, in den Ardennen und in Mecklenburg zum Einsatz.

Am 11.03.1944 wurde in STENDAL ein weiterer Fallschirmjägerverband des Heeres aufgestellt. Es handelte sich um das Fallschirmjägerbataillon der Division „Brandenburg“, das vor allem auf dem Balkan eingesetzt wurde.

Das Heerespersonalamt (HPA) sah Veranlassung, auf Grund dieser Neuaufstellungen von Fallschirmjägerverbänden des Heeres die am 01.09.1937 erlassenen Verleihungsbestimmungen für das Fallschirmschützenabzeichen des Heeres wieder in Kraft zu setzen. Die Bekanntgabe erfolgte am 01.06.1943 mit dem Merkblatt 15/5 „Orden und Ehrenzeichen, Sammeldruck der geltenden Bestimmungen“.

2. Das Fallschirmschützenabzeichen des Heeres im einzelnen

Bei der Gestaltung des Abzeichens diente das am 05.11.1936 gestiftete Fallschirmschützenabzeichen der Luftwaffe als Anhalt.
Das Fallschirmschützenabzeichen des Heeres besteht aus einem hochovalen, leicht gewölbten, goldfarbenen Eichenlaubkranz, der unten mit einer Manschette gebunden ist. Oben ist der Kranz mit dem nach seiner rechten Seite blickenden Heeresadler mit dem Hakenkreuz in den Fängen belegt. In der durchbrochenen Mitte des Abzeichens befindet sich ein nach unten herabstoßender silberfarbener Adler. Seine Fänge sind im Unterschied zum Fallschirmschützenabzeichen der Luftwaffe leer. Die Rückseite des Abzeichens mit der senkrecht hart verlöteten Scharnieranstecknadel ist glatt. Mit einer zweifachen Vernietung wurde der Adler auf dem Kranz befestigt.

Das Abzeichen wurde lediglich in einer Stufe gestiftet. Die Verleihung erfolgte an Soldaten aller Dienstgrade nach dem Erwerb des Fallschirmschützenscheins. Die neue Truppe gab auf eigene Initiative der Firma C.E. Juncker, BERLIN, den Auftrag zur Fertigung einer Serie in 800er Silber, obwohl die Bestimmungen kein Edelmetall, sondern ein Leichtmetall (Aluminium) vorsahen. Auf der Rückseite dieser privat beschafften Stücke wurden die Einheit (Kompanie) oder der Verband (Bataillon), Dienstgrad und Name des Trägers sowie zum Teil auch die Verleihungsnummer eingraviert.
Zeitgleich stellte die Firma Juncker entsprechend der Vorschrift Abzeichen aus Aluminium her, die auf dem Dienstweg zur Verleihung kamen.

Fallschirmschützenabzeichen des Heeres aus 800er Silber der Firma C.E. Juncker, BERLIN. Gewicht 35,0 g. Diese privat beschaffte Ausführung mit der Gravur von Bataillon, Dienstgrad und Name des Trägers beruht auf einer Initiative der Truppe aus dem Jahr 1938.

- Fallschirmschützenabzeichen des Heeres -

Fallschirmschützenabzeichen des Heeres aus Aluminium. Ohne Herstellerkennzeichen. Breite 4,2 cm, Höhe 5,4 cm. Gewicht 14,0 g.

Fallschirmschützenabzeichen des Heeres aus Stoff, gewebt, Schwarzweißabbildung. Ohne Herstellerkennzeichen. Das Abzeichen stammt aus der Zeit von 1943 - 1945.

3. Verleihungsberechtigung

In den Jahren 1937 - 1938 waren Anträge auf Verleihung des Fallschirmschützenabzeichens des Heeres unter Beifügung der Fallschirmschützenscheine der Inspektion der Infanterie vorzulegen. Verleihungsurkunden und Abzeichen gingen von dort den Dienststellen zwecks Aushändigung an die Beliehenen zu.

Über die verliehenen Abzeichen war beim Inspekteur der Infanterie eine Liste zu führen, aus der ersichtlich sein mußte
- Name des Beliehenen,
- Nummer der Verleihungsurkunde,
- eingezogen am: ... (falls Aberkennung des Abzeichens erfolgte).

Die Verleihungsberechtigung für die 1943 - 1945 verliehenen Abzeichen oblag
- für das SS-Fallschirmjägerbataillon 500 bzw. 600 dem Inspekteur Infanterie im SS-Führungshauptamt,
- für das Fallschirmjägerbataillon „Brandenburg“ dem Bataillonskommandeur.

Die Berechtigung zum Tragen des Abzeichens wurde nach Ablauf von zwölf Monaten überprüft. Das Weitertragen war abhängig von der Durchführung von mindestens sechs Fallschirmsprüngen beliebiger Art im Laufe des Jahres. Bei Nichterfüllung dieser Bedingung war das Abzeichen abzulegen. Über Ausnahmen von dieser Regelung hatte der Inspekteur der Infanterie zu entscheiden. Nach ehrenvollem Ausscheiden aus dem aktiven Wehrdienst ging das Abzeichen in den Besitz des Trägers über.

Bei Verlust des Abzeichens hatte der Verlierer Ersatz aus eigenen Mitteln zu beschaffen.

Das Fallschirmabzeichen des Heeres ist in Etuis überreicht worden, die mit dem Muster für das Fallschirmschützenabzeichen der Luftwaffe identisch sind.

4. Nachweis und Beurkundung

Über die Verleihung des Fallschirmschützenabzeichens des Heeres wurde eine Verleihungsurkunde ausgestellt. In den Jahren 1937 - 1938 besaß diese etwa DIN A 4 - Format, war mit der jeweiligen Verleihungsnummer versehen und wurde vom Inspekteur der Infanterie unterschrieben.

Die Verleihungsurkunden von 1943 - 1945 weichen davon ab. Sie unterscheiden sich sowohl in der Text- als auch in der Schriftgestaltung und sind etwa in der Größe DIN A 5 ausgeführt. Die Verleihungsnummer wurde nur noch zum Teil darauf vermerkt.

Nur Inhaber der Verleihungsurkunde waren zum Tragen des Abzeichens berechtigt. Unbefugtes Tragen war strafbar. Die Verleihung wurde in die Personalpapiere eingetragen.

VERLEIHUNGSURKUNDE

Ich verleihe dem

Oberschützen

Dienstgrad, Vor- und Zuname

Fallschirm - Infanterie - Kompanie

Truppenteil

das

Fallschirmschützenabzeichen

Dienst-stempel

Der Oberbefehlshaber des Heeres

Im Auftrage

Generalleutnant und Inspekteur der Infanterie

Nr. der Urkunde

Berlin, den 18.12.37

Schwarzweißkopie einer Verleihungsurkunde für das Fallschirmschützenabzeichen des Heeres. Originalgröße DIN A 4, hier verkleinerte Wiedergabe. Die Urkunde wurde unterschrieben vom Inspekteur der Infanterie, Generalleutnant Friedrich Roese.

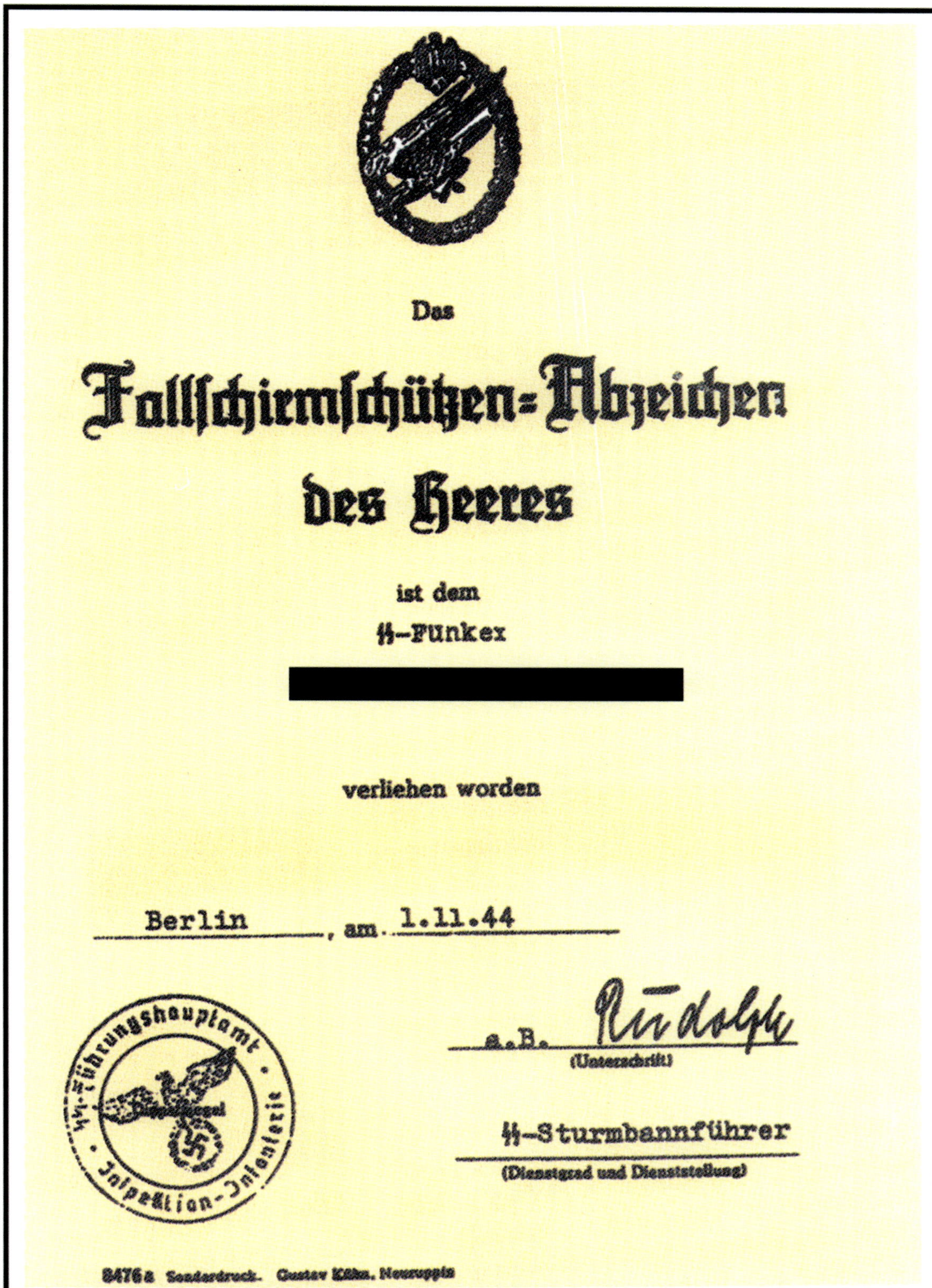

Das

Fallschirmschützen-Abzeichen

des Heeres

ist dem

SS-Funker

verliehen worden

Berlin, am 1.11.44

a.B. Rudolph
(Unterschrift)

SS-Sturmbannführer
(Dienstgrad und Dienststellung)

8476a Sonderdruck. Gustav Kühn, Neuruppin

Verleihungsurkunde in der Originalgröße 14,0 cm x 20,0 cm für das Fallschirmschützenabzeichen des Heeres, unterschrieben von SS-Sturmbannführer Rudolph im Auftrag des Inspekteurs Infanterie im SS-Führungshauptamt.

5. Trageweise

Das Fallschirmschützenabzeichen des Heeres wurde angesteckt auf der linken Brustseite in und außer Dienst getragen. War der damit Ausgezeichnete bereits im Besitz des Eisernen Kreuzes 1. Klasse, so war das Fallschirmschützenabzeichen unterhalb davon anzubringen.
Für die Zivilkleidung konnte eine Miniatur als Anstecknadel in öffentlichen Verkaufsstellen erworben und am linken Rockaufschlag getragen werden.

Links:
Richard Heidrich im Mai 1940 als Oberst und Kommandeur des Infanterieregiments 514 (294. Infanteriedivision) mit dem Fallschirmschützenabzeichen des Heeres links unterhalb des Eisernen Kreuzes 1. Klasse. Er war vom 01.06.1938 bis zum 31.12.1938 Kommandeur des Fallschirminfanteriebataillons in BRAUNSCHWEIG.

Nach der Versetzung zur Luftwaffe erhielt er am 14.06.1941 als Kommandeur des Fallschirmjägerregiments 3 für seinen Einsatz bei der Einnahme der Insel Kreta das Ritterkreuz des Eisernen Kreuzes. Danach kämpfte er mit diesem Verband 1941/42 im Erdeinsatz vor LENINGRAD und wurde am 31.03.1942 mit dem Deutschen Kreuz in Gold ausgezeichnet.
Am 01.08.1942 zum Generalmajor befördert, wurde Richard Heidrich Kommandeur der 1. Fallschirmjägerdivision. In dieser Verwendung erhielt er am 05.02.1944 das (382.) Eichenlaub für den Abwehrkampf an der italienischen Front. Danach führte er seine Division bei der heldenhaften Verteidigung des Monte Cassino, wofür er am 25.03.1944 mit den (55.) Schwertern ausgezeichnet wurde.

Im Juni 1944 übernahm er als General der Fallschirmtruppe die Führung des I. Fallschirmjägerkorps, mit dem er bis Kriegsende in Italien kämpfte. Nur kurze Zeit nach seiner Entlassung aus der Kriegsgefangenschaft verstarb Richard Heidrich am 21.12.1947 in HAMBURG-BERGEDORF.

6. Herstellung, Verleihungszahlen und Sammlerbewertung

Die Firma C.E. Juncker, BERLIN, stellte in den Jahren 1937 - 1938 alle Fallschirmschützenabzeichen des Heeres her, sowohl die auf Grund der privaten Initiative angefertigten Stücke aus 800er Silber als auch die dienstlich gelieferten Abzeichen aus Leichtmetall (Aluminium). Auf Herstellerkennzeichen wurde seitens der Firma Juncker bei diesen Abzeichen verzichtet.

In der Zeit des Bestehens der Fallschirminfanteriekompanie bzw. des Fallschirminfanteriebataillons vom 01.04.1937 bis zum 31.12.1938 wurden etwa 600 Fallschirmschützenabzeichen des Heeres verliehen.

Als die Verleihung dieses Leistungsabzeichens 1943 wieder aufgenommen wurde, erfolgte die Herstellung durch verschiedene Firmen und zwar nicht nur aus Aluminium, sondern auch aus Feinzink.

Die Anzahl der verliehenen Fallschirmschützenabzeichen des Heeres ist nicht bekannt. Vorsichtige Schätzungen gehen von etwa 1.500 Verleihungen aus.

Bei einer Schätzung der insgesamt gefertigten Abzeichen muß berücksichtigt werden, daß diese auch in öffentlichen Verkaufsstellen unter Vorlage des Verleihungsnachweises als Zweit- oder Drittstücke erworben werden konnten.

Bei dem Fallschirmschützenabzeichen des Heeres handelt es sich um eine außerordentlich seltene Auszeichnung. Dies schlägt sich auch in den hohen Preisen auf dem Sammlermarkt nieder.

Derzeit können für Stücke mittlerer Qualität auf dem Sammlermarkt folgende Verkaufspreise als Anhalt dienen:

Fallschirmschützenabzeichen des Heeres	
Silber, echt Silber, Rückseite mit Gravur der Kompanie	20.000,-- €
Silber, echt Silber, Rückseite mit Gravur des Bataillons	20.000,-- €
Silber, echt Silber, ohne Gravur	10.000,-- €
Aluminium oder Zink	1.500,-- €
Stoff, gewebt	1.000,-- €

Nicht zuletzt auf Grund der Seltenheit dieser Auszeichnung wurden und werden davon Kopien hergestellt und in den Handel gebracht. Merkmale für Fälschungen sind das den Originalen nicht entsprechende Prägebild der Vorderseite und das oft unverhältnismäßig hohe Gewicht.
Meist ist der Adler mit geschlossenen Fängen dargestellt und somit der „entnazifizierten“ Form von 1957 nachempfunden. In vielen Fällen ist er nicht wie das Original qualitativ hochwertig, sondern minderwertig vernietet oder sogar nur aufgelötet worden.

7. Das Gesetz über Titel, Orden und Ehrenzeichen von 1957

Durch Gesetz vom 26. Juli 1957 wurde das Tragen von deutschen Kriegsauszeichnungen des 2. Weltkrieges wieder zugelassen, jedoch nur in einer „entnazifizierten" Form. Für das Fallschirmschützenabzeichen des Heeres bedeutete dies den ersatzlosen Fortfall des Hoheitszeichens und das Schließen der Krallen des stürzenden Adlers(!).

Ehemalige Angehörige der Deutschen Wehrmacht, die in die Bundeswehr eingetreten waren, durften das Fallschirmschützenabzeichen des Heeres in der Originalgröße der abgeänderten Form nur zu besonderen Anlässen an der Uniform tragen.
Als Trageweise im täglichen Dienst war für den Dienstanzug eine verkleinerte Nachbildung auf einer neutralen, 2,5 cm breiten und 1,2 cm hohen, schwarzen Bandunterlage an der Bandschnalle vorgesehen, die über der linken Brusttasche getragen wurde.

Fallschirmschützenabzeichen des Heeres in der gemäß Gesetz von 1957 zugelassenen Form, Schwarzweißabbildung. Im Vergleich zum Original aus der Zeit des 2. Weltkrieges fällt auf, daß die Fänge des Adlers 1957 geschlossen wurden, so daß keine Krallen mehr erkennbar sind(!).

Fallschirmschützenabzeichen des Heeres, Ausführung 1957, an der Bandschnalle für die Bundeswehr.

Feldwebel einer Kosakeneinheit mit der
Verdienstauszeichnung 2. Klasse in Bronze.

Kapitel 17

Tapferkeits- und Verdienstauszeichnung für Angehörige der Ostvölker

- *Tapferkeits- und Verdienstauszeichnung für Angehörige der Ostvölker* -

1. Vorgeschichte und Stiftung der Auszeichnung

Der Ostfeldzug brachte es mit sich, daß aus dem riesigen Heer der Kriegsgefangenen und aus der Bevölkerung der besetzten Gebiete Freiwillige bereit waren, sich der Deutschen Wehrmacht als Hilfswillige, aber auch mit der Waffe in der Hand zum Kampf gegen das Sowjetsystem zur Verfügung zu stellen. Die Masse dieser Kampftruppen wurde im Partisanenkampf und zu Sicherungsaufgaben verwendet. Der Einsatz gegen die Rote Armee bildete, außer in Krisenlagen, eher die Ausnahme.

Um diesen Freiwilligen einen Anreiz zur Leistungssteigerung zu geben, erfolgte am 14. Juli 1942 durch Hitler die Stiftung der Tapferkeits- und Verdienstauszeichnung für Angehörige der Ostvölker:
„Als sichtbares Zeichen der Anerkennung für Tapferkeit und Verdienste ...“

Die Durchführungsbestimmungen des Chefs des Oberkommandos der Wehrmacht vom 16.07.1942, veröffentlicht am 07.09.1942, sahen vor, daß die Auszeichnung als Kampfabzeichen mit Schwertern für Tapferkeit und als Verdienstabzeichen ohne Schwerter für Verdienste verliehen werden sollte. Der russischen Mentalität entsprechend konnten mit der Verleihung Zuwendungen in Geld oder sonstige Sachleistungen verbunden werden.

Gemäß Verfügung vom 29.10.1942 konnte die Tapferkeitsauszeichnung und gemäß Verfügung vom 14.02.1944 auch die Verdienstauszeichnung für Angehörige der Ostvölker an deutsche Soldaten als Erinnerungszeichen verliehen werden, *„um den Wert der Auszeichnung gegenüber den Angehörigen der Ostvölker sichtbar zu machen.“*
Voraussetzung dafür war allerdings, daß diese deutschen Soldaten als Führer von geschlossenen Ostvolkeinheiten oder innerhalb dieser Verbände als Stammpersonal eingesetzt waren. Die Verleihung an deutsche Soldaten, die anderen als geschlossenen Ostvolkeinheiten angehörten, war genauso untersagt wie die Verleihung an deutsche Beamte in den besetzten Ostgebieten.

Da die Tapferkeits- und Verdienstauszeichnung für Angehörige der Ostvölker auch an Angehörige nichtchristlicher Volksstämme verliehen werden sollte, wurde die Verwendung des Kreuzes, in welcher Form auch immer, vermieden. Vermutlich ist auch die grüne Farbgebung des Bandes auf die Berücksichtigung der Religion der Muslime zurückzuführen. Die Auszeichnung besteht aus einem Strahlenstern mit acht Strahlenbündeln. In der Mitte befindet sich ein rundes Medaillon mit einer stilisierten sechsblättrigen Blüte. Um dieses Medaillon verläuft ein innen und außen mit einer Schnurleiste eingefaßter Ring mit einem im unteren Teil gebundenen Lorbeerkranz. Bei der Tapferkeitsauszeichnung liegen zwei antike Schwerter diagonal gekreuzt zwischen dem Strahlenstern und dem runden Mittelteil.
Bei der 2. Klasse ist der oberste Strahl verlängert und mit einer Ringöse versehen. Strahlenstern und Ringöse sind aus einem Stück gefertigt. Die Rückseite der Ausführungen der 2. Klasse weisen im Gegensatz zum Eisernen Kreuz 2. Klasse und zum Kriegsverdienstkreuz 2. Klasse keine Prägung auf. Auf der Rückseite der 1. Klasse ist ein Nadelsystem angebracht.

2. Die Ausführungen und Klassen im einzelnen

a. Für Tapferkeit (mit Schwertern)

2. Klasse in Bronze am dunkelgrünen Band,
2. Klasse in Silber am grünen, weißgeränderten Band,
2. Klasse in Gold am hellgrünen, rotgeränderten Band,
1. Klasse in Silber, ohne Band als Steckauszeichnung,
1. Klasse in Gold, ohne Band als Steckauszeichnung.

Tapferkeitsauszeichnung für Angehörige der Ostvölker, 2. Klasse in Bronze am dunkelgrünen Band. Unbekannter Hersteller. Breite 4,0 cm, Höhe mit Ringöse 4,5 cm. Gewicht mit Band 12 g. Die Rückseite ist glatt, nach innen gewölbt und hier ohne die bei den meisten Stücken übliche schüsselartige Vertiefung ausgeführt.
Die sonst am oberen Rand des Bandes angenähte Anstecknadel ist entfernt worden.

- *Tapferkeits- und Verdienstauszeichnung für Angehörige der Ostvölker* -

Jede Stufe der 2. Klasse konnte an Angehörige der Ostvölker, für deutsche Verhältnisse völlig unüblich und ungewöhnlich, bis zu dreimal verliehen werden. Dadurch wurden die Verleihungsmöglichkeiten erweitert und die russisch-zaristische Tradition der Mehrfachverleihungen von Auszeichnungen berücksichtigt.
Die Verleihung einer höheren Stufe setzte in der Regel die dreimalige Verleihung der vorhergehenden Stufe voraus. Bei besonderer Tapferkeit konnte ausnahmsweise unmittelbar eine höhere Stufe verliehen werden.

Tapferkeitsauszeichnung für Angehörige der Ostvölker, 2. Klasse in Silber am grünen, weißgeränderten Band. Unbekannter Hersteller. Breite 3,9 cm, Höhe mit Ringöse 4,5 cm. Gewicht mit Band 14 g. Bandbreite 3,0 cm, Breite des weißen Streifens 0,3 cm.
Für die Herstellung der Tapferkeits- und Verdienstauszeichnung für Angehörige der Ostvölker wurde ausschließlich Zinkmetall verwendet, auf dem sich eine Versilberung bzw. Vergoldung oftmals als nicht dauerhaft erweist. Die Versilberung des hier abgebildeten Stückes ist bereits streifig geworden.

- *Tapferkeits- und Verdienstauszeichnung für Angehörige der Ostvölker* -

Voraussetzung für die Verleihung der Tapferkeitsauszeichnung an deutsche Soldaten war die vorausgegangene Verleihung des Eisernen Kreuzes bei der Ostvolkeinheit.
Allerdings durfte die Tapferkeitsauszeichnung jeder Klasse an deutsche Soldaten nur einmal in folgender Stufe verliehen werden:
- 2. Klasse in Silber in Verbindung mit dem Eisernen Kreuz 2. Klasse,
- 1. Klasse in Silber in Verbindung mit dem Eisernen Kreuz 1. Klasse.

Tapferkeitsauszeichnung für Angehörige der Ostvölker, 2. Klasse in Gold am hellgrünen, rotgeränderten Band. Unbekannter Hersteller. Breite 4,0 cm, Höhe mit Ringöse 4,5 cm. Gewicht mit Band 14 g. Die Auszeichnung ist aus Zink hergestellt worden, auf dem sich eine Versilberung oder Vergoldung oftmals als nicht dauerhaft erweist. Die Vergoldung des hier abgebildeten Stückes ist nahezu vollständig verblaßt. Lediglich die Vergoldung auf dem Bandring aus Buntmetall ist noch vollständig erhalten.

- *Tapferkeits- und Verdienstauszeichnung für Angehörige der Ostvölker* -

Tapferkeitsauszeichnung für Angehörige der Ostvölker, 1. Klasse in Silber. Unbekannter Hersteller. Breite und Höhe 4,9 cm. Gewicht 22 g.
Die schüsselartige Vertiefung auf der Rückseite der meisten Stücke sowohl der 2. Klasse als auch der 1. Klasse diente der Material- und Gewichtsersparnis.

Tapferkeitsauszeichnung für Angehörige der Ostvölker, 1. Klasse in Gold. Unbekannter Hersteller. Breite und Höhe 4,9 cm. Gewicht 24 g.

- *Tapferkeits- und Verdienstauszeichnung für Angehörige der Ostvölker* -

b. Für Verdienst (ohne Schwerter)

2. Klasse in Bronze am dunkelgrünen Band,
2. Klasse in Silber am grünen, weißgeränderten Band,
2. Klasse in Gold am hellgrünen, rotgeränderten Band,
1. Klasse in Silber, ohne Band als Steckauszeichnung,
1. Klasse in Gold, ohne Band als Steckauszeichnung.

Verdienstauszeichnung für Angehörige der Ostvölker, 2. Klasse in Silber. Der Bandring ist gekennzeichnet mit 100, gemäß der Firmenliste der Präsidialkanzlei handelt es sich dabei um die Firma Rudolf Wächtler & Lange, MITTWEIDA/Sachsen.

Auch die Verdienstauszeichnung konnte in jeder Stufe der 2. Klasse bis zu dreimal verliehen werden.
Die Verleihung einer höheren Stufe setzte in der Regel die dreimalige Verleihung der vorhergehenden Stufe voraus. Bei Bewährung durch hervorragende Verdienste konnte ausnahmsweise unmittelbar die höhere Stufe verliehen werden.

Voraussetzung für die Verleihung der Verdienstauszeichnung für Angehörige der Ostvölker an deutsche Soldaten war die Verleihung des Eisernen Kreuzes in einer anderen Verwendung als bei einer Ostvolkeinheit oder die Verleihung des Kriegsverdienstkreuzes.
Allerdings durfte auch die Verdienstauszeichnung jeder Klasse nur einmal an deutsche Soldaten in folgender Stufe verliehen werden:

- Verdienstauszeichnung 2. Klasse in Silber in Verbindung mit dem Eisernen Kreuz 2. Klasse oder mit dem Kriegsverdienstkreuz 2. Klasse,
- Verdienstauszeichnung 1. Klasse in Silber in Verbindung mit dem Eisernen Kreuz 1. Klasse oder mit dem Kriegsverdienstkreuz 1. Klasse.

3. Verleihungsberechtigung

Verleihungsberechtigt waren

- für Angehörige der Wehrmacht und Nichtwehrmachtangehörige, die der Wehrmacht unterstellt oder in ihrem unmittelbaren Auftrag tätig waren
  - der nächste Befehlshaber in der Stellung mindestens eines Divisions- usw. Kommandeurs.
- für im Partisanenkampf und im Ordnungsdienst eingesetzten Schutzmannschaftsbataillone und der Dienststellen der Sicherheitspolizei sowie des Sicherheitsdienstes
  - der nächste Polizeiführer in der Stellung eines Divisions- usw. Kommandeurs.
- für Nichtwehrmachtangehörige im Rahmen der Zuständigkeit des Reichsministeriums für die besetzten Ostgebiete
  - für die Verleihung der Tapferkeitsauszeichnung der nächste Befehlshaber in der Stellung mindestens eines Divisions- usw. Kommandeurs,
  - für die Verleihung der Verdienstauszeichnung der Reichsminister für die besetzten Ostgebiete oder die von ihm zu bestimmenden Dienststellen.

Eine postume Verleihung war nicht vorgesehen.

Die 2. Klasse wurde in Verleihungstüten, die 1. Klasse in Verleihungsetuis überreicht.

Zunächst war die Verleihung von anderen Orden und Ehrenzeichen der Wehrmacht an Ostvölker nicht vorgesehen. Unter dem Druck der kritischen Kriegslage wurde gemäß Verordnung vom 28.05.1943 verfügt, daß neben der Tapferkeits- und Verdienstauszeichnung für Angehörige der Ostvölker an die auf den Führer vereidigten, im Rahmen bzw. in Verbänden der Deutschen Wehrmacht kämpfenden Freiwilligen fremder Volksstämme auch das Eiserne Kreuz, das Kriegsverdienstkreuz, alle Waffenabzeichen (Sturmabzeichen, Kampfabzeichen, Ärmelschilde) die Ostmedaille und das Verwundetenabzeichen verliehen werden können. Voraussetzung für das Eiserne Kreuz 2. Klasse war der Besitz der Tapferkeitsauszeichnung 2. Klasse in Silber, für das Eiserne Kreuz 1. Klasse der Besitz der Tapferkeitsauszeichnung 1. Klasse in Silber. Voraussetzung für das Kriegsverdienstkreuz 2. Klasse war der Besitz der Verdienstauszeichnung 2. Klasse in Silber, für das Kriegsverdienstkreuz 1. Klasse der Besitz der Verdienstauszeichnung 1. Klasse in Silber.

4. Nachweis und Beurkundung

Über die Verleihung der Tapferkeits- und Verdienstauszeichnung für Ostvölker wurde eine Verleihungsurkunde ausgestellt. Da die Urkundenvordrucke zentral durch die Präsidialkanzlei geliefert wurden, kommen kaum Varianten vor.
Die Verleihung aller Ausführungen und Stufen wurde in die Personalpapiere eingetragen. Unbefugtes Tragen war strafbar. Gegen Vorlage eines Verleihungsnachweises konnten weitere Stücke in öffentlichen Verkaufsstellen erworben werden.

- Tapferkeits- und Verdienstauszeichnung für Angehörige der Ostvölker -

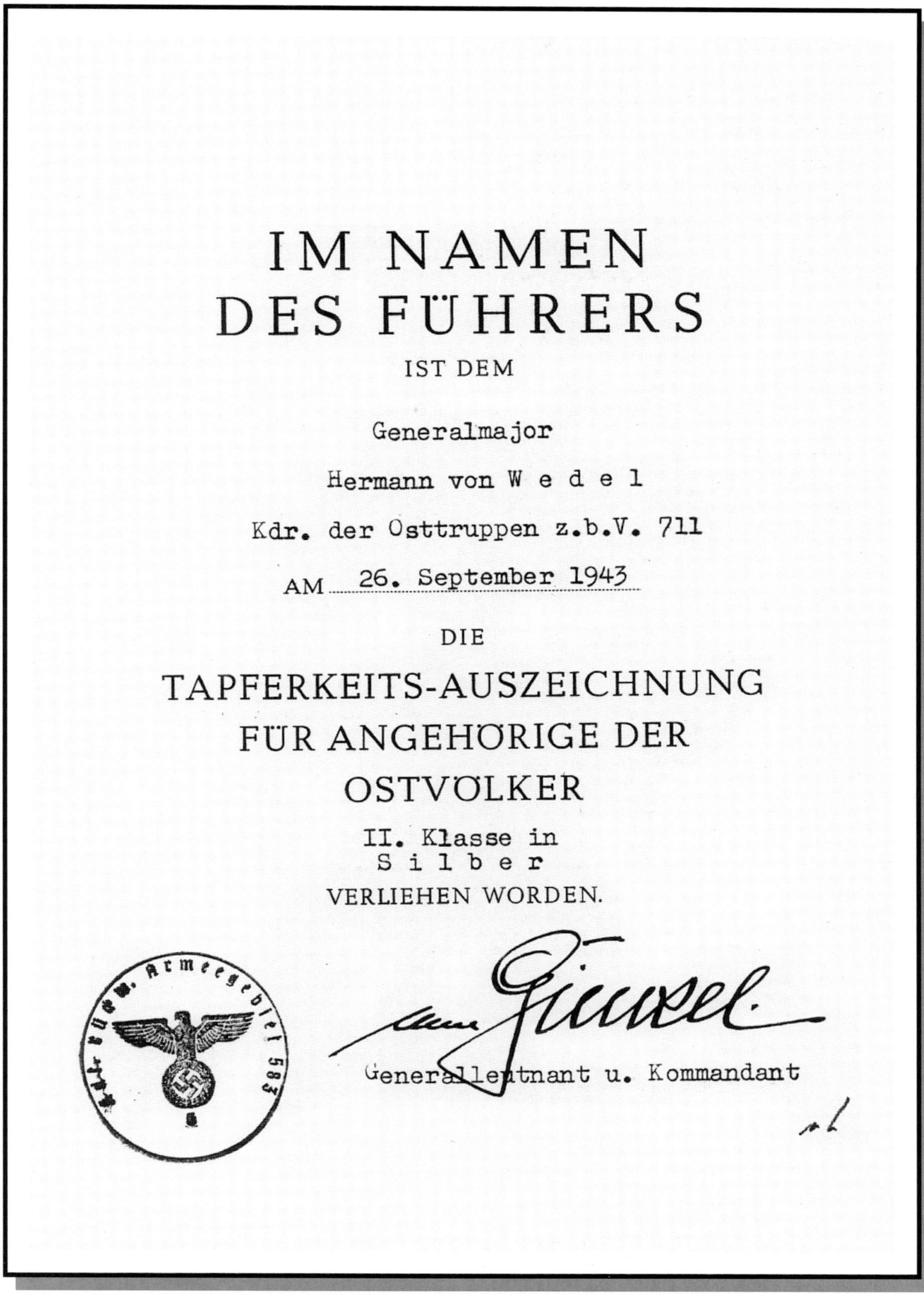

IM NAMEN
DES FÜHRERS

IST DEM

Generalmajor

Hermann von W e d e l

Kdr. der Osttruppen z.b.V. 711

AM 26. September 1943

DIE

TAPFERKEITS-AUSZEICHNUNG
FÜR ANGEHÖRIGE DER
OSTVÖLKER

II. Klasse in
S i l b e r

VERLIEHEN WORDEN.

Generalleutnant u. Kommandant

Schwarzweißkopie einer Verleihungsurkunde in der Originalgröße 15,0 cm x 21,0 cm für die Tapferkeitsauszeichnung für Angehörige der Ostvölker 2. Klasse in Silber, unterschrieben von Generalleutnant Oskar van Ginckel, Kommandant rückwärtiges Armeegebiet 583.

5. Trageweise

Die 2. Klasse der Tapferkeits- und Verdienstauszeichnung für Angehörige der Ostvölker wurde in Form des Bandes im zweiten Knopfloch des Uniformrocks oder auf der linken Brustseite an der großen Ordensschnalle oder an der kleinen Ordensschnalle getragen.
Die Schwerterauflage für die Tapferkeitsauszeichnung in Bronze, Silber bzw. Gold war vergleichbar dem Kriegsverdienstkreuz 2. Klasse mit Schwertern nur auf dem Band der kleinen Ordensschnalle anzubringen. Die 1. Klasse in Silber bzw. Gold wurden als Steckauszeichnungen auf der linken Brustseite getragen.

Beliehene entlassene Kriegsgefangene, die bei Nichtbewährung wieder zu Kriegsgefangenen wurden, waren die Auszeichnungen und Verleihungsurkunden bzw. Besitzzeugnisse wieder abzunehmen. Die Auszeichnungen waren in den Bestand der verleihungsberechtigten Dienststelle zu nehmen, die Urkunden waren zu vernichten.

Für die Zivilkleidung konnte eine Miniatur der Tapferkeits- und Verdienstauszeichnung für Ostvölker als Anstecknadel in öffentlichen Verkaufsstellen erworben und am linken Rockaufschlag getragen werden.

Leutnant der Russischen Befreiungsarmee mit drei Tapferkeitsauszeichnungen 2. Klasse in Bronze am dunkelgrünen Band und einer Tapferkeitsauszeichnung 2. Klasse in Silber am grünen, weißgeränderten Band. Außerdem trägt er das Infanteriesturmabzeichen in Silber.

6. Herstellung, Verleihungszahlen und Sammlerbewertung

Die Tapferkeits- und Verdienstauszeichnung für Angehörige der Ostvölker geht auf eine Anregung des Reichsführers-SS, Heinrich Himmler, zurück. Der künstlerische Entwurf wurde von Herrn Elmar Lang, Mitarbeiter der Firma Godet & Co., BERLIN, ausgeführt, wobei Vorstellungen des Leiters der Ordenskanzlei der Präsidialkanzlei, Unterstaatssekretär Dr. Heinrich Doehle und Anordnungen Hitlers zu berücksichtigen waren.

Mit der Herstellung wurden zahlreiche Firmen beauftragt. Herstellerkennzeichen finden sich jedoch auf dieser Auszeichnung verhältnismäßig selten.
Unter anderem hat die Firma Rudolf Wächtler & Lange, MITTWEIDA/Sachsen, diese Auszeichnung gefertigt und versah die Stücke auf dem Bandring der 2. Klasse und auf der Anstecknadel der 1. Klasse gemäß der Firmenliste der Präsidialkanzlei mit dem Herstellerkennzeichen 100.

Über die Zahl der verliehenen Auszeichnungen liegen keinerlei Unterlagen vor.

Der Bedarf an Tapferkeits- und Verdienstauszeichnungen für Angehörige der Ostvölker war durch die Oberkommandos der Teilstreitkräfte, den Reichsführer-SS und durch das Reichsministerium für die besetzten Ostgebiete unmittelbar bei der Präsidialkanzlei des Führers, BERLIN, Voßstraße 4, anzufordern.

Derzeit können für Stücke mittlerer Qualität auf dem Sammlermarkt folgende Verkaufspreise als Anhalt dienen:

Tapferkeitsauszeichnung für Angehörige der Ostvölker, 2. Klasse in Bronze	100,-- €
Tapferkeitsauszeichnung für Angehörige der Ostvölker, 2. Klasse in Silber	110,-- €
Tapferkeitsauszeichnung für Angehörige der Ostvölker, 2. Klasse in Gold	170,-- €
Tapferkeitsauszeichnung für Angehörige der Ostvölker, 1. Klasse in Silber	180,-- €
Tapferkeitsauszeichnung für Angehörige der Ostvölker, 1. Klasse in Gold	200,-- €
Verdienstauszeichnung für Angehörige der Ostvölker, 2. Klasse in Bronze	100,-- €
Verdienstauszeichnung für Angehörige der Ostvölker, 2. Klasse in Silber	110,-- €
Verdienstauszeichnung für Angehörige der Ostvölker, 2. Klasse in Gold	140,-- €
Verdienstauszeichnung für Angehörige der Ostvölker, 1. Klasse in Silber	200,-- €
Verdienstauszeichnung für Angehörige der Ostvölker, 1. Klasse in Gold	250,-- €

Alle Ausführungen und Klassen der Tapferkeits- und Verdienstauszeichnung für Angehörige der Ostvölker sind bisher ausschließlich im Kriegsmaterial Zink nachgewiesen.

Auch von der Tapferkeits- und Verdienstauszeichnung für Angehörige der Ostvölker aller Ausführungen und Klassen wurden und werden Kopien hergestellt und in den Handel gebracht.

7. Das Gesetz über Titel, Orden und Ehrenzeichen von 1957

Durch Gesetz vom 26. Juli 1957 wurde das Tragen von deutschen Kriegsauszeichnungen des 2. Weltkrieges wieder zugelassen, jedoch nur in einer „entnazifizierten“ Form. Da sich auf der Tapferkeits- und Verdienstauszeichnung für Angehörige der Ostvölker kein NS-Symbol befindet, war keine Veränderung erforderlich.

Ehemalige Angehörige der Deutschen Wehrmacht, die in die Bundeswehr eingetreten waren, durften die Tapferkeits- und Verdienstauszeichnung für Angehörige der Ostvölker in der Originalgröße nur zu besonderen Anlässen an der Uniform tragen. Als Trageweise im täglichen Dienst war für den Dienstanzug das Band an der Bandschnalle vorgesehen, die über der linken Brusttasche getragen wurde. Allerdings wurde bezüglich des Bandes nicht mehr in dunkelgrün, grün und hellgrün unterschieden, sondern es wurde ein einheitliches Grün verwendet. Die Bandschnallen sind 2,5 cm breit und 1,2 cm hoch. Bei der Tapferkeits- und Verdienstauszeichnung 1. Klasse in Silber bzw. Gold wurde auf dem Band die jeweilige Klasse in verkleinerter Form angebracht.

Links Tapferkeitsauszeichnung, rechts Verdienstauszeichnung für Angehörige der Ostvölker, 2. Klasse in Bronze, Ausführung 1957, an der Bandschnalle.

Links Tapferkeitsauszeichnung, rechts Verdienstauszeichnung für Angehörige der Ostvölker, 2. Klasse in Silber, Ausführung 1957, an der Bandschnalle.

Links Tapferkeitsauszeichnung, rechts Verdienstauszeichnung für Angehörige der Ostvölker, 2. Klasse in Gold, Ausführung 1957, an der Bandschnalle.

Links Tapferkeitsauszeichnung, rechts Verdienstauszeichnung für Angehörige der Ostvölker, 1. Klasse in Silber, Ausführung 1957, an der Bandschnalle.

Links Tapferkeitsauszeichnung, rechts Verdienstauszeichnung für Angehörige der Ostvölker, 1. Klasse in Gold, Ausführung 1957, an der Bandschnalle.

Feind greift an (zeitgenössische Skizze von Ernst Eigener).

Kapitel 18

Ostmedaille

(Medaille
Winterschlacht im Osten 1941/42)

- Ostmedaille -

1. Vorgeschichte und Stiftung der Auszeichnung

Die Ostfront verlief Anfang Dezember 1941 in der Linie LENINGRAD - MOSKAU - ROSTOW. Die deutschen Soldaten sahen sich einem Winter ausgesetzt, wie ihn selbst Rußland seit Jahrzehnten nicht erlebt hatte. Winterbekleidung fehlte, Nachschub, Waffen, Fahrzeuge und Ausrüstung waren einem dermaßen harten Winterkrieg nicht gewachsen.
Die Rote Armee trat ab dem 05./06.12.1941 mit neu herangeführten und für den Kampf im Winter bestens ausgerüsteten Kräften zur Gegenoffensive an. Bei der Heeresgruppe Nord kam es zu Geländeverlusten im Raum südlich LENINGRAD, deutsche Kräfte im Raum DEMJANSK und CHOLM wurden eingeschlossen. Die Naht zwischen der Heeresgruppe Nord und der Heeresgruppe Mitte wurde auf breiter Front aufgerissen. Die deutschen Armeen der Heeresgruppe Mitte, die MOSKAU bedroht hatten, wurden auf die Linie OREL - RSHEW zurückgeworfen und der Feind brach in den Raum WJASMA ein, ohne jedoch die lebenswichtige Rollbahn nach SMOLENSK unterbrechen zu können. Bei der Heeresgruppe Süd ging die Halbinsel Kertsch auf der Krim verloren und es kam zu Einbrüchen südlich CHARKOW und im Raum ROSTOW.

Deutsche Soldaten im russischen Winter.

Viele Truppenführer hielten angesichts der dramatischen Krisenlagen ein weiträumiges Ausweichen in verteidigungsgünstigere Stellungen für unbedingt geboten. Hitler untersagte jedoch jeden unerlaubten Rückzug. Darüber kam es zu erheblichen Auseinandersetzungen mit dem Oberbefehlshaber des Heeres, Generalfeldmarschall v. Brauchitsch. Als Folge davon wurde dieser am 19.12.1941 seines Kommandos enthoben, Hitler selbst übernahm den Oberbefehl über das Heer und griff durch bedingungslose Haltebefehle in die Gefechtsführung ein. Seine Entscheidungen trafen oft auf das Unverständnis bei Truppenführern, die den Verzweiflungskampf und die Not ihrer Männer vor Augen hatten. In bisher für unmöglich gehaltenen taktischen Lagen, unter härtesten klimatischen Bedingungen und unter unsäglichen körperlichen und seelischen Belastungen konnten Führung und Truppe den Zusammenhang der Ostfront wahren, bis sich die russische Angriffskraft im Verlauf des Monats März 1942 erschöpft hatte. Die Rote Armee hatten ihr operatives Ziel der Winterschlacht nicht erreicht, die Heeresgruppe Mitte einzuschließen und zu vernichten, um damit die gesamte deutsche zentrale Front zum Einsturz zu bringen. Der Preis für den deutschen Abwehrerfolg war allerdings hoch, ein Viertel des Personalbestandes der Ostfront und etwa die Hälfte des Materials gingen bei dieser Winterschlacht verloren.

Die sowjetische Winteroffensive vom 05./06. Dez. 1941 bis März 1942

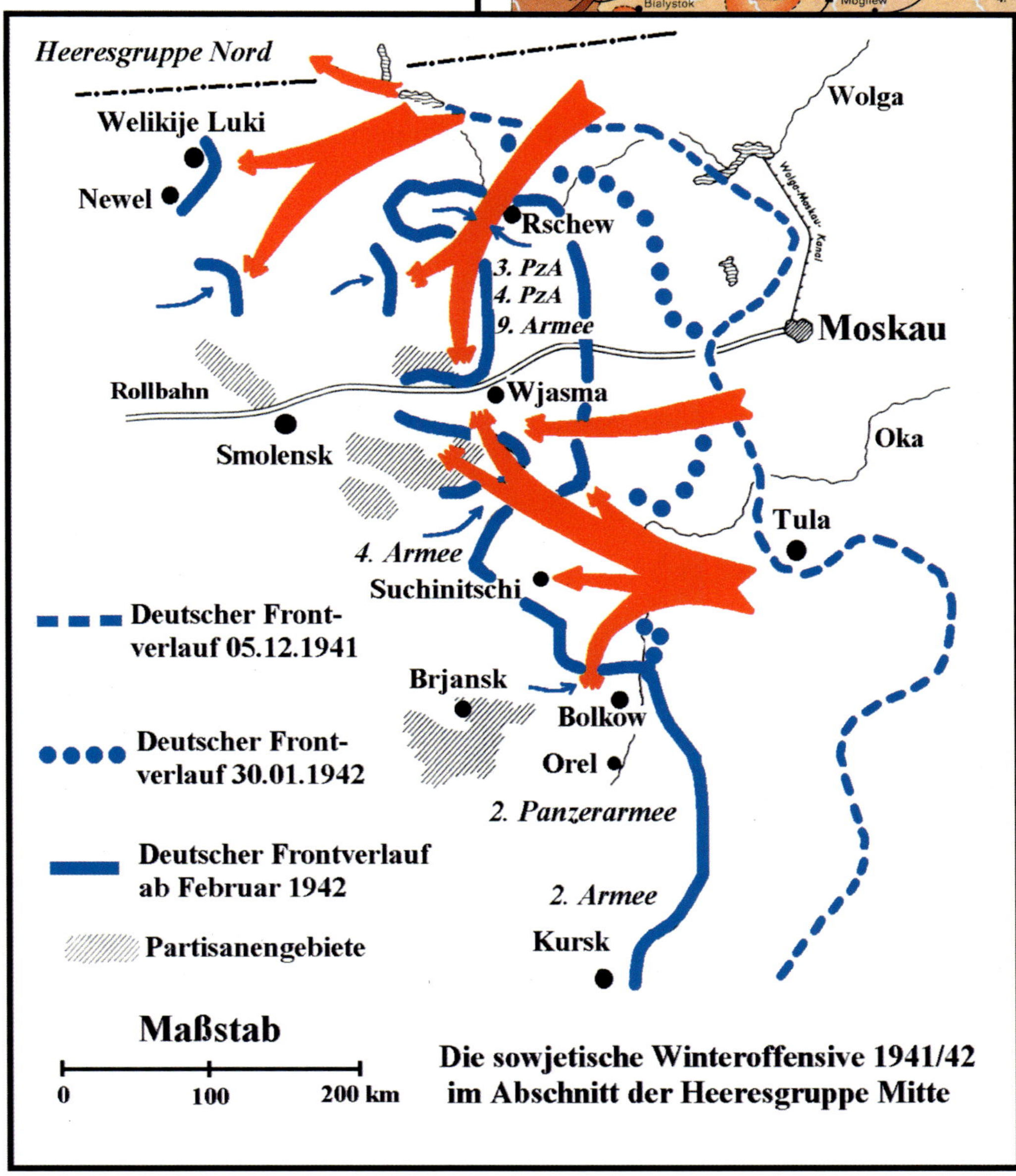

Die sowjetische Winteroffensive 1941/42 im Abschnitt der Heeresgruppe Mitte

Am 22.06.1942 veröffentlichten die Allgemeinen Heeresmitteilungen folgende Verordnung Hitlers vom 26. Mai 1942: *„In Würdigung des heldenhaften Einsatzes gegen den bolschewistischen Feind während des Winters 1941/1942 stifte ich die Medaille für die ‚Winterschlacht im Osten 1941/42' (Ostmedaille).“*

2. Die Ostmedaille im einzelnen

Folgende Bedingungen mußten in der Zeit zwischen dem 15.11.1941 und dem 15.04.1942, beide Tage einschließlich, und im Gebiet ostwärts des Bereiches der Wehrmachtbefehlshaber Ukraine und Ostland, d.h. Linie nördlich und südlich von MINSK, oder im Operationsgebiet Finnland ostwärts der finnisch-russischen Grenze von 1940 erfüllt sein:

a) Eine mindestens 14tägige Teilnahme an Gefechten. Für fliegendes Personal der Luftwaffe Feindflüge an mindestens 30 Tagen oder

b) Verwundung oder Erfrierung, für die das Verwundetenabzeichen verliehen wurde oder

c) Bewährung in einem sonstigen ununterbrochenen Einsatz von mindestens 60 Tagen.

Wenn durch die räumliche Grenzziehung im Einzelfall eine außergewöhnliche Härte entstand, konnte eine Ausnahmeregelung beim Oberkommando der Wehrmacht beantragt werden.

Ostmedaille, links Vorderseite, rechts Rückseite. Ohne Herstellerkennzeichen. Breite 3,6 cm, Höhe mit Ringöse 4,4 cm. Gewicht ohne Band 20 g.

Der Frontsoldat erfand eine Vielzahl von Bezeichnungen für die Ostmedaille: *„Gefrierfleischorden“, „Eisbeinorden“, „Schneemann mit Stahlhelm“, „Rollbahnmedaille“, „Wintersportmedaille“, „Urlaubsersatz“.*

- Ostmedaille -

Die stahlfarbene Medaille aus Feinzink ist kreisrund und mit einer Öse sowie mit einem Ring versehen, durch den das Band geführt wird. Dieses ist rot und wird in der Mitte von einem schmalen weiß-schwarz-weißen Längsstreifen durchzogen.
Die Medaille ist vorderseitig schüsselartig vertieft und auf der Rückseite entsprechend gewölbt, sie wird beiderseits von einem silberfarbenen Ring umschlossen. Oben zeigt sie einen weiß gefärbten deutschen Stahlhelm, der auf einer waagerecht liegenden Stielhandgranate aufliegt. Auf der Vorderseite ist der Wehrmachtadler mit gesenkten Schwingen abgebildet, der auf einem Hakenkreuz mit schmalen Zwischenräumen aufsitzt. Hinter dem Hoheitszeichen befindet sich ein Lorbeerzweig. Die Rückseite trägt die dreizeilige Inschrift:

WINTERSCHLACHT
IM OSTEN
1941/42

In der unteren Feldfläche der Rückseite erscheint miteinander gekreuzt ein Schwert und abermals ein Lorbeerzweig.

Die Ostmedaille konnte bei Erfüllung der Verleihungsbedingungen verliehen werden an:

a) Wehrmacht- und Nichtwehrmachtangehörige, auch an Gefallene und an Frauen,
b) Angehörige von Streitkräften verbündeter Länder, die dem Kommando der Deutschen Wehrmacht unterstellt waren,
c) auf Hitler vereidigte im Rahmen bzw. in Verbänden der Deutschen Wehrmacht kämpfende ausländische Freiwillige,
d) unter dem Befehl der Deutschen Wehrmacht im Rahmen bzw. in Verbänden der Deutschen Wehrmacht kämpfende Freiwillige der Ostvölker aus den besetzten Gebieten der Sowjetunion.

Große Ordensschnalle: Die Ostmedaille in Originalgröße zwischen dem Kriegsverdienstkreuz 2. Klasse mit Schwertern (links) und dem Schutzwall-Ehrenzeichen (rechts).

3. Verleihungsberechtigung

Verleihungsberechtigt für die Ostmedaille waren:

a) Mindestens der Regimentskommandeur oder der Kommandeur eines selbstständigen Bataillons bzw. Vorgesetzte in vergleichbarer Dienststellung für Angehörige der Wehrmacht und für der Wehrmacht unterstellte Nichtwehrmachtangehörige,
b) mindestens der Divisionskommandeur für Angehörige ausländischer Streitkräfte,
c) der nächste militärische Disziplinarvorgesetzte eines Lazaretts für Lazarettinsassen,
d) die vom Staatsminister und Chef der Präsidialkanzlei zu bestimmenden Verleihungsdienststellen für sonstige Nichtwehrmachtangehörige,
e) Kommandeure des Ersatzheeres vom Bataillonskommandeur aufwärts, die Wehrbezirkskommandeure und die Leiter der Heeresentlassungsstellen.

Die Medaille konnte zunächst auch an unverschuldet in Kriegsgefangenschaft geratene Berechtigte verliehen werden. Erst mit Befehl Hitlers vom 27.09.1944 wurde verfügt, daß die Beleihung von Kriegsgefangenen, Vermißten und Internierten mit Orden und Ehrenzeichen bis nach deren Rückkehr und Prüfung der Auszeichnungswürdigkeit zurückgestellt werden mußte.
Mit Verfügung vom 04.09.1944 setzte das Oberkommando der Wehrmacht (OKW) als Endtermin für die Verleihung der Ostmedaille den 15.10.1944 fest.

Die Ostmedaille wurde in einer Verleihungstüte ausgeliefert bzw. überreicht.

Verleihungstüte für die Medaille Winterschlacht im Osten 1941/42 (Ostmedaille) in der Originalgröße 5,9 cm x 10,5 cm.

Auf der Rückseite befindet sich der Aufdruck der Firma E. Ferdinand Wiedmann, FRANKFURT am Main (vergrößerte Abbildung).

4. Nachweis und Beurkundung

Über die Verleihung der Ostmedaille wurde ein Besitzzeugnis ausgestellt, für das ein Muster vorgegeben war. Es kommen jedoch auch von Truppenteilen selbst hergestellte Besitzzeugnisse vor.

Nur Inhaber eines Besitzzeugnisses waren zum Tragen der Ostmedaille berechtigt. Unbefugtes Tragen war strafbar.

Die Verleihung wurde in die Personalpapiere eingetragen.

Der Bedarf an Medaillen und Besitzzeugnissen war durch die Armeen, Luftflotten usw. gesammelt unmittelbar bei der Präsidialkanzlei des Führers in BERLIN anzufordern.

Da die millionenfache Herstellung der Medaillen geraume Zeit in Anspruch nahm, wurden zum Teil zunächst nur Bandstücke ausgegeben und die Medaillen nachgereicht.

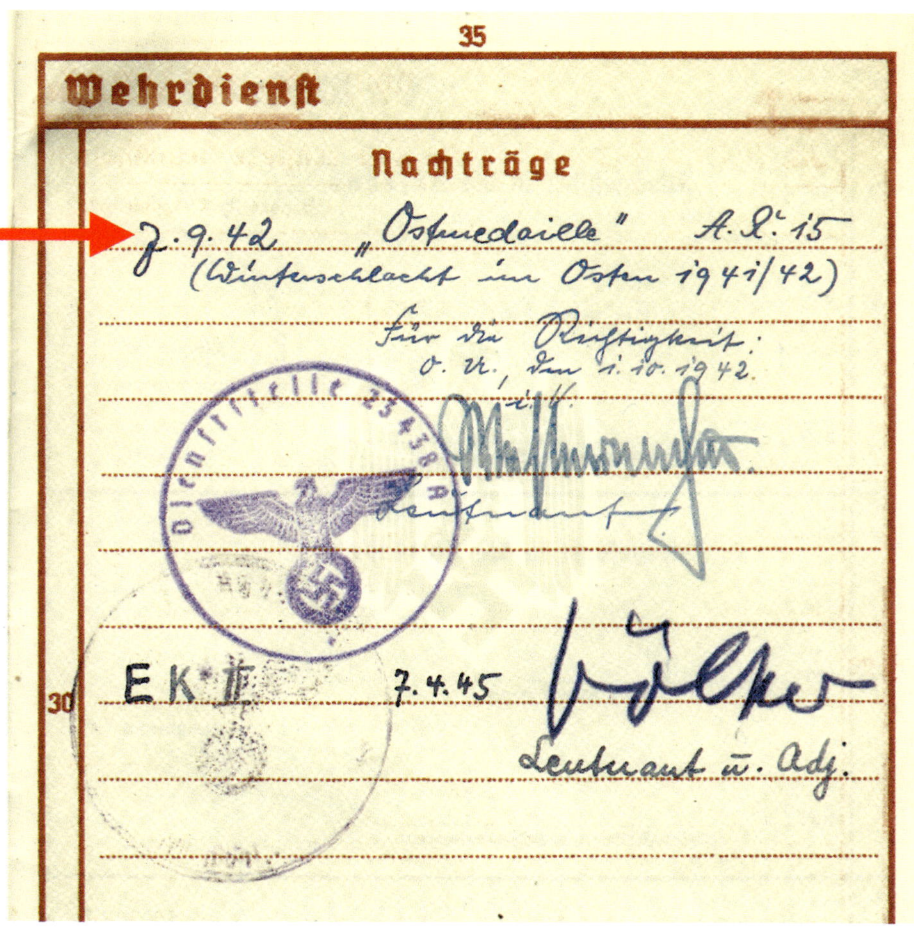
35

Wehrdienst

Nachträge

7.9.42 „Ostmedaille" A.R. 15
(Winterschlacht im Osten 1941/42)
Für die Richtigkeit:
O.U., den 1.10.1942

Dienststelle 23438

Leutnant

30 EK II 7.4.45

Leutnant u. Adj.

Auszug aus dem Wehrpaß von Wachtmeister Emil Hartmann, Artillerieregiment 15 (15. InfDiv), mit dem Nachweis der Verleihung der Ostmedaille.

IM NAMEN DES FÜHRERS
UND
OBERSTEN BEFEHLSHABERS
DER WEHRMACHT
IST DEM

Wm. Emil H a r t m a n n ,
Stabsbatterie I./A.R.344,

AM 7. Septbr. 1942

DIE MEDAILLE
WINTERSCHLACHT IM OSTEN
1941/42
(OSTMEDAILLE)
VERLIEHEN WORDEN.

FÜR DIE RICHTIGKEIT:

Oberst u.Rgts.Kdeur.

Emil Hartmann

Besitzzeugnis in der Originalgröße 14,0 cm x 20,0 cm für die Medaille Winterschlacht im Osten 1941/42 (Ostmedaille), unterschrieben vom Kommandeur ArtRgt 344 (344. InfDiv).

5. Trageweise

Die Medaille Winterschlacht im Osten 1941/42 (Ostmedaille) wurde getragen:

a) Im Original an der großen Ordensschnalle zu bestimmten Anlässen oder
b) in Form des Bandabschnittes im zweiten Knopfloch des Uniformrockes oder
c) als verkleinerte Darstellung des Bandes der Ostmedaille an der kleinen Ordensschnalle.

Die Tragegenehmigung galt auch für alle Uniformen der Partei und des Staates.

General der Panzertruppe Walther Kurt Nehring trägt die Ostmedaille in Form des Ordensbandes im Knopfloch des Viertaschenrockes. Ritterkreuz am 24.07.1941, (383.) Eichenlaub am 08.02.1944, (124.) Schwerter am 22.01.1945. Seine Vorläufigen Besitzzeugnisse für das Eichenlaub und für die Schwerter sind abgebildet in Kapitel 1 Eisernes Kreuz.

- Ostmedaille -

Links:
Feldwebel Helmut Borchardt, 2. Kp/ InfRgt 409 (122. InfDiv), Ritterkreuz am 30.04.1943 als Unteroffizier und Gruppenführer, trägt die Ostmedaille in Form des Bandes an der kleinen Ordensschnalle, vom Träger aus gesehen links neben dem Band des Eisernen Kreuzes 2. Klasse.

Helmut Borchardt fiel als Oberfeldwebel und Kompanieführer(!) Mitte März 1945 im Raum KÜSTRIN/Oder und wurde am 14.04.1945 postum mit dem (828.) Eichenlaub zum Ritterkreuz des Eisernen Kreuzes ausgezeichnet.

Rechts:
Trageweise der Ostmedaille im Original an der großen Ordensschnalle zwischen dem Kriegsverdienstkreuz 2. Klasse mit Schwertern und dem Deutschen Schutzwall-Ehrenzeichen am Waffenrock eines Oberwachtmeisters der Artillerie im Artillerieregiment 51 (15. InfDiv). Diese Trageweise war besonderen Anlässen vorbehalten.

Weitere Auszeichnungen: Sportabzeichen in Bronze und Schützenschnur 1. Stufe.

6. Herstellung, Verleihungszahlen und Sammlerbewertung

Der künstlerische Entwurf der Medaille Winterschlacht im Osten 1941/42 (Ostmedaille) stammt von dem Kunstmaler, Zeichner und Kriegsberichterstatter Ernst Krause, SS-Unterscharführer in der 1. SS-Panzerdivision „Leibstandarte Adolf Hitler".

SS-Unterscharführer Ernst Krause im Kriegsjahr 1941.

Ernst Krause im Teplitzer Atelier am Gipsmodell der Ostmedaille.

Obwohl massenweise hergestellt, insgesamt werden etwa drei Millionen Verleihungen angenommen, war die Fertigung der Medaille in insgesamt 23 Arbeitsgängen ziemlich aufwändig.

Die Ostmedaille wurde von zahlreichen Herstellern aus Zink gefertigt. Trotzdem gibt es kaum Abweichungen im Prägebild. Herstellerkennzeichen auf der Medaille selbst kommen nicht vor, zum Teil sind diese auf dem Bandring angebracht.

Derzeit kann für Stücke mittlerer Qualität auf dem Sammlermarkt folgender Verkaufspreis als Anhalt dienen:

Ostmedaille, Zink	25,-- €

Obwohl reichlich vorhanden und verhältnismäßig preiswert, wurden und werden auch von der Ostmedaille Kopien hergestellt und in den Handel gebracht.

7. Das Gesetz über Titel, Orden und Ehrenzeichen von 1957

Durch Gesetz vom 26. Juli 1957 wurde das Tragen von deutschen Kriegsauszeichnungen des 2. Weltkrieges wieder zugelassen, jedoch nur in einer „entnazifizierten“ Form. Für die Medaille Winterschlacht im Osten 1941/42 (Ostmedaille) bedeutete dies das ersatzlose Entfernen des Hakenkreuzes auf der Vorderseite der Auszeichnung. Dadurch tritt der sonst hinter dem Hakenkreuz befindliche Lorbeerzweig in den Vordergrund und der Adler sitzt nun auf dem Lorbeerzweig.
Die Rückseite der Ostmedaille weist keine NS-Symbole auf und blieb daher unverändert.

Ehemalige Angehörige der Deutschen Wehrmacht, die in die Bundeswehr eingetreten waren, durften die Ostmedaille in der Originalgröße der abgeänderten Form nur zu besonderen Anlässen an der Uniform tragen. Als Trageweise im täglichen Dienst war für den Dienstanzug eine 2,5 cm breite und 1,2 cm hohe Darstellung des Bandes der Ostmedaille an der Bandschnalle vorgesehen, die über der linken Brusttasche getragen wurde.

Ostmedaille in der gemäß Gesetz von 1957 zugelassenen Form, Schwarzweißabbildung.

Ostmedaille, Ausführung 1957, an der Bandschnalle für die Bundeswehr. Die Trageweise entsprach in diesem Fall der in der Deutschen Wehrmacht üblichen Praxis.

Gebirgsjäger bei NARVIK (zeitgenössische Darstellung).

Kapitel 19

Narvikschild

- *Narvikschild* -

1. Vorgeschichte und Stiftung der Auszeichnung

Die deutsche Oberste Führung hatte zunächst nicht die Absicht, eine Operation im Norden Europas durchzuführen. Man ging von einem neutralen Skandinavien aus. Für das Frühjahr 1940 war der Angriff im Westen geplant und eine Zersplitterung der deutschen Streitkräfte durch zeitgleiche Operationen an zwei verschiedenen Fronten galt es zu vermeiden. Ende Januar 1940 verdichteten sich jedoch die Anzeichen einer geplanten alliierten Landung in Norwegen, um Deutschland von seiner kriegswirtschaftlich entscheidenden Erzzufuhr aus Schweden abzuschneiden. Zehn Millionen Tonnen Erz im Jahr bezog Deutschland über den eisfreien norwegischen Hafen NARVIK.
Es kam jetzt darauf an, den Kriegsgegnern zuvorzukommen. Neben der Sicherung der Erzzufuhr sollte außerdem die Nordflanke für den Aufmarsch im Westen gesichert und eine erweiterte Basis für Kriegsmarine und Luftwaffe im Kampf gegen England geschaffen werden.
Erstmals in der Kriegsgeschichte wurde eine gemeinsame Operation von Heer, Luftwaffe und Kriegsmarine durchgeführt und dies über sehr große Entfernungen unter schwierigen klimatischen und geographischen Verhältnissen. Die Vorbereitungen für dieses Unternehmen „Weserübung" begannen Ende Februar 1940.

Am 09.04.1940 erfolgte handstreichartig und ohne Gegenwehr die Besetzung Dänemarks und zeitgleich bei Regenböen und Schneetreiben die Landungen in Norwegen aus der Luft und durch fünf Kriegsschiffsgruppen zur See bei NARVIK (Gruppe 1), TRONDHEIM (Gruppe 2), BERGEN (Gruppe 3), KRISTIANSAND (Gruppe 4) und OSLO (Gruppe 5).
Die Zusammenarbeit der Teilstreitkräfte verlief reibungslos und die Operationen gelangen überall. Allerdings kam es zu Gefechten mit britischen Seestreitkräften und die Besetzung stieß auf teilweise hartnäckigen Widerstand norwegischer Küstenartillerie, so daß die Kriegsmarine empfindliche Verluste hinnehmen mußte.

Die Besetzung Norwegens vollzog sich in drei Phasen:

(1) Heranführen von Truppenteilen auf dem See- und Luftweg zur Inbesitznahme der wichtigsten Verkehrspunkte an der Küste, Bildung von Landungsbrückenköpfen und Ausschalten der norwegischen Küstenverteidigung,
(2) Erweiterung der Brückenköpfe und Herstellung der Landverbindungen zwischen den Landungspunkten in Mittel- und Südnorwegen sowie Ausschalten der sich im Landesinneren bildenden feindlichen Kräftegruppen,
(3) Vorstoß aus dem Raum TRONDHEIM zur Vernichtung der in Nordnorwegen gelandeten alliierten Kräfte und Vereinigung mit den im Raum NARVIK stehenden deutschen Truppen.

Durch die alliierten Landungen am 14.04.1940 bei NAMSOS und am 17.04.1940 bei ANDALSNES trat vorübergehend eine kritische Lageentwicklung ein. Angriffe deutscher Kampfgruppen aus den Landungsräumen entlang der Hauptstraßen kamen jedoch trotz feindlicher Brückensprengungen und Straßensperren zügig voran und zwangen die Alliierten zum fluchtartigen Ausweichen und zur Räumung ihrer Landungsbrückenköpfe.
Bis zum 08.05.1940 wurden auch die norwegischen Einheiten aufgerieben. Südlich von TRONDHEIM befanden sich keine feindlichen Truppenteile mehr.

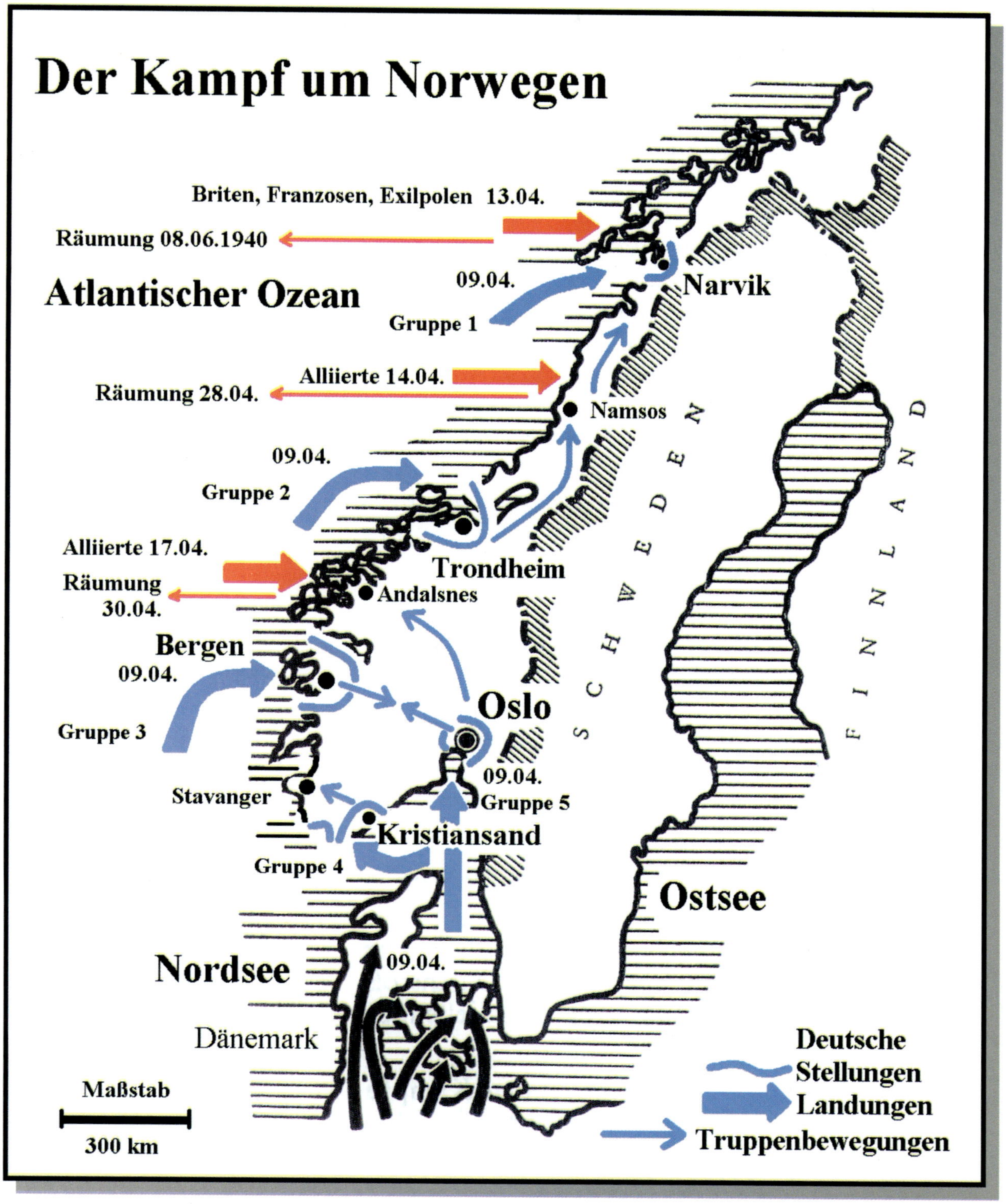

April bis Juni 1940: Der Kampf um Norwegen.

Der Kampf um NARVIK.

Nach einer stürmisch verlaufenen Fahrt brachte am Morgen des 09.04.1940 die Schiffsgruppe 1, bestehend aus zehn Zerstörern, das verstärkte Gebirgsjägerregiment 139 der 3. Gebirgsdivision (Österreicher) in Stärke von etwa 2.400 Mann bei NARVIK und zeitgleich bei BJERKVIK etwa 15 km nördlich von NARVIK an Land.

Auftrag der Südgruppe, die der 49jährige Generalleutnant Dietl als Befehlshaber der Gruppe NARVIK führte, war die Inbesitznahme von NARVIK und der Erzbahn. Die Nordgruppe sollte den Raum NARVIK gegen Norden und Westen sichern. Grenze zwischen beiden Kampfgruppen war der Rombaken-Fjord.

Die Gebirgsjäger konnten auf Grund des eingeschränkten Laderaumes auf den Zerstörern lediglich ihre persönliche Ausrüstung, Handwaffen und einen bescheidenen Munitionsvorrat mitführen. Auf Transportschiffen, die am 02.04.1940 KIEL verlassen hatten, wurden schwere Waffen, Fahrzeuge, Tragtiere und Munition nachgeführt. Diese Transportflotte wurde jedoch von englischen Kriegsschiffen versenkt, bevor sie den Ofoten-Fjord bei NARVIK erreichen konnte. Durch diesen Ausfall waren die deutschen Kampfgruppen waffenmäßig unterlegen und nur zu Fuß beweglich.

Die Landung gelang glücklicherweise kampflos, die Masse der überraschten Norweger kapitulierte. Die Gebirgsjäger gingen zur Erweiterung des Landungsbrückenkopfes entlang der Erzbahn nach Osten bis zur schwedischen Grenze, nach Norden bis zum Gratangsbotn-Fjord und auch nach Westen vor.

Am 10. und 13.04.1940 liefen britische Zerstörer in den Ofoten-Fjord ein. Für die deutschen Zerstörer gab es aus der Enge des Ofoten-Fjords kein Entrinnen. Alle zehn Zerstörer, und damit die Hälfte des gesamten deutschen Zerstörerbestandes, gingen durch Versenkung und Selbstversenkung (auf Grund von Munitionsmangel) verloren.
Die Besatzungen der gesunkenen Zerstörer, insgesamt etwa 2.700 Angehörige der Marine, traten als infanteristische Verstärkung zur 3. Gebirgsdivision.

Nachdem sie die uneingeschränkte Seeherrschaft erkämpft hatten, landeten Mitte April und im Mai 1940 starke alliierte Kräfte (Engländer, Franzosen und Exilpolen, insgesamt etwa 25.000 Mann) und traten mit Feuerunterstützung der alliierten Schiffsgeschütze zum Angriff an. Trotzdem gelang es, die deutschen Stellungen, die weitgehend lediglich aus Stützpunkten bestanden, den ganzen April und bis in den Mai hinein gegen überlegene alliierte Feindangriffe zu halten. Erst am 28. Mai mußte NARVIK aufgegeben werden und auch die Nordgruppe mußte nach Süden ausweichen.

Anfang Juni 1940 befand sich Generalleutnant Dietl mit seinen Männern in einer fast aussichtslosen Lage. Es war zwar gelungen, von Süden her auf dem Luftweg etwa 1.000 Fallschirmjäger und Gebirgsjäger sowie Material heranzuführen, doch auf Grund schlechter Witterung war in den kritischen ersten Junitagen mit keiner weiteren Verstärkung mehr zu rechnen. Die Munition ging zur Neige und der für die dritte Phase der Besetzung Norwegens vorgesehene Stoß deutscher Entsatzkräfte aus dem Raum TRONDHEIM nach NARVIK verzögerte sich.

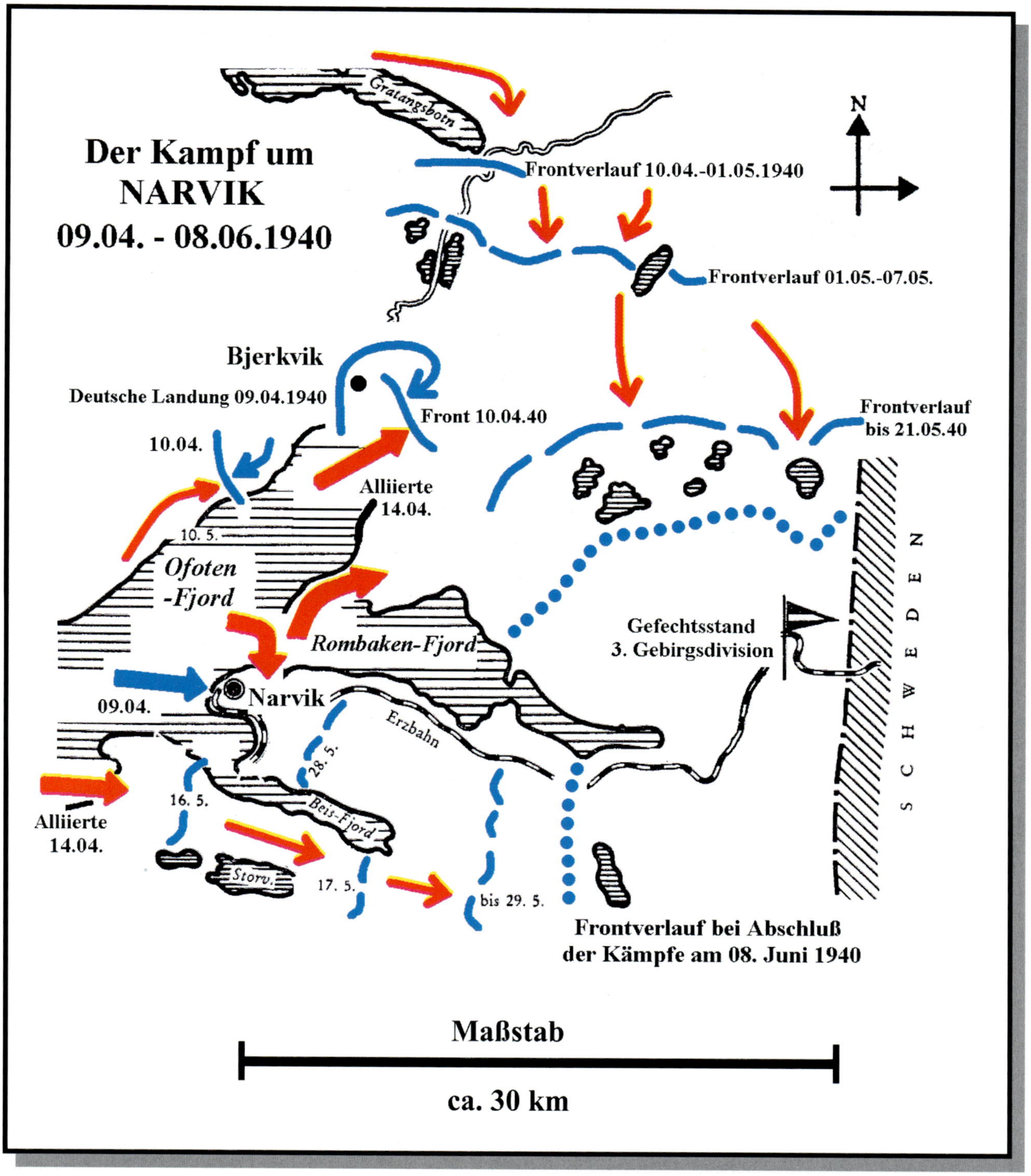

Der Kampf um NARVIK vom 09.04. - 08.06.1940.

- Narvikschild -

Matrose, Gebirgsjäger und Fallschirmjäger hinter einem MG im Raum NARVIK.

Doch dann trat eine völlig unerwartete Lageänderung ein. Die Alliierten brachen am 08.06.1940 den Kampf ab, zerstörten sowohl die Kaianlagen als auch die Brücken der Erzbahn und verließen den Raum NARVIK. Auch die norwegischen Truppenteile stellten den Kampf ein. Norwegen kapitulierte am 10.06.1940. Das Abbrechen der alliierten Operation war durch die Gesamtkriegslage bedingt. Nachdem sich in Frankreich eine Niederlage abzeichnete, entschieden sich die Alliierten zu Gunsten der gebotenen Kräftekonzentration auf den Verzicht des norwegischen Nebenkriegsschauplatzes.

Am 08.06.1940 marschierten deutsche Soldaten wieder in das zerstörte NARVIK ein. Auch wenn sie in zweimonatigem Kampf den mehrfach überlegenen und bestens ausgerüsteten Gegner nicht schlagen konnten, gingen sie letztlich durch ihre Standhaftigkeit und Zähigkeit als Sieger aus diesem Kampf hervor.

Am 19. August 1940 stiftete Hitler den Narvikschild:
„Zur Erinnerung an den heldenmütigen Kampf, den die in echter Waffenbrüderschaft bei Narvik fechtenden Verbände des Heeres, der Kriegsmarine und der Luftwaffe siegreich bestanden haben ... “.

Der Narvikschild war der erste offiziell eingeführte Ärmelschild der Deutschen Wehrmacht und zum Zeitpunkt der Stiftung in dieser Form als Auszeichnung ungewöhnlich.
Der Schild zeigt unter dem Hoheitszeichen (Adler mit Hakenkreuz) den Schriftzug NARVIK und die Jahreszahl 1940. Darunter symbolisieren Edelweiß, Anker und Propeller den gemeinsamen Kampf der Teilstreitkräfte der Deutschen Wehrmacht um NARVIK.

2. Die Ausführungen des Narvikschildes im einzelnen

a. Der Narvikschild in Silber

Der silberfarbene Narvikschild wurde an Angehörige des Heeres und der Luftwaffe verliehen, wenn sie

- in der Zeit vom 09.04. - 09.06.1940 unter dem Befehl des Befehlshabers der Gruppe Narvik, Generalleutnant Dietl, in dem Gefechtsgebiet zwischen Niksgränsen - Oalge Paß - Gratangsbotn - Ofoten - Ostrand Skjomen - Norddalen zu Kampf-, Aufklärungs- oder Versorgungszwecken eingesetzt waren.

Durch den genau definierten Einsatzraum sollte der Kreis der Beliehenen unbedingt auf die wirklichen Narvikkämpfer beschränkt bleiben.

Narvikschild in Silber auf dunkelgraublauer Tuchunterlage für Angehörige der Luftwaffe. Ohne Herstellerkennzeichen. Narvikschilder sind hohl geprägt und durch vier angelötete Flachsplinte mit einer Tuchunterlage und einer hochovalen Gegenplatte verbunden. Eine rückseitige Papierabklebung sollte den Stoff der Uniform schonen.

- Narvikschild -

Oben:
Narvikschild in Silber auf feldgrauer Tuchunterlage für Angehörige des Heeres. Ohne Herstellerkennzeichen. Die Bläschen auf der Oberfläche des Schildes sind herstellungsbedingt entstanden. An Stelle einer Papierabklebung ist bei diesem frühen Stück zur Schonung des Uniformtuches die Rückseite mit einer zweiten Tuchunterlage versehen worden. Breite des Schildes ohne Tuchunterlage 4,1 cm, Höhe ohne Tuchunterlage 9,1 cm. Gewicht mit Tuchunterlage 34 g.

Links:
Narvikschild in Silber auf hellgraublauer Tuchunterlage für Angehörige der Luftwaffe. Auf eine Versilberung wurde bei diesem späten Stück aus Ersparnisgründen verzichtet. Das helle Feinzink galt als Ausführung in Silber.

b. Der Narvikschild in Gold

Die Verleihungsbedingungen für den Narvikschild in Gold waren dieselben wie für den Narvikschild in Silber.

Der goldfarbene Narvikschild war ausschließlich für Angehörige der Kriegsmarine vorgesehen.
Die verschiedenen Ausführungen in Silber bzw. Gold stellen somit keine Wertung in Form einer niedrigeren bzw. höheren Stufe dar, wie das bei anderen Auszeichnungen der Fall ist, sondern sind Unterscheidungsmerkmale für die Verleihung an die Teilstreitkräfte Heer/ Luftwaffe einerseits und Marine andererseits.

Der Anlaß für diese unterschiedlichen Ausführungen des Schildes trotz derselben Verleihungsbedingungen ist nicht bekannt. Da die Uniformeffekten und Auszeichnungen der Kriegsmarine in der Regel goldfarben gehalten waren, ist hier der Grund dafür zu vermuten.

Narvikschild in Gold auf dunkelblauer Tuchunterlage für Angehörige der Kriegsmarine. Ohne Herstellerkennzeichen.

3. Verleihungsberechtigung

Verleihungsberechtigt für den Narvikschild war im Auftrag Hitlers ausschließlich der Befehlshaber der Gruppe NARVIK, der am 01.04.1940 zum Generalleutnant und am 19.07.1940 zum General der Gebirgstruppe beförderte Eduard Dietl. Daher ist sein Name untrennbar mit dieser Auszeichnung verbunden. Für seine Führungsleistungen wurde ihm als erstem Soldaten der Wehrmacht am 19.07.1940 das Eichenlaub zum Ritterkreuz verliehen.

General der Gebirgstruppe Dietl war als einziger berechtigt, den Narvikschild zu verleihen.

Anträge auf Verleihung für den Narvikschild waren durch den Kompaniechef bzw. Vorgesetzten in vergleichbarer Dienststellung über eine durch die jeweilige Teilstreitkraft festgelegte Dienststelle dem General der Gebirgstruppe Dietl vorzulegen.
Die zunächst festgesetzte Endfrist für die Vorlage von Verleihungsanträgen wurde mehrmals verschoben und schließlich auf den 31.01.1942 festgesetzt.

Die Lieferung der Schilde wurde dem Wehrmacht-Beschaffungsamt (Bekleidung und Ausrüstung) übertragen. Verzögerungen bei Herstellung und Auslieferung führten dazu, daß die ersten Narvikschilde erst im Verlauf des Monats März 1941 ausgegeben werden konnten.

Für Selbsteinkleider, d.h. vor allem für aktive Offiziere, war die Ausgabe von fünf Abzeichen und für die sollmäßige Oberbekleidung der übrigen Soldaten die Ausgabe von drei Exemplaren vorgesehen. Die Schilde wurden zum Schutz gegen Beschädigung einzeln in sogenannten Verleihungstüten geliefert und überreicht.

Am 28.01.1941 wurde angeordnet, daß der Narvikschild auch an gefallene oder verstorbene Narvikkämpfer postum verliehen werden kann. In diesen Fällen war eine Ausfertigung des Schildes mit Besitzzeugnis den Hinterbliebenen auszuhändigen.

Mit der Verordnung über den Schutz der Waffenabzeichen wurde verfügt, daß die Ärmelschilde den gleichen gesetzlichen Schutz genießen wie die sonstigen Orden und Ehrenzeichen.

4. Nachweis und Beurkundung

Über die Verleihung der Narvikschilde wurden Besitzzeugnisse ausgestellt. Diese tragen im allgemeinen die faksimilierte, zum Teil aber auch die Original-Unterschrift von General der Gebirgstruppe Dietl. Obwohl ein Muster im DIN A 5 - Querformat vorgegeben war, kommen in Größe, Schriftart und Gestaltung unterschiedliche Besitzzeugnisse vor.

Die Verleihung wurde in die Personalpapiere eingetragen.

Nur Inhaber eines Besitzzeugnisses waren zum Tragen des Narvikschildes berechtigt. Unbefugtes Tragen war strafbar.
Ersatz für unverschuldeten Verlust wurde kostenlos nur an im aktiven Wehrdienst Stehende gegen Vorlage einer beglaubigten Verlusterklärung geleistet. Ansonsten konnten weitere Exemplare des Narvikschildes gegen Vorlage des Verleihungsnachweises in öffentlichen Verkaufsstellen erworben werden.

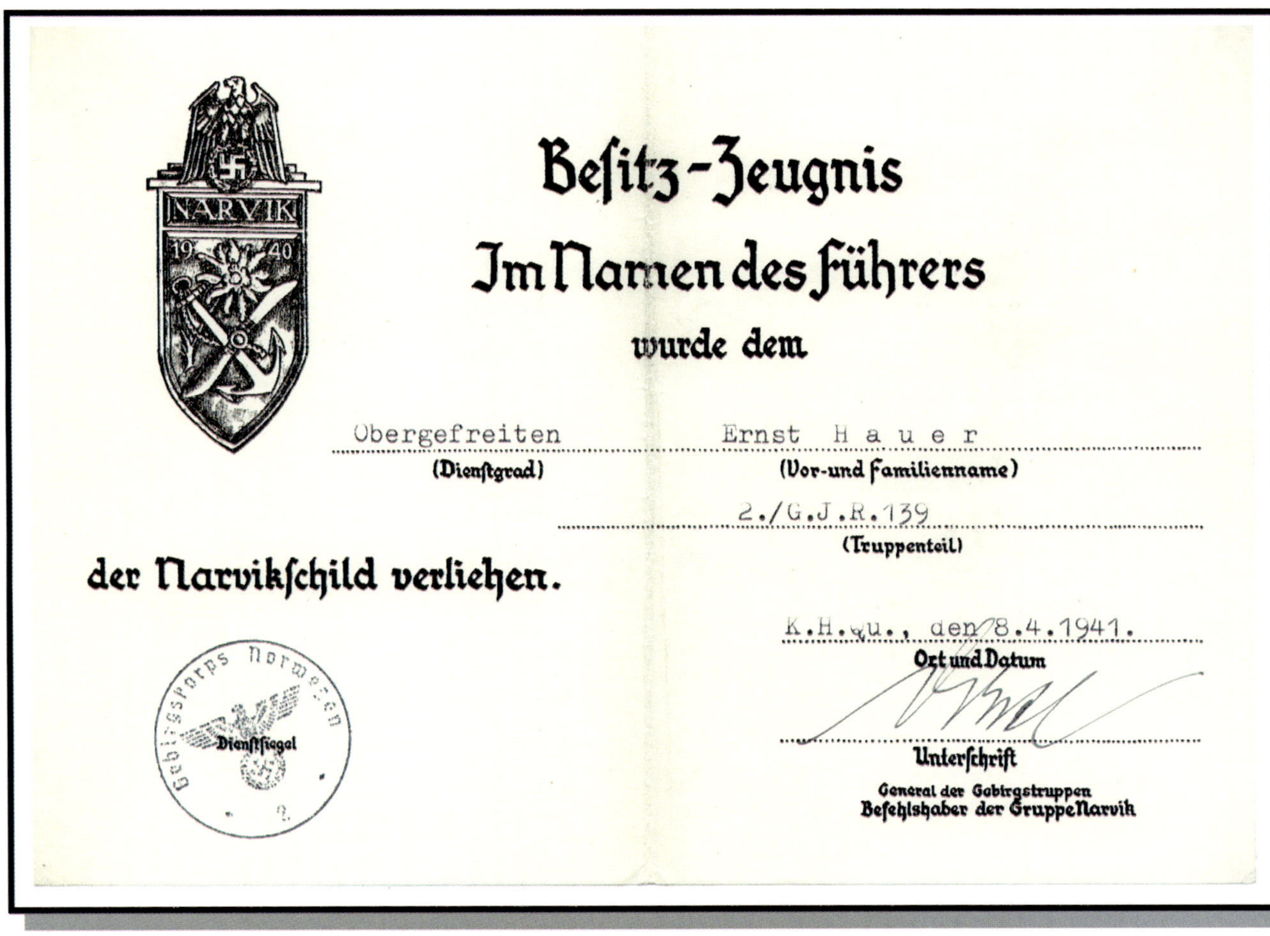
Besitz-Zeugnis

Im Namen des Führers

wurde dem

Obergefreiten Ernst H a u e r
(Dienstgrad) (Vor-und Familienname)

2./G.J.R.139
(Truppenteil)

der Narvikschild verliehen.

K.H.Qu., den 8.4.1941.
Ort und Datum

Unterschrift
General der Gebirgstruppen
Befehlshaber der Gruppe Narvik

Gebirgskorps Norwegen
Dienstsiegel

Besitzzeugnis (verkleinerte Abbildung, Originalgröße 19,9 cm x 14,1 cm) für den Narvikschild, hier für einen Obergefreiten im GebJgRgt 139 (3. GebDiv), mit der Unterschrift von General der Gebirgstruppe Eduard Dietl. Bis zum 25.06.1941 wurden für das Heer insgesamt 2.755 Besitzzeugnisse ausgestellt. Davon entfielen 2.338 auf Angehörige der 3. GebDiv.

5. Trageweise

Der Narvikschild wurde zur Uniform am linken Oberärmel getragen. Die Tragegenehmigung galt auch für alle Uniformen der Partei und des Staates.

Für die Zivilkleidung konnte eine Miniatur des Narvikschildes als Anstecknadel in öffentlichen Verkaufsstellen erworben und am linken Rockaufschlag getragen werden.

General der Gebirgstruppe Dietl trägt auf dem linken Oberärmel seines Mantels den ihm Ende März 1941 von Hitler persönlich überreichten Narvikschild in Silber.

6. Herstellung, Verleihungszahlen und Sammlerbewertung

Der künstlerische Entwurf für den Narvikschild wurde nach Vorgaben Hitlers durch Professor Richard Klein, MÜNCHEN, ausgeführt.

Als Hersteller von Narvikschilden sind vor allem die Firmen Deschler & Sohn, MÜNCHEN, und C.E. Juncker, BERLIN, bekannt geworden. Herstellerkennzeichen dieser Firmen kommen allerdings auf den Narvikschilden nicht vor.

In Form und Ausführung einzelner Elemente des Schildes, vor allem bei der Gestaltung des Adlerkopfes, sind bei den unterschiedlichen Herstellern Prägeunterschiede festzustellen.

Glücklicherweise ist der Tätigkeitsbericht des Generalkommandos des Gebirgskorps Norwegen vom 25.06.1941 erhalten geblieben. Demnach hat es bis zu diesem Zeitpunkt insgesamt 8.577 Verleihungen des Narvikschildes gegeben, verteilt auf die einzelnen Teilstreitkräfte wie folgt:

Heer		Kriegsmarine		Luftwaffe	
3. Gebirgsdivision	2.338	Zerstörerbesatzg.	2.671	Fliegendes Pers.	1.309
2. Gebirgsdivision	206	sonst. Marineangeh.	115	Fallschirmjäger	756
sonstige Teile Heer	59	Handelsmarine	442	Gefallene	96
Gefallene	152	Gefallene	433		
Gesamt	2.755	Gesamt	3.661	Gesamt	2.161

Bis zum 31.01.1942, der Endfrist für die Vorlage von Verleihungsanträgen, sind jedoch noch eine unbekannte Anzahl weiterer Verleihungen erfolgt.

Bei der Ermittlung der insgesamt ausgegebenen Schilde muß berücksichtigt werden, daß an jeden Beliehenen mehrere Exemplare ausgehändigt wurden. Je nach Dienstgrad und Teilstreitkraft waren dies drei bis fünf Stück.
Die Anzahl der insgesamt hergestellten Narvikschilde wird auch deshalb unbekannt bleiben, weil weitere Stücke gegen Vorlage des Verleihungsnachweises in öffentlichen Verkaufsstellen erworben werden konnten.

Derzeit können für Stücke mittlerer Qualität auf dem Sammlermarkt folgende Verkaufspreise als Anhalt dienen:

Narvikschild in Silber, Blech versilbert	240,-- €
Narvikschild in Silber, Zink versilbert	220,-- €
Narvikschild in Gold, Blech vergoldet	300,-- €
Narvikschild in Gold, Zink vergoldet	280,-- €

Spitzenstücke erzielen erheblich höhere Preise.

Auch der Narvikschild wurde und wird kopiert und in den Handel gebracht.

7. Das Gesetz über Titel, Orden und Ehrenzeichen von 1957

Durch Gesetz vom 26. Juli 1957 wurde das Tragen von deutschen Kriegsauszeichnungen des 2. Weltkrieges wieder zugelassen, jedoch nur in einer „entnazifizierten“ Form. Wie bei einer Vielzahl anderer Auszeichnungen der Deutschen Wehrmacht, so wurde auch beim Narvikschild das Hoheitszeichen, d.h. Adler und Hakenkreuz, ersatzlos entfernt.

Ehemalige Angehörige der Deutschen Wehrmacht, die in die Bundeswehr eingetreten waren, durften Ärmelschilde der Wehrmacht nicht im Original, auch nicht in der abgeänderten Form von 1957, an der Bundeswehruniform tragen.
Als Trageweise im täglichen Dienst war für den Dienstanzug eine verkleinerte Nachbildung des Narvikschildes auf einer neutralen, 2,5 cm breiten und 1,2 cm hohen, schwarzen Bandunterlage an der Bandschnalle vorgesehen, die über der linken Brusttasche getragen wurde.

Narvikschild in der gemäß Gesetz von 1957 zugelassenen Form, Schwarzweißabbildung.

Narvikschild in Silber, Ausführung 1957, an der Bandschnalle für die Bundeswehr.

Kampf um die Krim (zeitgenössische Darstellung).

Kapitel 20

Krimschild

- *Krimschild* -

1. Vorgeschichte und Stiftung der Auszeichnung

Im Herbst 1941 befand sich das deutsche Ostheer auf breiter Front im Angriff. Im Norden der Ostfront sollte LENINGRAD genommen und eine Verbindung mit den Finnen hergestellt werden, im Mittelabschnitt zielte der Stoß auf MOSKAU und im Süden sollten die Kohle- und Industriegebiete des Donez-Gebietes gewonnen und der Gegner vom kaukasischen Erdöl abgeschnitten werden.
Die 11. Armee unter dem Oberbefehl des General der Infanterie Fritz-Erich von Lewinski, genannt von Manstein, erhielt im Rahmen der Heeresgruppe Süd den Auftrag, mit unterstellten rumänischen Verbänden die Halbinsel Krim im Schwarzen Meer, den „Edelstein Rußlands", zu nehmen. Am 29.10.1941 durchstießen sechs Infanteriedivisionen mit der Unterstützung durch Luftwaffe und Artillerie die von den Sowjets erbittert verteidigte Landenge von PEREKOP und öffneten damit den Zugang zur Krim. Es folgte am 01. November die Einnahme von SIMFEROPOL und am 09. November fiel JALTA in deutsche Hand. FEODOSIA wurde am 04.11.1941 und KERTSCH am 14.11.1941 genommen. Die für uneinnehmbar gehaltene stärkte Seefestung der Welt, SEWASTOPOL, wurde von Land her eingeschlossen, widerstand jedoch im Kriegsjahr 1941 allen deutschen Angriffen.

Im Rahmen der russischen Winteroffensive 1941/42 unternahm der Feind am 29.12.1941 zeitgleiche Landungen bei KERTSCH und FEODOSIA sowie am 05.01.1942 bei EUPATORIA, um die Krim wieder in eigene Hand zu bekommen. Nach mehrtägigen Kämpfen konnten die Landeunternehmen bei FEODOSIA und EUPATORIA abgewiesen werden. Die Halbinsel KERTSCH ging allerdings verloren und nur durch Herauslösen deutscher und rumänischer Verbände aus dem Einschließungsring von SEWASTOPOL gelang es, den Feind nordostwärts von FEODOSIA aufzufangen.

Als Vorbereitung auf die große deutsche Offensive im Südabschnitt der Ostfront sollte im Frühjahr 1942 zunächst die Lage auf der Krim bereinigt und damit jede Gefahr einer Flankenbedrohung von dort ausgeschlossen werden. Am 08.05.1942 begann der deutsche Gegenangriff zur Rückgewinnung der Halbinsel Kertsch (Operation „Trappenjagd"). Nach schweren Kämpfen gelang es, das vom Gegner stark ausgebaute und tief gegliederte Stellungssystem in der Landenge nordostwärts von FEODOSIA zu durchstoßen. Ein Teil der Angriffskräfte schwenkte anschließend nach Norden und vernichtete die russischen Stellungstruppen. Schnelle Verbände griffen gleichzeitig nach Osten an und nahmen bis zum 15.05.1942 die Halbinsel Kertsch wieder in Besitz. Die erstaunliche Anzahl von 17 Schützendivisionen, drei Schützenbrigaden, zwei Kavalleriedivisionen und vier Panzerbrigaden wurde hier auf engstem Raum festgestellt, ein Beweis dafür, daß der Feind offensichtlich einen erneuten Angriff zur Rückeroberung der Krim geplant hatte. 150.000 Gefangene, 1.133 Geschütze, 255 Panzer und 323 Flugzeuge fielen in die Hände der 11. Armee.
Um die Sowjets vollständig von der Krim zu vertreiben, mußte SEWASTOPOL genommen werden. Zur Bekämpfung der stark und teilweise modern ausgebauten Festungsfront wurden auf deutscher Seite die schwersten Landgeschütze der Kriegsgeschichte eingesetzt, so z.B. neben großkalibrigen Eisenbahngeschützen (u.a. 80-cm-Geschütz „Dora") der 60-cm-Mörser „Karl", genannt „Thor". Auch die deutsche Luftwaffe unterstützte abermals den Angriff.

- Krimschild -

Nach mehrtägigem Wirkungsfeuer der Artillerie begann am 07.06.1942 der Angriff auf den Nordteil der Festungsfront. Ab dem 10. Juni wurde auch der Südteil der Festung angegriffen. Fast drei Wochen dauerte es, bis die Angriffsverbände in das Innere des Festungssystems eingebrochen waren. Am 05.07.1942 schließlich erlosch der letzte Widerstand in SEWASTOPOL, etwa 100.000 Gefangene wurden eingebracht.

Der Kampf um die Krim hatte insgesamt knapp neun Monate gedauert und kostete auch auf deutscher Seite erhebliche Verluste.

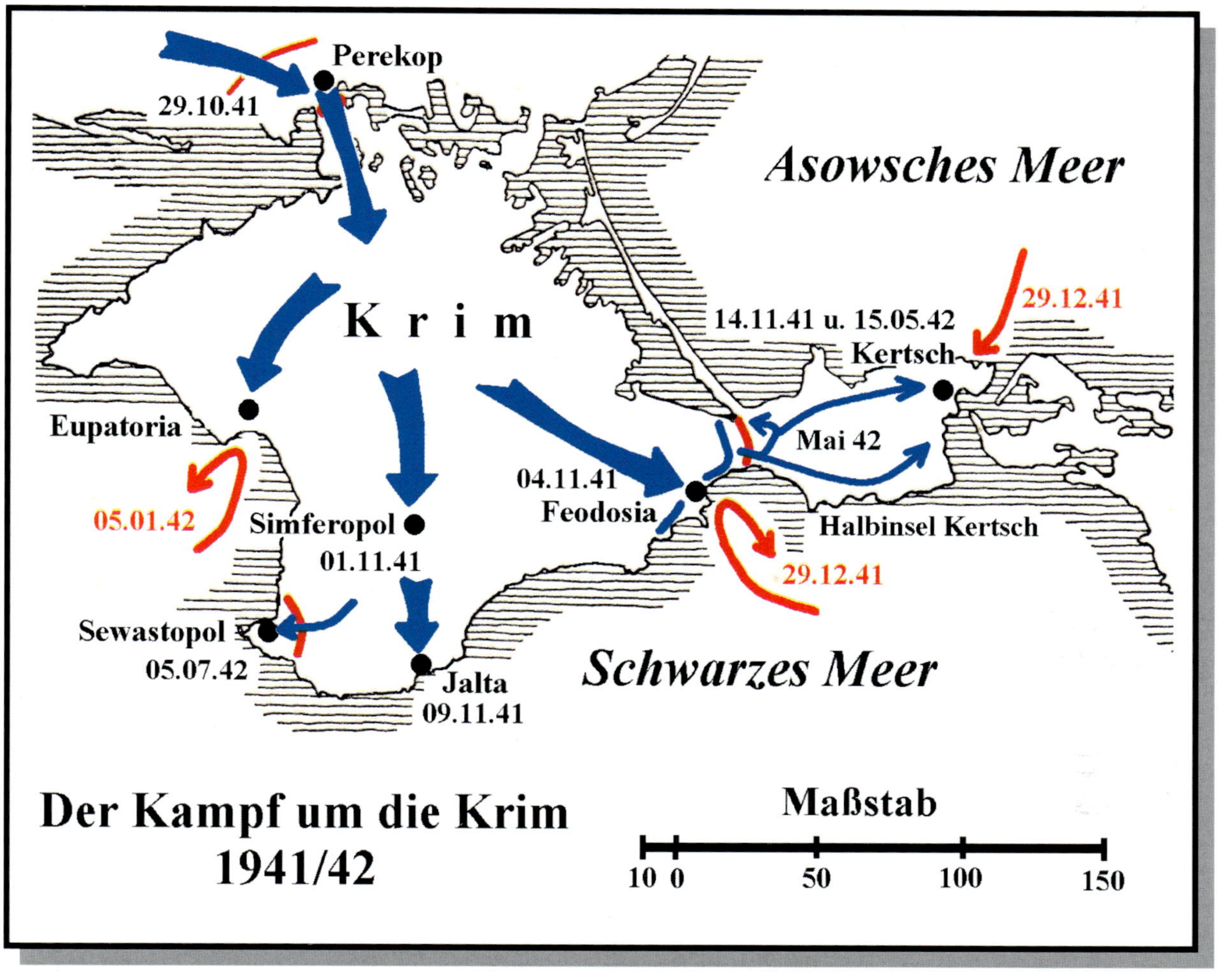

Nach Beendigung der Kämpfe meldete die deutsche Presse im Juli 1942, daß Hitler folgendes Telegramm an den Oberbefehlshaber der 11. Armee gerichtet habe:

„An den Oberbefehlshaber der Krim-Armee, Generaloberst von Manstein. In dankbarer Würdigung Ihrer besonderen Verdienste um die siegreich durchgeführten Kämpfe auf der Krim, die mit der Vernichtungsschlacht von Kertsch und der Bezwingung der durch Natur und Bauten mächtigen Festung Sewastopol ihre Krönung fanden, befördere ich Sie zum Generalfeldmarschall. Mit Ihrer Beförderung und durch die Stiftung eines Erinnerungsschildes für alle Krimkämpfer ehre ich vor dem ganzen deutschen Volke die heldenhaften Leistungen der unter Ihrem Befehl kämpfenden Truppen."

Daraufhin erfolgte am 25. Juli 1942 durch Hitler die Stiftung des Krimschildes:

„Zur Erinnerung an die heldenhaften Kämpfe um die Krim stifte ich den Krimschild."

2. Der Krimschild im einzelnen

Der aus Eisen- oder Zinkblech hergestellte Schild besteht aus einem hohl geprägten, stärker oder schwächer gewölbten Wappenschild mit gerilltem Rand, der von einer kartographisch exakten Darstellung der Halbinsel Krim mit eingeprägtem Schriftzug KRIM ausgefüllt ist. Das nördlich der Halbinsel befindliche Festland ist vom Hoheitszeichen bedeckt, dessen Adler mit ausgestreckten Schwingen den Kopf nach heraldisch links wendet und der zwischen den Jahreszahlen 1941 und 1942 auf einem Eichenlaubkranz mit dem Hakenkreuz sitzt. Der Schild ist mittels Splinten und Gegenplatte auf einer ebenfalls wappenschildförmigen Tuchunterlage befestigt. Die Farbe der Tuchunterlage sollte dem Stoff der Uniform des Trägers entsprechen und eine rückseitige Papierabklebung den Stoff der Uniform schützen.

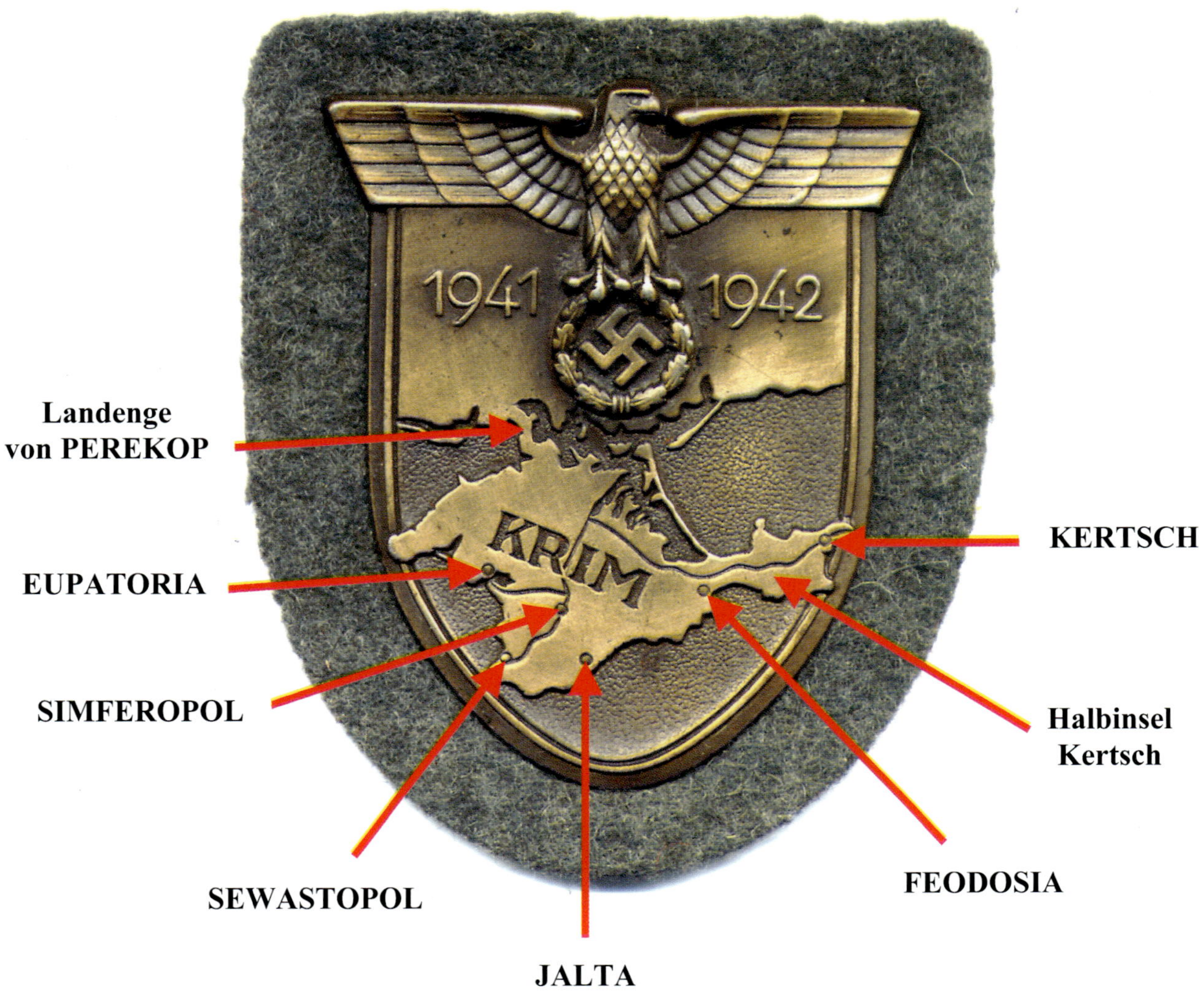

Krimschild auf feldgrauer Tuchunterlage für das Heer. Hersteller: Firma Josef Feix & Söhne, GABLONZ/Neiße (J.F.S.). Breite des Schildes mittig 4,4 cm, Höhe 6,1 cm. Breite der Tuchunterlage 6,4 cm, Höhe 7,3 cm. Gesamtgewicht 20 g. Die kartographisch genaue Darstellung der Halbinsel Krim zeigt die wichtigsten Orte mit den Hauptstraßenverbindungen.

- *Krimschild* -

Der Krimschild wurde an alle Angehörigen der Deutschen Wehrmacht, an Personen, die der Wehrmacht unterstellt waren und an Angehörige rumänischer Streitkräfte verliehen, wenn diese in der Zeit vom 21.09.1941 bis zum 04.07.1942 südlich der Landenge von PEREKOP zu Lande, in der Luft oder zur See eine der nachstehenden Voraussetzungen erfüllt hatten:

a) Teilnahme an einer der folgenden Hauptschlachten:
   - Durchbruchsschlacht bei PEREKOP vom 21.09.1941 - 30.09.1941,
   - Durchbruchsschlacht bei JUSCHUN vom 18.10.1941 - 27.10.1941,
   - Verfolgungskämpfe auf der Krim, Durchbruch auf KERTSCH vom 28.10.1941 - 16.11.1941,
   - Erster Angriff auf SEWASTOPOL vom 17.12.1941 - 31.12.1941,
   - Schlacht bei FEODOSIA vom 15.01.1942 - 18.01.1942,
   - Abwehrkämpfe an der PARPATSCH-Stellung vom 19.01.1942 - 07.05.1942,
   - Wiedereroberung der Halbinsel Krim vom 08.05.1942 - 21.05.1942,
   - Einnahme von SEWASTOPOL vom 07.06.1942 - 04.07.1942.

b) oder Verwundung, wobei eine Erfrierung, welche die Voraussetzung zur Verleihung des Verwundetenabzeichens erfüllte, einer Verwundung gleichkam,

c) oder ununterbrochener Aufenthalt von drei Monaten auf der Krim.

Die Verleihung war auch postum zulässig. In diesem Fall war ein Krimschild mit Besitzzeugnis durch den Einheitsführer (KpChef usw.) den Hinterbliebenen zu übersenden.

Krimschild auf feldgrauer Tuchunterlage für das Heer. Ohne Herstellerkennzeichen. Ohne Stoffunterlage Breite mittig 4,3 cm, Höhe 6,1 cm. Stoffunterlage Breite 6,5 cm, Höhe 7,4 cm. Gewicht mit Stoffunterlage 16 g. Unter der Papierabklebung der Rückseite zeichnet sich die Gegenplatte ab, welche dieselbe Form wie der hohl geprägte Schild aufweist.

Krimschild ohne Stoffunterlage und ohne Gegenplatte. Unbekannter Hersteller. Gewicht 10 g. Der Schild wurde stets hohl geprägt, so daß sich die Konturen der Vorderseite auf der Rückseite spiegelverkehrt abbilden. Auf der Rückseite wurden in rechteckiger Anordnung die vier aus Eisen oder Buntmetall hergestellten Flachsplinte angelötet.

Die Teile des Krimschildes: Schild, Stoffunterlage, Gegenplatte und, hier nicht abgebildet, die Papierabklebung. Die auf der Rückseite des Schildes angelöteten vier Flachsplinte wurden durch die Öffnungen der Stoffunterlage und der Gegenplatte geführt und dann umgebogen.

Krimschild auf schwarzer Tuchunterlage für Soldaten, die mit der schwarzen Panzeruniform ausgestattet waren. Der Schild weist vorder- und rückseitig Rostspuren auf.

Krimschild auf graublauer Tuchunterlage für die Luftwaffe. Die fehlende Papierabklebung gibt den Blick frei auf vier Flachsplinte, die durch die Stoffunterlage und durch entsprechende Öffnungen der Gegenplatte geführt und dann nach unten und oben umgebogen wurden.

Der Krimschild in Gold

Anläßlich eines Besuches in BUKAREST am 03.07.1943 überreichte Generalfeldmarschall von Manstein dem rumänischen Staatsoberhaupt Marschall Antonescu im Auftrag Hitlers einen Krimschild in Gold, weil bei der Einnahme der Halbinsel Krim in größerem Umfang auch rumänische Truppenteile beteiligt waren.

Generalfeldmarschall von Manstein selbst erhielt an seinem Geburtstag, dem 24.11.1943, ebenfalls einen Krimschild in Gold als Geschenk seines Stabes.

Diese beiden Krimschilde in Gold sind nicht als offizielle Ausführung des Krimschildes gemäß amtlicher Stiftungsverfügung zu betrachten. Es handelt sich hierbei lediglich um Sonderanfertigungen des Krimschildes zu den oben genannten besonderen Anlässen.

Für die Herstellung der Krimschilde in Gold soll Buntmetall verwendet worden sein.

Generalfeldmarschall von Manstein (mit Krimschild) und Hitler 1943 im Hauptquartier der Heeresgruppe Süd in SAPOROSHJE am Kartentisch.

3. Verleihungsberechtigung

Verleihungsberechtigt für den Krimschild war im Namen Hitlers ausschließlich Generalfeldmarschall Fritz-Erich von Lewinski, genannt von Manstein, bewährter Frontoffizier aus dem 1. Weltkrieg und seit dem 13.09.1941 als General der Infanterie Oberbefehlshaber der 11. Armee an der Ostfront. Für seine Führungsleistungen im Frankreichfeldzug hatte er bereits am 19.07.1940 als Kommandierender General des röm. 38. Armeekorps das Ritterkreuz erhalten. Nach der Einnahme der Krim und den Abwehrerfolgen gegenüber den sowjetischen Landungen im Winter 1941/42 wurde von Manstein am 01.02.1942 zunächst zum Generaloberst und nach der erfolgreichen deutschen Gegenoffensive im Mai 1942 zur Wiedereinnahme der Halbinsel Kertsch und der Einnahme der Festung SEWASTOPOL mit Wirkung vom 01.07.1942 zum Generalfeldmarschall befördert. Alle Besitzzeugnisse für den Krimschild tragen seine faksimilierte Unterschrift. Auf Grund seiner überragenden Führungskunst erhielt von Manstein als Oberbefehlshaber der Heeresgruppe Süd am 14.03.1943 das (209.) Eichenlaub und am 30.03.1944 die (59.) Schwerter.

Anträge auf Verleihung des Krimschildes waren von den Kompaniechefs (bzw. Vorgesetzte in vergleichbarer Dienststellung) in Vorschlagslisten (Sammellisten in zweifacher Ausfertigung) zusammenzufassen. Die Sammellisten waren von den Divisionen, Generalkommandos usw. für die ihnen unterstellten Truppenteile nebst Bedarfsmeldungen für die Abzeichen der Kommandantur in BERLIN, Abteilung Krimschild, vorzulegen. Vorbereitete Besitzzeugnisse waren beizufügen. Von dort erfolgte die Weiterleitung an das Oberkommando der 11. Armee, welches die Verleihung vollzog und diese der antragstellenden Dienststelle unter Benutzung der zweiten Ausfertigung der Vorschlagsliste mitgeteilte. Nach Abschluß der Verleihungen waren die Verleihungsunterlagen den Personalämtern der Teilstreitkräfte zum Verbleib zu übersenden.
Als Endfrist für Verleihungsvorschläge wurde schließlich der 31.03.1943 festgelegt. Die Verleihungen waren mit dem 01.10.1943 abgeschlossen.

Generalfeldmarschall von Manstein. Nur er war berechtigt, im Namen Hitlers den Krimschild zu verleihen.

- *Krimschild* -

Krimschild in Originalgröße.

Verleihungstüte in der Originalgröße 10,5 cm x 13,0 cm für den Krimschild. Auf der Rückseite befindet sich der Aufdruck der Firma Friedrich Orth, WIEN (vergrößerte Abbildung).

4. Nachweis und Beurkundung

Über die Verleihung des Krimschildes wurde ein Besitzzeugnis ausgestellt und mit der Faksimile-Unterschrift des Generalfeldmarschalls von Manstein versehen. Obwohl ein Muster in der Größe DIN A 5 vorgegeben war, existiert eine erstaunlich große Vielzahl unterschiedlicher Muster, die in Größe, Gestaltung und Schriftbild voneinander abweichen.

Nur Inhaber eines Besitzzeugnisses waren zum Tragen des Krimschildes berechtigt. Unbefugtes Tragen war strafbar. Die Verleihung wurde in die Personalpapiere eingetragen. Mit der Verordnung über den Schutz der Waffenabzeichen wurde verfügt, daß die Ärmelschilde den gleichen gesetzlichen Schutz genießen wie die sonstigen Orden und Ehrenzeichen.

Kostenfreier Ersatz für unverschuldeten Verlust des Krimschildes wurde nur an im aktiven Wehrdienst Stehende gegen Vorlage einer beglaubigten Verlusterklärung geleistet. Ansonsten konnten weitere Exemplare des Krimschildes gegen Vorlage des Verleihungsnachweises in öffentlichen Verkaufsstellen erworben werden.

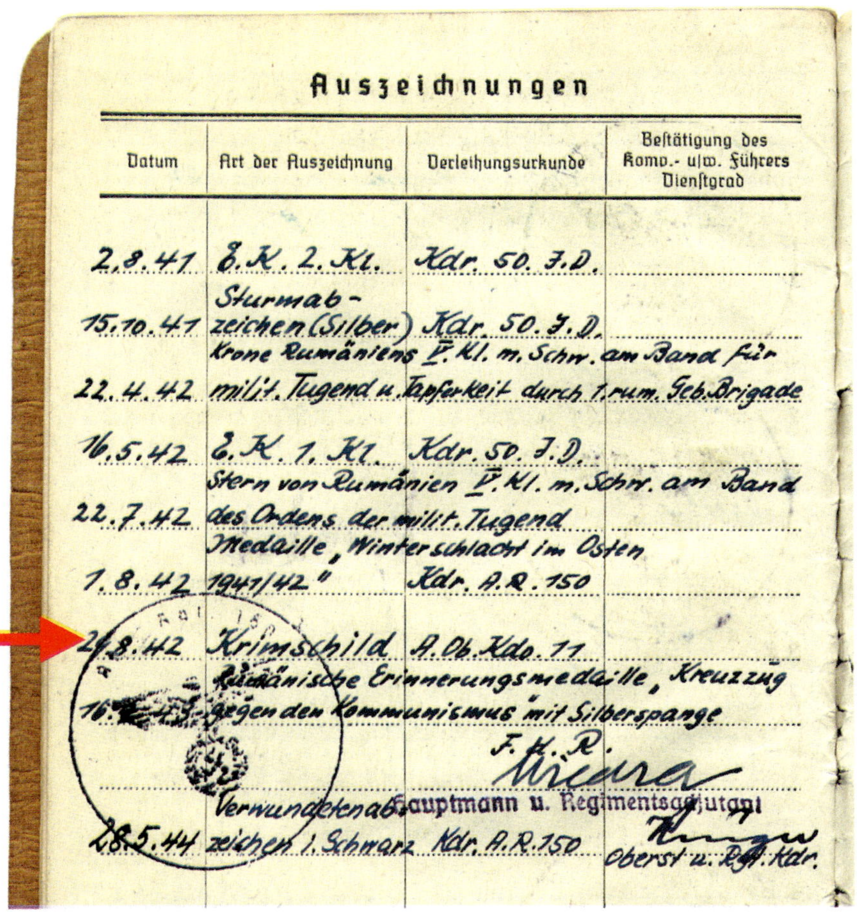

Auszeichnungen

Datum	Art der Auszeichnung	Verleihungsurkunde	Bestätigung des Komp.- usw. Führers Dienstgrad
2.8.41	E.K. 2. Kl.	Kdr. 50. I.D.	
15.10.41	Sturmabzeichen (Silber)	Kdr. 50. I.D.	
22.4.42	Krone Rumäniens V. Kl. m. Schw. am Band für milit. Tugend u. Tapferkeit durch 1. rum. Geb. Brigade		
16.5.42	E.K. 1. Kl.	Kdr. 50. I.D.	
22.7.42	Stern von Rumänien V. Kl. m. Schw. am Band des Ordens der milit. Tugend		
1.8.42	Medaille „Winterschlacht im Osten 1941/42"	Kdr. A.R. 150	
2[illegible].8.42	Krimschild	A.Ob.Kdo. 11	
16.[illegible]	Rumänische Erinnerungsmedaille „Kreuzzug gegen den Kommunismus" mit Silberspange		
		F.d.R. [Unterschrift] Hauptmann u. Regimentsadjutant	
28.5.44	Verwundetenabzeichen i. Schwarz	Kdr. A.R. 150	[Unterschrift] Oberst u. Rgt.Kdr.

Auszug aus dem Soldbuch von Hauptmann Johannes Straube, Artillerieregiment 150 (50. InfDiv), mit dem Nachweis der Verleihung des Krimschildes.

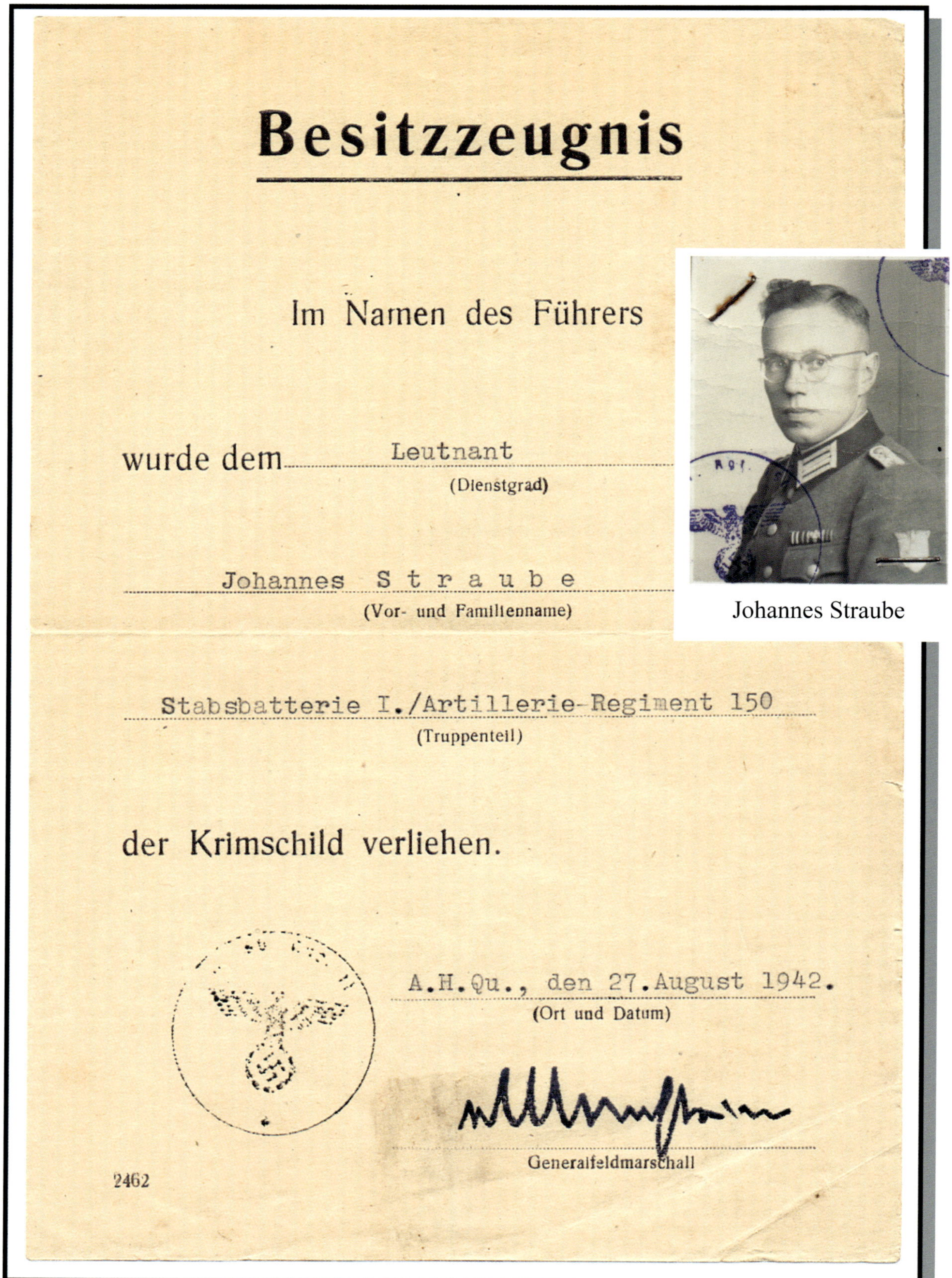

Besitzzeugnis

Im Namen des Führers

wurde dem Leutnant
(Dienstgrad)

Johannes S t r a u b e
(Vor- und Familienname)

Stabsbatterie I./Artillerie-Regiment 150
(Truppenteil)

der Krimschild verliehen.

A.H.Qu., den 27.August 1942.
(Ort und Datum)

Generalfeldmarschall

2462

Johannes Straube

Besitzzeugnis in der Originalgröße 14,8 cm x 21,0 cm für den Krimschild eines Leutnants im Artillerieregiment 150 (50. Infanteriedivision), versehen mit dem Dienstsiegel der 11. Armee und mit der Faksimile-Unterschrift von Generalfeldmarschall von Manstein.

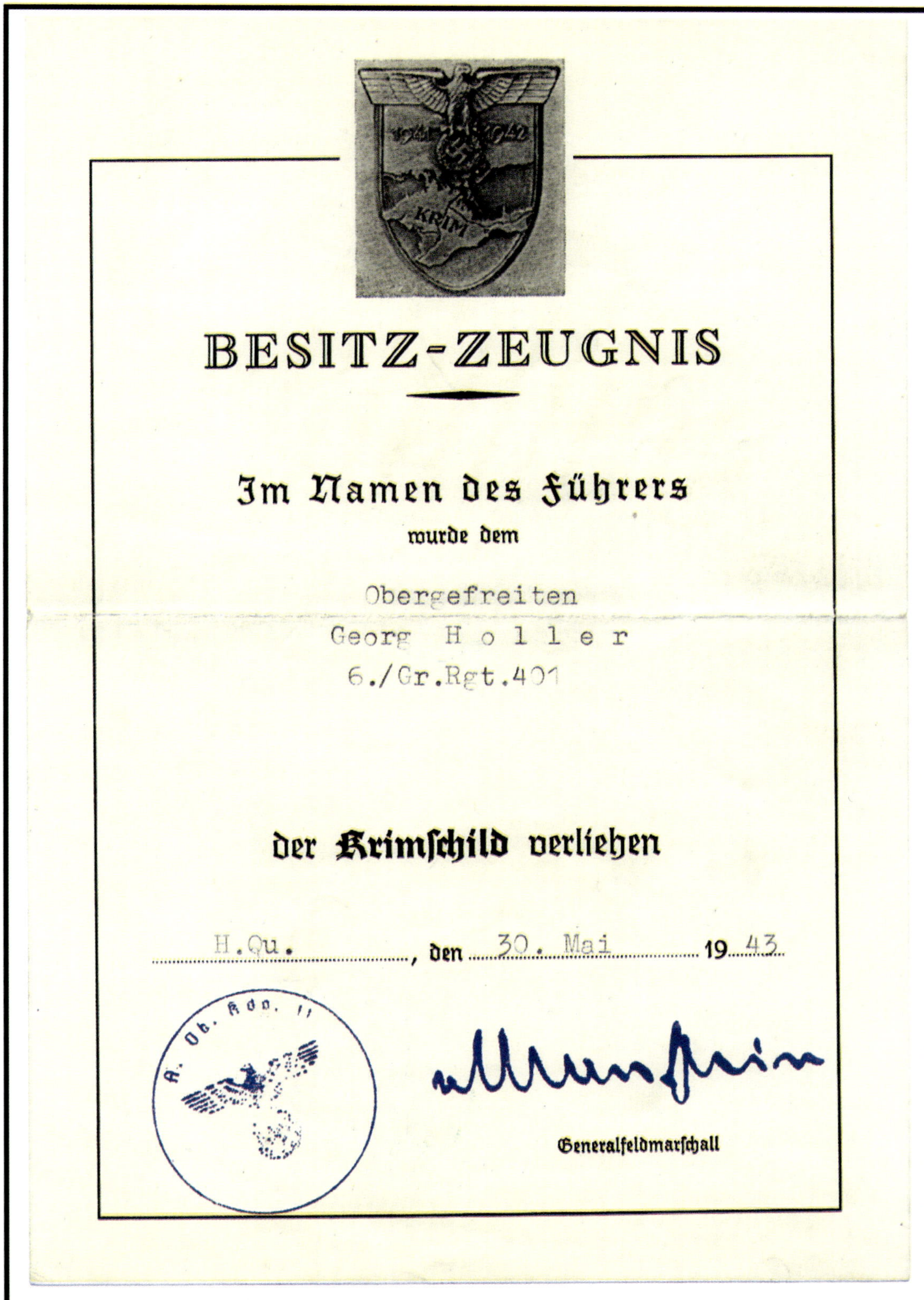

BESITZ-ZEUGNIS

Im Namen des Führers

wurde dem

Obergefreiten

Georg H o l l e r

6./Gr.Rgt.401

der Krimschild verliehen

H.Qu., den 30. Mai 1943

A. Ob. Kdo. 11

Generalfeldmarschall

Besitzzeugnis in der Originalgröße 13,8 cm x 19,8 cm für den Krimschild eines Soldaten in der 6. Kp/GrenRgt 401 (170. Infanteriedivision), versehen mit dem Dienstsiegel der 11. Armee und mit der Faksimile-Unterschrift von Generalfeldmarschall von Manstein.

5. Trageweise

Der Krimschild wurde zur Uniform wie alle Ärmelschilde am linken Oberärmel getragen. Es kam vor, daß Beliehene die Stoffunterlage und die Gegenplatte entfernten, kleine Löcher durch den Rand des Krimschildes trieben und diesen direkt auf den Oberärmel aufnähten. Die Tragegenehmigung galt auch für alle Uniformen der Partei und des Staates.

Für die Zivilkleidung konnte eine Miniatur des Krimschildes als Anstecknadel in öffentlichen Verkaufsstellen erworben und am linken Rockaufschlag getragen werden.

Oberfeldwebel Rudolf Fuchs mit dem Krimschild auf dem linken Oberärmel. Ritterkreuz des Eisernen Kreuzes am 26.08.1943 als Zugführer in der 2. Kp/GrenRgt 42 (46. InfDiv).

6. Herstellung, Verleihungszahlen und Sammlerbewertung

Es ist nicht bekannt, von wem der künstlerische Entwurf für das Krimschild stammt. Bei der Kopfhaltung des Adlers wurde in Verbindung mit der kartographischen Darstellung der Halbinsel Krim dem Blick nach heraldisch links, demzufolge in Feindrichtung nach Osten, der Vorzug gegeben, obwohl der Adler damit am linken Oberärmel der Uniform nach hinten schaut.

Mit der Fertigung der Schilde war auf Grund des großen Bedarfs eine Vielzahl von Firmen beauftragt, daher kommen im Prägebild Abweichungen, vor allem bei der Gestaltung des Adlerkopfes vor. Auch bei der bronzefarbenen Tönung der Oberfläche sind deutliche farbliche Unterschiede von hell bis dunkel festzustellen. Herstellerkennzeichen sind selten.

Auf der Papierabklebung der Rückseite eines Krimschildes hat die Firma Josef Feix Söhne, GABLONZ/Neiße, ihr Herstellerkennzeichen J.F.S. und zusätzlich die Jahreszahl (19)42 angebracht. Herstellerkennzeichen auf Ärmelschilden sind selten.

Die Lieferung der Krimschilde wurde dem Wehrmachtbeschaffungsamt (Bekleidung und Ausrüstung) übertragen. Für die sollmäßigen Uniformstücke (einschließlich Mantel) der Wehrdienstleistenden wurde nach näherer Anordnung der Teilstreitkräfte je ein Abzeichen (meist drei Stück) ausgegeben. Zur Selbsteinkleidung Verpflichtete (z.B. aktive Offiziere) erhielten kostenlos fünf Krimschilde. Es werden insgesamt etwa 300.000 Verleihungen angenommen. Unter Berücksichtigung der Ausgabe mehrerer Stücke pro Beliehenem und der Möglichkeit des Nachkaufs kann von einer Gesamtzahl von mindestens einer Million gefertigter Krimschilde ausgegangen werden.

Derzeit kann für Stücke mittlerer Qualität auf dem Sammlermarkt folgender Verkaufspreis als Anhalt dienen:

Krimschild, Blech	100,-- €

Auch vom Krimschild wurden und werden Kopien gefertigt und in den Handel gebracht.

7. Das Gesetz über Titel, Orden und Ehrenzeichen von 1957

Durch Gesetz vom 26. Juli 1957 wurde das Tragen von deutschen Kriegsauszeichnungen des 2. Weltkrieges wieder zugelassen, jedoch nur in einer „entnazifizierten“ Form. Auch für den Krimschild bedeutete dies das ersatzlose Entfernen des Hoheitszeichens.

Ehemalige Angehörige der Deutschen Wehrmacht, die in die Bundeswehr eingetreten waren, durften Ärmelschilde der Wehrmacht nicht im Original, auch nicht in der abgeänderten Form von 1957, an der Bundeswehruniform tragen.
Als Trageweise im täglichen Dienst war für den Dienstanzug eine verkleinerte Nachbildung des Krimschildes auf einer neutralen, 2,5 cm breiten und 1,2 cm hohen, schwarzen Bandunterlage an der Bandschnalle vorgesehen, die über der linken Brusttasche getragen wurde.

Krimschild in der gemäß Gesetz von 1957 zugelassenen Form, Schwarzweißabbildung.

Krimschild, Ausführung 1957, an der Bandschnalle für die Bundeswehr.

Unbeirrbar kämpften die Helden von Cholm bis zum Sieg
(Zeitgenössische Darstellung und zeitgenössischer Text).

Kapitel 21

Cholmschild

- Cholmschild -

1. Vorgeschichte und Stiftung der Auszeichnung

Die Offensive der Roten Armee zerriß im Januar 1942 die Front der Heeresgruppe Nord auf mehreren hundert Kilometern Breite. Auf der Landbrücke zwischen dem Ilmensee und dem Seliger-See gab es nur noch zwei deutsche Wellenbrecher in diesem Geländeabschnitt gegen die feindliche Flut: Deutsche Truppenteile im Raum DEMJANSK und CHOLM. Wurden sie überrannt, dann war für die sowjetischen Armeen der Weg frei ins weite unverteidigte Hinterland der deutschen Front. So entstanden bei DEMJANSK und CHOLM die ersten Kesselschlachten des 2. Weltkrieges, in denen deutsche Truppen eingeschlossen waren.

CHOLM, eine Kleinstadt mit etwa 12.000 Einwohnern 90 km südwestlich von DEMJANSK, wurde von einem Tag auf den andern von der Etappe zur Front. Eine Kampfgruppe von Generalmajor Theodor Scherer, Kommandeur der 281. Sicherungsdivision, der sich mit Teilen seines Stabes unmittelbar vor der Einschließung in CHOLM aufgehalten hatte, verteidigte mit rund 5.000 - 5.500 Mann einen Straßenstern inmitten eines riesigen Sumpfgebietes am oberen Lowat und verwehrte den Sowjets den Stoß nach Westen.
Die Kampfgruppe Scherer bestand aus über 50 verschiedenen meist versprengten Truppenteilen. Auch Versorgungstruppen, ein Reserve-Polizei-Bataillon sowie eine Marinekraftfahrereinheit gehörten dazu. Das eingeschlossene Festungsgebiet umfaßte zwei Kilometer im Quadrat, später sogar nur noch eineinhalb Quadratkilometer. Verbände der 3. sowjetischen Stoßarmee berannten täglich, auch mit Panzern, die deutschen Stellungen, die zum Teil durch das Stadtgebiet verliefen.
Die Versorgung der Eingeschlossenen erfolgte durch das Kampfgeschwader 4 „General Wever" vom Flugplatz PLESKAU aus. Die Versorgungsflugzeuge landeten auf einer notdürftig hergerichteten Start- und Landebahn, die häufig unter Feindbeschuß lag. Zusätzlich wurden Versorgungsbehälter abgeworfen und 80 Lastensegler mit Nachschubgütern zum Einsatz gebracht.

Der Kessel von CHOLM verfügte über keine eigene Artillerie. Das unterstützende Artilleriefeuer, das von Beobachtern im Kessel geleitet wurde und das auf den feindlichen Angriffsspitzen lag, kam von Batterien, die an der Spitze eines schmalen Schlauches standen, den eine Kampfgruppe bis auf zehn Kilometer an CHOLM herangetrieben hatte. Wenn die Witterung den Einsatz der Luftwaffe zuließ, unterstützten Sturzkampfbomber Ju 87 die Verteidiger.

Am 05.05.1942 stießen Sturmgeschütze an der Spitze von Teilen der 218. Infanteriedivision und der 122. Infanteriedivision von Südwesten her zu den Eingeschlossenen durch. Damit war nach 105 Tagen der feindliche Einschließungsring durchbrochen. Der Entsatz kam gerade zur rechten Zeit. Nur noch 1.200 Mann standen einsatzbereit in den Schützenlöchern, Gräben und Ruinen. 700 Verwundete waren anfangs noch ausgeflogen worden. Nun lagen noch 1.500 Verwundete unter katastrophalen Verhältnissen in den Kellern der Ruinen von CHOLM. 1.550 Cholmkämpfer waren gefallen. CHOLM war wieder ein Teil der deutschen Front und diese hielt dort bis Anfang 1944.

Die Kessel DEMJANSK und CHOLM banden starke sowjetische Kräfte und verwehrten diesen die Nutzung der wichtigsten Straßen nach Westen. Sie bewahrten so die Heeresgruppe Nord in der Winterschlacht 1941/42 vor der Zerschlagung.

Die sowjetische Winteroffensive 1941/42:

Die Kessel von DEMJANSK und CHOLM

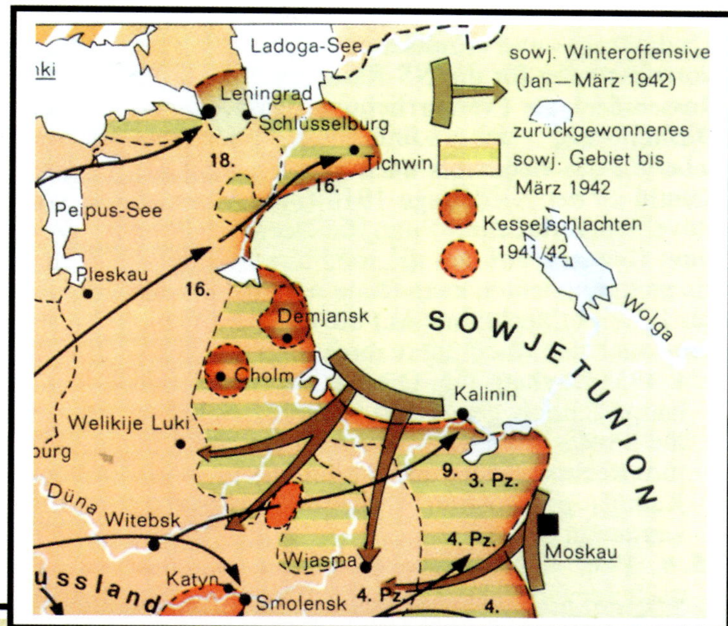

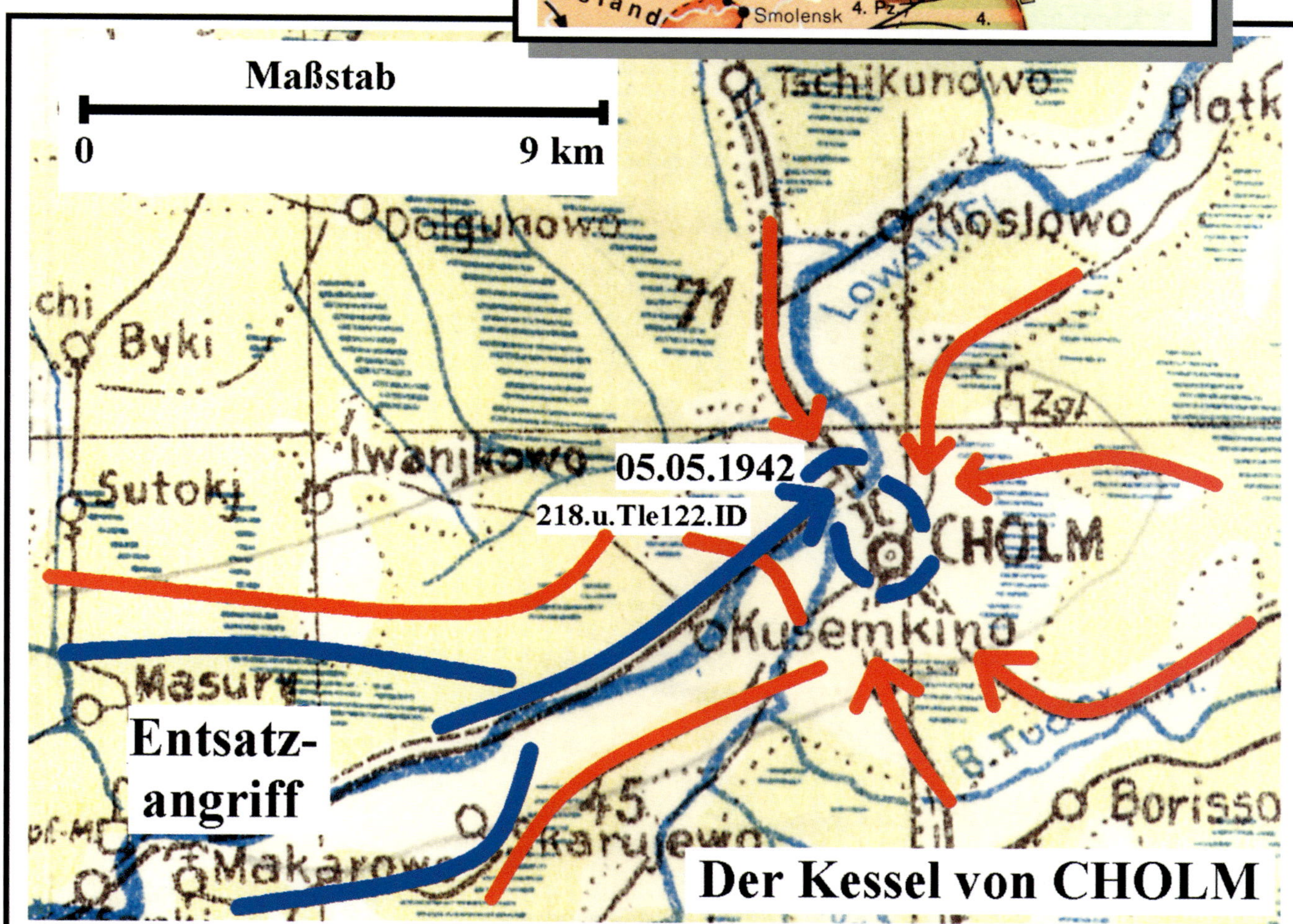

Der Kessel von CHOLM

Am 07.08.1942 veröffentlichten die Allgemeinen Heeresmitteilungen folgende Verordnung Hitlers vom 01. Juli 1942:

„Zur Erinnerung an die mehrmonatige heldenhafte Verteidigung von Cholm gegen einen zahlenmäßig überlegenen Feind stifte ich den Cholmschild."

2. Der Cholmschild im einzelnen

Der Cholmschild, zunächst aus Eisenblech, später auch aus Feinzink gefertigt, ist ein wappenschildförmiger, nach unten spitz-oval zulaufender Schild mit Überrand. Er wurde hohl geprägt und leicht gewölbt, anfangs silbern patiniert, später mattgrau getönt. Der Schild zeigt den Wehrmachtadler mit gesenkten Flügeln, sitzend auf einem Eisernen Kreuz, in dessen Mitte sich ein Hakenkreuz befindet. Unterhalb des Eisernen Kreuzes ist zweizeilig geprägt:

CHOLM
1942

Der Schild ist mittels Splinten und Gegenplatte auf einer Tuchunterlage befestigt. Es kommen neben hochovalen bei späterer Fertigung auch wappenschildförmige Tuchunterlagen vor. Die Farbe der Tuchunterlage sollte der Uniform des Trägers entsprechen und eine rückseitige Papierabklebung den Stoff der Uniform schonen.

Die Verteidigung des eingeschlossenen Kampfraumes CHOLM dauerte vom 21.01.1942 bis zum 05.05.1942 (beide Tage einschließlich).
Den Cholmschild erhielt, wer innerhalb dieses Zeitraumes an der Verteidigung ehrenvoll beteiligt war. Zur Verteidigung zählte auch eine Landung im eingeschlossenen Raum, jedoch nicht die Durchführung der Versorgung auf dem Luftwege mittels Abwurf.
Die Verleihung war auch nach dem Tode zulässig. In diesem Fall war ein Exemplar des Cholmschildes mit Besitzzeugnis den Hinterbliebenen zu übersenden.

Der Reichsminister für Volksaufklärung und Propaganda stiftete für jeden Träger des Cholmschildes sowie für die nächsten Angehörigen der in CHOLM Gefallenen ein Erinnerungsbuch mit dem Titel: „Kampfgruppe Scherer - 105 Tage eingeschlossen.“ Es wurde auf Weisung der Abwicklungsstelle den berechtigten Empfängern vom Verlag unmittelbar zugesandt.

Zeitgenössische Darstellung: Die Entsatztruppenteile durchbrechen am 05.05.1942 den sowjetischen Einschließungsring um CHOLM.

- Cholmschild -

Cholmschild auf feldgrauer, hochovaler Tuchunterlage für Angehörige des Heeres.
Breite ohne Stoffunterlage 3,9 cm, Höhe 6,4 cm. Die Stoffunterlage ist 5,0 cm breit und 9,3 cm hoch.

Unter der Papierabklebung zeichnen sich die drei angelöteten Splinte ab, die Schild, Stoffunterlage und Gegenplatte zusammenhalten. Die beiden oberen Splinte sind nach unten, der untere ist nach oben gebogen worden.

Die Jahreszahl 1942 auf dem oben abgebildeten Cholmschild. Je nach Hersteller kommen Abweichungen im Prägebild bei der Jahreszahl vor.

- Cholmschild -

Cholmschild auf feldgrauer, hoch-ovaler Tuchunterlage für Angehörige des Heeres.

Gegenüber dem vorstehend abgebildeten Schild fallen ein abweichend gestalteter Adlerkopf, Abweichungen bei der Jahreszahl 1942, die 9 und die 2 betreffend, und eine größere Tuchunterlage auf.

3. Verleihungsberechtigung

Verleihungsberechtigt für den Cholmschild war im Namen Hitlers ausschließlich Generalmajor Theodor Scherer, Frontoffizier aus dem 1. Weltkrieg und seit dem 01.10.1941 Kommandeur der 281. Sicherungsdivision an der Ostfront.
Für seine Führungsleistungen als Kommandeur der Kampfgruppe Scherer erhielt er am 20.02.1942 zunächst das Ritterkreuz und am Tag der Befreiung von CHOLM, am 05.05.1942, das (92.) Eichenlaub.
Nach der Kesselschlacht von CHOLM war Generalmajor Scherer ab dem 05.09.1942 Kommandeur der 34. Infanteriedivision und als Generalleutnant vom 02.11.1942 bis zum 01.04.1944 Kommandeur der 83. Infanteriedivision.
Am 15.04.1944 erfolgte seine Ernennung zum Inspekteur des Küstenschutzes beim Wehrmachtbefehlshaber Ostland. Er überlebte den Krieg, verstarb jedoch am 15.05.1951 an den Folgen eines Unfalls.

Anträge auf Verleihung des Cholmschildes waren von den Kompaniechefs bzw. von Vorgesetzten in vergleichbarer Dienststellung in Vorschlagslisten (Sammellisten) zusammenzufassen. Die Vorschlagslisten wurden von den Divisionen, Generalkommandos usw. für Soldaten des Heeres nebst Bedarfsmeldung für die Abzeichen dem Heerespersonalamt (HPA) im Oberkommando des Heeres (OKH) vorgelegt. Vorbereitete Besitzzeugnisse waren beizufügen.
Das OKH übernahm die Weiterleitung an die Abwicklungsstelle Kampfgruppe Scherer beim Wehrmacht-Standortältesten BERLIN-SPANDAU, Seecktkaserne.
Die Verleihung wurde der antragstellenden Dienststelle durch die zweite Ausfertigung der Vorschlagsliste mitgeteilt. Nach Abschluß der Verleihungen waren die Verleihungsunterlagen den Personalämtern der Teilstreitkräfte zum Verbleib zu übersenden.
Als Endfrist für Verleihungsvorschläge wurde schließlich der 30.01.1944 festgelegt.
Der Cholmschild wurde in einer sogenannten Verleihungstüte ausgeliefert bzw. überreicht.

Theodor Scherer als Generalleutnant. Nur er war berechtigt, im Namen Hitlers den Cholmschild zu verleihen.

4. Nachweis und Beurkundung

Über die Verleihung des Cholmschildes wurde von der Abwicklungsstelle Kampfgruppe Scherer ein Besitzzeugnis ausgestellt und von Generalmajor Scherer unterschrieben.

Nur Inhaber eines Besitzzeugnisses waren zum Tragen des Cholmschildes berechtigt. Unbefugtes Tragen war strafbar.
Die Verleihung wurde in die Personalpapiere eingetragen.

Mit der Verordnung über den Schutz der Waffenabzeichen der Wehrmacht wurde verfügt, daß die Ärmelschilde den gleichen gesetzlichen Schutz genießen wie die sonstigen Orden und Ehrenzeichen.

Kostenfreier Ersatz für unverschuldeten Verlust des Cholmschildes wurde nur an im aktiven Wehrdienst Stehende gegen Vorlage einer beglaubigten Verlusterklärung geleistet.
Ansonsten konnten weitere Exemplare des Cholmschildes gegen Vorlage des Verleihungsnachweises in öffentlichen Verkaufsstellen erworben werden.

Generalleutnant Scherer (ganz rechts) als Kommandeur der 83. Infanteriedivision.

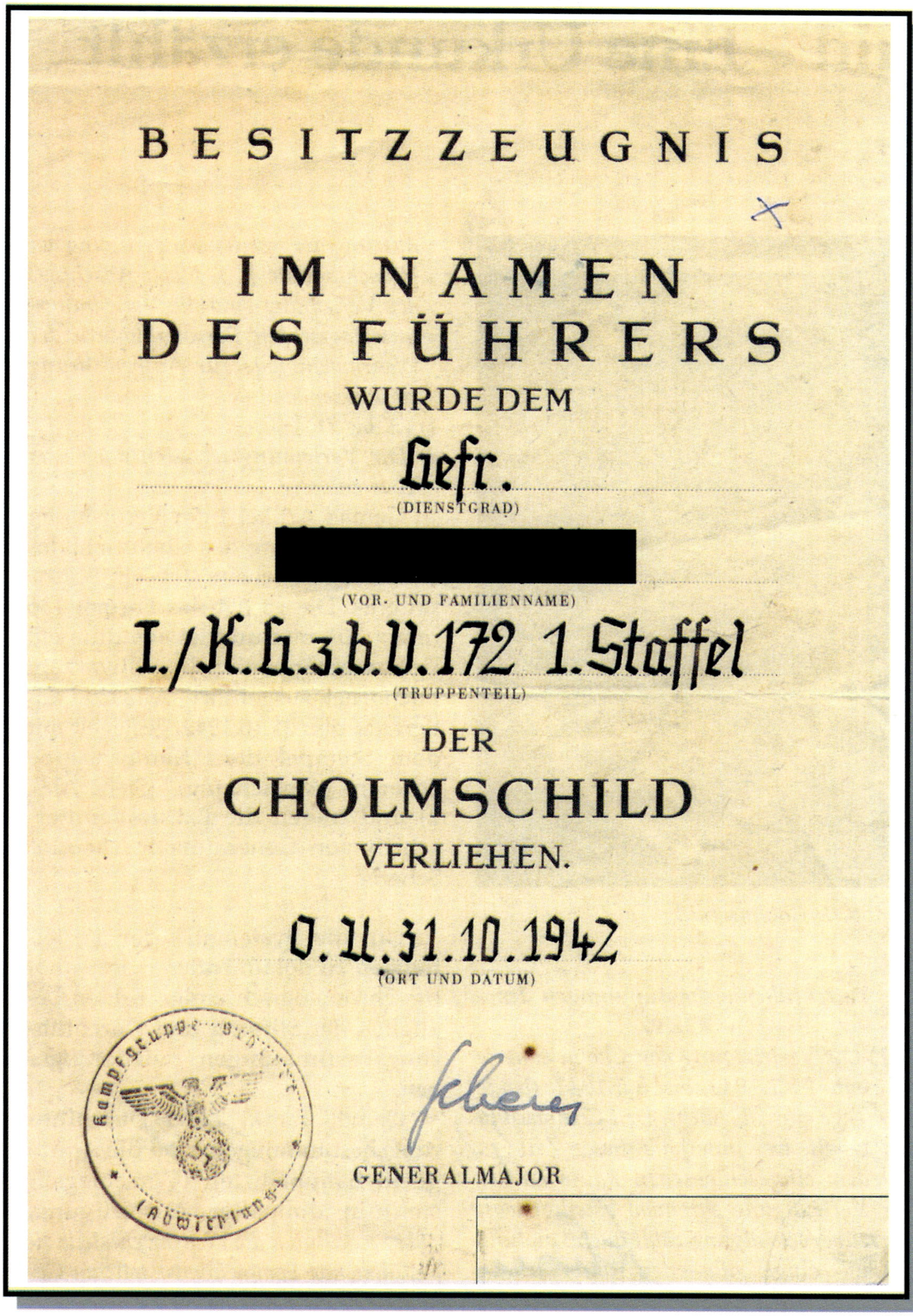

BESITZZEUGNIS

IM NAMEN DES FÜHRERS

WURDE DEM

Gefr.

(DIENSTGRAD)

(VOR- UND FAMILIENNAME)

I./K.G.z.b.V.172 1.Staffel

(TRUPPENTEIL)

DER

CHOLMSCHILD

VERLIEHEN.

O.U.31.10.1942

(ORT UND DATUM)

Scherer

GENERALMAJOR

Besitzzeugnis in der Originalgröße 13,6 cm x 20,1 cm für den Cholmschild. Die Besitzzeugnisse wurden von der Abwicklungsstelle Kampfgruppe Scherer ausgestellt und tragen sämtlich die Originalunterschrift des Kommandeurs der Kampfgruppe, Generalmajor Scherer.

5. Trageweise

Der Cholmschild wurde zur Uniform wie alle Ärmelschilde am linken Oberärmel getragen. Die Tragegenehmigung galt auch für alle Uniformen der Partei und des Staates.

Für die Zivilkleidung konnte eine Miniatur des Cholmschildes als Anstecknadel in öffentlichen Verkaufsstellen erworben und am linken Rockaufschlag getragen werden.

Generalleutnant Theodor Scherer, hier als Kommandeur der 83. Infanteriedivision, erhielt als Generalmajor und Festungskommandant von CHOLM am 20.02.1942 das Ritterkreuz und am 05.05.1942 das (92.) Eichenlaub. Auf dem linken Oberärmel trägt er den Cholmschild. Das Tragen eines Verwundetenabzeichens des 1. Weltkrieges neben einem Verwundetenabzeichen des 2. Weltkrieges, wie hier zu sehen, entsprach nicht den Bestimmungen.

6. Herstellung, Verleihungszahlen und Sammlerbewertung

Der künstlerische Entwurf des Cholmschildes stammt von dem Rottwachtmeister (vergleichbar Obergefreiter) der Schutzpolizei Schlimmer vom Polizeibataillon 65 und wurde von Professor Richard Klein, MÜNCHEN, geringfügig überarbeitet. In der Entwurfzeichnung blickte der Wehrmachtadler nach links. Damit er am linken Oberärmel der Uniform mit dem Träger nach vorne schaut, wurde die Kopfhaltung des Adlers entsprechend geändert.

Entwurfzeichnung des Cholmschildes mit der Kopfhaltung des Adlers nach links.

Generalmajor Scherer mit Rottwachtmeister Schlimmer in CHOLM.

An der Fertigung des Schildes waren mehrere Firmen beteiligt. Im Prägebild des Cholmschildes sind daher je nach Hersteller Unterschiede festzustellen. Es werden insgesamt etwa 6.000 Verleihungen des Cholmschildes angenommen.
Die Lieferung der Cholmschilde wurde dem Wehrmachtbeschaffungsamt (Bekleidung und Ausrüstung) übertragen. Für die sollmäßigen Uniformstücke (einschließlich Mantel) der Wehrdienstleistenden wurde nach näherer Anordnung der Wehrmachtsteile je ein Abzeichen (in der Regel drei Stück) ausgegeben. Zur Selbsteinkleidung Verpflichtete (z.B. aktive Offiziere) erhielten kostenlos fünf Cholmschilde.

Derzeit können für Stücke mittlerer Qualität auf dem Sammlermarkt folgende Verkaufspreise als Anhalt dienen:

Cholmschild, Eisenblech, magnetisch	1.000,-- €
Cholmschild, Zink	900,-- €

Der Cholmschild wurde und wird auf Grund seiner Seltenheit und des damit verbundenen hohen Wertes häufig kopiert.

7. Das Gesetz über Titel, Orden und Ehrenzeichen von 1957

Durch Gesetz vom 26. Juli 1957 wurde das Tragen von deutschen Kriegsauszeichnungen des 2. Weltkrieges wieder zugelassen, jedoch nur in einer „entnazifizierten“ Form. Für den Cholmschild bedeutete dies ausnahmsweise lediglich das ersatzlose Entfernen des Hakenkreuzes, das sich in der Mitte des Eisernen Kreuzes befand. Der Adler durfte auf dem Eisernen Kreuz sitzenbleiben und wurde im Gegensatz zu den anderen Ärmelschilden nicht beseitigt.

Ehemalige Angehörige der Deutschen Wehrmacht, die in die Bundeswehr eingetreten waren, durften Ärmelschilde der Wehrmacht nicht im Original, auch nicht in der abgeänderten Form von 1957, an der Bundeswehruniform tragen.
Als Trageweise im täglichen Dienst war für den Dienstanzug eine verkleinerte Nachbildung des Cholmschildes auf einer neutralen, 2,5 cm breiten und 1,2 cm hohen, schwarzen Bandunterlage an der Bandschnalle vorgesehen, die über der linken Brusttasche getragen wurde.

Cholmschild in der gemäß Gesetz von 1957 zugelassenen Form, Schwarzweißabbildung. Im Unterschied zu den anderen Ärmelschilden wurde in diesem Fall der Adler nicht entfernt.

Cholmschild, Ausführung 1957, an der Bandschnalle für die Bundeswehr.

Der Wall der „Festung Demjansk“ war der unerschütterliche Siegeswille der deutschen Grenadiere
(zeitgenössischer Text und zeitgenössische Darstellung).

Kapitel 22

Demjanskschild

- Demjanskschild -

1. Vorgeschichte und Stiftung der Auszeichnung

Auf der Landbrücke zwischen dem Ilmensee und dem Seliger-See riß die russische Winteroffensive im Januar 1942 die Front der Heeresgruppe Nord auf. Es gab nur noch zwei deutsche Wellenbrecher in diesem Geländeabschnitt gegen die feindliche Flut: Deutsche Truppenteile im Raum DEMJANSK und CHOLM. Wurden sie überrannt, dann war für die sowjetischen Armeen der Weg frei ins weite unverteidigte Hinterland der deutschen Front. So entstanden bei DEMJANSK und CHOLM die ersten Kesselschlachten des 2. Weltkrieges, in denen deutsche Truppen eingeschlossen waren.

Die Kesselschlacht von DEMJANSK begann am 08.02.1942. Das II. Armeekorps mit sechs Divisionen und etwa 100.000 Mann zog dort die Masse der sowjetischen Angriffskräfte von fünf Armeen auf sich und band sie. Der eingeschlossene Raum war etwa 3.000 Quadratkilometer groß (etwa viermal so groß wie das Stadtgebiet von HAMBURG) und es galt, etwa 300 km Front zu verteidigen. Im Kessel gab es neben ärmlichen Dörfern, die bei durchschnittlich 40 Grad Kälte nur kümmerliche Unterkunftsmöglichkeiten boten, nichts als Wald und zugefrorene Sümpfe, die bei Tauwetter grundlos wurden. Die Stellungen bestanden zunächst aus eiligst in den tiefen Schnee geschaufelten oder in die Erde gesprengten Schützenlöchern. Eine geschlossene Front war nicht überall möglich, viele Abschnitte konnten nur stützpunktartig besetzt werden. In Anspielung auf den Kommandierenden General des II. Armeekorps, General der Infanterie Graf von Brockdorff-Ahlefeldt, wurde der Kessel von den Soldaten bald nur noch „die Grafschaft" genannt.
Zum ersten Mal in der Kriegsgeschichte wurden etwa 100.000 Mann aus der Luft versorgt. Diese Luftbrücke war der entscheidende Beitrag zum Abwehrerfolg. Täglich mußten etwa 100 Flugzeuge die Strecke in den Kessel und zurück bewältigen, d.h. in jeder Stunde landeten und starteten dort etwa 10 - 15 Flugzeuge auf zwei schlechten, behelfsmäßig hergerichteten Feldflugplätzen. 64.844 t Mengenverbrauchsgüter wurden während der Zeit der Einschließung eingeflogen, 35.400 Verwundete, Kranke und Kommandierte herausgeholt.

Im März 1942 trat General von Seydlitz-Kurzbach mit vier Divisionen aus dem Raum südlich STARAJA RUSSA zum Entsatz von DEMJANSK an (Unternehmen „Brückenschlag"). Aus dem Westteil des Kessels stieß die Korpsgruppe Zorn in einer Ausbruchsoperation (Unternehmen „Fallreep") den Entsatzdivisionen entgegen. Mit der Inbesitznahme des Ortes RAMUSHEWO, der die Rollbahn zwischen STARAJA RUSSA und DEMJANSK beherrschte und wo sich eine Übergangsstelle über den Hochwasser führenden Fluß Lowat befand, wurde der Entsatzangriff am 21.04.1942 erfolgreich abgeschlossen und somit nach zehn Wochen eine Landverbindung zu den Eingeschlossenen hergestellt. In der Folgezeit hatte sich dieser Frontvorsprung heftiger sowjetischer Angriffe zu erwehren. Von Januar bis Mai 1942 wurden insgesamt 1.524 größere und 991 kleinere Feindangriffe gezählt. Dem standen gegenüber 627 eigene Stoßtruppunternehmen, 267 Gegenstöße und 188 Gegenangriffe. Ein Versuch des Feindes, mit Luftlandekräften in Stärke von etwa 6.000 Mann den Kessel von innen her aufzubrechen, wurde nach vierwöchigen harten Kämpfen vereitelt.

Am 02.03.1943 wurde der vorspringende Frontbogen DEMJANSK geräumt, nachdem der Brückenkopf insgesamt 14 Monate lang feindliche Armeen auf sich gezogen und ihnen in schweren Kämpfen hohe Verluste zugefügt hatte.

- Demjanskschild -

Die sowjetische Winteroffensive 1941/42:

Die Kessel von DEMJANSK und CHOLM

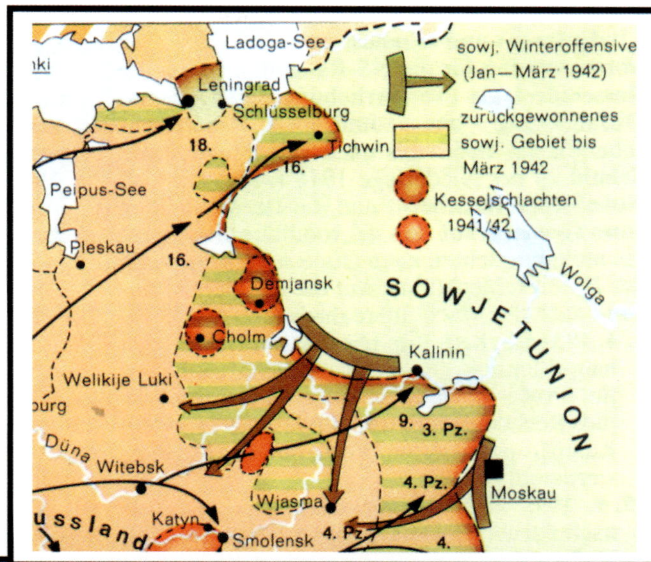

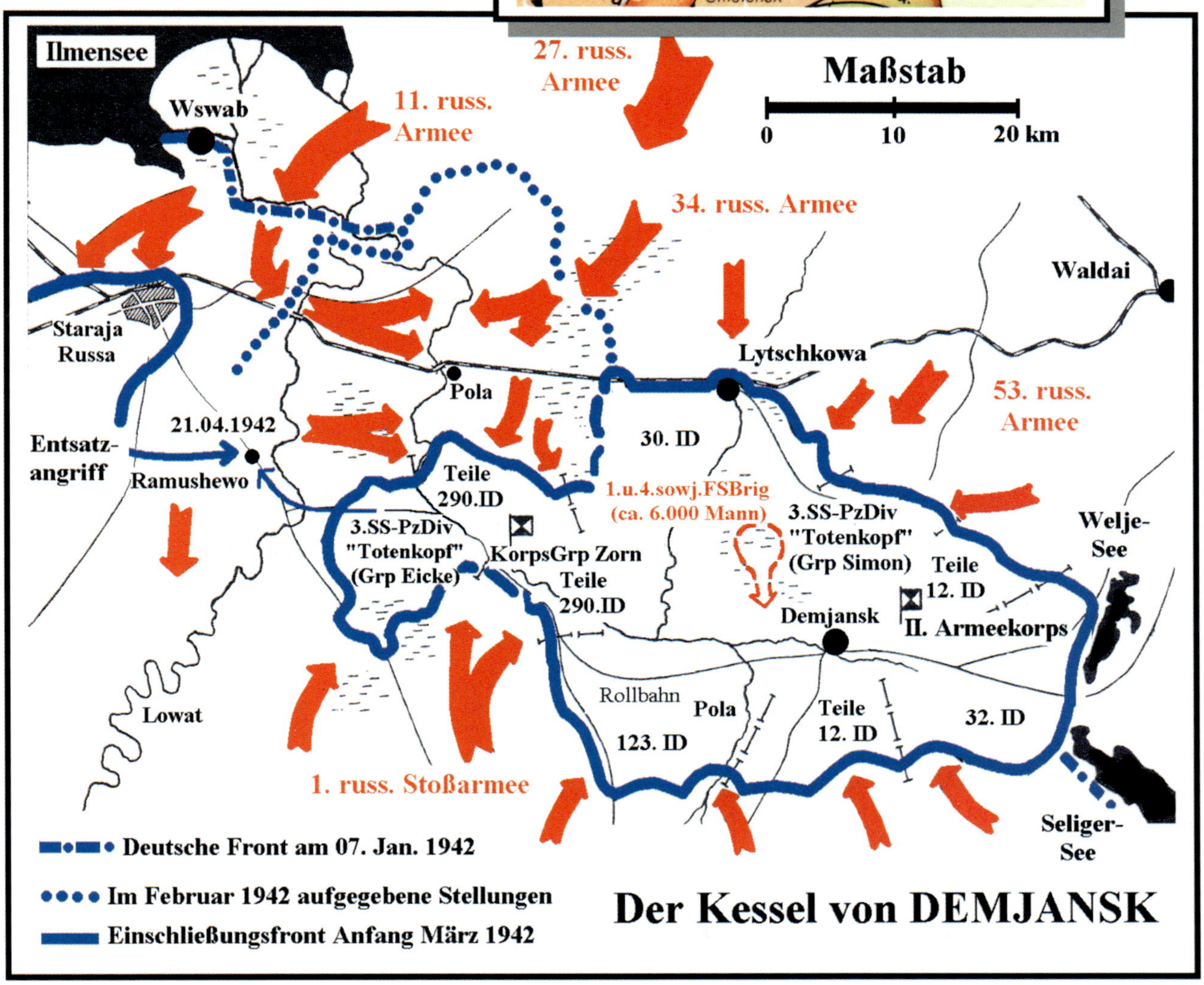

Erst nach der endgültigen Räumung des Frontvorsprungs DEMJANSK am 02.03.1943 erging folgende Verordnung Hitlers vom 25. April 1943:
„Zur Erinnerung an die mehrmonatige heldenhafte Verteidigung des Kampfraumes Demjansk gegen einen zahlenmäßig weit überlegenen Gegner stifte ich den Demjanskschild.“

2. Der Demjanskschild im einzelnen

Der Demjanskschild, aus Eisenblech oder aus Feinzink gefertigt, ist ein barocker Wappenschild mit Überrand. Er wurde anfangs flacher, später stärker gewölbt hohlgeprägt und silbergrau oder auch matt feldgrau patiniert.
Der Schild zeigt zwei gekreuzte blanke Schwerter, die mit den Spitzen der Klingen die Flügel der Vorderansicht eines einmotorigen Flugzeuges überdecken. Unterhalb der Schwertgriffe ist die Jahreszahl 1942 angebracht. Auf dem Schild ruht ein Schriftbalken mit der Inschrift DEMJANSK, der seinerseits vom Hoheitszeichen überhöht ist. Dieses steht zwischen zwei aus Holzbalken errichteten Bunkern mit je einer frontalen Schießscharte.
Der Schild ist mittels Splinten und Gegenplatte auf einer hochovalen Tuchunterlage befestigt. Eine rückseitige Papierabklebung sollte den Stoff der Uniform schonen.

Die Verteidigung des eingeschlossenen Kampfraumes DEMJANSK dauerte vom 08.02.1942 bis zum 21.04.1942 (beide Tage einschließlich). Den Demjanskschild erhielt, wer innerhalb dieses Zeitraumes am Abwehrkampf ehrenvoll beteiligt war und eine der nachstehenden Voraussetzungen erfüllt hatte:

a) Ununterbrochener Einsatz an mindestens 60 Tagen in dem eingeschlossenen Raum oder
b) unterstützender Einsatz durch die Luftwaffe mit mindestens 50 Flügen, wobei Einflüge in den eingeschlossenen Raum als Einsätze gewertet wurden, oder
c) Verwundung oder Erfrierung, für die das Verwundetenabzeichen verliehen wurde.

Die Verleihung war auch nach dem Tode zulässig. In diesem Fall war ein Exemplar des Demjanskschildes mit Besitzzeugnis den Hinterbliebenen zu übersenden. Diese Aufgabe wurde dem Kompaniechef (oder Vorgesetzter in vergleichbarer Dienststellung) übertragen.

Bei Nacht in Kälte, Schnee und Eis: Posten am MG (Skizze von Ernst Eigener).

Demjanskschild in ungetragener Erhaltung auf feldgrauer Tuchunterlage für Angehörige des Heeres. Unbekannter Hersteller. Der Schild ist matt silbergrau patiniert. Vier mitgeprägte, kurze Splinte sind durch die Tuchunterlage geführt und umfassen den Rand der Gegenplatte durch seitliche Aussparungen.

Demjanskschild auf feldgrauer Tuchunterlage für Angehörige des Heeres. Die matt silbergraue Tönung des Schildes ist tragebedingt weitgehend berieben.
Die übliche Papierabklebung auf der Rückseite zum Schutz des Uniformtuches ist entfernt worden. Dadurch sind die vier auf dem Schild angelöteten, schmalen Flachsplinte erkennbar, die Schild, Tuchunterlage und Gegenplatte zusammenhalten.
Ohne Tuchunterlage mißt der Schild an seiner breitesten Stelle 5,2 cm und ist 9,2 cm hoch, mit Tuchunterlage ist er 5,9 cm breit und 10,6 cm hoch.

Die Jahreszahl 1942 auf dem oben abgebildeten Demjanskschild. Je nach Hersteller kommen Abweichungen im Prägebild bei der Jahreszahl vor.

- Demjanskschild -

Rechts:
Demjanskschild in ungetragener Erhaltung auf feldgrauer Tuchunterlage für das Heer. Im Vergleich zu anderen Stücken fallen einige Prägeunterschiede auf.

Unten:
Demjanskschild auf der seltenen schwarzen Tuchunterlage für Soldaten, die mit der schwarzen Panzeruniform ausgestattet waren. Unbekannter Hersteller. Matt feldgrau patiniert.
Unter der Papierabklebung der Rückseite zeichnen sich deutlich die vier auf dem Schild angelöteten und durch Öffnungen der Gegenplatte geführten Flachsplinte ab.

3. Verleihungsberechtigung

Verleihungsberechtigt für den Demjanskschild war im Namen Hitlers ausschließlich General der Infanterie Walter Graf von Brockdorff-Ahlefeldt, seit dem 21.06.1940 Kommandierender General des II. Armeekorps. Für herausragende Führungsleistungen an der Ostfront war er bereits am 15.07.1941 mit dem Ritterkreuz des Eisernen Kreuzes ausgezeichnet worden.

Für die erfolgreiche Verteidigung des eingeschlossenen Raumes DEMJANSK wurde ihm am 27.06.1942 das (103.) Eichenlaub verliehen. Er überlebte den Entsatz von DEMJANSK und die Stiftung des Demjanskschildes allerdings nur kurze Zeit. Im November 1942 erkrankte er und verstarb am 09.05.1943 im Reservelazarett BERLIN-ZEHLENDORF. Die Besitzzeugnisse für den Demjanskschild wurden mit seiner Faksimile-Unterschrift versehen. Die Richtigkeit der Verleihung bestätigte ein Offizier des Arbeitsstabes Demjanskschild im Generalkommando II. Armeekorps durch Originalunterschrift auf den Besitzzeugnissen.

General der Infanterie Walter Graf von Brockdorff-Ahlefeldt. Nur er war berechtigt, im Namen Hitlers den Demjanskschild zu verleihen.

Anträge auf Verleihung des Demjanskschildes waren von den Kompaniechefs oder von Vorgesetzten in vergleichbarer Dienststellung in Vorschlagslisten (Sammellisten) zusammenzufassen.

Die Sammellisten wurden von den Divisionen, Generalkommandos usw. für die ihnen unterstellten Truppenteile dem Arbeitsstab Demjanskschild im Generalkommando II. Armeekorps in STETTIN vorgelegt. Vorbereitete Besitzzeugnisse waren beizufügen.

Die Verleihung wurde der antragstellenden Dienststelle unter Benutzung der zweiten Ausfertigung der Vorschlagsliste mitgeteilt.
Nach Abschluß er Verleihungen waren die Verleihungsunterlagen den Personalämtern der Teilstreitkräfte zum Verbleib zu übersenden.

Als Endfrist für Vorschläge wurde schließlich der 31.03.1944 festgelegt. Die Verleihung der Demjanskschilde war mit dem 01.07.1944 abgeschlossen.

Der Demjanskschild wurde in einer sogenannten Verleihungstüte ausgeliefert bzw. überreicht.

4. Nachweis und Beurkundung

Über die Verleihung des Demjanskschildes wurde ein Besitzzeugnis ausgestellt. Dazu war zwar ein Muster in DIN A 5 vorgegeben, es kommen jedoch bezüglich Größe, Schriftart und Gestaltung unterschiedliche Besitzzeugnisse vor.
Nur Inhaber eines Besitzzeugnisses waren zum Tragen des Demjanskschildes berechtigt. Unbefugtes Tragen war strafbar. Die Verleihung wurde in die Personalpapiere eingetragen. Mit der Verordnung über den Schutz der Waffenabzeichen wurde verfügt, daß die Ärmelschilde den gleichen gesetzlichen Schutz genießen wie die sonstigen Orden und Ehrenzeichen.

Kostenfreier Ersatz für unverschuldeten Verlust des Demjanskschildes wurde nur an im aktiven Wehrdienst Stehende gegen Vorlage einer beglaubigten Verlusterklärung geleistet. Ansonsten konnten weitere Exemplare des Demjanskschildes gegen Vorlage des Verleihungsnachweises in öffentlichen Verkaufsstellen erworben werden.

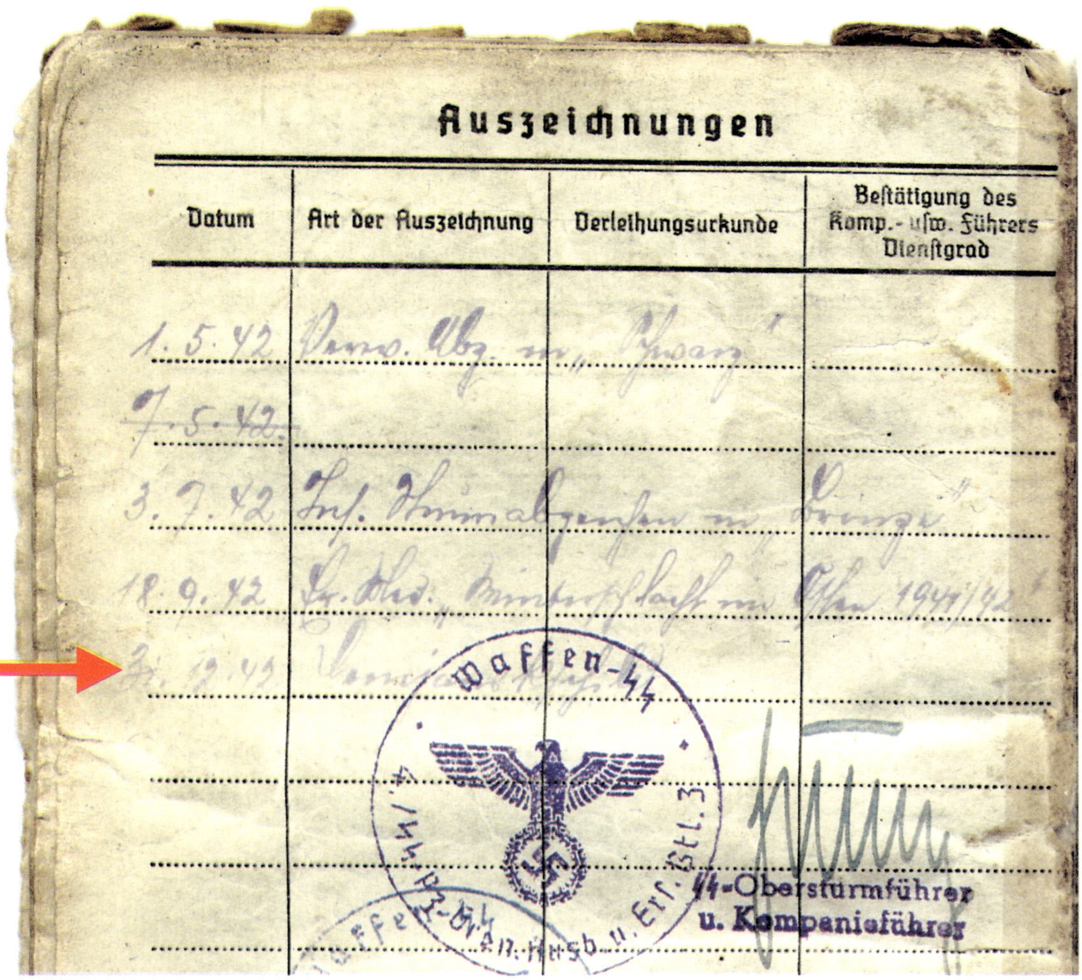
Auszeichnungen

Datum	Art der Auszeichnung	Verleihungsurkunde	Bestätigung des Komp.- usw. Führers Dienstgrad
1.5.42	[illegible]		
~~7.5.42~~			
3.7.42	[illegible]		
18.9.42	[illegible] 1941/42		
[illegible]	[illegible]		

Waffen-SS

SS-Obersturmführer u. Kompanieführer

Auszug aus dem Soldbuch eines Soldaten der Waffen-SS (stark vergrößert, da ziemlich verblaßt) mit dem Nachweis der Verleihung des Demjanskschildes.

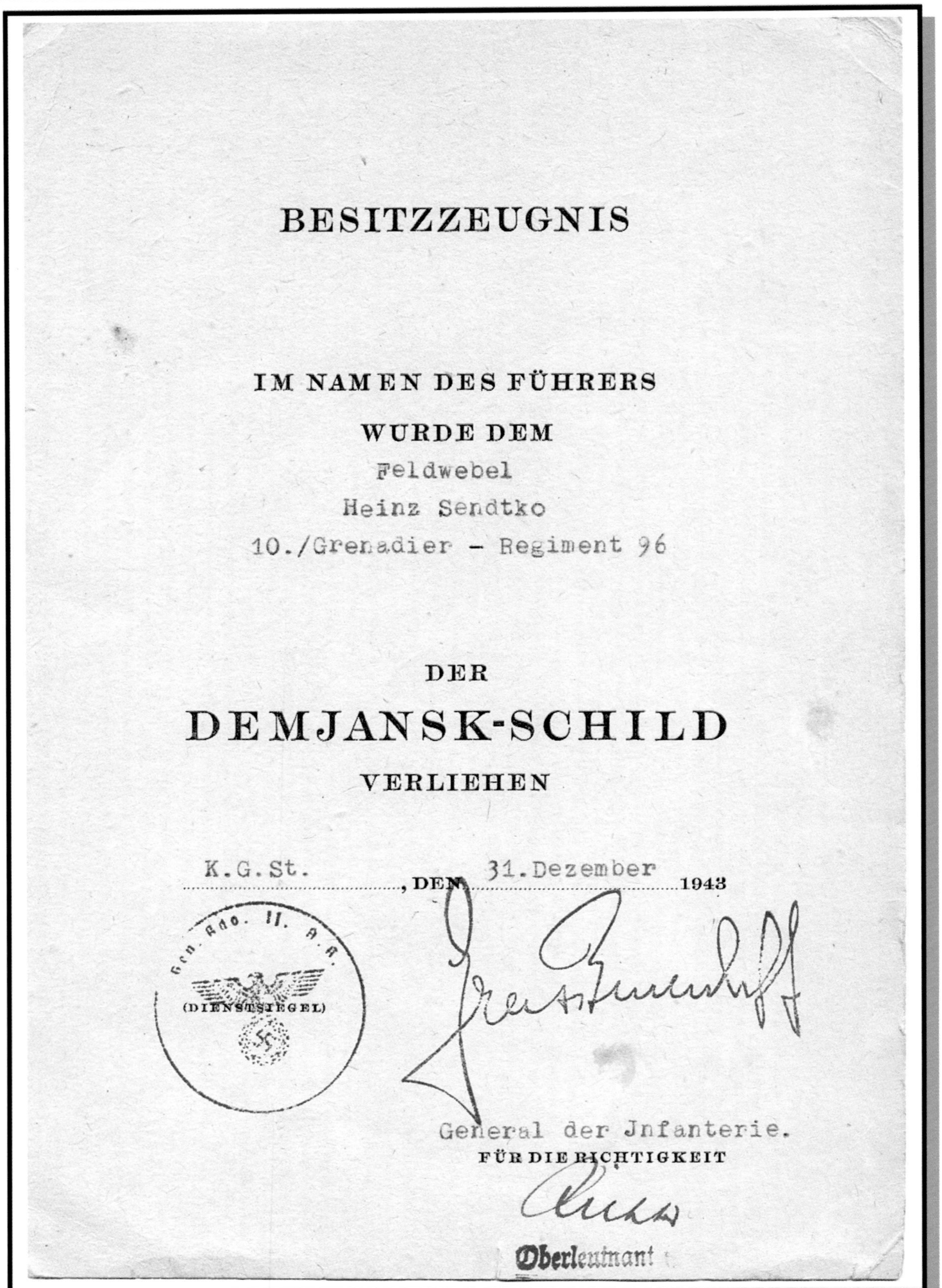

BESITZZEUGNIS

IM NAMEN DES FÜHRERS

WURDE DEM

Feldwebel

Heinz Sendtko

10./Grenadier - Regiment 96

DER

DEMJANSK-SCHILD

VERLIEHEN

K.G.St. , DEN 31.Dezember 1943

(DIENSTSIEGEL)

General der Jnfanterie.

FÜR DIE RICHTIGKEIT

Oberleutnant

Besitzzeugnis in der Originalgröße 14,8 cm x 20,9 cm für den Demjanskschild mit der Faksimile-Unterschrift von General der Infanterie Graf von Brockdorff-Ahlefeldt. Die Richtigkeit der Verleihung wurde in diesem Fall bestätigt durch die Originalunterschrift von Oberleutnant Richter, Arbeitsstab Demjanskschild im Generalkommando II. Armeekorps.

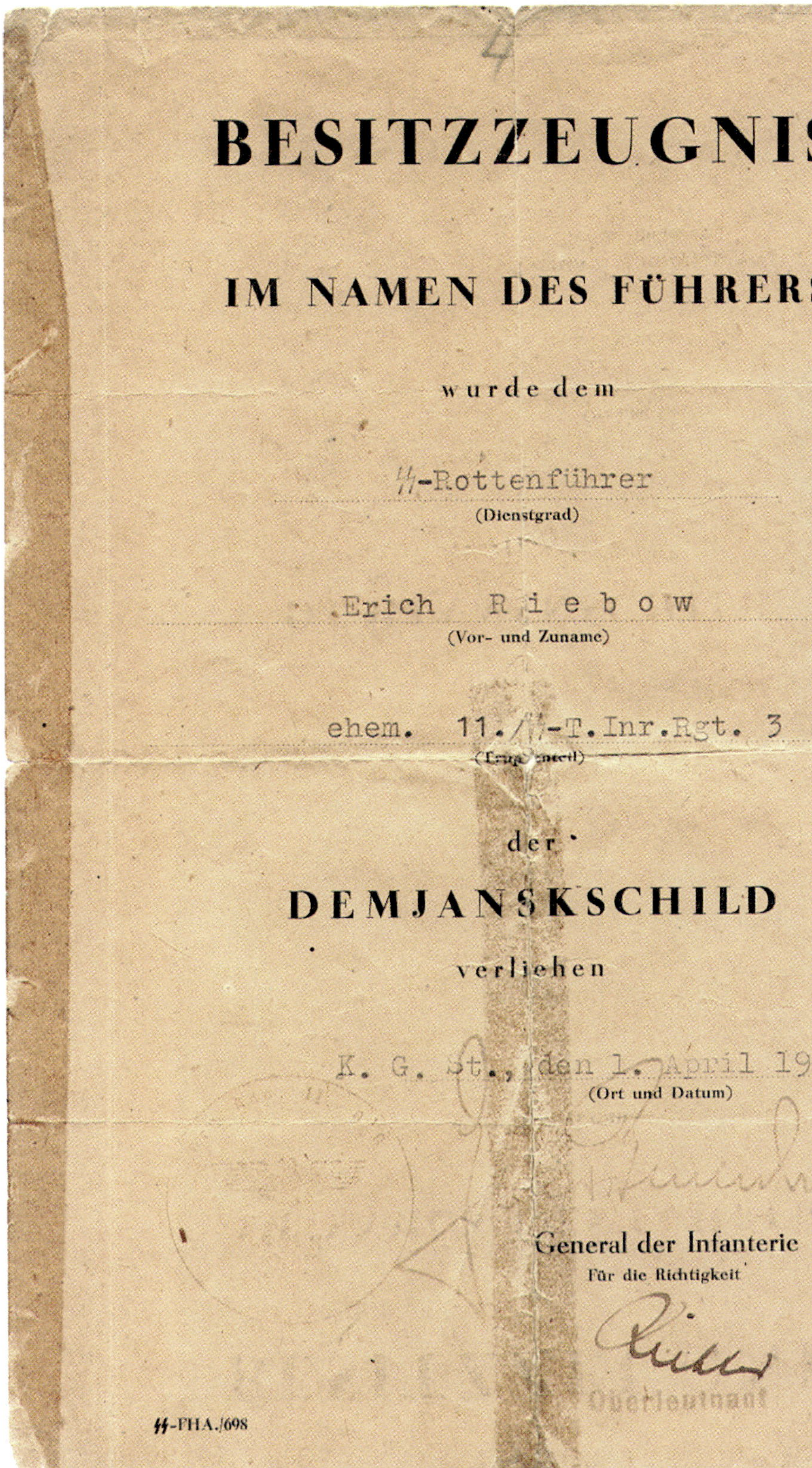

4

BESITZZEUGNIS

IM NAMEN DES FÜHRERS

wurde dem

ϟϟ-Rottenführer
(Dienstgrad)

Erich Riebow
(Vor- und Zuname)

ehem. 11./ϟϟ-T.Inr.Rgt. 3
(Truppenteil)

der

DEMJANSKSCHILD

verliehen

K. G. St., den 1. April 1944
(Ort und Datum)

General der Infanterie

Für die Richtigkeit

Oberleutnant

ϟϟ-FHA./698

Erich Riebow

Besitzzeugnis für den Demjanskschild in der Originalgröße 14,7 cm x 20,8 cm. Auch die Besitzzeugnisse für Soldaten der Waffen-SS tragen die Faksimile-Unterschrift von General der Infanterie Graf von Brockdorff-Ahlefeldt und zur Bestätigung der Richtigkeit die Unterschrift eines Offiziers im Arbeitsstab Demjansk, hier die von Oberleutnant Richter.

5. Trageweise

Der Demjanskschild wurde zur Uniform wie alle Ärmelschilde am linken Oberärmel getragen. Die Tragegenehmigung galt auch für alle Uniformen der Partei und des Staates.

Für die Zivilkleidung konnte eine Miniatur des Demjanskschildes als Anstecknadel in öffentlichen Verkaufsstellen erworben und am linken Rockaufschlag getragen werden.

Hauptmann Erwin Kreßmann, Kompaniechef 1. Kp/schwere Panzerjägerabteilung 519, Ritterkreuz am 09.12.1944, wurde am 30.12.1942 der Krimschild und am 10.12.1943 der Demjanskschild verliehen. Auf obigem Foto trägt er beide Schilde auf dem linken Oberärmel. Für das Tragen von zwei Ärmelschilden war vorgeschrieben: Erster Schild 7,0 cm unter der Armlochnaht, zweiter Schild 0,5 cm unterhalb der Tuchunterlage des ersten Schildes.

Heinz-Georg Lemm mit dem Demjanskschild am linken Oberärmel.
Er wurde als Hauptmann und Kommandeur I./Füsilierregiment 27 am 14.04.1943 mit dem Ritterkreuz, als Major und Kommandeur desselben Verbandes am 11.07.1944 mit dem (525.) Eichenlaub und als Oberstleutnant und Kommandeur Füsilierregiment 27 am 15.03.1945 mit den (137.) Schwertern ausgezeichnet.
Sein letzter Dienstgrad in der Wehrmacht war Oberst.
In der Bundeswehr war er zuletzt Amtschef des Heeresamtes in Köln und beendete seine militärische Laufbahn als Generalleutnant.

6. Herstellung, Verleihungszahlen und Sammlerbewertung

Es ist nicht bekannt, von wem der künstlerische Entwurf für den Demjanskschild stammt. An der Fertigung des Schildes waren mehrere Firmen beteiligt. Im Prägebild des Demjanskschildes sind je nach Hersteller Unterschiede vor allem im Schriftzug DEMJANSK und bei der Jahreszahl 1942 festzustellen.
Es werden insgesamt etwa 100.000 Verleihungen des Demjanskschildes angenommen.

Die Lieferung der Demjanskschilde wurde dem Wehrmachtbeschaffungsamt (Bekleidung und Ausrüstung) übertragen. Anforderungen waren an den Arbeitsstab Demjanskschild im Generalkommandos II. Armeekorps zu richten. Für die sollmäßigen Uniformstücke einschließlich Mantel der Wehrdienstleistenden wurde je ein Abzeichen ausgegeben (beim Heer meist drei Stück). Zur Selbsteinkleidung Verpflichtete (z.B. aktive Offiziere) erhielten fünf Demjanskschilde.

Derzeit können für Stücke mittlerer Qualität auf dem Sammlermarkt folgende Verkaufspreise als Anhalt dienen:

Demjanskschild, Eisenblech, magnetisch	250,-- €
Demjanskschild, Zink	200,-- €

Vom Demjanskschild wurden und werden Kopien hergestellt und in den Handel gebracht.

7. Das Gesetz über Titel, Orden und Ehrenzeichen von 1957

Durch Gesetz vom 26. Juli 1957 wurde das Tragen von deutschen Kriegsauszeichnungen des 2. Weltkrieges wieder zugelassen, jedoch nur in einer „entnazifizierten“ Form. Auch für den Demjanskschild bedeutete dies das ersatzlose Entfernen des Hoheitszeichens.

Ehemalige Angehörige der Deutschen Wehrmacht, die in die Bundeswehr eingetreten waren, durften Ärmelschilde der Wehrmacht nicht im Original, auch nicht in der abgeänderten Form von 1957, an der Bundeswehruniform tragen.
Als Trageweise im täglichen Dienst war für den Dienstanzug eine verkleinerte Nachbildung des Demjanskschildes auf einer neutralen, 2,5 cm breiten und 1,2 cm hohen, schwarzen Bandunterlage an der Bandschnalle vorgesehen, die über der linken Brusttasche getragen wurde.

Demjanskschild in der gemäß Gesetz von 1957 zugelassenen Form, Schwarzweißabbildung.

Demjanskschild, Ausführung 1957, an der Bandschnalle für die Bundeswehr.

Ein Kampf in Lagunen, Sumpf und wildverwachsenem Gebirgswald gegen einen weit überlegenen Feind — das bedeutet „Kubanbrückenkopf“
(zeitgenössischer Text und zeitgenössische Darstellung).

Kapitel 23

Kubanschild

- Kubanschild -

1. Vorgeschichte und Stiftung der Auszeichnung

Während sich Anfang 1943 das Ende der Schlacht um STALINGRAD abzeichnete, wurde mühsam eine Abwehrfront zwischen WORONESH und ROSTOW gebildet, die der Feind bereits angriff. Zeitgleich stand die Heeresgruppe A des Generalfeldmarschall von Kleist mit 1. Panzerarmee und 17. Armee immer noch im Kaukasusgebiet. Um der Einschließung zu entgehen, wurde im Verlauf des Januar 1943 zunächst der größte Teil der 1. Panzerarmee bei ROSTOW über den Don zurückgenommen und trat zur Heeresgruppe Don.

Die überwiegend aus nicht motorisierten Verbänden bestehende 17. Armee des Generaloberst Ruoff hatte 300 - 400 km auf den Raum KRASNODAR auszuweichen. Ihr war von der 1. Panzerarmee das röm. 52. Armeekorps und die Masse der 13. Panzerdivision unterstellt worden, so daß sie insgesamt etwa 400.000 Mann umfaßte. Das Lösen vom Feind begann am 06.01.1943. Ende Januar/Anfang Februar 1943 erreichte die 17. Armee den Raum KRASNODAR und bezog die „Gotenkopf-Stellung“ am Unterlauf des Kuban. Von hier aus sollte im Sommer 1943 wieder in Richtung Kaukasus und die dortigen Ölquellen angetreten werden.

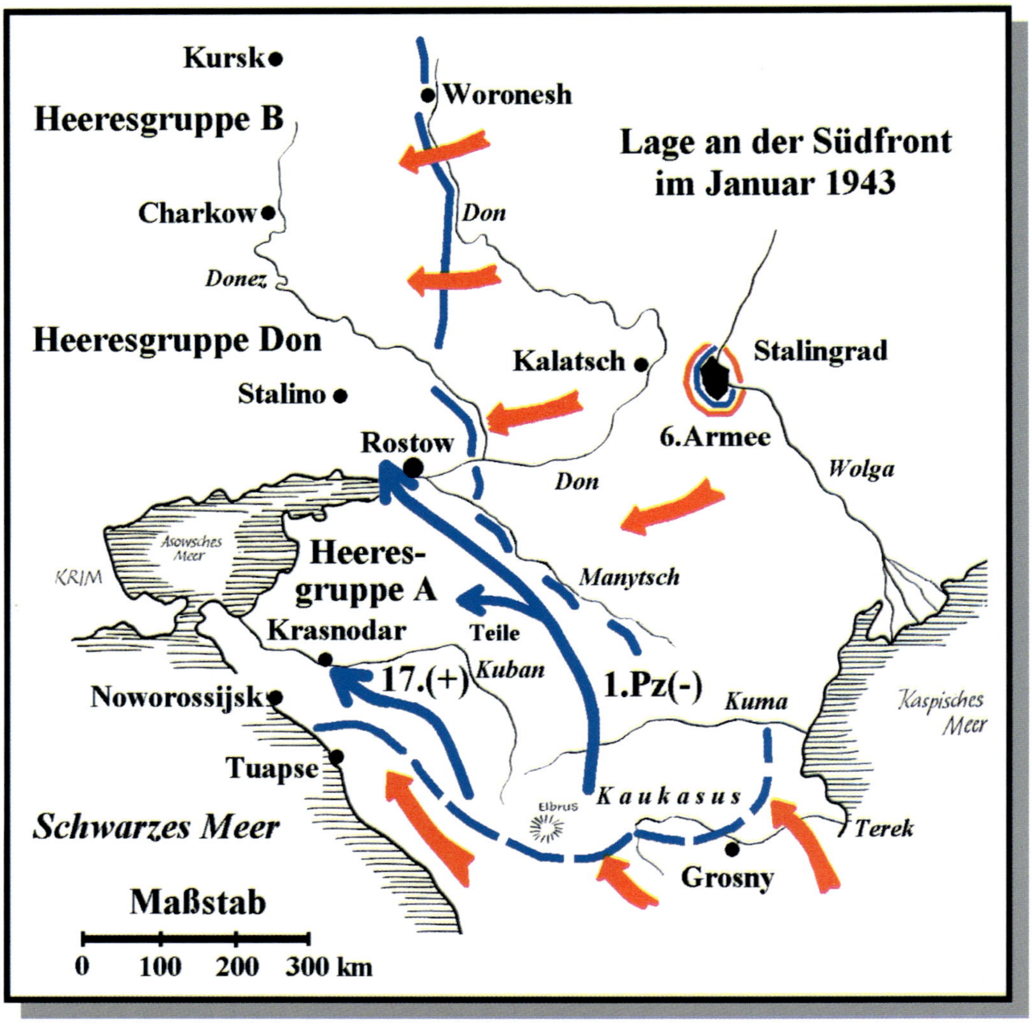

Die Lage der Heeresgruppe A im Januar 1943.

- Kubanschild -

Die „Gotenkopf-Stellung“ wurde von sechs sowjetischen Armeen frontal angegriffen. Am 04.02.1943 erfolgte außerdem eine feindliche Landung südwestlich von NOWOROSSIJSK. Es gelang dem Gegner zwar, dort einen Landekopf zu bilden und zu behaupten, aber ein Stoß in Flanke und Rücken der 17. Armee konnte verhindert werden. Um den Frontverlauf zu verkürzen, wurde am 12.02.1943 KRASNODAR aufgegeben und die „Gotenkopf-Stellung“ auf die Linie TEMRJUK/Lagunen - KRYMSKAJA - NOWORO-SSIJSK zurückgenommen. Um diesen Stellungsverlauf entbrannten sieben Monate lang verlustreiche Kämpfe, in denen die 17. Armee allen Feindangriffen standhalten konnte.

Mitte August 1943 zeichnete sich auf Grund der insgesamt kritischen Lageentwicklung an der Ostfront die Notwendigkeit ab, den Kubanbrückenkopf aufzugeben. Verschiedene Truppenteile, wie z.B. das röm. 52. Armeekorps und die 13. Panzerdivision, waren bereits herausgelöst und an anderen Frontabschnitten zum Einsatz gebracht worden.
Am 04.09.1943 erging der Auftrag zur Räumung des Kubanbrückenkopfes. In der Nacht vom 15. auf den 16.09.1943 begannen die ersten planmäßigen Absetzbewegungen. Etwa 250.000 Mann wichen zunächst auf die TAMAN-Halbinsel aus und wurden dann auf die Krim übergesetzt. In der Nacht zum 09.10.1943 war die Räumung des Kubanbrückenkopfes abgeschlossen.

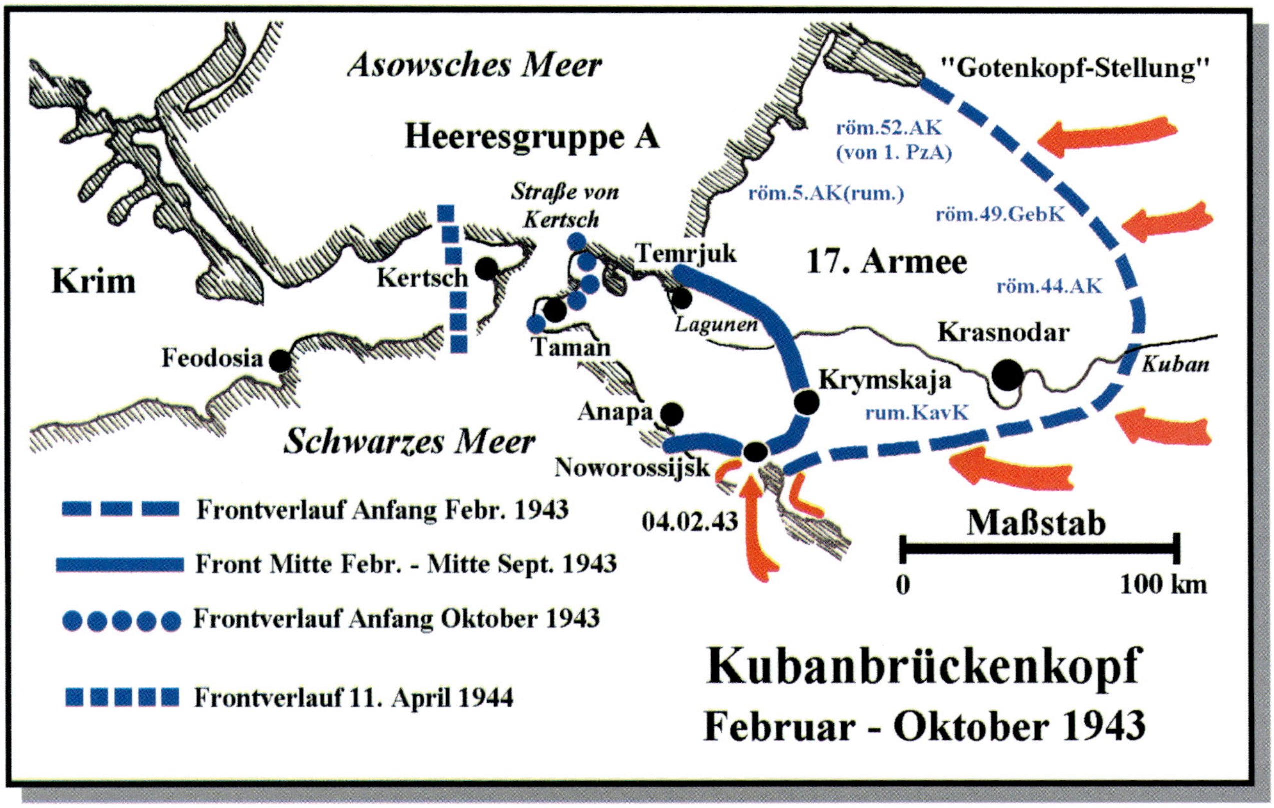

Am 07.02.1944 veröffentlichten die „Allgemeinen Heeresmitteilungen“ folgende Verordnung Hitlers über die Stiftung des Kubanschildes vom 20. September 1943:

„Zur Erinnerung an die heldenhaften Kämpfe am Kubanbrückenkopf stifte ich den Kubanschild.“

2. Der Kubanschild im einzelnen

Der Schild besteht aus einem unten oval zulaufenden Wappenschild mit gerilltem Rand, der durch einen Schriftbalken mit der Inschrift KUBAN in zwei ungleiche Teile geteilt wird. Der untere, größere Teil, zeigt eine stilisierte Stufenlinie, die schematisch die „Gotenkopf-Stellung" im Kubanbrückenkopf von Mitte Februar bis Mitte September 1943 darstellt. Der Stellungsverlauf ist beschriftet oben rechts LAGUNEN, in der Mitte links KRYMSKAJA und unten rechts zweizeilig NOWORO-SSIJSK. Der obere Teil des Schildes enthält zwischen der zerteilten Jahreszahl 19 43 das Hoheitszeichen. Der Adler blickt nach heraldisch links, in Verbindung mit dem Stellungsverlauf in Feindrichtung nach Osten.

Der Schild ist aus Feinblech oder Feinzink leicht gewölbt, hohl geprägt und mit Splinten sowie Gegenplatte auf einer wappenschildförmigen Tuchunterlage befestigt. Die Oberfläche des Schildes ist hell bis dunkel bronzefarben getönt. Die Tuchunterlage sollte dem Stoff der Uniform des Trägers entsprechen, eine rückseitige Papierabklebung den Stoff der Uniform schonen.

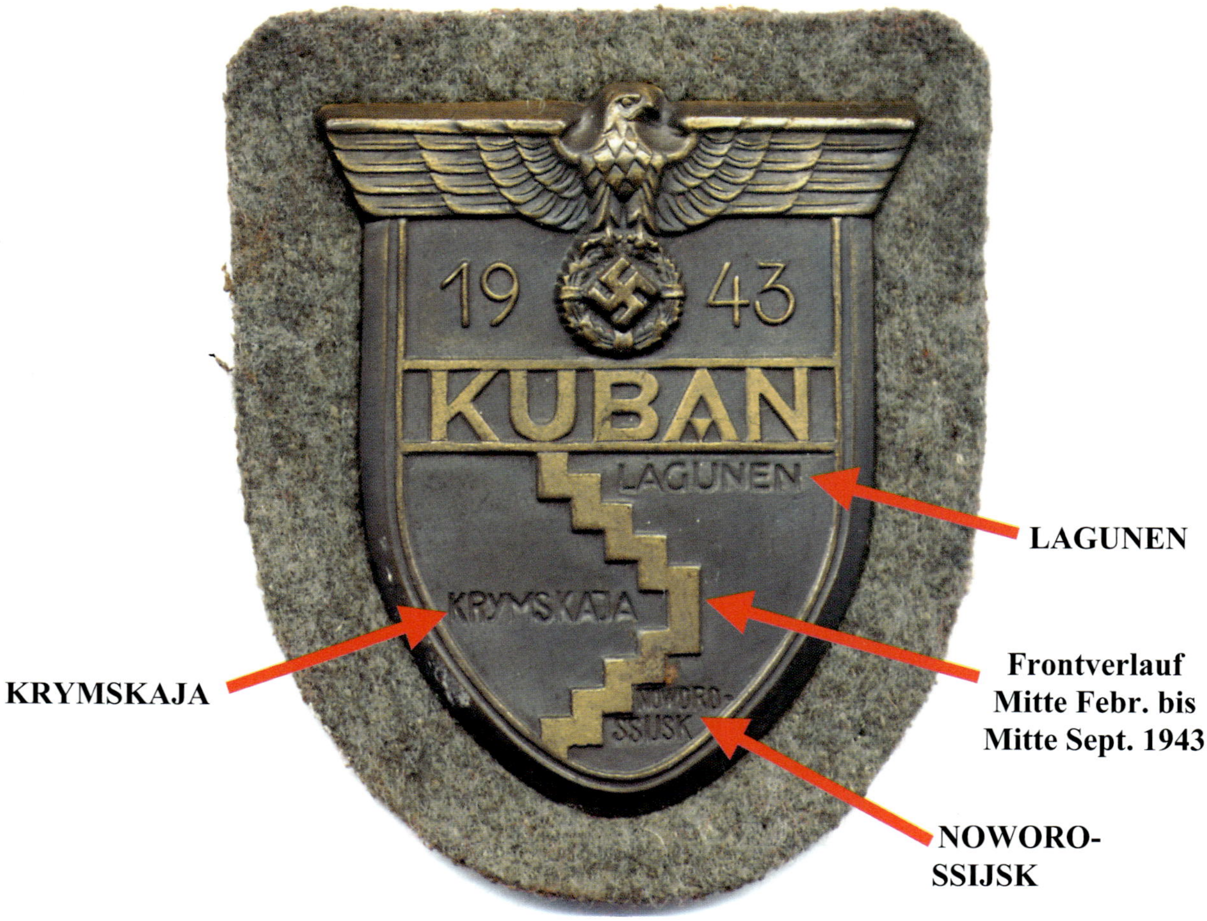

Kubanschild auf feldgrauer Tuchunterlage. Teile des Schildes sind heller getönt und heben sich damit deutlich gegenüber dem dunkleren Hintergrund ab.

- *Kubanschild* -

Der Kubanschild wurde verliehen als Kampfabzeichen an Angehörige aller Teilstreitkräfte und an der Wehrmacht unterstellte Personen, die seit dem 01.02.1943 an den Kämpfen um den Kubanbrückenkopf zu Lande, in der Luft und zu Wasser ehrenvoll beteiligt waren und eine der nachstehenden Voraussetzungen erfüllt hatten:

a) Teilnahme an einer Hauptschlacht oder

b) Verwundung oder

c) ununterbrochener Einsatz von mindestens 60 Tagen.

Um die Hauptschlachten genauer zu definierten, veröffentlichten die Allgemeinen Heeresmitteilungen am 08.05.1944 eine Ergänzung gem. Verfügung des Oberkommandos des Heeres (OKH) vom 15.04.1944:

1. Die Teilnahme an folgenden Kampftagen gilt als Teilnahme an einer Hauptschlacht:

-	01.02. - 11.02.1943	Schlacht um KRASNODAR,
-	01.02. - 04.03.1943 und 26.03.-31.03.43	Abwehrschlachten zur Verhinderung der feindlichen Umfassungen am linken Armeeflügel,
-	03.02. - 28.02.1943	Abwehrkämpfe gegen Feindlandung NOWOROSSIJSK,
-	12.02. - 15.02.1943	Abwehrschlacht am Abin,
-	02.03. - 08.03.1943	Abwehr im Brückenkopf TROIZKOJE,
-	10.03. - 16.03.1943	Schlacht um ABINSKAJA,
-	04.04. - 18.04.1943	1. Abwehrschlacht bei KRYMSKAJA mit Abwehr von Fesselungsangriff gegen KURKA-Front,
-	17.04. - 20.04.1943	Angriffskämpfe gegen Landekopf NOWOROSSIJSK,
-	29.04. - 10.05.1943	2. Abwehrschlacht bei KRYMSKAJA mit gleichzeitiger Abwehr des Feindangriffs bei NOWOROSSIJSK,
-	26.05. - 08.06.1943	3. Abwehrschlacht bei KRYMSKAJA,
-	16.07. - 13.08.1943	4. Abwehrschlacht bei KRYMSKAJA, eigene Angriffs- und Abwehrkämpfe bei NEBERDSCHAJEWSKAJA und Abwehr von Fesselungsangriffen am KURKA-Abschnitt,
-	10.05. - 09.10.1943	Abwehr des Landungsangriffs NOWOROSSIJSK und Kämpfe beim Absetzen aus dem Kubanbrückenkopf.

2. Die Teilnahme an einer Hauptschlacht ist nur für die Angehörigen der fechtenden Teile bis einschließlich der Regimentsstäbe zu werten. Für die sonstigen Beteiligten ist Verwundung oder ununterbrochener Einsatz von mindestens 60 Kampftagen im Kampfraum Voraussetzung.

Die Verleihung war auch nach dem Tode zulässig. In diesem Fall war ein Exemplar des Kubanschildes mit Besitzzeugnis durch den Einheitsführer (KpChef usw.) den Hinterbliebenen zu übersenden.

An Angehörige der Kriegsmarine ist der Kubanschild verliehen worden, weil die Marine mit U-Booten, Schnellbooten, Räumbooten, U-Boot-Jägern und Marinefährprähmen bei der Versorgung, beim Übersetzen der Truppenteile über die Straße von KERTSCH und bei der Küstensicherung im Schwarzen Meer eingesetzt war. Die Verleihungsbedingungen für die Kriegsmarine wurden gem. Verfügung vom 27.10.1944 durch ein Punkte-System geregelt.

Kubanschild auf feldgrauer Tuchunterlage. Breite ohne Stoffunterlage mittig 4,4 cm, Höhe 6,2 cm. Breite der Stoffunterlage 6,5 cm, Höhe 7,5 cm. Gesamtgewicht 14 g. Unter der Papierabklebung zeichnen sich die Gegenplatte und vier Splinte ab, die mit dem Schild geprägt und durch Randaussparungen der Gegenplatte geführt und umgebogen wurden.

Kubanschild auf feldgrauer Tuchunterlage. Ohne Herstellerkennzeichen. Auch hier sind die kurzen Splinte mitgeprägt und umfassen die Gegenplatte durch entsprechende Aussparungen.

Kubanschild auf feldgrauer Tuchunterlage für das Heer. Sehr hell patinierte Oberfläche, teilweise berieben. Der Adlerkopf mit langem, kräftigem Schnabel unterscheidet sich auffallend von Prägungen anderer Hersteller. Schild, Tuchunterlage und Gegenplatte werden durch Doppelsplinte zusammengehalten, die nach oben und unten umgebogen wurden.

Kubanschild mit dunkler Patinierung auf feldgrauer Tuchunterlage. Die vier Splinte wurden in diesem Fall hinter der Gegenplatte zur Mitte hin umgebogen.

Bräunlich patinierter Kubanschild auf schwarzer Stoffunterlage für die schwarze Panzeruniform. Ohne Herstellerkennzeichen. Mitgeprägte Splinte als Haltelaschen ersparten das Anlöten von Splinten und das Anfertigen von Öffnungen in der Gegenplatte.

Von einer schwarzen Panzeruniform abgetrennter Kubanschild mit dunkler Patinierung. Gegenplatte und Papierabklebung sind rostfleckig geworden.

3. Verleihungsberechtigung

Verleihungsberechtigt für den Kubanschild war im Namen Hitlers ausschließlich Generalfeldmarschall Ewald von Kleist, Frontoffizier aus dem 1. Weltkrieg und seit dem 10.09.1942 Oberbefehlshaber der Heeresgruppe A, mit der er in den Kaukasus vorstieß.

Die nach Abgaben geschwächte Heeresgruppe A, lediglich noch aus der 17. Armee, aus weiteren deutschen und rumänischen sowie aus den auf der Krim stehenden Verbänden bestehend, verteidigte den Kubanbrückenkopf sieben Monate erfolgreich gegen einen übermächtigen Gegner. Dabei erwies sich von Kleist als hervorragender Truppenführer. Bereits im Frankreichfeldzug am 15.05.1940 mit dem Ritterkreuz ausgezeichnet, erhielt er am 17.02.1942 das (72.) Eichenlaub und am 30.03.1944 die (60.) Schwerter.
Im Unterschied zum Krimschild, für den der Oberbefehlshaber der dort eingesetzten 11. Armee verleihungsberechtigt war (Generalfeldmarschall von Manstein), wurde beim Kubanschild der Oberbefehlshaber der nächsthöheren Führungsebene, in diesem Falle der Heeresgruppe A, mit der Verleihung beauftragt.

Anträge auf Verleihung des Kubanschildes waren von den Kompaniechefs (bzw. Vorgesetzte in vergleichbarer Dienststellung) in Vorschlagslisten (Sammellisten) in zweifacher Ausfertigung zusammenzufassen. Die Sammellisten wurden von den Divisionen, Generalkommandos usw. für die ihnen unterstellten Truppenteile nebst Bedarfsmeldungen für die Abzeichen über eine von der jeweiligen Teilstreitkraft bestimmte Dienststelle vorgelegt.

Für das Heer war dies ab dem 01.05.1944 das Generalkommando VIII. Armeekorps Arbeitsstab Kubanschild in BRESLAU (Dienstsiegel „Wehrkreiskommando VIII“). Vorbereitete Besitzzeugnisse waren beizufügen. Die Verleihungen wurden der antragstellenden Dienststelle durch die zweite Ausfertigung der Vorschlagsliste mitgeteilt. Nach Abschluß der Verleihungen waren die Verleihungsunterlagen den Personalämtern der Teilstreitkräfte zum Verbleib zu übersenden. Als Endfrist für Verleihungsvorschläge wurde der 31.08.1944 festgelegt. Die Verleihungen waren mit dem 01.04.1945 abgeschlossen.

Zeitgenössische Portraitpostkarte von Generalfeldmarschall von Kleist. Nur dieser war berechtigt, im Namen Hitlers den Kubanschild zu verleihen.

- Kubanschild -

Kubanschild in Originalgröße.

Verleihungstüte in der Originalgröße 10,5 cm x 12,9 cm für den Kubanschild. Auf der Rückseite befindet sich das Herstellerkennzeichen J.F.S der Firma Josef Feix Söhne, GABLONZ/Neiße (vergrößerte Abbildung).

4. Nachweis und Beurkundung

Über die Verleihung des Kubanschildes wurde ein Besitzzeugnis ausgestellt und mit der Faksimile-Unterschrift des Generalfeldmarschall von Kleist versehen. Für das Besitzzeugnis war zwar ein Muster in DIN A 5 vorgegeben, es kommen jedoch bezüglich Größe, Schriftart und Gestaltung unterschiedliche Muster vor.
Nur Inhaber eines Besitzzeugnisses waren zum Tragen des Kubanschildes berechtigt. Unbefugtes Tragen war strafbar. Die Verleihung wurde in die Personalpapiere eingetragen.

Mit der Verordnung über den Schutz der Waffenabzeichen der Wehrmacht wurde verfügt, daß die Ärmelschilde den gleichen gesetzlichen Schutz genießen wie die sonstigen Orden und Ehrenzeichen.

Kostenfreier Ersatz für unverschuldeten Verlust des Kubanschildes wurde nur an im aktiven Wehrdienst Stehende gegen Vorlage einer beglaubigten Verlusterklärung geleistet. Ansonsten konnten weitere Exemplare des Kubanschildes gegen Vorlage des Verleihungsnachweises in öffentlichen Verkaufsstellen erworben werden.

Auszeichnungen

Datum	Art der Auszeichnung	Verleihungsurkunde	Bestätigung des Komp.- usw. Führers Dienstgrad
30.9.39	E.K. 2. Kl.		
15.10.42		II./A.R. 60	Oberst. u. Battr. Chef
1.9.44	Kubanschild	lt. Besitzzeugnis	
12.9.44	Kraftfahrbewährungsabzeichen Bronze		
		d. II. Art./Regt. 60	
			Oblt. u. Battr. Fhr.

Auszug aus einem Soldbuch eines Soldaten der II. Abt/ArtRgt 60 mit dem Nachweis der Verleihung des Kubanschildes, Schwarzweißabbildung.

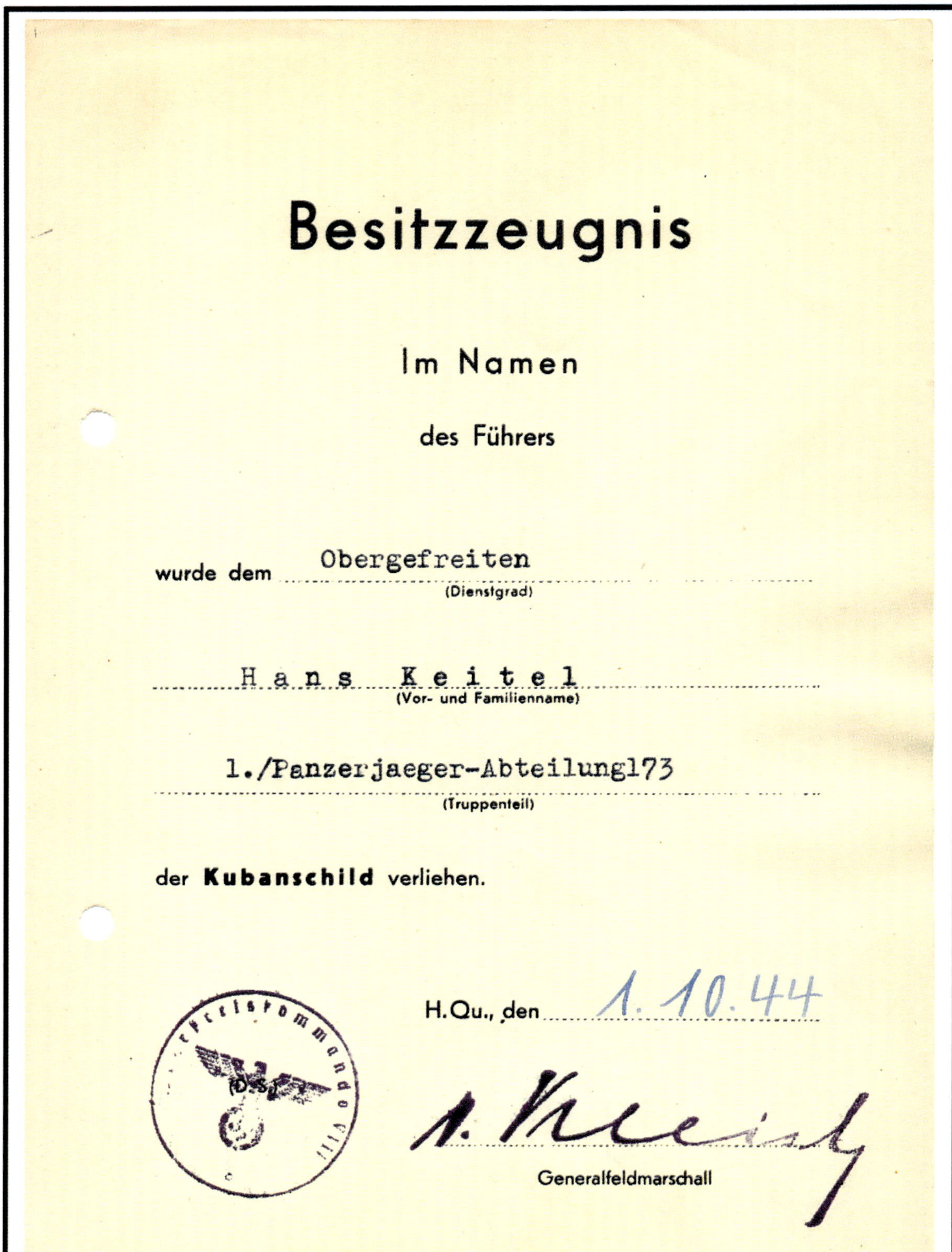

Besitzzeugnis

Im Namen

des Führers

wurde dem Obergefreiten
(Dienstgrad)

Hans Keitel
(Vor- und Familienname)

1./Panzerjaeger-Abteilung173
(Truppenteil)

der **Kubanschild** verliehen.

H.Qu., den 1.10.44

Generalfeldmarschall

Besitzzeugnis in der Originalgröße 14,7 cm x 20,8 cm für den Kubanschild, versehen mit dem Dienstsiegel Wehrkreiskommando VIII und mit der Faksimile-Unterschrift von Generalfeldmarschall von Kleist.

5. Trageweise

Der Kubanschild wurde zur Uniform wie alle Ärmelschilde am linken Oberärmel getragen. Die Tragegenehmigung galt auch für alle Uniformen der Partei und des Staates.

Für die Zivilkleidung konnte eine Miniatur des Kubanschildes als Anstecknadel in öffentlichen Verkaufsstellen erworben und am linken Rockaufschlag getragen werden.

Oberst Otto Schury mit dem Ärmelschild KUBAN am linken Oberärmel.

Als Oberstleutnant führte er im Kubanbrückenkopf das Jägerregiment 229 der 101. Jägerdivision, zeichnete sich dabei mit seinem Regiment in ganz besonderer Weise aus und erhielt am 10.05.1943 das Deutsche Kreuz in Gold. Das Ritterkreuz war ihm bereits am 17.07.1941 verliehen worden.
Am 21.09.1944 wurde er als Oberst und Kommandeur des Jägerregiments 229 mit dem (592.) Eichenlaub zum Ritterkreuz des Eisernen Kreuzes ausgezeichnet und am 01.04.1945 als Kommandeur der 101. Jägerdivision zum Generalmajor befördert.

6. Herstellung, Verleihungszahlen und Sammlerbewertung

Es ist nicht bekannt, von wem der künstlerische Entwurf für den Kubanschild stammt. An der Fertigung der Schilde waren auf Grund des großen Bedarfs zahlreiche Firmen beteiligt, daher sind im Prägebild und in der Patinierung zum Teil erhebliche Abweichungen festzustellen.

Verleihungszahlen sind nicht bekannt.

Die Lieferung der Kubanschilde wurde dem Wehrmachtbeschaffungsamt (Bekleidung und Ausrüstung) übertragen. Für die sollmäßigen Uniformstücke einschließlich Mantel der Wehrdienstleistenden wurde je ein Abzeichen ausgegeben (beim Heer meist drei Stück). Zur. Zur Selbsteinkleidung Verpflichtete (z.B. aktive Offiziere) erhielten fünf Kubanschilde.

Derzeit kann für Stücke mittlerer Qualität auf dem Sammlermarkt folgender Verkaufspreis als Anhalt dienen:

Kubanschild, Eisenblech	150,-- €

Vom Kubanschild wurden und werden Kopien hergestellt und in den Handel gebracht.

7. Das Gesetz über Titel, Orden und Ehrenzeichen von 1957

Durch Gesetz vom 26. Juli 1957 wurde das Tragen von deutschen Kriegsauszeichnungen des 2. Weltkrieges wieder zugelassen, jedoch nur in einer „entnazifizierten" Form. Für den Kubanschild bedeutete dies das ersatzlose Entfernen des Hoheitszeichens.

Ehemalige Angehörige der Deutschen Wehrmacht, die in die Bundeswehr eingetreten waren, durften Ärmelschilde der Wehrmacht nicht im Original, auch nicht in der abgeänderten Form von 1957, an der Bundeswehruniform tragen.
Als Trageweise im täglichen Dienst war für den Dienstanzug eine verkleinerte Nachbildung des Kubanschildes auf einer neutralen, 2,5 cm breiten und 1,2 cm hohen, schwarzen Bandunterlage an der Bandschnalle vorgesehen, die über der linken Brusttasche getragen wurde.

Kubanschild in der gemäß Gesetz von 1957 zugelassenen Form, Schwarzweißabbildung.

Kubanschild, Ausführung 1957, an der Bandschnalle für die Bundeswehr.

Kreta, leuchtendes Sinnbild unvergleichlichen deutschen Soldatentums
(zeitgenössischer Text und zeitgenössische Darstellung).

Kapitel 24

Ärmelband KRETA

- Ärmelband KRETA -

1. Vorgeschichte und Stiftung der Auszeichnung

Mit der Einnahme der griechischen Hauptstadt ATHEN Anfang Mai 1941 war der Balkanfeldzug für die Deutsche Wehrmacht erfolgreich abgeschlossen. Die Briten waren mit etwa 42.000 Mann verschiedener Nationalitäten (Engländer, Griechen, Australier und Neuseeländer) vom Festland auf die zu Griechenland gehörende Insel Kreta ausgewichen, die seit November 1940 britischer Flotten- und Luftwaffenstützpunkt war. Für die Verteidigung dieser Insel standen den Briten somit im Mai 1941 insgesamt etwa 45.000 Mann zur Verfügung.

Nachdem der Oberbefehlshaber der Luftwaffe, Reichsmarschall Göring, durch Hitler den Befehl zur Einnahme der Insel Kreta erhalten hatte, beauftragte er den Chef der Luftflotte 4, Generaloberst Alexander Löhr, mit der Durchführung der Operation (Unternehmen MERKUR). Für den Einsatz der Fallschirmjäger war General der Flieger Student verantwortlich. Er führte als Kommandierender General das XI. Fliegerkorps, das alle deutschen Luftlandetruppen umfaßte.
Am Morgen des 20.05.1941 begann das bis dahin größte Luftlandeunternehmen der Kriegsgeschichte. In mehreren Wellen landeten deutsche Fallschirmjäger bei MALEMES, im Raum CHANIA, bei RETHIMNON und bei IRAKLION (Ortsbezeichnungen in zeitgenössischer deutscher Schreibweise).
Insgesamt kamen 492 Transportflugzeuge vom Typ Ju 52 und 98 Lastensegler zum Einsatz. Dem britischen Nachrichtendienst war der Angriffstermin bekannt. Die deutschen Fallschirmjäger stießen daher auf einen abwehrbereiten und zahlenmäßig weit überlegenen Feind in gut ausgebauten Stellungen und erlitten bereits in der Luft schwere Verluste. Die Überlebenden sammelten sich im Feuer des Gegners in unübersichtlichem und gebirgigem Gelände. Trotz kritischer Lageentwicklung gelang ihnen am 21. Mai die Einnahme des wichtigen Flugplatzes MALEMES. Noch am gleichen Tage wurden auf dem Luftweg Teile der 5. Gebirgsdivision dorthin nachgeführt. Weitere Teile dieser Division wurden unter dem Schutz von 327 Bombern und 180 Jagdflugzeugen auf dem Seeweg nach Kreta gebracht.

Die Landungen im Raum CHANIA, bei RETHIMNON und IRAKLION verliefen zunächst wenig erfolgreich. Dann kämpften sich Fallschirmjäger und Gebirgsjäger durch die Berge und Felsen der Insel von MALEMES aus nach Osten vor. Am 26.05.1941 gelang ihnen der Durchbruch auf die kretische Hauptstadt CHANIA, die am 27. Mai fiel. Am 28. Mai geriet die Suda-Bucht, ein natürlich geschützter Hafen, in eigene Hand, so daß nun Nachschubtransporte von See her möglich wurden. Ebenfalls am 28. Mai wurde RETHIMNON, am 29. Mai IRAKLION genommen.
Die Reste der Verteidiger wichen zur Südküste aus und wurden durch die britische Marine nach Ägypten gebracht. Die Briten verloren insgesamt 1.742 Tote, 1.737 Verwundete sowie 11.825 Gefangene und büßten mit Kreta einen strategisch bedeutenden Stützpunkt im Mittelmeer ein.

Beim Kampf um Kreta setzte die Deutsche Wehrmacht etwa 8.000 Fallschirmjäger und etwa 14.000 Gebirgsjäger ein. Verluste: 3.914 Tote, 297 Vermißte und 3.033 Verwundete. Insgesamt 151 Transportflugzeuge Ju 52 wurden abgeschossen oder bei der Landung durch gegenseitige Berührung beschädigt.

- Ärmelband KRETA -

Die alliierten Streitkräfte (Australier, Engländer, Griechen, Neuseeländer) hatten etwa 5.000 tote, 2.225 verwundete und 16.625 in Kriegsgefangenschaft geratene Soldaten zu verzeichnen. Während des Kampfes um Kreta war es zu ersten See-Luft-Schlachten des Krieges zwischen der britischen Marine und der deutschen Luftwaffe gekommen. Nach sieben Tagen waren vier britische Kreuzer, sechs Zerstörer, sieben U-Boote und fünf Schnellboote der Royal Navy gesunken, ein Flugzeugträger, drei Schlachtschiffe, sieben Kreuzer und elf Zerstörer mehr oder weniger schwer beschädigt.

Nach dem Abschluß der Kämpfe um Kreta war der Aufmarsch gegen die Sowjetunion ohne eine Flankenbedrohung aus Süden möglich, die wichtigen rumänischen Erdölfelder waren nicht mehr bedroht und die Deutsche Wehrmacht besaß mit Kreta die Kontrolle über das östliche Mittelmeer sowie ein Sprungbrett zum nordafrikanischen Kriegsschauplatz.

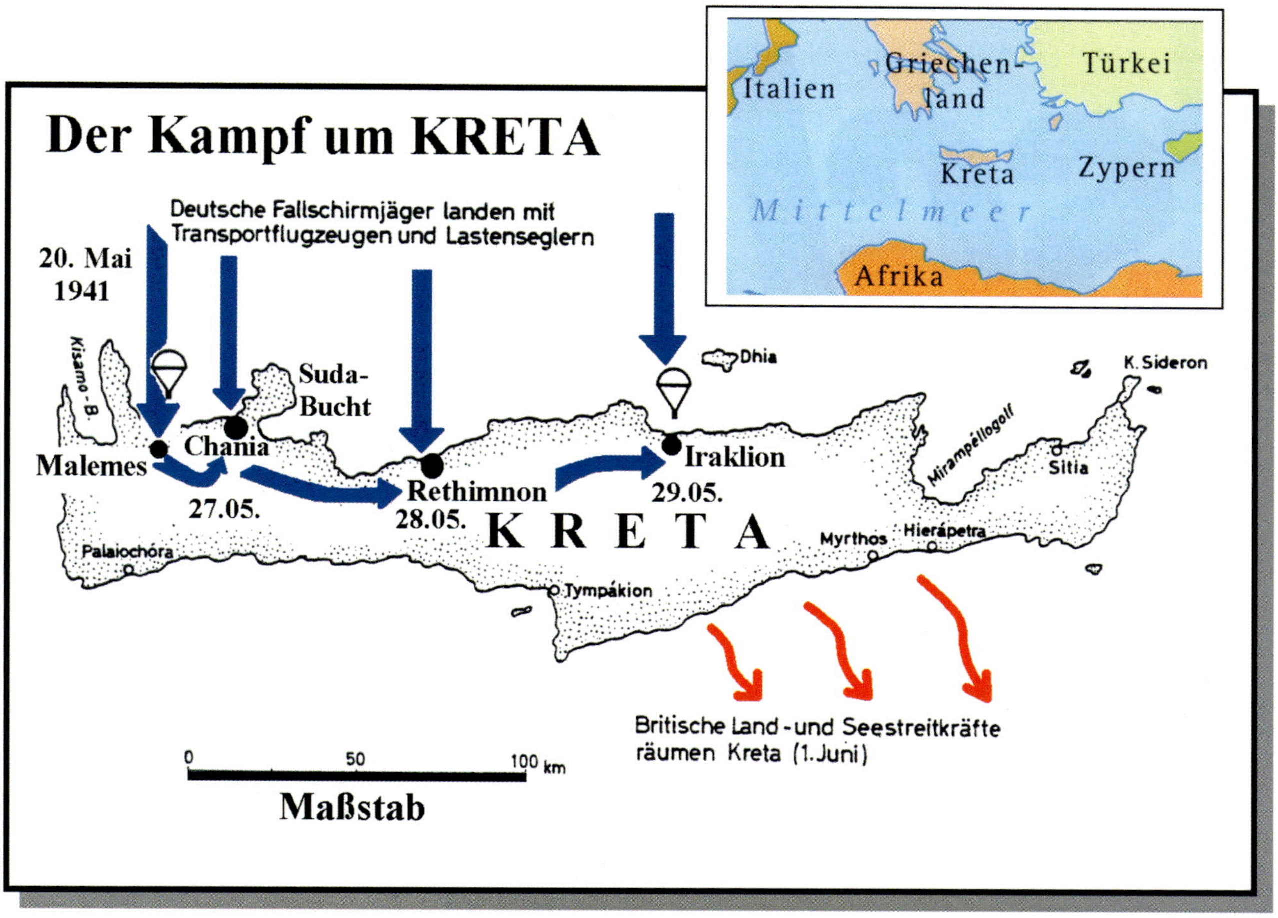

Der Kampf um Kreta vom 20.05. - 01.06.1941.

Der genaue Zeitpunkt der Stiftung des Ärmelbandes KRETA ist nicht bekannt.

Am 14.08.1942 erfolgte durch die Kriegsmarine und am 29.09.1942 durch die Luftwaffe die Bekanntgabe der Stiftung.
Der Erlaß des Oberkommandos des Heeres, daß *„der Führer die Schaffung des Ärmelbandes KRETA genehmigt habe"*, datiert vom 16.10.1942, veröffentlicht in den Allgemeinen Heeresmitteilungen vom 21.10.1942.

2. Das Ärmelband KRETA im einzelnen

Das Ärmelband KRETA ist die erste Kriegsauszeichnung der Wehrmacht aus Stoff und unterlag gemäß der Verordnung über den Schutz der Waffenabzeichen dem gleichen strafrechtlichen Schutz wie die sonstigen Orden und Ehrenzeichen.

Das Ärmelband konnte an Soldaten des Heeres, der Luftwaffe und der Marine verliehen werden, die zu Lande, in der Luft oder zur See an den Kampfhandlungen um Kreta unmittelbar teilgenommen haben. Das waren im einzelnen:

a) Soldaten, die bis zum 27.05.1941 auf der Insel abgesprungen oder gelandet sind.

Für das Heer kamen demnach Soldaten folgender Truppenteile in Betracht:

- Angehörige der 5. und 6. Gebirgsdivision,
- Angehörige der II./PzRgt 31,
- Angehörige des Kradschützenbataillons 55,
- Angehörige des FlaMGBtl 609.

b) Besatzungen der Kampfgeschwader, die zum Absetzen von Fallschirmjägern oder zum Landen auf der Insel eingesetzt waren und Flugzeugbesatzungen der bis einschließlich 27.05.1941 mit Kampfaufträgen über der Insel oder im Seegebiet um die Insel eingesetzten Aufklärungs-, Jagd-, Kampfflieger-, Stuka- und Zerstörerverbände.

c) Angehörige der Wehrmacht, die mit der leichten Schiffsstaffel am 19.05.1941 in See gegangen sind und an dem Seegefecht bei der Insel teilgenommen haben.

d) Angehörige der Kriegsmarine, die in unmittelbarem Zusammenhang mit der Wegnahme der Insel an Kampfhandlungen zur See bis einschließlich 27.05.1941 teilgenommen haben.

Das Ärmelband KRETA besteht aus einem weißen Band mit goldgelber Einfassung. Zwischen zwei Palmetten (palmenförmige Ornamente) befindet sich der goldgelb gestickte Schriftzug KRETA in lateinischen Großbuchstaben.

Beim Schriftzug KRETA kommen bei den Fertigungen der verschiedenen Firmen nur geringe Abweichungen vor. Deutliche Unterschiede sind aber hinsichtlich der Gestaltung der Palmetten festzustellen. Bei einem Teil der Ärmelbänder umfaßt die mittlere der drei Blattgruppen neun lanzenförmige Blätter.

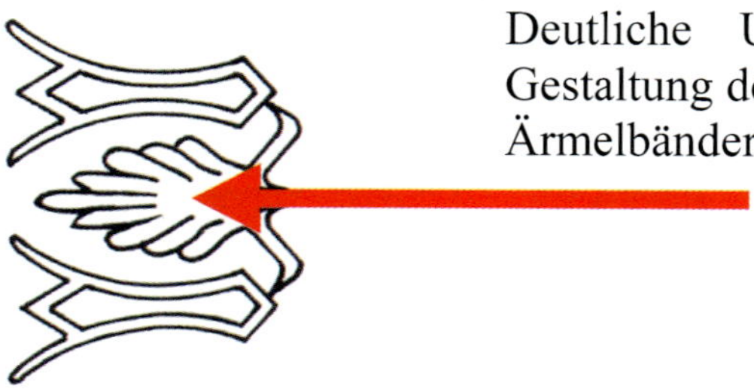

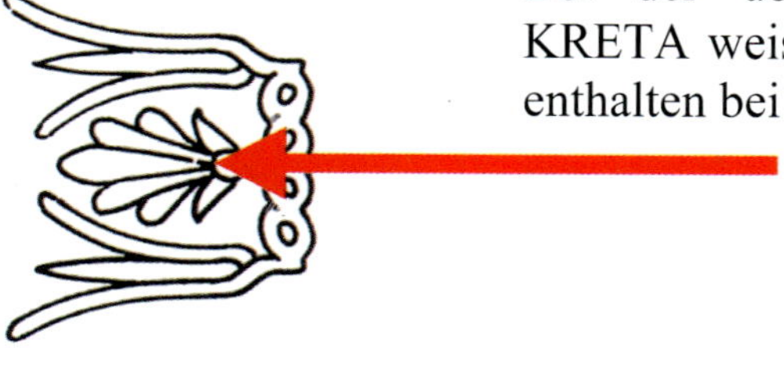

Bei der überwiegenden Mehrzahl der Ärmelbänder KRETA weisen die Palmetten eine andere Form auf und enthalten bei der mittleren Blattgruppe lediglich sieben lanzenförmige Blätter.

- Ärmelband KRETA -

Ärmelband KRETA in Originalgröße. Ohne Herstellerkennzeichen. Ausführung mit sieben lanzenförmigen Blättern auf der mittleren Blattgruppe der Palmetten. Länge des Ärmelbandes 46,0 cm, Höhe des Bandes 3,2 cm, Breite der Einfassung 0,3 cm, Länge des Schriftzuges KRETA 6,8 cm, Höhe der Schrift 1,4 cm.

- Ärmelband KRETA -

Herstellermarkierung in Form der Reichsbetriebsnummer (nur schwach erkennbar).

Ärmelband KRETA von Oberstleutnant Paul-Werner Hozzel, Ritterkreuz am 08.05.1940, (230.) Eichenlaub am 14.04.1943. Länge des Ärmelbandes 38,5 cm, Höhe des Bandes 3,5 cm, Breite der Einfassung 0,3 cm, Länge des Schriftzuges KRETA 6,8 cm, Höhe des Schriftzuges KRETA 1,4 cm. An Oberstleutnant Hozzel wurden insgesamt drei Ärmelbänder verliehen: KRETA, AFRIKA und KURLAND.

Gebirgsjäger der 5. Gebirgsdivision verlassen auf dem Flugplatz MALEMES die soeben gelandeten Transportflugzeuge Ju 52 und gehen unverzüglich in den Einsatz.

3. Verleihungsberechtigung

Verleihungsberechtigt für das Ärmelband KRETA waren die von den Oberkommandos der Teilstreitkräfte bestimmten militärischen Dienststellen. Für alle Angehörigen des Heeres war dies der Oberbefehlshaber der 12. Armee, weil alle Truppenteile des Heeres während des Balkanfeldzuges und damit auch für den Kampf um Kreta der 12. Armee (Oberbefehlshaber vom 25.10.1939 - 30.06.1941 Generalfeldmarschall Wilhelm List) unterstellt waren.

Anträge auf Verleihung waren von den Kompaniechefs bzw. Vorgesetzten in vergleichbarer Dienststellung in Form von Vorschlagslisten auf dem Dienstweg dem Armeeober kommando 12 vorzulegen. Nach Genehmigung wurde die Vorschlagsliste zur Verleihungsliste. Auf dieser Grundlage wurden die Besitzzeugnisse durch die Regimenter usw. ausgestellt und von den Regiments- usw. Kommandeuren unterschrieben. Endtermin für die Verleihung war der 31.10.1944. Anträge nach diesem Zeitpunkt waren nur noch zugelassen für Kriegsgefangene, Vermißte und Internierte, deren Beleihung mit Orden und Ehrenzeichen gemäß Führerbefehl vom 27.09.1944 bis nach deren Rückkehr und Prüfung der Auszeichnungswürdigkeit zurückgestellt werden mußte.

Für Selbsteinkleider (z.B. aktive Offiziere) war grundsätzlich die Ausgabe von fünf Ärmelbändern und für die sollmäßige Oberbekleidung der übrigen Soldaten die Ausgabe von drei Exemplaren vorgesehen.

4. Nachweis und Beurkundung

Über die Verleihung des Ärmelbandes KRETA wurde ein Besitzzeugnis ausgestellt. Für Heer, Marine und Luftwaffe gibt es unterschiedliche Muster, die in Größe, Schriftart und Gestaltung voneinander abweichen. Die Verleihung wurde in die Personalpapiere eingetragen.

Nur Inhaber eines Besitzzeugnisses waren zum Tragen des Ärmelbandes berechtigt. Unbefugtes Tragen war strafbar.

Ersatz für unverschuldeten Verlust wurde kostenlos nur an im aktiven Wehrdienst Stehende gegen Vorlage einer beglaubigten Verlusterklärung geleistet. Ansonsten konnte der Träger weitere Exemplare des Ärmelbandes KRETA gegen Vorlage des Verleihungsnachweises in öffentlichen Verkaufsstellen erwerben.

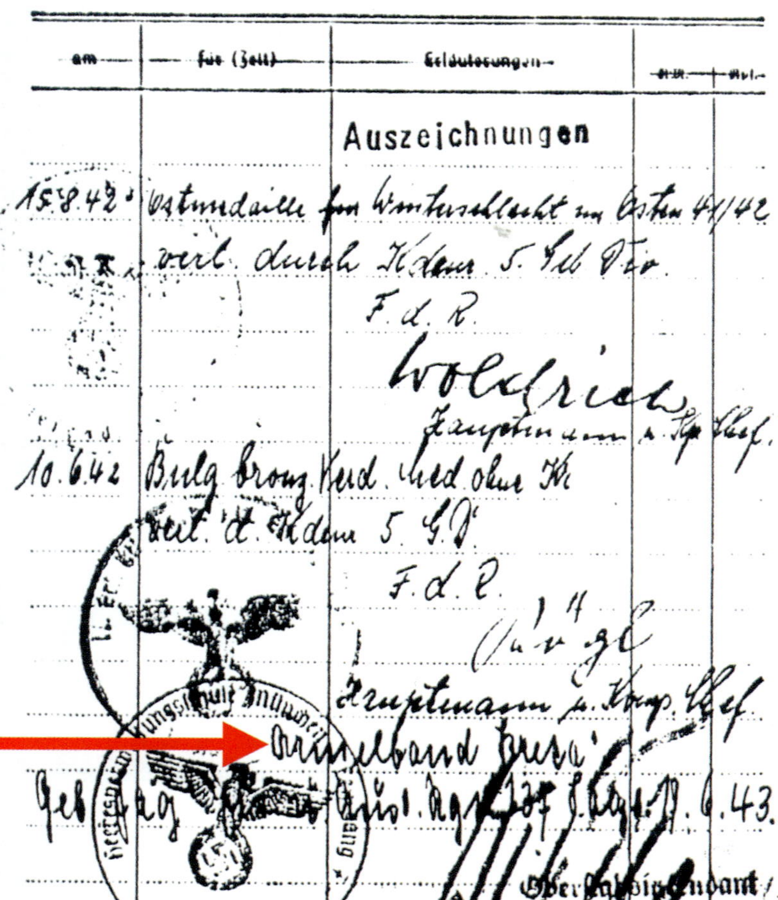

Auszug aus dem Soldbuch eines Gebirgsjägers mit dem Nachweis der Verleihung des Ärmelbandes KRETA, Schwarzweißabbildung.

- Ärmelband KRETA -

Besitzzeugnis

Im Namen des Führers

hat

der Oberbefehlshaber der 12. Armee

dem Oberjäger

Kurt Auer

4./Geb.Jäg.Rgt. 100

das

Ärmelband

KRETA

verliehen

O.U., den 31.12.42

Glasl

Oberst u. Rgt.Kdr.

KURASCH

Besitzzeugnis in der Originalgröße 14,9 cm x 20,9 cm für das Ärmelband KRETA eines Oberjägers im Gebirgsjägerregiment 100 (5. Gebirgsdivision), unterschrieben vom Regimentskommandeur, Oberst Anton Rudolf Glasl, Ritterkreuz am 11.10.1943.

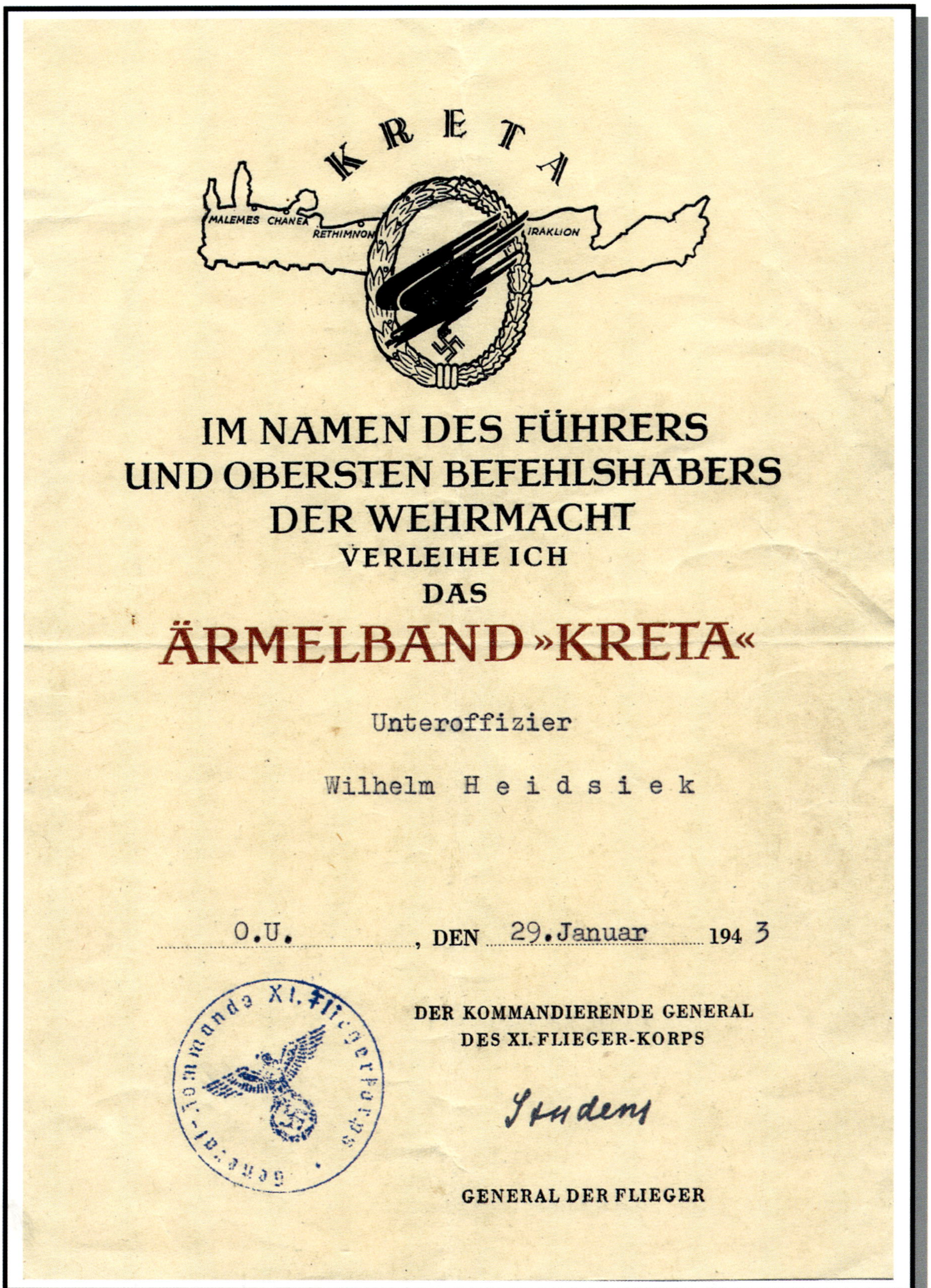

IM NAMEN DES FÜHRERS
UND OBERSTEN BEFEHLSHABERS
DER WEHRMACHT
VERLEIHE ICH
DAS
ÄRMELBAND »KRETA«

Unteroffizier

Wilhelm H e i d s i e k

O.U., DEN 29.Januar 1943

DER KOMMANDIERENDE GENERAL
DES XI. FLIEGER-KORPS

Student

GENERAL DER FLIEGER

Zum Vergleich: Verleihungsurkunde der Luftwaffe in der Originalgröße 14,8 cm x 21,1 cm für einen Unteroffizier der Fallschirmjäger, Faksimile-Unterschrift von General Student.

5. Trageweise

Das Ärmelband KRETA wurde zur Uniform am linken Unterärmel getragen und zwar an der Feldbluse für Unteroffiziere und Mannschaften 16,0 cm vom unteren Ärmelrand, am Mantel und am Viertaschenrock für Offiziere 1,0 cm oberhalb des Ärmelumschlages. Die Tragegenehmigung galt auch für alle Uniformen der Partei und des Staates.

Für Ärmelbänder war eine Miniatur der Auszeichnung als Anstecknadel für die Zivilkleidung nicht vorgesehen.

Generalmajor Eugen Meindl sprang als Kommandeur des Fallschirmjägersturmregiments 1 über Kreta ab und hatte entscheidenden Anteil bei der Einnahme des Flugplatzes MALEMES. Dafür erhielt er am 14.06.1941 das Ritterkreuz. Die Verleihung des (564.) Eichenlaubs erfolgte am 31.08.1944 als General der Fallschirmtruppe und Kommandierender General des II. FschKorps. Außer dem Ärmelband KRETA am linken Unterärmel trägt er am linken Oberärmel den Narvikschild in Silber.

6. Herstellung, Verleihungszahlen und Sammlerbewertung

Es ist weder bekannt, von wem der künstlerische Entwurf der Auszeichnung stammt noch konnte ermittelt werden, wieviel Ärmelbänder KRETA insgesamt verliehen wurden. Bei vorsichtiger Schätzung können für den Bereich des Heeres etwa 10.000 Verleihungen angenommen werden.

An der Fertigung der Ärmelbänder KRETA waren mehrere Firmen beteiligt. Als Herstellerkennzeichen ist auf einem Teil der Bänder die Reichsbetriebsnummer (RBNr.) der jeweiligen Firma auf der Rückseite in schwarzer Stempelfarbe aufgedruckt. Die Mehrzahl der Ärmelbänder KRETA ist im Verlauf des Kriegsjahres 1943 ausgeliefert worden.

Derzeit können für Stücke mittlerer Qualität auf dem Sammlermarkt folgende Verkaufspreise als Anhalt dienen:

Ärmelband KRETA, Leinen mit goldgelber Kunstseidenstickerei	250,-- €
Ärmelband KRETA, wie vor, rückseitig mit Reichsbetriebsnummer	275,-- €
Ärmelband KRETA, variante Fertigung in Handstickerei	200,-- €

Spitzenstücke erzielen erheblich höhere Preise.

Vom Ärmelband KRETA wurden und werden Kopien hergestellt und in den Handel gebracht.

7. Das Gesetz über Titel, Orden und Ehrenzeichen von 1957

Durch Gesetz vom 26. Juli 1957 wurde das Tragen von deutschen Kriegsauszeichnungen des 2. Weltkrieges wieder zugelassen, jedoch nur in einer „entnazifizierten" Form. Da das Ärmelband KRETA keine NS-Symbole aufweist, waren keine Veränderungen erforderlich.

Ehemalige Angehörige der Deutschen Wehrmacht, die in die Bundeswehr eingetreten waren, durften keine Ärmelbänder der Wehrmacht in der Originalgröße an der Bundeswehruniform tragen.
Als Trageweise im täglichen Dienst war für den Dienstanzug in entsprechender farblicher Wiedergabe eine 2,5 cm breite und 1,2 cm hohe Nachbildung des Ärmelbandes KRETA an der Bandschnalle vorgesehen, die über der linken Brusttasche getragen wurde.

Ärmelband KRETA, Ausführung 1957,
an der Bandschnalle für die Bundeswehr.

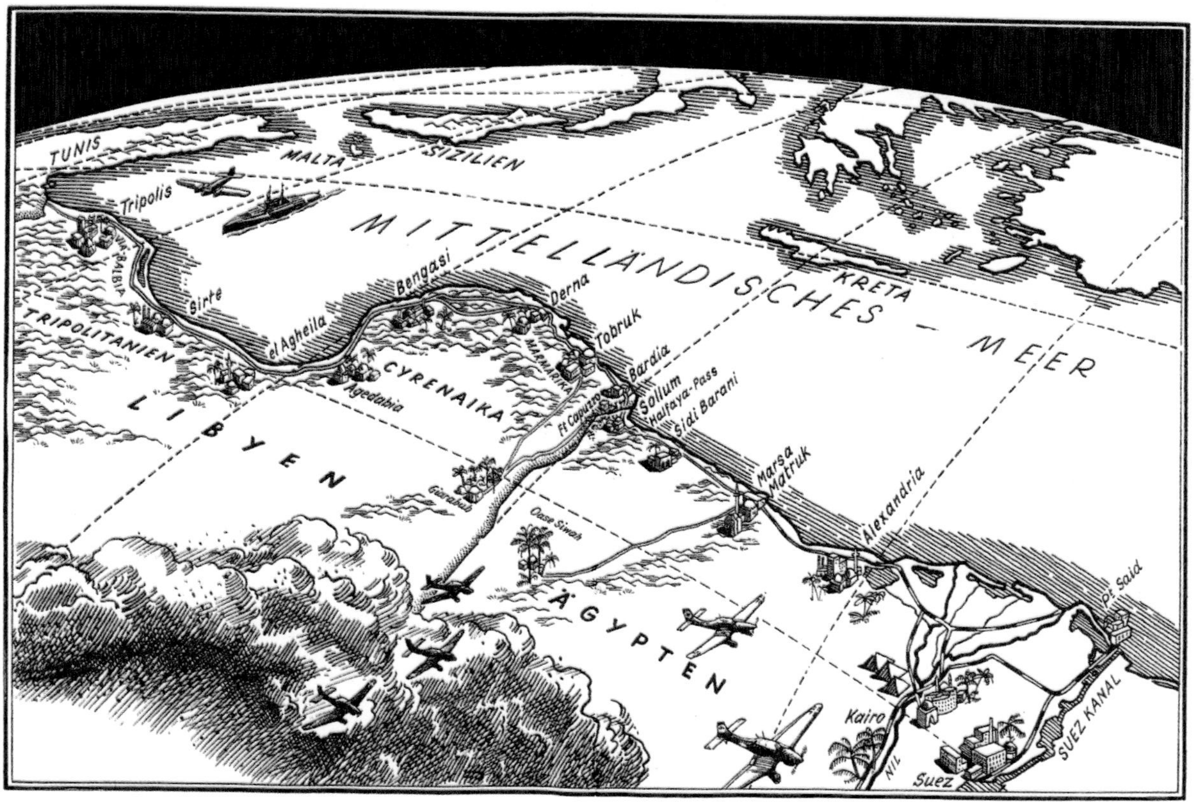

Der nordafrikanische Kriegsschauplatz (zeitgenössische Darstellung).

Kapitel 25

Ärmelband AFRIKA

- Ärmelband AFRIKA -

1. Vorgeschichte und Stiftung der Auszeichnung

Deutschland war keineswegs geneigt, in Nordafrika Krieg zu führen, weil die afrikanische Gegenküste als Interessengebiet Italiens galt. Erst die verheerenden Niederlagen der Italiener in Libyen Anfang 1941 zwangen Deutschland zum Eingreifen, um den Bündnispartner nicht zu verlieren. Zunächst wurde ein deutscher „Sperrverband Afrika" gebildet, der zur Stabilisierung der italienischen Streitkräfte eingesetzt werden sollte. Daß die deutschen Verbände zunehmend die Last des Kampfes in Nordafrika zu tragen hatten, lag am Versagen des italienischen Verbündeten, der eher zu einer Belastung wurde.

Die deutschen Afrikakämpfer erwarben sich rasch den Ruf einer leistungsstarken und tapferen Truppe. Das Geheimnis ihrer überragenden Erfolge beruhte neben hoher Kampfmoral auf einem professionellen Führer- und Unterführerkorps und auf der Führungskunst Rommels, der für eine verhältnismäßig lange Zeit die ständige eigene materielle und personelle Unterlegenheit durch taktisches Geschick ausgleichen konnte. Kennzeichen deutscher Operationen in Afrika waren das Führen von vorn, zweckmäßige Schwerpunktbildung, Schnelligkeit, Beweglichkeit, Überraschung und Täuschung.
Dagegen fiel beim Gegner eine mangelnde Wendigkeit auf. Obwohl erdrückend an Soldaten und Material überlegen, mußte er zahlreiche Mißerfolge hinnehmen. Die alliierte untere und mittlere Führung besaß im Gegensatz zur deutschen Seite zu wenig Selbstständigkeit. Anstatt Anfangserfolge konsequent auszunutzen, blieben die Angriffsspitzen häufig nach Nehmen ihrer begrenzten Ziele untätig stehen und warteten auf weitere Befehle rückwärtiger Führungsstellen.

Im Brennpunkt des Geschehens stand auf beiden Seiten die Panzertruppe, die auf dem nordafrikanischen Kriegsschauplatz meist ideale Voraussetzungen für die Anwendung ihrer Einsatzgrundsätze vorfand. Die Elemente Panzerschutz, Feuer und Bewegung, die den Kampfpanzer auszeichnen, konnten dort nahezu uneingeschränkt zur Geltung gebracht werden. Trotz zahlenmäßiger Unterlegenheit, hoher Verluste und widrigster Witterungsverhältnisse haben die deutschen Panzerverbände zwei lange Jahre hindurch mit nie erlahmendem Schwung im Hin und Her von Angriff, Verteidigung und Verzögerung dem Feind in Nordafrika standgehalten, wertvolle Zeit für die deutsche Kriegführung gewonnen und die gefährdete Südflanke Europas geschützt. Doch nicht allein Tapferkeit, Mut, Kampfmoral und Führungskunst geben den Ausschlag für Sieg oder Niederlage, auch die Logistik muß funktionieren. Diese entscheidet zwar die Gefechte nicht unmittelbar, aber sie beeinflußt alle Operationen, weil die Logistik erst die Voraussetzungen für den Kampf schafft. Der Nachschub für die Achsentruppen war, von wenigen Ausnahmen abgesehen, stets unzureichend. Mangelnde See- und Luftherrschaft über dem Mittelmeer sowie das Nichtausschalten der britischen Insel Malta wirkten sich nachteilig aus. Der Nachschub wurde zum dringendsten Problem und letztlich von entscheidender Bedeutung für den Afrikafeldzug.

In Nordafrika waren insgesamt etwa 250.000 deutsche Soldaten eingesetzt. Davon gerieten beim Untergang der Heeresgruppe Afrika im Mai 1943 etwa 130.000 in Gefangenschaft. In den Kämpfen von 1941 bis 1943 sind auf beiden Seiten insgesamt über 100.000 Mann gefallen. Davon bei den Alliierten 35.476 Briten, 16.500 Amerikaner und etwa 5.000 Franzosen.

- Ärmelband AFRIKA -

Bei den Achsenstreitkräften fielen 13.748 Italiener und 18.594 Deutsche. Tausende Soldaten beider Seiten blieben vermißt. Die deutschen Soldaten glaubten, auch in Nordafrika für die Freiheit Deutschlands und damit für eine gute und gerechte Sache zu kämpfen. Daher verdienen sie unsere uneingeschränkte Hochachtung und unsere Verehrung. Dies ist nicht zuletzt ein Gebot der Kultur und des menschlichen Anstandes gegenüber ihrem hohen Opfer.

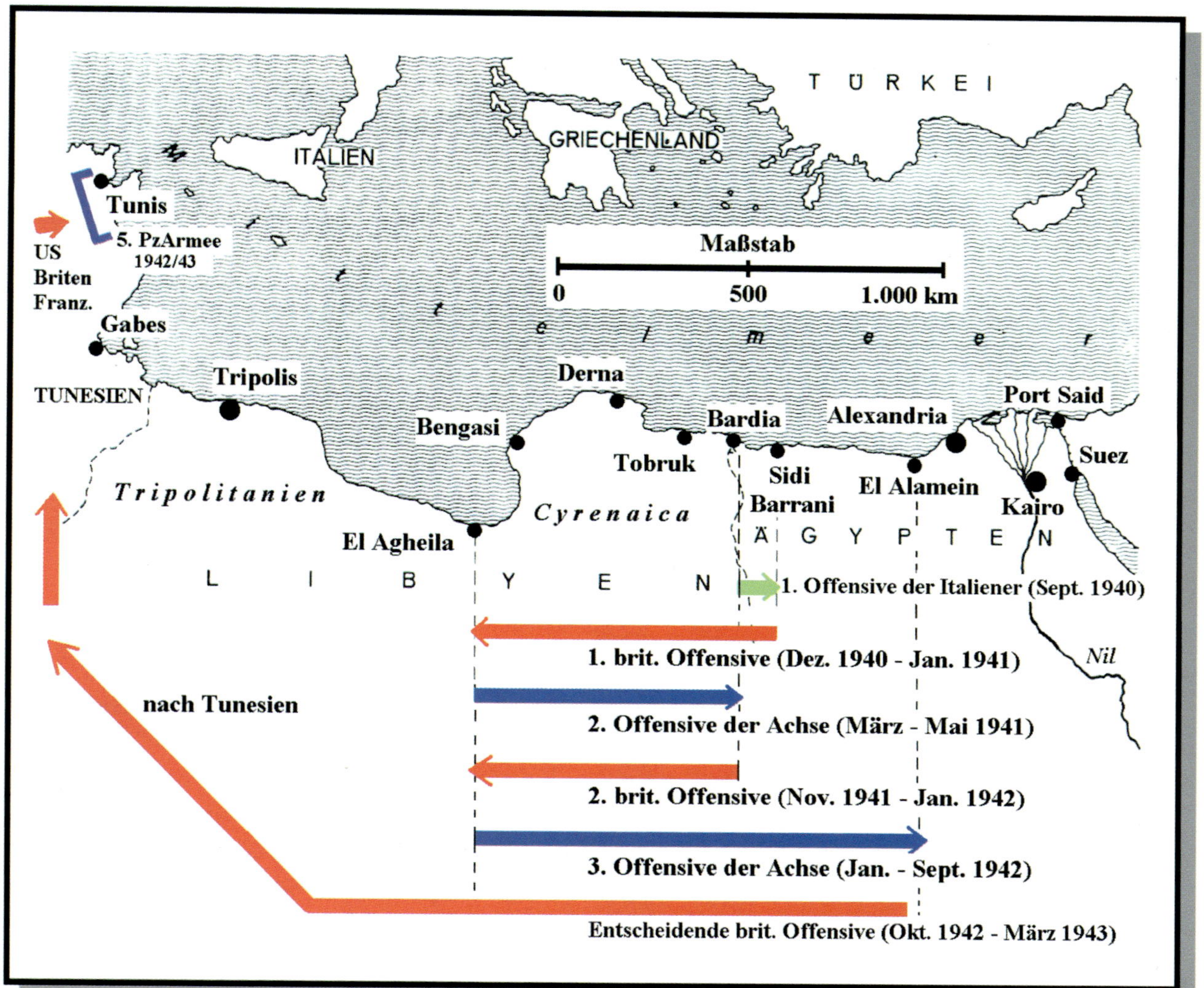

Die wichtigsten Angriffsoperationen in Nordafrika von 1941 - 1943.

Am 29.12.1942 erließ die Kriegsmarine, am 15.01.1943 das Heer und am 28.01.1943 die Luftwaffe folgende Verordnung mit im wesentlichen gleichen Durchführungsbestimmungen: *„Der Führer hat die Einführung eines Ärmelbandes AFRIKA als Kampfabzeichen durch die drei Wehrmachtteile befohlen."*

Das genaue Datum der Stiftung des Ärmelbandes AFRIKA ist nicht feststellbar. Diese ist vermutlich Ende 1942 erfolgt, als die deutsch-italienische Panzerarmee nach dem Ausweichen aus dem Raum EL ALAMEIN auf TRIPOLIS zurückging und zeitgleich die 5. Panzerarmee im Brückenkopf Tunesien im Abwehrkampf gegen die Anfang November 1942 in Algerien und Marokko gelandeten alliierten Kräfte stand.

Generalfeldmarschall Erwin Rommel, Oberbefehlshaber der deutschen und italienischen Truppen auf dem nordafrikanischen Kriegsschauplatz. Sein Name steht als Symbol für den Kampf deutscher Soldaten in Afrika. Rommel galt und gilt auch heute noch, auch bei unseren ehemaligen Kriegsgegnern, als Vorbild für Tapferkeit, Wagemut, Dynamik und taktisches Können. Er verstand es wie kaum ein anderer, gepanzerte Kampftruppen unter Ausnutzung der Beweglichkeit und der Überraschung wirkungsvoll und erfolgreich einzusetzen. Er scheute kein Risiko, traf schnelle, unkonventionelle Entscheidungen und war ein Meister der Improvisation. Er führte seine Truppen von vorn und war daher in der Lage, stets unverzüglich und wendig auf Lageänderungen zu reagieren. Rommel forderte viel von seinen Männern und ihren Kommandeuren, mutete sich aber auch selbst das Äußerste zu.

Mai 1942: Panzerkampfwagen III und IV der II. Abteilung des Panzerregiments 5 (21. Panzerdivision) stellen sich in der libyschen Wüste zum Angriff bereit.

2. Das Ärmelband AFRIKA im einzelnen

Das Ärmelband AFRIKA ist nach dem Ärmelband KRETA die zweite Kriegsauszeichnung der Deutschen Wehrmacht in Form eines Stoffbandes und unterlag gemäß der Verordnung über den Schutz der Waffenabzeichen dem gleichen strafrechtlichen Schutz wie die sonstigen Orden und Ehrenzeichen.
Es wurde im Bereich des Heeres verliehen an Angehörige des Heeres und des Heeresgefolges sowie an dem Heer unterstellte oder im unmittelbaren Auftrag des Heeres tätige Personen. Eine Verleihung an Ausländer war nicht vorgesehen.

Gemäß Verfügung des Oberkommandos des Heeres (OKH) vom 15.01.1943 konnte das Ärmelband AFRIKA im Heer zunächst unter folgenden Voraussetzungen verliehen werden:

a) Ehrenvoller Einsatz von mindestens sechs Monaten auf afrikanischem Boden
b) oder Verwundung bei einem Einsatz in Afrika
c) oder Erkrankung an einer auf dem Kriegsschauplatz in Afrika zugezogenen Krankheit, die zum Verlust der vollen oder bedingten Tropendienstfähigkeit geführt hat. Voraussetzung hierfür war ein Aufenthalt in Afrika von mindestens drei Monaten.

Am 15.01.1943 wurde durch das OKH verfügt, daß die bisher als Verbandsabzeichen getragenen Ärmelstreifen AFRIKAKORPS abzulegen und einzuziehen wären. Die Auslieferung der Ärmelbänder AFRIKA verzögerte sich jedoch erheblich. Daher kam es häufig vor, daß ehemalige Afrikakämpfer noch lange nach dem Afrikafeldzug vorschriftswidrig den Ärmelstreifen AFRIKAKORPS so lange weitertrugen, bis ihnen das Ärmelband AFRIKA überreicht wurde.

Ende Juni 1943 genehmigte Hitler, daß den seit dem 06.05.1943 an den Endkämpfen auf afrikanischem Boden ehrenvoll Beteiligten das Ärmelband bereits nach vier Monaten statt bisher nach sechs Monaten verliehen werden konnte.

Ende Dezember 1943 wurde verfügt, daß in Erweiterung der Verleihungsbedingungen das Ärmelband AFRIKA unabhängig von der Einsatzzeit verliehen werden konnte, wenn der Betreffende bei den Kämpfen auf afrikanischem Boden eine deutsche Tapferkeitsauszeichnung erworben hatte.

Eine nachträgliche Verleihung an Gefallene oder Verstorbene war zulässig. Dazu waren Anträge auf Verleihung durch die Wehrbezirkskommandos zu stellen.

Das Ärmelband AFRIKA besteht aus leichtem Filz, kamelhaarartigem Stoff oder auch aus Leinen, und ist braun bis khakifarben. Das Band ist an den Kanten beiderseits mit einer silbergrauen Baumwolltresse besetzt, deren Fäden fischgrätenartig verlaufen und die mit einer Mittelrippe durchsteppt sind.

Die gestickte Inschrift AFRIKA in lateinischen Großbuchstaben besteht aus silbergrauer Baumwolle. Die Inschrift steht zwischen zwei silbergrauen gestickten nach innen geneigten Palmen mit je fünf Blattwedeln, deren Stamm unten mit der Grundlinie der Schrift abschneidet.

- Ärmelband AFRIKA -

Vorder- und Rückseite eines Ärmelbandes AFRIKA in der Originalgröße. Länge des Ärmelbandes 42,5 cm, Höhe des Bandes 3,2 cm, Breite der silberfarbenen Einfassung 0,3 cm, Länge des Schriftzuges AFRIKA 7,3 cm, Höhe des Schriftzuges AFRIKA 1,5 cm, Höhe der Palmen 1,9 cm. Die Rückseite dieses Ärmelbandes ist mit dem Herstellerkennzeichen in Form der Reichsbetriebsnummer versehen.

- *Ärmelband AFRIKA* -

Vorder- und Rückseite einer Variante des Ärmelbandes AFRIKA in der Originalgröße mit einem schlankeren Schriftbild als bei dem Muster auf der vorhergehenden Seite. Länge des Ärmelbandes 39,2 cm, Höhe des Bandes 3,2 cm, Breite der silberfarbenen Einfassung 0,3 cm, Länge des Schriftzuges AFRIKA 7,5 cm, Höhe des Schriftzuges AFRIKA 1,5 cm, Höhe der Palmen 1,8 cm. Ohne Herstellerkennzeichen.

3. Verleihungsberechtigung

Als das Ärmelband AFRIKA Ende 1942 gestiftet wurde, stand die deutsch-italienische Panzerarmee in Libyen und getrennt davon zeitgleich die 5. Panzerarmee im Brückenkopf Tunesien. Daher waren zunächst die Oberbefehlshaber der beiden Armeen jeweils für ihren Bereich verleihungsberechtigt. Als nach der Vereinigung beider Armeen am 23.02.1943 mit der Heeresgruppe Afrika eine einheitliche Kommandostruktur geschaffen worden war, wurde im März 1943 die Verleihungsberechtigung auf deren Oberbefehlshaber übertragen.
Nach dem Untergang der Heeresgruppe Afrika durch die Kapitulation am 13.05.1943 war kurzfristig „Der Deutsche General beim Hauptquartier der italienischen Streitkräfte“ verleihungsberechtigt, bis schließlich im September 1943 verfügt wurde, daß die allein verleihungsberechtigte Dienststelle der „Abwicklungsstab 6. Armee (6. Armee war in STALINGRAD untergegangen) und Heeresgruppe Afrika“ sei. Dieser Abwicklungsstab befand sich in RUDOLSTADT/Thüringen in der Prinz-Eugen-Kaserne. Dort war für jede Afrika-Division als Sachbearbeiter ein Offizier mit Geschäftszimmerpersonal eingesetzt.

Anträge auf Verleihung wurden auf Vorschlag der Kompaniechefs (bzw. Vorgesetzte in vergleichbarer Dienststellung) durch Vorgesetzte mindestens in der Funktion eines selbstständigen Abteilungs- bzw. selbstständigen Bataillonskommandeurs gestellt. Dazu war eine Liste in doppelter Ausführung vorzulegen. Die Erstausfertigung dieser Vorschlagsliste kam als Verleihungsliste an den Antragsteller zurück. Auf der Grundlage dieser Verleihungsliste wurden die Besitzzeugnisse durch die jeweiligen Dienststellen ausgestellt und von deren Kommandeuren unterschrieben. Abzeichen und Vordrucke der Besitzzeugnisse waren auf dem Dienstweg beim Heeresbekleidungsamt I in BERLIN anzufordern. Ab Juni 1944 waren Abzeichen und Vordrucke durch das Ersatzheer bei den Wehrkreiskommandos, durch das Feldheer beim OKH/Heerespersonalamt (HPA) anzufordern. Diese zentrale Auslieferung von Vordrucken erklärt die weitgehende Einheitlichkeit der Besitzzeugnisse für das Ärmelband AFRIKA im Heer. Die Zweitausfertigungen der Verleihungslisten wurden mit Vollzugsvermerk durch den o.a. Abwicklungsstab dem für den jeweiligen Truppenteil zuständigen Wehrkreiskommando übersandt. Für das Heer wurde als Endtermin für die Verleihung des Ärmelbandes AFRIKA der 31.10.1944 festgelegt.
Für Selbsteinkleider (z.B. aktive Offiziere) war grundsätzlich die Ausgabe von fünf Ärmelbändern und für die sollmäßige Oberbekleidung der übrigen Soldaten die Ausgabe von drei Exemplaren vorgesehen.
In einigen wenigen Fällen wurde das Ärmelband AFRIKA auch an die Angehörigen von Soldaten übersandt, die in Kriegsgefangenschaft geraten waren, bis im Oktober 1943 das OKH verfügte, daß über Anträge auf Verleihung an Kriegsgefangene erst nach deren Rückkehr entschieden wird. Auch von der Vorlage von Anträgen sollte bis dahin abgesehen werden. Immerhin waren im Mai 1943 in Tunesien insgesamt etwa 130.000 deutsche Afrikakämpfer in Gefangenschaft geraten, von denen die überwiegende Mehrzahl die Verleihungsbedingungen für das Ärmelband AFRIKA erfüllt hatte. Durch Führerbefehl vom 27.09.1944 war dann die Beleihung mit sämtlichen Orden und Ehrenzeichen für Kriegsgefangene bis nach deren Rückkehr und Prüfung der Auszeichnungswürdigkeit zurückzustellen. Auf Grund dieser Umstände ist die Verleihung des Ärmelbandes AFRIKA fast ausschließlich an Soldaten erfolgt, die noch vor Ende des Feldzuges den nordafrikanischen Kriegsschauplatz verlassen hatten.

4. Nachweis und Beurkundung

Über die Verleihung des Ärmelbandes AFRIKA wurde ein Besitzzeugnis ausgestellt. Für Heer, Marine und Luftwaffe gibt es unterschiedliche Muster, die in Größe, Schriftart und Gestaltung voneinander abweichen. Die Verleihung wurde in die Personalpapiere eingetragen. Unbefugtes Tragen des Ärmelbandes AFRIKA war strafbar.
Ersatz für unverschuldeten Verlust wurde kostenlos nur an im aktiven Wehrdienst Stehende gegen Vorlage einer beglaubigten Verlusterklärung geleistet. Ansonsten konnte das Ärmelband AFRIKA gegen Vorlage des Verleihungsnachweises gegen Bezahlung in öffentlichen Verkaufsstellen erworben werden.

Rechts:
Unteroffizier Werner Trodler im Jahre 1944 mit dem Ärmelband AFRIKA am linken Unterärmel.
Weitere Auszeichnungen, linke Brustseite: Panzerkampfabzeichen in Silber, Verwundetenabzeichen in Schwarz, im Knopfloch der schwarzen Panzeruniform: Eisernes Kreuz 2. Klasse.

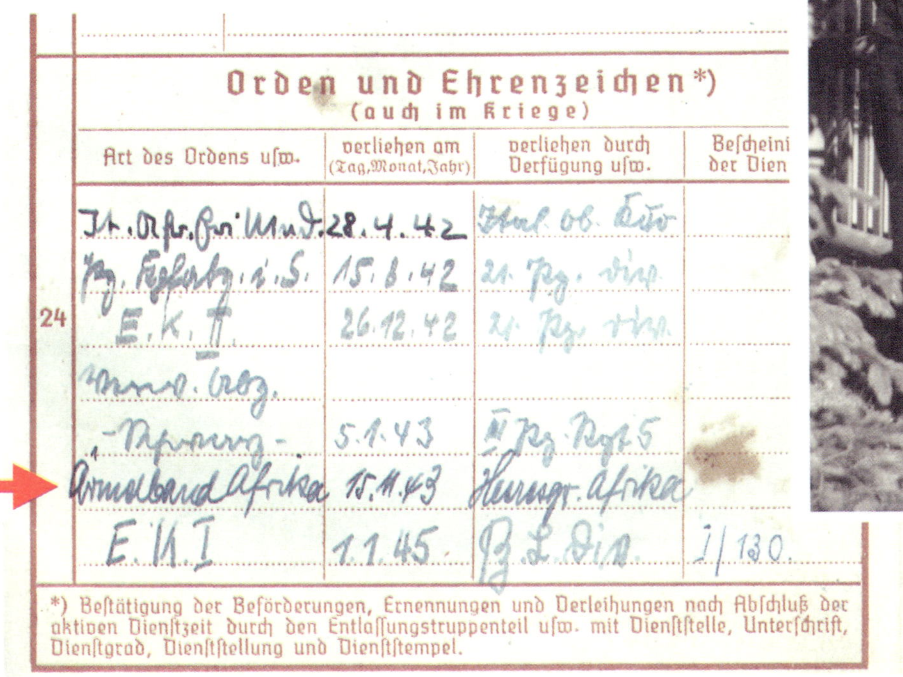

24

Orden und Ehrenzeichen*)
(auch im Kriege)

Art des Ordens usw.	verliehen am (Tag, Monat, Jahr)	verliehen durch Verfügung usw.	Bescheini der Dien
[illegible]	28.4.42	[illegible]	
Pz. Kpfabz. i. S.	15.6.42	21. Pz. Div.	
E.K. II	26.12.42	21. Pz. Div.	
Verw. Abz. -Schwarz-	5.1.43	II. Pz. Rgt. 5	
Ärmelband Afrika	15.11.43	Heeresgr. Afrika	
E.K. I	1.1.45	Pz. L. Div.	I/130.

*) Bestätigung der Beförderungen, Ernennungen und Verleihungen nach Abschluß der aktiven Dienstzeit durch den Entlassungstruppenteil usw. mit Dienststelle, Unterschrift, Dienstgrad, Dienststellung und Dienststempel.

Auszug aus dem Wehrpaß von Unteroffizier Werner Trodler mit dem Nachweis der Verleihung des Ärmelbandes AFRIKA. Der Soldat gehörte von Dezember 1941 bis zu seiner Verwundung im Dezember 1942 in Nordafrika dem Panzerregiment 5 (21. PzDiv) an, wurde anschließend in der PzErsAbt 5, dann PanzerAusbAbt 5, dann PzErs u. AusbAbt 5, dann ReservePanzerAbt 5 verwendet und schließlich im August 1944 zur 4. Kp/PzRgt 130 (PanzerLehrDiv) versetzt, wo er bis Kriegsende verblieb.

BESITZZEUGNIS

DER OBERBEFEHLSHABER

DER Heeresgruppe Afrika

VERLEIHT DEM

Oberleutnant
(DIENSTGRAD)

Oskar Baums
(VOR- UND ZUNAME)

Fahnenjunker-Lehrgang 1 der Panzertruppe
(TRUPPENTEIL)

DAS ÄRMELBAND »AFRIKA«

Wischau, den 23.9.1943.
(ORT UND DATUM)

(STEMPEL)

I.V.:
(UNTERSCHRIFT)

Major
(DIENSTGRAD UND DIENSTSTELLUNG)

OLt Baums 1943 als Lehroffizier an der Schule für Fahnenjunker der PanzerTr.

Besitzzeugnis für Angehörige des Heeres in der Originalgröße 14,0 cm x 19,9 cm für das Ärmelband AFRIKA. OLt Oskar Baums war in Afrika von März 1941 bis Okt. 1942 zunächst im Stab I. Abt/PzRgt 5, dann im Stab PzRgt 5 (21. PzDiv) eingesetzt. Bei Kriegsende war er Hauptmann und Kompaniechef einer „Panther"-Kompanie im PzRgt 26 (26. Panzerdivision).

- Ärmelband AFRIKA -

Besitzurkunde

Ich verleihe dem

Feldwebel

Wilhelm K i r c h h o f f

das

Ärmelband

- Afrika -

Hauptquartier des O. B. S., den 1.5.1943

Der Oberbefehlshaber Süd

Keßelring

Generalfeldmarschall

F. d. R.:

Major

Zum Vergleich: Besitzurkunde für Angehörige der Luftwaffe in der Originalgröße 14,4 cm x 20,0 cm für das Ärmelband AFRIKA. Das Verleihungsdatum ist eingedruckt und auf die Nennung des Truppenteils des ausgezeichneten Soldaten wurde verzichtet.

- Ärmelband AFRIKA -

BESITZZEUGNIS

DER OBERBEFEHLSHABER
DER HEERESGRUPPE AFRIKA
VERLEIHT DEM GENERAL DER PANZER
WALTHER NEHRING
KOM. GENERAL XXIV. PANZERKORPS
DAS ÄRMELBAND „AFRIKA"

A.H.-QU., DEN 8. 3. 1943

Kempf,
GENERAL DER PANZERTRUPPE
U. OBERBEFEHLSHABER DER ARMEE-ABT. KEMPF

Besitzzeugnis in einer besonderen Ausführung (verkleinert, Originalgröße DIN A 5) für das Ärmelband AFRIKA von General der Panzertruppe Walther Kurt Nehring, ausgestellt am 08.03.1943 durch die Armee-Abteilung Kempf. General Nehring führte seit dem 10.02.1943 als Komm. General (KG) das XXIV. Panzerkorps und war vom 09.03.-31.08.1942 KG des Deutschen Afrikakorps. Er wurde am 15.11.1942 KG des XC. Armeekorps, um einen Brückenkopf gegen die alliierte Invasion in Nordafrika zu bilden.

Auf dem Foto trägt General Nehring folgende Auszeichnungen: Ritterkreuz des Eisernen Kreuzes, Panzerkampfabzeichen in Silber, Verwundetenabzeichen in Gold, Ärmelband AFRIKA, Ostmedaille als Band im Knopfloch und als kleine Ordensschnalle rechts neben einer italienischen Auszeichnung die Erinnerungsmedaille für den italienisch-deutschen Feldzug in Afrika.

5. Trageweise

Das Ärmelband AFRIKA wurde zur Uniform am linken Unterärmel getragen und zwar an der Feldbluse für Unteroffiziere und Mannschaften 16,0 cm vom unteren Ärmelrand, am Mantel und am Viertaschenrock für Offiziere 1,0 cm oberhalb des Ärmelumschlags. Die Tragegenehmigung galt auch für alle Uniformen der Partei und des Staates.

Für Ärmelbänder war eine Miniatur der Auszeichnung als Anstecknadel für die Zivilkleidung nicht vorgesehen.

Major Josef Rettemeier mit dem Ärmelband AFRIKA als Kdr I. Abt/PzLehrRgt 130 im September 1944 in FALLINGBOSTEL, Lager ÖRBKE, anläßlich der Verlegung der Abteilung an die Westfront. Auf dem nordafrikanischen Kriegsschauplatz führte er die 2. Kp/PzRgt 5 (21. PzDiv) und stellvertretend die I. Abt/PzRgt 5. Ritterkreuz als Hauptmann und Kdr PzAbt 5 am 05.12.1943, (425.) Eichenlaub am 13.03.1944. Weitere Angaben zu Josef Rettemeier unter Kapitel 29 (Namensnennung im Wehrmachtbericht).

6. Herstellung, Verleihungszahlen und Sammlerbewertung

Es ist weder bekannt, von wem der künstlerische Entwurf der Auszeichnung stammt noch konnte ermittelt werden, wieviel Ärmelbänder AFRIKA insgesamt verliehen wurden. Unverbindliche Schätzungen gehen für den Bereich des Heeres von etwa 30.000 Verleihungen aus. Infolge der großen Anzahl der herzustellenden Bänder wurden mehrere deutsche, aber auch italienische Firmen mit der Fertigung beauftragt. Damit waren sowohl der verwendete Stoff als auch das Schriftbild Abweichungen unterworfen.
Als Herstellerkennzeichen ist auf einem Teil der Bänder die Reichsbetriebsnummer (RBNr.) der jeweiligen Firma auf der Rückseite des Bandes in schwarzer Stempelfarbe aufgebracht.

Derzeit können für Stücke mittlerer Qualität auf dem Sammlermarkt folgende Verkaufspreise als Anhalt dienen:

Ärmelband AFRIKA, sogenannte „Kamelhaar-Ausführung“	250,-- €
Ärmelband AFRIKA, rückseitig mit Reichsbetriebsnummer	275,-- €
Ärmelband AFRIKA, Leinentuch	250,-- €

Spitzenstücke können erheblich höhere Preise erzielen.

Auch vom Ärmelband AFRIKA wurden und werden Kopien hergestellt und in den Handel gebracht.

7. Das Gesetz über Titel, Orden und Ehrenzeichen von 1957

Durch Gesetz vom 26. Juli 1957 wurde das Tragen von deutschen Kriegsauszeichnungen des 2. Weltkrieges wieder zugelassen, jedoch nur in einer „entnazifizierten“ Form. Da das Ärmelband AFRIKA keine NS-Symbole aufweist, waren keine Veränderungen erforderlich.

Ehemalige Angehörige der Deutschen Wehrmacht, die in die Bundeswehr eingetreten waren, durften keine Ärmelbänder des 2. Weltkrieges in der Originalgröße an der Uniform tragen.
Als Trageweise im täglichen Dienst war für den Dienstanzug in entsprechender farblicher Wiedergabe eine 2,5 cm breite und 1,2 cm hohe Nachbildung des Ärmelbandes AFRIKA an der Bandschnalle vorgesehen, die über der linken Brusttasche getragen wurde.

Ärmelband AFRIKA, Ausführung 1957,
an der Bandschnalle für die Bundeswehr.

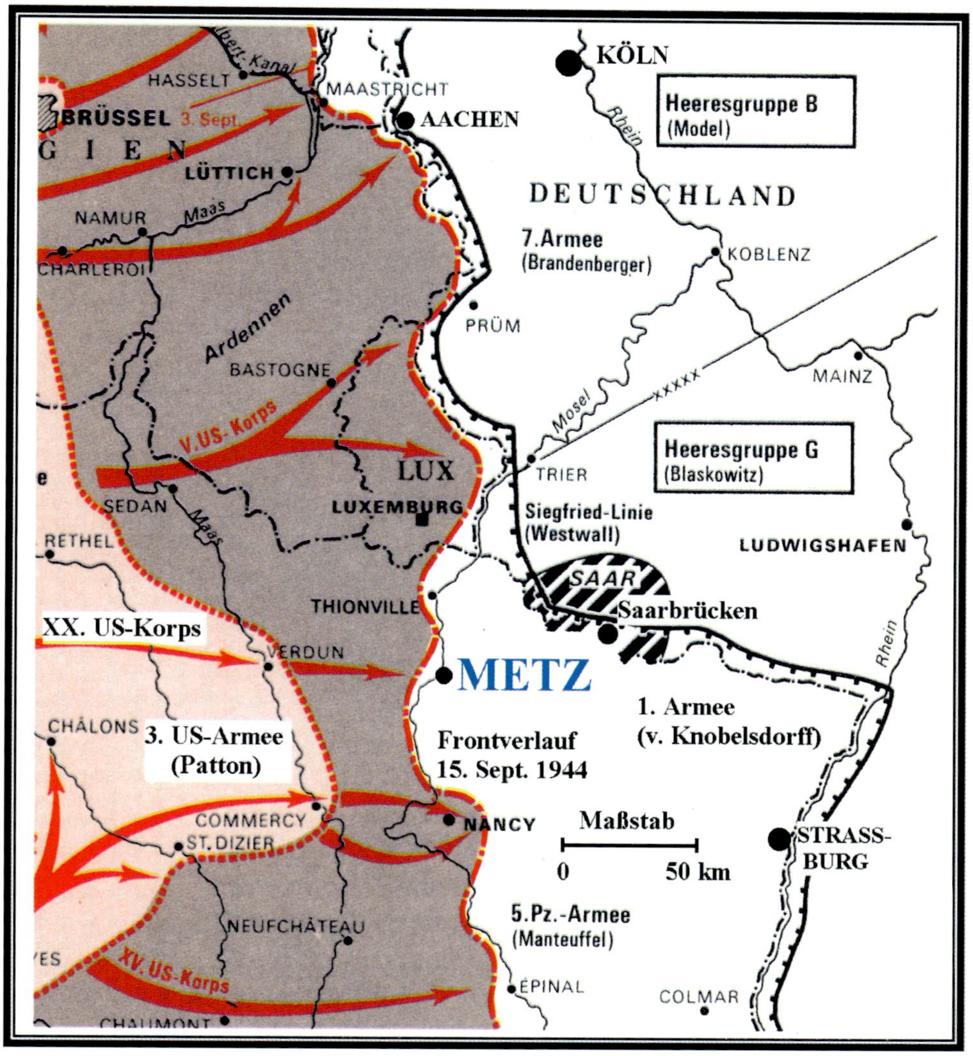

METZ: Eckpfeiler der Westfront im Herbst 1944.

Kapitel 26

Ärmelband Metz 1944

- Ärmelband Metz 1944 -

1. Vorgeschichte und Stiftung der Auszeichnung

Im Spätsommer 1944 kam es an der Westfront darauf an, so lange wie möglich noch vorwärts der Reichsgrenze zu halten, damit unterdessen die Verteidigungsfähigkeit der in den vergangenen Jahren abgerüsteten Befestigungsanlagen des Westwalls wieder hergestellt werden konnte.
Im Verlauf des alliierten Vorstoßes auf den Rhein stießen Teile der 3. US-Armee des Generals Patton Anfang September 1944 in Lothringen auf den deutschen Brückenkopf METZ an der Mosel, etwa 50 km südwestlich des Westwalls.

In METZ befand sich zu jener Zeit neben einer Vielzahl von Ersatztruppenteilen die Schule VI für Fahnenjunker der Infanterie mit etwa 1.800 Offiziersanwärtern.
Unter Führung des Schulkommandeurs, Oberst Joachim von Siegroth, wurde eine Kampfgruppe gleichen Namens gebildet, der alle im Raum METZ befindlichen Truppenteile einschließlich der Nachrichtenschule der Waffen-SS unterstellt wurden.

Die „Festung METZ“ war im modernen Sinne höchstens ein Stützpunkt und ihre Besatzung völlig unzureichend. Trotzdem hielt diese Kampfgruppe im Verlauf des September 1944 allen Angriffen der 5. (US) Infanteriedivision und der 7. (US) Panzerdivison stand. Dabei kam es im Verlauf von Angriffen und Gegenstößen auf beiden Seiten zu erheblichen Verlusten.

Im Oktober 1944 übernahm die 462. Infanteriedivision das Kommando im Raum METZ und die Fahnenjunkerschule wurde dieser Division unterstellt. Da alle frontal geführten amerikanischen Angriffe scheiterten, führten die US-Truppen ab dem 08.11.1944 Umfassungsangriffe zunächst im Süden, dann auch im Norden gegen METZ. Am 17.11.1944 drang der Gegner in die nördlichen Vororte von METZ ein, am 23.11.1944 gingen die Kämpfe im Stadtkern zu Ende, während sich die Besatzungen von eingeschlossenen Außenbefestigungen teilweise noch bis Mitte Dezember 1944 halten konnten.
Die 462. Infanteriedivision, inzwischen in 462. Volksgrenadierdivision umbenannt, wurde im November 1944 zerschlagen und Elsaß-Lothringen ging bis zum 10.02.1945 verloren.

Beim Vorstoß der Alliierten zum Rhein Ende 1944/Anfang 1945 waren die Kämpfe um METZ von September bis November 1944 insgesamt eher von untergeordneter Bedeutung und werden in den Veröffentlichungen über den Verlauf des 2. Weltkrieges kaum erwähnt. Trotzdem nahm die Oberste Führung die Bewährung der Kampfgruppe von Siegroth zum Anlaß, eine Auszeichnung in Form eines Ärmelbandes zu stiften.

In einer Verordnung vom 24. Oktober 1944, veröffentlicht in den Allgemeinen Heeres-mitteilungen vom 22.01.1945, gab der Chef des Oberkommandos der Wehrmacht, Generalfeldmarschall Wilhelm Keitel, die Stiftung des Ärmelbandes Metz 1944 bekannt:

„Der Führer hat zur Erinnerung an die heldenhafte Verteidigung der Festung Metz gegen einen an Zahl und Material überlegenen Gegner durch die Kampfgruppe von Siegroth, Kriegsschule Metz mit unterstellten Truppenteilen aller Wehrmachtsteile und der Waffen-SS, die Schaffung eines Ärmelbandes mit der Aufschrift Metz 1944 als Kampf- und Traditionsabzeichen verfügt.“

2. Das Ärmelband Metz 1944 im einzelnen

Die Durchführungsbestimmungen des Oberkommandos des Heeres (OKH) vom 28.12.1944 legten fest, daß das Ärmelband Metz 1944 erhält, wer in der Zeit vom 27.08.1944 - 25.09.1944 im Rahmen der Kampfgruppe von Siegroth zur Verteidigung der Festung METZ eingesetzt war und eine der nachstehenden Voraussetzungen erfüllt hat:

- Ehrenvoller, mindestens siebentägiger Einsatz im Rahmen der Kampfgruppe von Siegroth oder
- Verwundung.

Wie die anderen Ärmelbänder KRETA, AFRIKA und KURLAND unterlag auch das Ärmelband Metz 1944 gemäß der Verordnung über den Schutz der Waffenabzeichen dem gleichen strafrechtlichen Schutz wie die sonstigen Orden und Ehrenzeichen.

Das Ärmelband Metz 1944 war nicht nur als Auszeichnung, sondern auch als Traditionsabzeichen vorgesehen, und zwar für das gesamte Lehr- und Stammpersonal sowie für die Schüler der Schule VI für Fahnenjunker der Infanterie Metz während ihrer Dienstzeit an der Schule. Die Berechtigung zum Tragen sollte mit dem Tage der Versetzung wieder erlöschen. Kriegsbedingt konnte diese Planung nicht mehr verwirklicht werden.

Das Ärmelband besteht aus leichtem, schwarzen Filzstoff und zeigt in lateinischer Schrift die Inschrift „Metz 1944“. Buchstaben, Zahlen und Randtressen sind aus weißem Baumwollstoff einnahtig maschinengestickt aufgebracht.

Ärmelband Metz 1944, von der Uniform abgetrennt und noch zusammengenäht, Schwarzweißabbildung, verkleinerte Darstellung. Länge des Originalbandes 37,5 cm, Höhe des Bandes 3,2 cm, Breite der einfassenden Randtressen 0,4 cm.

Rückseite der Inschrift Metz 1944. Länge des gesamten Schriftzuges 12,0 cm, Höhe des Schriftzuges Metz 1,4 cm und 1,8 cm, die Höhe der Jahreszahl 1944 beträgt 1,7 cm.

3. Verleihungsberechtigung

Verleihungsberechtigt für das Ärmelband Metz 1944 war im Namen Hitlers ausschließlich der Führer der Kampfgruppe von Siegroth, Generalmajor Joachim von Siegroth.
Bereits im 1. Weltkrieg als Frontoffizier bewährt, wurde er im Polen- und Frankreichfeldzug als Kommandeur eines Infanteriebataillons, im Ostfeldzug als Regimentskommandeur eingesetzt. Am 19.12.1941 wurde er mit dem Deutschen Kreuz in Gold ausgezeichnet und als Oberst am 15.11.1943 im Ehrenblatt des Deutschen Heeres genannt (Ehrenblattspange). Am 01.07.1944 wurde er Kommandeur der Schule VI für Fahnenjunker der Infanterie Metz. Als Führer der Kampfgruppe von Siegroth wurde ihm am 18.10.1944 das Ritterkreuz verliehen.

Ab 01.11.1944 als Kommandeur der Unteroffizierschule Ost verwendet, wurde Joachim von Siegroth am 09.11.1944 zum Generalmajor befördert. Ab 01.02.1945 führte er die 712. Infanteriedivision, die sich nach Zerschlagung an der Weichsel in der Neuaufstellung befand. Generalmajor von Siegroth fiel am 02.05.1945 im Kessel von HALBE. Bei Kriegsende wurde er zur Verleihung des Eichenlaubs vorgeschlagen. Eine rechtswirksame Verleihung ist jedoch nicht mehr erfolgt.

Generalmajor Joachim von Siegroth, hier noch als Oberst. Nur er war berechtigt, im Namen Hitlers das Ärmelband Metz 1944 zu verleihen.

Anträge auf Verleihung waren von den Kompanie- usw. Chefs in Vorschlagslisten (Sammellisten) in doppelter Ausfertigung auf dem Dienstweg über die Schule VI für Fahnenjunker der Infanterie Metz dem Generalinspekteur für den Führernachwuchs des Heeres vorzulegen. Die Besitzzeugnisse wurden dann ausschließlich durch Generalmajor von Siegroth unterzeichnet.

Die Verleihung wurde der antragstellenden Dienststelle mittels der Erstausfertigung der Vorschlagsliste mitgeteilt.
Die Zweitausfertigungen der Vorschlagslisten verblieben mit Vollzugsvermerk beim Generalinspekteur für den Führernachwuchs des Heeres und wurden bei Kriegsende vernichtet.

Als Endtermin für Verleihungsvorschläge wurde der 31.03.1945 festgelegt.

Die Verleihungen sollten mit dem 01.06.1945 abgeschlossen werden. Kriegsbedingt ist es allerdings nur zu sehr wenigen Verleihungen gekommen.

4. Nachweis und Beurkundung

Über die Verleihung des Ärmelbandes Metz 1944 wurde ein Besitzzeugnis ausgestellt und von Generalmajor von Siegroth unterschrieben. Die Verleihung wurde in die Personalpapiere eingetragen. Nur Inhaber eines Besitzzeugnisses waren zum Tragen des Ärmelbandes berechtigt. Unbefugtes Tragen war strafbar. Die wenigen erhalten gebliebenen Besitzzeugnisse wurden in SCHWERIN ausgestellt und stammen vom Februar 1945. Zu jener Zeit hielt sich dort Generalmajor von Siegroth mit dem Stab der in Neuaufstellung befindlichen 712. Infanteriedivision zur Verfügung der Heeresgruppe Weichsel, die im Einsatz an der Oderfront stand. Für die Ausfertigung der Besitzzeugnisse wurde das Dienstsiegel der Schule VI für Fahnenjunker der Infanterie verwendet.
Die Verleihung war auch nach dem Tode zulässig. In diesem Falle war eine Ausfertigung des Ärmelbandes mit dem Besitzzeugnis den Hinterbliebenen zu übersenden.

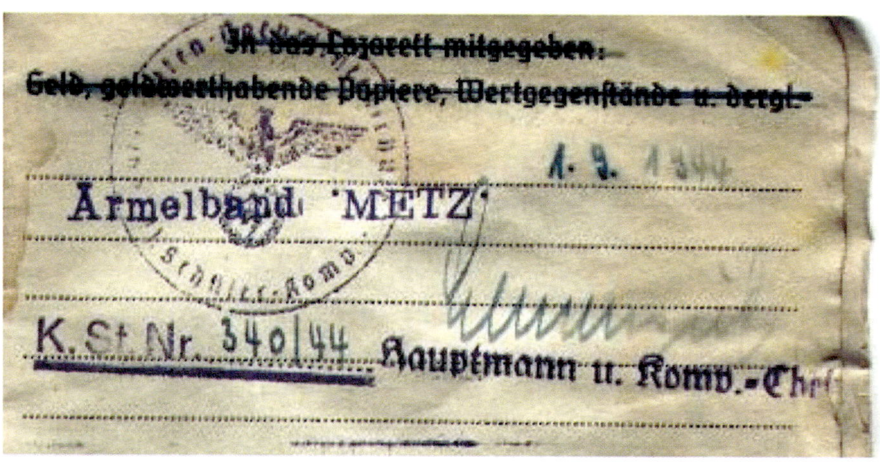

Auszug aus dem Soldbuch des Unteroffiziers Weiffenbach. Bemerkenswert ist der Widerspruch zwischen dem hier angegebenen Datum 1.9.1944, das wie die Stempelform der Eintragungen auch bei anderen Verleihungen des Ärmelbandes Metz 1944 vorkommt, und der erst zu einem späteren Zeitpunkt erfolgten Stiftung der Auszeichnung am 24.10.1944.

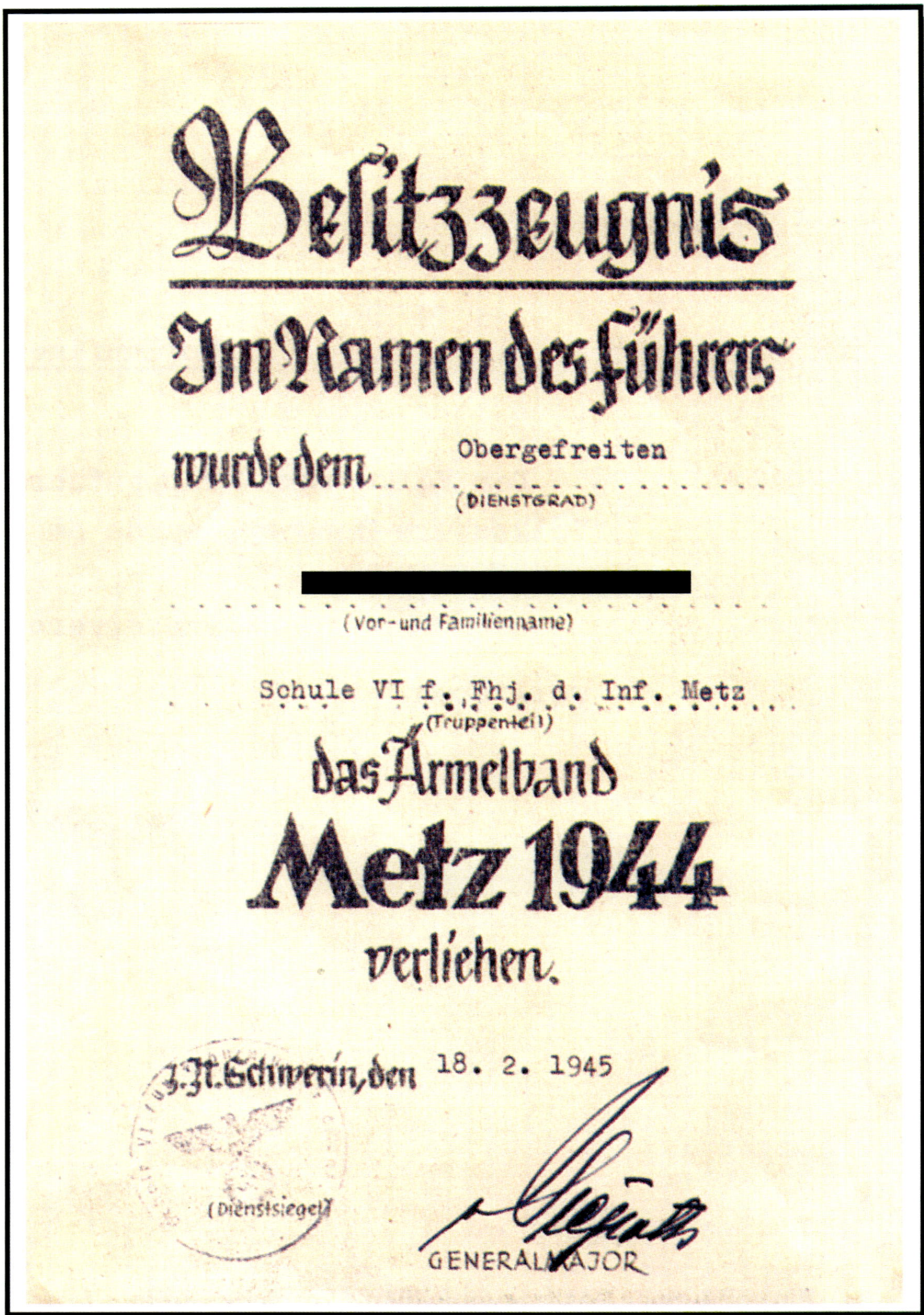
Besitzzeugnis

Im Namen des Führers

wurde dem Obergefreiten
(Dienstgrad)

(Vor- und Familienname)

Schule VI f. Fhj. d. Inf. Metz
(Truppenteil)

das Ärmelband

Metz 1944

verliehen.

z.Zt. Schwerin, den 18. 2. 1945

(Dienstsiegel)

Generalmajor

Besitzzeugnis in der Größe DIN A 5 für das Ärmelband Metz 1944 mit der Originalunterschrift von Generalmajor Joachim von Siegroth.

5. Trageweise

Das Ärmelband Metz 1944 wurde zur Uniform am linken Unterärmel getragen und zwar an der Feldbluse für Unteroffiziere und Mannschaften 16,0 cm vom unteren Ärmelrand, am Viertaschenrock für Offiziere und am Mantel 1,0 cm oberhalb des Ärmelumschlages.

Die Tragegenehmigung galt auch für alle Uniformen der Partei und des Staates.

Für Ärmelbänder war eine Miniatur der Auszeichnung als Anstecknadel für die Zivilkleidung nicht vorgesehen.

6. Herstellung, Verleihungszahlen und Sammlerbewertung

Es ist nicht bekannt, von wem der künstlerische Entwurf der Auszeichnung stammt.
Da die Veröffentlichung der Stiftung nebst Durchführungsbestimmungen erst am 22.01.1945 in den Allgemeinen Heeresmitteilungen erschien, konnten lediglich noch in den letzten Kriegsmonaten des Jahres 1945 Herstellung und Verleihungen des Ärmelbandes Metz 1944 erfolgen.

Der als einziger zur Verleihung des Ärmelbandes Berechtigte, Generalmajor von Siegroth, war als Kommandeur der 712. Infanteriedivision an der Oderfront eingesetzt. Dort zeichnete sich bereits der Endkampf ab.

Die widrigen Umstände führten dazu, daß es lediglich zu einer geringen Zahl von Verleihungen gekommen ist, Schätzungen nennen z.B. die Anzahl 300.

Die Lieferung der Ärmelbänder wurde dem Wehrmachtsbeschaffungsamt (Bekleidung und Ausrüstung) übertragen.
Für die sollmäßigen Uniformstücke einschließlich Mantel sollte nach näherer Anordnung der Teilstreitkräfte je ein Ärmelband, an zur Selbsteinkleidung Verpflichtete (z.B. aktive Offiziere) sollten insgesamt fünf Ärmelbänder ausgegeben werden.

Eine Herstellung und Auslieferung von Ärmelbändern Metz 1944 ist nachweislich, wenn allerdings auch nur in sehr geringer Stückzahl, erfolgt.

Derzeit kann für Stücke mittlerer Qualität auf dem Sammlermarkt folgender Verkaufspreis als Anhalt dienen:

Ärmelband Metz 1944, Baumwolle mit weißer/silberner Stickerei	2.000,-- €

Das Ärmelband Metz 1944 wurde und wird auf Grund seiner Seltenheit und des damit verbundenen hohen Sammlerwertes häufig kopiert und in den Handel gebracht.

7. Das Gesetz über Titel, Orden und Ehrenzeichen von 1957

Durch Gesetz vom 26. Juli 1957 wurde das Tragen von deutschen Kriegsauszeichnungen des 2. Weltkrieges wieder zugelassen, jedoch nur in einer „entnazifizierten" Form.
Da das Ärmelband Metz 1944 keine NS-Symbole aufweist, waren keine Veränderungen erforderlich.

Ehemalige Angehörige der Deutschen Wehrmacht, die in die Bundeswehr eingetreten waren, durften keine Ärmelbänder der Wehrmacht in der Originalgröße an der Bundeswehruniform tragen.

Als Trageweise im täglichen Dienst war für den Dienstanzug in entsprechender farblicher Wiedergabe eine 2,5 cm breite und 1,2 cm hohe Nachbildung des Ärmelbandes Metz 1944 an der Bandschnalle vorgesehen, die über der linken Brusttasche getragen wurde.

Ärmelband Metz 1944, Ausführung 1957,
an der Bandschnalle für die Bundeswehr.

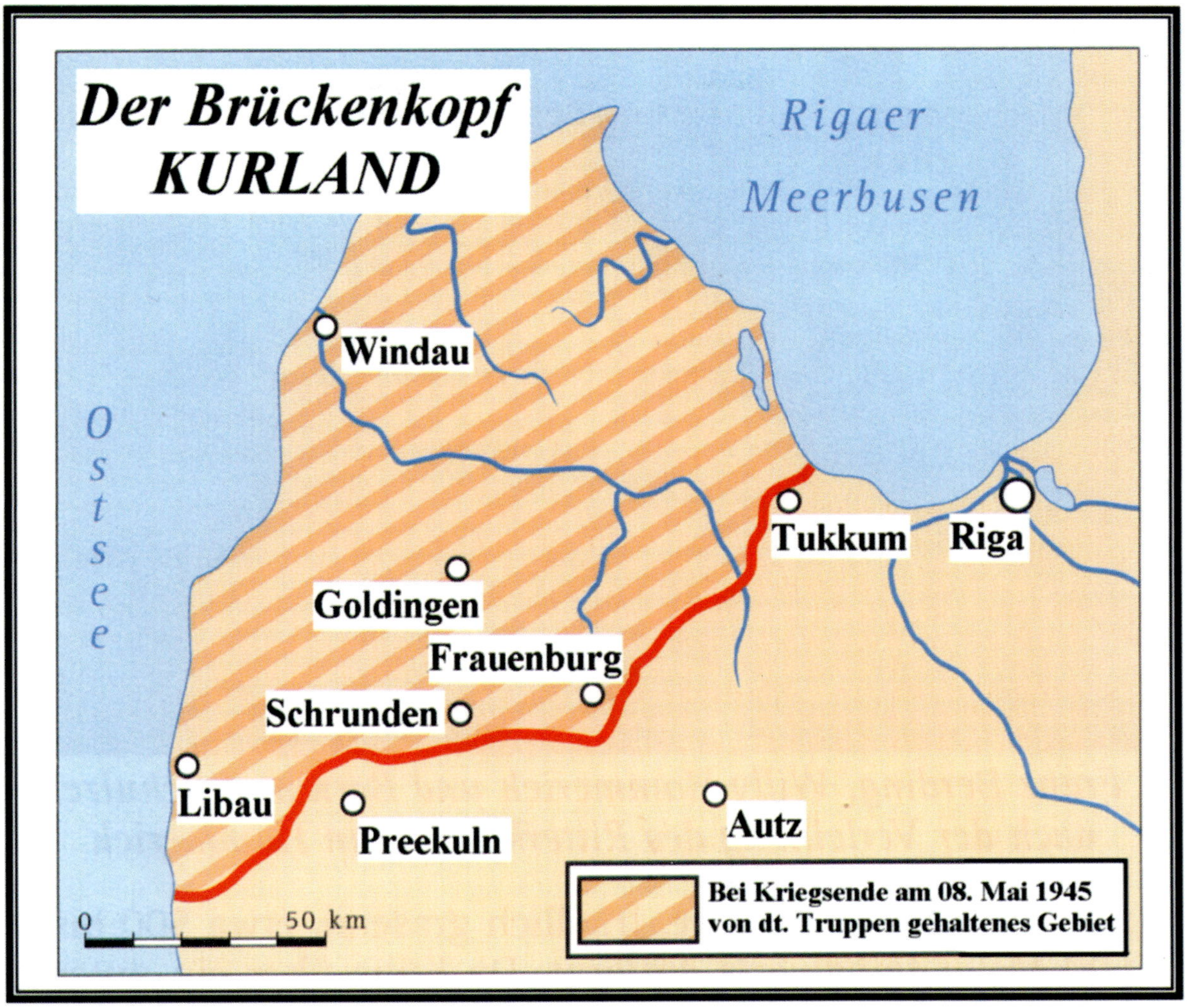

Kapitel 27

Ärmelband KURLAND

- Ärmelband KURLAND -

1. Vorgeschichte und Stiftung der Auszeichnung

„Kurland“ lautet eine alte Bezeichnung für den westlichen Teil von Lettland, im frühen Mittelalter das Land der Kuren, eines Volkes finnisch-ugrischer Herkunft. Der Anteil deutschstämmiger Balten an der Führungsschicht des Landes war bis zum Ende des 1. Weltkrieges erheblich. Das Gebiet umfaßt eine Fläche von etwa 14.200 qkm, hatte Ende 1944 etwa 230.000 Einwohner und wird umgrenzt im Norden und Westen von der Ostsee, im Osten vom Rigaer Meerbusen und im Süden von der Grenze zu Litauen. Das Land, in dem es 1944 insgesamt 13 Städte und 66 Dörfer gab, ist gekennzeichnet von Wäldern, Seen, Flüssen und ausgedehnten Niederungen. Während des 2. Weltkrieges war das Verhältnis zwischen der einheimischen Bevölkerung und den deutschen Soldaten überaus herzlich.

Die sowjetische Offensive am 22.06.1944 riß die deutsche Ostfront auseinander. Die Lücke zwischen dem linken Flügel der Heeresgruppe Mitte und dem rechten Flügel der Heeresgruppe Nord (16. und 18. Armee) konnte nicht mehr geschlossen werden. Mitte Juli 1944 stand die Heeresgruppe Nord zwischen der Düna und der Narwa im schweren Abwehrkampf. Sie wurde ständig angegriffen und mußte unter diesem Druck zunächst Estland und anschließend auch den ostwärtigen Teil von Lettland räumen. Anfang Oktober 1944 verteidigte die 16. Armee nach Süden, verhinderte einen russischen Durchbruch auf die lettische Hauptstadt RIGA und ermöglichte so den übrigen Verbänden der Heeresgruppe Nord das geordnete Ausweichen nach Westen. Zeitgleich brachen jedoch sowjetische Panzerkräfte beiderseits MEMEL zur Ostsee durch. Damit war die Heeresgruppe Nord bis auf den Seeweg vom Reichsgebiet abgeschnitten. Sie räumte daraufhin auch den Raum um RIGA, nahm alle Kräfte (etwa eine halbe Million Mann) in den Brückenkopf Kurland zurück und verteidigte dort eine über 200 km lange Front.

Sechs russische Armeen sollten die eingeschlossenen deutschen Verbände vernichten, um die Bedrohung im Rücken der Roten Armee zu beseitigen. Damit begann der Kampf um die „Festung Kurland“, der sich in sechs Schlachten bis zum Kriegsende im Mai 1945 hinzog.

Ein Befehl der Heeresgruppe Nord von Mitte Oktober 1944 hatte folgenden Wortlaut:
„Der Führer hat befohlen, daß Kurland gehalten und in der jetzigen Hauptkampflinie zunächst zur Verteidigung übergegangen wird. Unsere Aufgabe ist es, jetzt erst recht, keinen Fußbreit des von uns gehaltenen Gebietes aufzugeben, die uns gegenüberliegenden 150 Feindverbände zu fesseln, sie zu schlagen, wo immer sich eine Gelegenheit dazu bietet und damit die Verteidigung der Heimat zu erleichtern.
Sofort sind alle Mittel restlos auszuschöpfen, um unsere Abwehr zu verstärken. Es muß eine Tiefe des Hauptkampffeldes entstehen, die unüberwindlich ist. Hierzu heißt es bauen, bauen und nochmals bauen! ..."

Während der sechs Kurlandschlachten versuchte der Feind immer wieder vergeblich, das entscheidende Nachschubzentrum LIBAU mit seinem leistungsfähigen Hafen zu nehmen und an der Nahtstelle zwischen 16. und 18. Armee im Raum FRAUENBURG durchzubrechen, um dann beide Armeen getrennt zu vernichten.

Der Kampf des Heeres wurde von der Luftflotte 1 unterstützt. Die Einheiten der Kriegsmarine schützten die Seeflanke und hielten diese für die Versorgung offen.

- Ärmelband KURLAND -

Die sechs Kurlandschlachten im einzelnen:

1. Kurlandschlacht: 16.10.1944 - 26.10.1944.
2. Kurlandschlacht: 27.10.1944 - 28.11.1944.
3. Kurlandschlacht: 21.12.1944 - 31.12.1944.

15.01.1945: Umbenennung der Heeresgruppe Nord in Heeresgruppe Kurland.

4. Kurlandschlacht: 24.01.1945 - 03.02.1945.
5. Kurlandschlacht: 20.02.1945 - 11.03.1945.
6. Kurlandschlacht: 18.03.1945 - 31.03.1945.

Zeitgenössische Aufstellung vom 01.03.1945 über die deutschen Truppenteile in KURLAND:

Schematische Kriegsgliederung 1. März 1945			
H.Gr.	Armeen	Korps	Div., Kampfgr., Stäbe
Kurland Feld-Ausb.Div. Kurland Stab 201.Sich.-Div.	18. Fest.Kdt.Libau (Stab 52.Sich.) K.Gr.121. 14.Pz.Div. 12.Pz.Div.	X.	K.Gr.126. 87. 30. 12.Lw.FD.
		I.	218. 132.
		L.	205. 225. 11.
		II.	263. 563.V.Gr. K.Gr.290.
	16.	XXXVIII.Pz.	329. 122.
		VI.SS-Frw.	24. 19. Waff.Gren.Div.SS (Lett.Nr.2)
		XVI.	St.21.Lw.FD.(Barth) 81. Div.zbV.300
		XXXXIII.	Kdt.Küste (F.K.186) Gr.Ost St.Sich.Div.zbV.207 Gr.Nord Gr.Nordwest Fest.Kdt.Windau Gr.Südwest

Die Heeresgruppe Kurland verfügte zu Beginn der 5. Kurlandschlacht noch über insgesamt etwa 400.000 Mann.

Die Rote Armee zog im April 1945 Verbände ab, setzte diese in Ost- und Mitteldeutschland ein und beschränkte sich in Kurland auf örtliche Angriffe. Unmittelbar vor der Kapitulation gelang es kleinen Schiffseinheiten der Marine, noch 25.700 Mann über die Ostsee zu retten. Dann gingen 42 Generale, 8.038 Offiziere und 181.032 Unteroffiziere und Mannschaften sowie etwa 14.000 lettische Freiwillige in Gefangenschaft.

Der letzte Bericht des Oberkommandos der Wehrmacht vom 09.05.1945 meldete:
„Als vorgeschobenes Bollwerk fesselten unsere Armeen in Kurland unter dem bewährten Oberbefehl des Generalobersten Hilpert monatelang überlegene sowjetische Schützen- und Panzerverbände und erwarben sich in sechs großen Schlachten unvergänglichen Ruhm ...“

Die sowjetischen Verluste an der Kurlandfront betrugen von Oktober 1944 bis zum Mai 1945 etwa 90.000 Gefallene, 300.000 Verwundete und 4.000 Gefangene, 2.651 Panzer und 722 Flugzeuge.

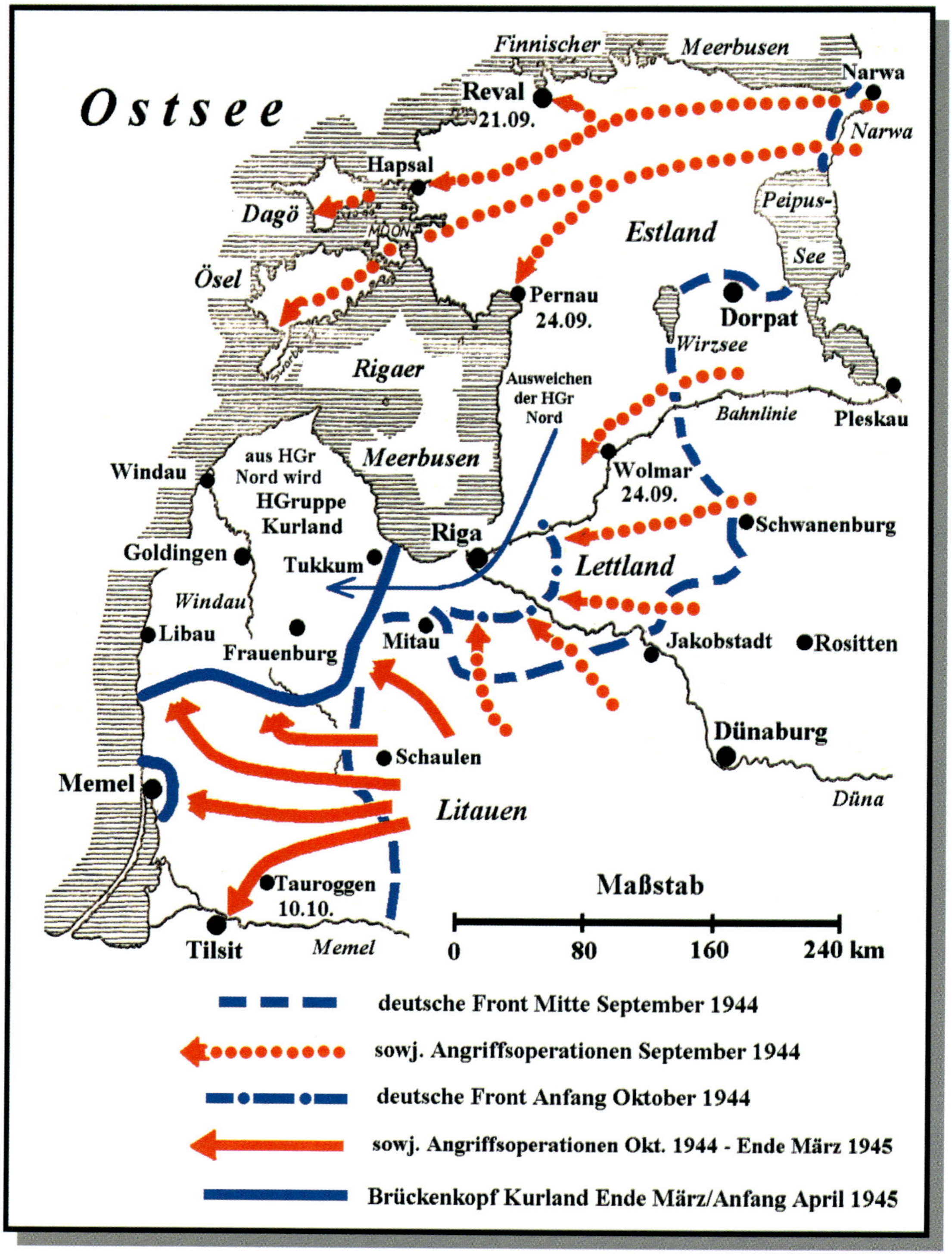

Die Lage Ende 1944/Anfang 1945 im Norden der Ostfront.

Zu einer Veröffentlichung der Stiftungsverordnung für das Ärmelband KURLAND in den Allgemeinen Heeresmitteilungen ist es in den letzten Kriegswochen nicht mehr gekommen. Überliefert ist jedoch eine Mitteilung des Oberkommandos des Heeres (OKH)/Heerespersonalamt (HPA) an das Oberkommando der Wehrmacht (OKW) vom 18. März 1945: *„Der Führer hat die Stiftung des Ärmelbandes KURLAND genehmigt."*

2. Das Ärmelband KURLAND im einzelnen

Das Ärmelband KURLAND ist nach den Ärmelbändern KRETA, AFRIKA und Metz 1944 das vierte und letzte als Kriegsauszeichnung gestiftete Ärmelband der Deutschen Wehrmacht und auch die letzte von Amts wegen gestiftete deutsche Kriegsauszeichnung des 2. Weltkrieges überhaupt.
Erst am 12.03.1945 genehmigte Hitler ein durch die Heeresgruppe Kurland vorgelegtes Muster des Ärmelbandes. Nach den Aussagen mehrerer Kurlandkämpfer wurde mit der Aushändigung der Ärmelbänder KURLAND erst Mitte April 1945 begonnen.

Auch das Ärmelband KURLAND unterlag gemäß der „Verordnung über den Schutz der Waffenabzeichen“ dem gleichen strafrechtlichen Schutz wie die sonstigen Orden und Ehrenzeichen.

Auf Grund der Kriegsereignisse sind die Durchführungsbestimmungen für die Verleihung des Ärmelbandes KURLAND nicht erhalten geblieben, vermutlich sind diese am 29.03.1945 durch das Oberkommando der Wehrmacht (OKW) erlassen worden. Nach detaillierten Angaben von Zeitzeugen und von Personen, die mit dem Ärmelband ausgezeichnet wurden, konnten trotzdem die Verleihungsbedingungen im wesentlichen nachvollzogen werden.

Gemäß diesen Angaben wurde das Ärmelband im Bereich des Heeres an Angehörige der Wehrmacht und an der Wehrmacht unterstellte Personen verliehen:

a) Für ehrenvollen Einsatz von mindestens drei Monaten ab September 1944 bei der Heeresgruppe Nord bzw. Heeresgruppe Kurland
b) oder für die Teilnahme an mindestens drei der insgesamt sechs Kurlandschlachten
c) oder bei Verwundung, die während eines Einsatzes im Bereich der Heeresgruppe Nord bzw. Heeresgruppe Kurland erlitten wurde.

Da auf Grund der Umstände Firmen im Reichsgebiet für die Anfertigung der Ärmelbänder KURLAND nicht zur Verfügung standen, mußte die Herstellung im Brückenkopf erfolgen. Dazu stand in GOLDINGEN, in unmittelbarer Nähe des Heeresgruppenoberkommandos, eine Weberei zur Verfügung, welche die Ärmelbänder in Tag- und Nachtarbeit produzierte.

Das Material zur Herstellung der Ärmelbänder erbrachte eine von den Soldaten mit großem Eifer betriebene Spinnstoffsammlung. Dies erklärt die unterschiedlichen Stoffarten der Ärmelbänder. Um Stoff zu sparen, wurden die Ärmelbänder lediglich in einer Länge von etwa 20 cm hergestellt. In Heimarbeit wurden die zu je 36 Stück auf Rollen gefertigten Bänder von lettischen Frauen auseinandergeschnitten, mit der Nähmaschine gesäumt und ausgabefertig gemacht.

Es kommen auch Bänder vor, die von der Truppe selbst behelfsmäßig hergestellt worden sind. Dazu wurden Stoffe aller Art verwendet, z.B. auch das Material von Gasplanen.

Trotzdem reichten weder Stoff noch Zeit zur Deckung des hunderttausendfachen Bedarfs bei weitem nicht aus.

- Ärmelband KURLAND -

Das Ärmelband KURLAND besteht meist aus nesselartigem, ungebleichtem Stoff. Es zeigt auf hellgrauem Grund die schwarze Inschrift KURLAND in Großbuchstaben zwischen zwei Wappenschilden.
Der linke Schild in frühgotischer Dreiecksform zeigt das Wappen der Hochmeister des Deutschen Ritterordens, ein lilienendiges, helles Kreuz auf einem schwarzen durchlaufenden Kreuz, das seinerseits wieder von einem feinen schwarzen Streifen begleitet wird.

Der rechte Schild hat eine spätgotische, breitere Form und enthält auf schwarzem Grund den hell ausgesparten Elchkopf aus dem Stadtwappen von MITAU, der Hauptstadt von Kurland.
Das Band ist an den Außenseiten etwas breiter und nach innen etwas schmaler in schwarzem Kettstich gerändert.
Zwischen diesen schwarzen Randstreifen sind etwa in 1,1 cm Abstand voneinander kleine schwarze Punkte aufgereiht.

Neben dem hellgrauen Nesselstoff wurden noch andere Stoffarten verwendet, z.B.:

- hellgraue Baumwolle,
- feines oder grobes graues Leinen,
- dünner weißer Filz,
- beigefarbenes Leinen.

Vorder- und Rückseite eines von einer Weberei in GOLDINGEN gefertigten Ärmelbandes KURLAND. Originalgrößen: Länge des verkürzt hergestellten Ärmelbandes 20,3 cm, Höhe des Bandes 3,8 cm, Länge des Schriftzuges KURLAND 8,7 cm, Höhe des Schriftzuges KURLAND 1,6 cm, Höhe des linken Wappens 2,5 cm, Höhe des rechten Wappens 2,4 cm, Breite der Einfassung 0,5 cm.

3. Verleihungsberechtigung

Verleihungsberechtigt für das Ärmelband KURLAND war im Namen Hitlers ausschließlich der Oberbefehlshaber der Heeresgruppe Kurland, Generaloberst Carl Hilpert, bewährter Frontoffizier aus dem 1. Weltkrieg, der seit dem 10.03.1945 die Heeresgruppe führte.

Bereits am 22.08.1943 als General der Infanterie und Kommandierender General des LIV. Armeekorps für die erfolgreiche Abwehr weit überlegener sowjetischer Verbände zwischen Wolchow und SCHLÜSSELBURG mit dem Ritterkreuz ausgezeichnet, erhielt er am 08.08.1944 das (542.) Eichenlaub.
Es war ihm gelungen, als Kommandierender General das I. Armeekorps aus gefährlicher Feindumklammerung zu befreien und geordnet nach Kurland zurückzuführen. Im September 1944 übernahm er als Oberbefehlshaber die 16. Armee und überstand mit dieser erfolgreich die ersten vier Kurlandschlachten. Noch am 01.05.1945 wurde er zum Generaloberst befördert und verstarb am 24.12.1948 in sowjetischer Kriegsgefangenschaft.

Anträge auf Verleihung des Ärmelbandes KURLAND wurden auf Vorschlag der Kompaniechefs (bzw. Vorgesetzte in vergleichbarer Dienststellung) durch Vorgesetzte mindestens in der Dienststellung eines selbstständigen Abteilungs- bzw. selbstständigen Bataillonskommandeurs gestellt.
Dazu war eine Liste in doppelter Ausführung beim Heeresgruppenoberkommando in PELCI bei GOLDINGEN auf dem Dienstweg vorzulegen.

Die Erstausfertigung dieser Vorschlagsliste kam als Verleihungsliste an den Antragsteller zurück. Besitzzeugnisvordrucke und, soweit vorhanden, auch die entsprechende Anzahl von Ärmelbändern waren beigefügt.
Auf der Grundlage dieser Verleihungsliste wurden die Besitzzeugnisse durch die jeweilige Dienststelle ausgestellt und vom Kommandeur unterschrieben.

Die Zweitausfertigungen der Verleihungslisten verblieben mit Vollzugsvermerk beim Heeresgruppenoberkommando und wurden bei Kriegsende vernichtet.

Generaloberst Carl Hilpert. Nur er war berechtigt, im Namen Hitlers das Ärmelband KURLAND zu verleihen.

Ein Endtermin für Verleihungen wurde nicht festgelegt. Die Verleihungen waren bei Kriegsende noch nicht abgeschlossen.

4. Nachweis und Beurkundung

Über die Verleihung des Ärmelbandes KURLAND wurde ein Besitzzeugnis ausgestellt, das für alle Teilstreitkräfte einheitlich war. Es kommen jedoch auch durch die Truppe mit Schreibmaschine auf Blankopapier ausgefertigte Papiere vor. Die Besitzzeugnisse wurden in Kurland auf sehr dünnem Papier gedruckt und durch das Heeresgruppenoberkommando ausgegeben. Zum Teil mußten Besitzzeugnisse ohne die dazugehörenden Ärmelbänder ausgehändigt werden. In anderen Fällen wurde lediglich die Eintragung ins Soldbuch vorgenommen oder aber es wurden Bänder ohne Besitzzeugnis bzw. ohne Eintragung ins Soldbuch überreicht. Nicht selten fehlt auf Grund der widrigen Umstände bei den Besitzzeugnissen das Dienstsiegel. Unbefugtes Tragen des Ärmelbandes KURLAND war strafbar.

Auszug aus dem Wehrpaß von Hauptmann Günter Braake mit dem Nachweis der Verleihung des Ärmelbandes KURLAND. Die Verleihung wurde lediglich hier eingetragen, ein Besitzzeugnis erhielt er nicht mehr.

BESITZZEUGNIS

Im Namen des Führers
hat
DER OBERBEFEHLSHABER
DER HEERESGRUPPE KURLAND
dem

Oberfeldwebel
Dienstgrad

Franz G r u n w a l d
Vor- und Zuname

2.Pio.-Bataillon 299
Truppenteil

DAS ÄRMELBAND „KURLAND"

verliehen.

Gef.St 22.2.1945
Ort und Datum

Unterschrift

Dienststempel

Major u.stellv.Batl.Kdr
Dienstgrad u.Dienststellung

Besitzzeugnis in der Originalgröße 14,7 cm x 21,0 cm für das Ärmelband KURLAND.

5. Trageweise

Das Ärmelband KURLAND wurde zur Uniform am linken Unterärmel getragen und zwar an der Feldbluse für Unteroffiziere und Mannschaften 16,0 cm vom unteren Ärmelrand, am Mantel und am Viertaschenrock für Offiziere 1,0 cm oberhalb des Ärmelumschlages. Die Tragegenehmigung galt auch für alle Uniformen der Partei und des Staates.

Eine Miniatur der Auszeichnung als Anstecknadel für die Zivilkleidung war für die Ärmelbänder nicht vorgesehen.

Hauptmann Günter Braake, Ritterkreuz am 27.08.1944, mit dem Ärmelband KURLAND am linken Unterärmel des Waffenrocks. Durch die Seitenansicht ist die verkürzte Herstellungsart des Ärmelbandes erkennbar. Hauptmann Braake wurde am 01.03.1945 Kdr des I. Btl/GrenRgt 422 (126. InfDiv), das er nach dem Ausfall des Kommandeurs als Stellvertreter bereits seit dem 12.02.1944 geführt hatte. Verleihung des Ärmelbandes KURLAND am 20.04.1945.

Eichenlaubträger Hauptmann Anton Müller-Pestowka mit dem Ärmelband KURLAND.

Ritterkreuz als Führer I. Btl/GrenRgt 501 (290. InfDiv) am 10.09.1944, (738.) Eichenlaub am 14.02.1945 im Brückenkopf Kurland für persönliche Tapferkeit während der dritten Kurlandschlacht im Dezember 1944 als Kommandeur II. Btl/GrenRgt 503 (290. InfDiv).
Deutsches Kreuz in Gold am 03.11.1943, Ehrenblattspange am 17.09.1943.

6. Herstellung, Verleihungszahlen und Sammlerbewertung

Es ist weder bekannt, von wem der künstlerische Entwurf der Auszeichnung stammt noch konnte ermittelt werden, wieviel Ärmelbänder KURLAND insgesamt verliehen wurden. Selbst vorsichtige Schätzungen sind nicht möglich, weil es durch den Untergang der Heeresgruppe Kurland keinerlei Anhaltspunkte dafür gibt.
Lediglich eine begrenzte Anzahl von Kurlandkämpfern hat ein Ärmelband erhalten. Davon sind lediglich die Ärmelbänder erhalten geblieben, welche von Soldaten noch rechtzeitig vor der Kapitulation über die Ostsee in die Heimat zurückgebracht worden sind.

Diese Umstände machen das Ärmelband KURLAND zu einer seltenen Auszeichnung.

Derzeit können für Stücke mittlerer Qualität auf dem Sammlermarkt folgende Verkaufspreise als Anhalt dienen:

Ärmelband KURLAND, nesselartiger, ungebleichter Stoff, rückseitig bläulichgrau	500,-- €
Ärmelband KURLAND behelfsmäßige Fertigung aus sonstigen Stoffen, Gasplane usw.	250,-- €

Auch das Ärmelband KURLAND wurde und wird kopiert und in den Handel gebracht.

7. Das Gesetz über Titel, Orden und Ehrenzeichen von 1957

Durch Gesetz vom 26. Juli 1957 wurde das Tragen von deutschen Kriegsauszeichnungen des 2. Weltkrieges wieder zugelassen, jedoch nur in einer „entnazifizierten“ Form. Da das Ärmelband KURLAND keine NS-Symbole aufweist, waren keine Veränderungen erforderlich.

Ehemalige Angehörige der Deutschen Wehrmacht, die in die Bundeswehr eingetreten waren, durften keine Ärmelbänder der Wehrmacht in der Originalgröße an der Bundeswehruniform tragen.
Als Trageweise im täglichen Dienst war für den Dienstanzug in entsprechender farblicher Wiedergabe eine 2,5 cm breite und 1,2 cm hohe Nachbildung des Ärmelbandes KURLAND an der Bandschnalle vorgesehen, die über der linken Brusttasche getragen wurde.

Ärmelband KURLAND, Ausführung 1957,
an der Bandschnalle für die Bundeswehr.

Hoheitszeichen auf dem zweiten Muster der Anerkennungsurkunde.

Kapitel 28

Anerkennungsurkunde des Oberbefehlshabers des Heeres/ Anerkennungsurkunde des Führers

- *Anerkennungsurkunde* -

1. Vorgeschichte und Stiftung der Auszeichnung

Wurde ein Soldat im Ehrenblatt des Heeres genannt, so erhielt er stets zusätzlich die Anerkennungsurkunde des Oberbefehlshabers des Heeres (bis zum 19.12.1941) bzw. die Anerkennungsurkunde des Führers (ab dem 19.12.1941) und nach dem 30.01.1944 zur äußeren Kenntlichmachung auch noch die Ehrenblattspange (siehe dazu Kapitel 3).
Eine Tapferkeitstat, die weder für das Ritterkreuz, noch für das Deutsche Kreuz in Gold oder für die Nennung im Ehrenblatt bzw. die Ehrenblattspange ausreichte, konnte auf Grund der Prüfung des Heerespersonalamtes (HPA) aber durch eine solche Anerkennungsurkunde gewürdigt werden. Eine Verleihung der Ehrenblattspange oder eine in anderer Form gestaltete äußere Kenntlichmachung der mit der Anerkennungsurkunde ausgezeichneten Soldaten war damit nicht verbunden.

Mit dieser Urkunde, die auch postum verliehen werden konnte, wurden sowohl einzelne Soldaten des Heeres als auch geschlossene Einheiten ausgezeichnet. Besondere Führungsverdienste wurden mit dieser Urkunde nicht gewürdigt.

Selbstverständlich war es auch möglich, *„für hervorragende Leistungen auf dem Schlachtfelde“* sofort und ausschließlich eine Anerkennungsurkunde, die auch als Besondere Anerkennungsurkunde bezeichnet wurde, zu beantragen, wenn offenkundig war, daß eine höhere Auszeichnung von vornherein nicht in Frage kam.
Vorschläge für die Anerkennungsurkunde waren in derselben Form wie Ritterkreuzvorschläge abzufassen und mit kurzer Begründung und Stellungnahme der Zwischenvorgesetzten dem Oberkommando des Heeres (OKH)/Heerespersonalamt (HPA)/P 5/ 1. Staffel vorzulegen.

Die nichttragbare Auszeichnung in Form einer Anerkennungsurkunde geht auf eine Stiftung von Generalfeldmarschall von Brauchitsch zurück, der den Oberbefehl über das Heer bis zu seiner Ablösung am 19.12.1941 innehatte. Auf Grund der kritischen Lageentwicklung an der Ostfront übernahm Hitler an diesem Tag als Oberbefehlshaber der Wehrmacht auch noch den Oberbefehl über das Heer. Aus der Anerkennungsurkunde des Oberbefehlshabers des Heeres wurde die Anerkennungsurkunde des Führers mit einer anderen Form und in einer anderen Gestaltung.

Verschiedene Quellen geben an, daß die Stiftung der Anerkennungsurkunde als eine eigenständige Auszeichnung erst nach dem Beginn des Ostfeldzuges erfolgt sei. Dies ist nicht zutreffend. Es gibt Anerkennungsurkunden, die bereits während des Frankreichfeldzuges und während des Balkanfeldzuges verliehen worden sind (siehe dazu die Abbildungen auf den Seiten 28.3 und 28.4). Allerdings hat das HPA erst ab Juli 1941 bis zum Kriegsende die Inhaber der Anerkennungsurkunden in einem Vorschlagbuch zentral listenmäßig erfaßt und nachgewiesen.
Die Anerkennungsurkunde war die einzige Auszeichnung, die auch mehrmals an denselben Soldaten verliehen werden konnte. Solche Mehrfachverleihungen sind nachweislich erfolgt.

Eine in Form und Aussehen ähnliche Urkunde wurde bis zur Einführung des Tieffliegervernichtungsabzeichens für den Abschuß eines feindlichen Flugzeuges mit Infanteriewaffen verliehen.

2. Die Anerkennungsurkunde im einzelnen

Die Anerkennungsurkunde des Oberbefehlshabers des Heeres, die ab dem Kriegsjahr 1940 ausgegeben wurde, war im Querformat und in der Größe DIN A 5 gehalten (erstes Muster). Die ab Ende 1941 ausgegebene Anerkennungsurkunde des Führers hatte Hochformat in der Größe DIN A 4 (zweites Muster).

Die Anerkennungsurkunden des ersten und zweiten Musters sind identisch mit den Urkunden, die bei Nennung im Ehrenblatt des Heeres ausgehändigt wurden.

Weil sich die Anerkennungsurkunde nicht zur Aufbewahrung im Felde eignete, sollte sie als einzige Tapferkeitsauszeichnung nicht direkt dem betreffenden Soldaten ausgehändigt, sondern den Angehörigen des Beliehenen in würdiger Form in der Heimat überreicht werden.

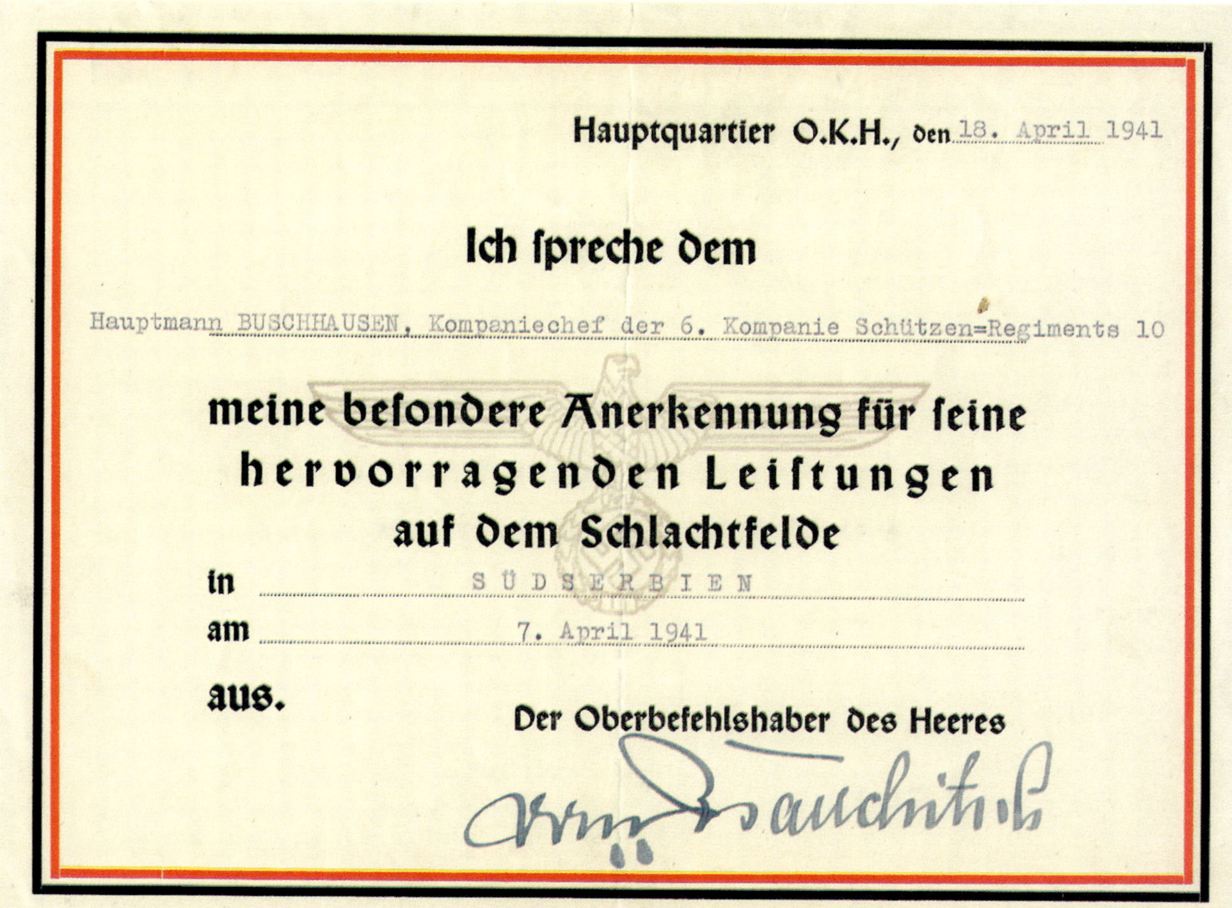

Hauptquartier O.K.H., den 18. April 1941

Ich spreche dem

Hauptmann BUSCHHAUSEN, Kompaniechef der 6. Kompanie Schützen=Regiments 10

meine besondere Anerkennung für seine hervorragenden Leistungen auf dem Schlachtfelde

in SÜDSERBIEN

am 7. April 1941

aus.

Der Oberbefehlshaber des Heeres

Anerkennungsurkunde des Oberbefehlshabers des Heeres, ausgestellt am 18.04.1941 und versehen mit der Originaltintenunterschrift von Generalfeldmarschall von Brauchitsch. Originalgröße Breite 22,1 cm, Höhe 16,5 cm, hier verkleinerte Abbildung. Mit dieser Urkunde, auf der aus nicht nachvollziehbaren Gründen das Dienstsiegel fehlt, wurde Hauptmann Friedrich-Wilhelm Buschhausen, Ritterkreuz am 10.05.1943, ausgezeichnet.

- Anerkennungsurkunde -

Links:
Hans-Joachim Braun 1941 als Oberleutnant und Regimentsadjutant im PzRgt 36 (14. Panzerdivison).

Rechts:
Hans-Joachim Braun als Hauptmann im Jahr 1943.

Hauptquartier O.K.H., den 1.11.1941

Ich spreche dem

Oberleutnant B R A U N , Chef 1./Panzer-Regiment 36

meine besondere Anerkennung für seine hervorragenden Leistungen auf dem Schlachtfelde

in bei N O W O M O S K O W S K

am 27. September 1941

aus.

Der Oberbefehlshaber des Heeres

Anerkennungsurkunde des Oberbefehlshabers des Heeres vom 01.11.1941 für den Oberleutnant Hans-Joachim Braun, Originaltintenunterschrift von Generalfeldmarschall von Brauchitsch. Originalgröße Breite 22,1 cm, Höhe 16,5 cm, hier verkleinerte Abbildung.

- Anerkennungsurkunde -

ICH SPRECHE DEM
HAUPTMANN
BRUNO KAHL
FÜR SEINE HERVORRAGENDEN
LEISTUNGEN
AUF DEM SCHLACHTFELDE
BEI SACHAROWO AM 20. 2. 1942
MEINE
BESONDERE ANERKENNUNG AUS.

HAUPTQUARTIER, DEN 28. MÄRZ 1942

DER FÜHRER

Bruno Kahl

Anerkennungsurkunde des zweiten Musters, d.h. Anerkennungsurkunde des Führers, mit der Faksimile-Unterschrift Hitlers, verkleinerte Abbildung. Bruno Kahl wurde als Hauptmann und Kommandeur III. Abt/PzRgt 21 am 08.02.1943 mit dem Ritterkreuz und als Major und Kommandeur III. Abt/PzJgRgt 656 am 08.08.1943 mit dem (270.) Eichenlaub ausgezeichnet.

- *Anerkennungsurkunde* -

Heinrich-Gustaf Schlieper

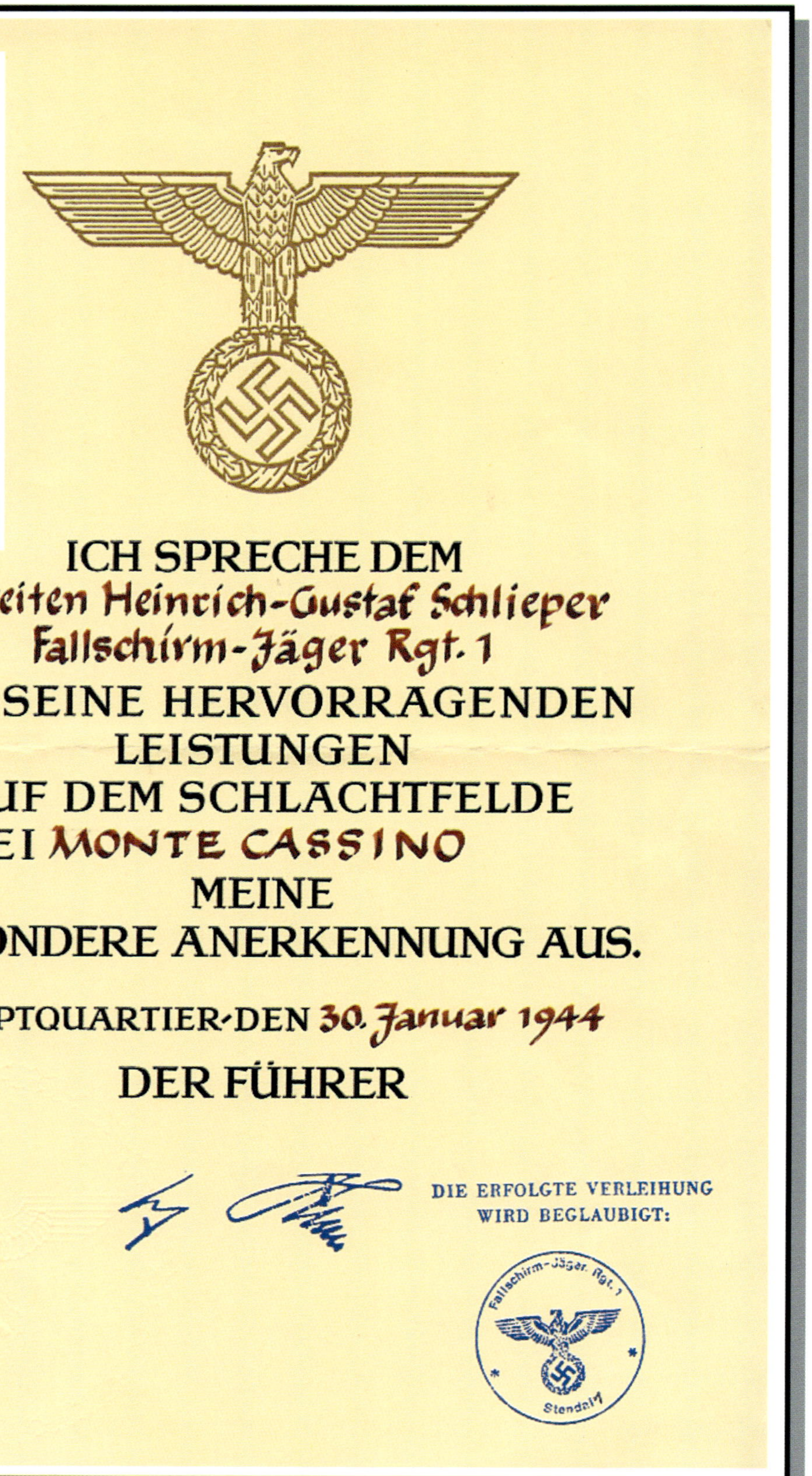

ICH SPRECHE DEM
Gefreiten Heinrich-Gustaf Schlieper
Fallschirm-Jäger Rgt. 1
FÜR SEINE HERVORRAGENDEN
LEISTUNGEN
AUF DEM SCHLACHTFELDE
BEI MONTE CASSINO
MEINE
BESONDERE ANERKENNUNG AUS.

HAUPTQUARTIER, DEN 30. Januar 1944

DER FÜHRER

DIE ERFOLGTE VERLEIHUNG
WIRD BEGLAUBIGT:

Fallschirm-Jäger Rgt. 1
Stendal

Anerkennungsurkunde aus dem Nachlaß des Gefreiten Heinrich-Gustaf Schlieper. Verkleinerte Abbildung. Name, Dienstgrad, Truppenteil, Gefechtsort und Datum der Ausstellung sind nicht wie üblich gedruckt, sondern handschriftlich vorgenommen worden.

3. Verleihungsberechtigung

Die Anerkennungsurkunde wurde verliehen:

1940 - 19.12.1941	durch den Oberbefehlshaber des Heeres Generalfeldmarschall Walther von Brauchitsch,
19.12.1941 - 30.04.1945 (✞)	durch den Führer und Obersten Befehlshaber der Wehrmacht Adolf Hitler.

Über die Verleihung der Anerkennungsurkunde wurde durch das Oberkommando des Heeres (OKH)/Heerespersonalamt (HPA)/P 5/ 1. Staffel nach Prüfung der Vorschläge entschieden. Die Verleihungsberechtigung wurde im Unterschied zu anderen Auszeichnungen wie z.B. Ritterkreuz des Eisernen Kreuzes, Ehrenblattspange usw. niemals delegiert.
Am 14.12.1941 wurde letztmals eine Anerkennungsurkunde des ersten Musters, also die „kleine" Urkunde, DIN A 5 quer, überreicht. Die nach dem 19.12.1941 verliehenen Urkunden des zweiten Musters im DIN A 4 - Hochformat wurden nicht mehr mit Schreibmaschine ausgestellt, sondern einschließlich der Faksimile-Unterschrift Hitlers gedruckt.

4. Nachweis und Beurkundung

Die Anerkennungsurkunde ist die einzige Tapferkeitsauszeichnung, deren Verleihung als nicht tragbare Auszeichnung lediglich in die Personalpapiere des betreffenden Soldaten eingetragen wurde.

Auszug aus dem Soldbuch von Hauptmann Friedrich-Wilhelm Buschhausen mit dem Nachweis der Verleihung einer Anerkennungsurkunde des Oberbefehlshabers des Heeres unter dem Datum 18.04.1941. Die Anerkennungsurkunde wird hier unzutreffend als „Sonderanerkennung" bezeichnet.

5. Trageweise

Bei der Anerkennungsurkunde des Oberbefehlshabers des Heeres bzw. der Anerkennungsurkunde des Führers handelt es sich um eine nichttragbare Auszeichnung.
Der Beliehene erhielt lediglich die Urkunde und keine sichtbare Auszeichnung zum Tragen an der Uniform. Die Anerkennungsurkunde dokumentiert somit eine „unsichtbare" Tapferkeit.

6. Herstellung, Verleihungszahlen und Sammlerbewertung

Die Herstellung der Anerkennungsurkunden erfolgte zentral durch die Reichsdruckerei in BERLIN.

Im Zeitraum von Juli 1941 - Ende April 1945 sind gemäß Vorschlagsbuch des Heerespersonalamtes insgesamt 1.322 Inhaber der Anerkennungsurkunde (ohne Nennung im Ehrenblatt des Heeres/Ehrenblattspange) nachgewiesen. Davon sind 35 Verleihungen an Soldaten der Waffen-SS und 20 Verleihungen an Einheiten vorgenommen worden.
Da Anerkennungsurkunden nachweislich bereits vor dem 01.07.1941 ausgegeben worden sind, dürfte die Zahl der tatsächlichen Verleihungen weitaus höher liegen, geschätzt werden bis zu 2.000 Verleihungen. Die Anerkennungsurkunde wurde verhältnismäßig selten verliehen, seltener als das Ritterkreuz, als das Deutsche Kreuz in Gold und auch seltener als die Ehrenblattspange.

Derzeit können für Stücke mittlerer Qualität auf dem Sammlermarkt folgende Verkaufspreise als Anhalt dienen:

DIN A 5 quer (Anerkennungsurkunde des Oberbefehlshabers der Heeres)	1.500,-- €
DIN A 4 (Anerkennungsurkunde des Führers)	1.500,-- €
An Angehörige der Waffen-SS	3.500,-- €
An Einheiten	1.500,-- €

7. Das Gesetz über Titel, Orden und Ehrenzeichen von 1957

Durch Gesetz vom 26. Juli 1957 wurde das Tragen von deutschen Kriegsauszeichnungen des 2. Weltkrieges wieder zugelassen, jedoch nur in einer „entnazifizierten" Form.

Da es sich bei der Anerkennungsurkunde des Oberbefehlshabers des Heeres bzw. bei der Anerkennungsurkunde des Führers um nichttragbare Auszeichnungen handelt, findet das o.a. Gesetz in diesem Falle keine Anwendung.

Schweres Maschinengewehr in Stellung (Skizze von Ernst Eigener 1941).

Kapitel 29

Sonstige Auszeichnungen des Heeres

- **Ballonbeobachterabzeichen**
- **Warschauschild**
- **Lorientschild**
- **Lapplandschild**
- **Namensnennung im Wehrmachtbericht**
- **Italienisch-deutsche Erinnerungsmedaille**

Angriff feindlicher Jagdflugzeuge auf einen deutschen Fesselballon,
Skizze von Ernst Eigener, gefallen am 20.11.1942 an der Ostfront.

1. Vorgeschichte und Stiftung des Ballonbeobachterabzeichens

Vor allem an der Ostfront wurden Beobachter der Artillerie in Balloneinheiten und -teileinheiten zum Einsatz gebracht. Die Fesselballons stiegen bis zu Höhen von 300 - 1.000 Meter auf. Von dort sollte das rückwärtige Feindgebiet aufgeklärt und das eigene Artilleriefeuer gegen wichtige Ziele, z.B. Truppenansammlungen, geleitet werden. Dies aus einer dem Feindfeuer ausgesetzten, zwei bis drei Mann fassenden, schwankenden Gondel zu leisten, war ein äußerst gefährlicher Auftrag.

Die Allgemeinen Heeresmitteilungen vom 07.08.1944 gaben eine Verordnung des Oberkommandos des Heeres (OKH) vom 08. Juli 1944 bekannt, daß *„ ... der Führer in Anerkennung des Einsatzes der Ballonbeobachter die Einführung des Ballonbeobachterabzeichens genehmigt"* habe.

Das Abzeichen hat eine hochovale Form. Je 6 Eichenblätter bilden einen Kranz, der unten mit zwei Eicheln geschlossen wird und oben das Hoheitszeichen des Heeres zeigt. Dieses ragt nach oben und unten über den verdeckten Kranz hinaus. Der Adler sieht nach seinem linken Flügel. Die durchbrochene Fläche des Abzeichens wird von einem nach rechts oben gerichteten Fesselballon bedeckt, der das Balkenkreuz trägt. Der Ballon liegt rechts auf dem Kranz auf und stößt unten mit dem Ballonkorb an den Kranz. Bei dem Ballon handelt es sich um den ab 1943 in der Deutschen Wehrmacht ausschließlich im Gebrauch befindlichen, mit Gas gefüllten 600 cbm Fesselballon System K. (genannt nach Professor Kamm).

2. Das Ballonbeobachterabzeichen im einzelnen

Das Ballonbeobachterabzeichen als *„Leistungsabzeichen für die im Fronteinsatz bewährten Beobachter in Fesselballonen"* wurde nach den Durchführungsbestimmungen des OKH vom 15.07.1944 an Offiziere, Unteroffiziere und Mannschaften verliehen, und zwar in drei Stufen:

1. Stufe - in Bronze - für 20 Punkte,
2. Stufe - in Silber - für 45 Punkte,
3. Stufe - in Gold - für 75 Punkte.

Das Punktesystem sah vermutlich (ungesichert) folgende Bewertung vor:

-	Aufklärung taktisch wichtiger Ziele, die für die Führung von besonderer Bedeutung sind, z.B. Truppenansammlungen, Transportbewegungen, logistische Einrichtungen, je Ziel	1 Punkt
-	Feuerleitung der Artillerie, je Ziel	1 Punkt
-	Erfolgloser Beschuß des Beobachters durch feindliche Flieger/Artillerie	1 Punkt
-	Schäden am Ballon durch Feindbeschuß	3 Punkte
-	Erster Absprung aus dem Ballonkorb mit dem Fallschirm	10 Punkte
-	jeder weitere Absprung mit dem Fallschirm	5 Punkte

Ballonbeobachterabzeichen in Bronze. Breite 4,1 cm, Höhe 5,7 cm. Gewicht 30 g.

Von diesem Stück wurde berichtet, daß es von einem Mitarbeiter der Firma Steinhauer und Lück bei Kriegsende „sichergestellt" worden sein soll. Dafür liegen allerdings keine Beweise vor und es handelt sich mit ziemlicher Sicherheit um eines der zahllosen Märchen, die gutgläubige Sammler zum kostspieligen Kauf von Kopien verführen sollen.

3. Verleihungsberechtigung

Verleihungsanträge waren ausschließlich an den General der Artillerie beim Chef des Generalstabes des Heeres in BERLIN zu richten. Nur dieser war berechtigt, das Ballonbeobachterabzeichen zu verleihen.
Vermutlich sind Verleihungen, zumindest der 1. Stufe, noch erfolgt, allerdings ohne Aushändigung von Abzeichen.

4. Nachweis und Beurkundung

Über die Verleihung des Ballonbeobachterabzeichens wurde durch die Dienststelle General der Artillerie beim Chef des Generalstabes des Heeres ein Besitzzeugnis ausgestellt.
Die Verleihung sollte in die Personalpapiere eingetragen werden. Solche Eintragungen in Soldbuch oder Wehrpaß sind jedoch bisher noch nicht veröffentlicht worden.

BESITZZEUGNIS

DEM

VERLEIHE ICH FÜR SEINE LEISTUNGEN ALS BALLONBEOBACHTER IM FRONTEINSATZ

DAS
BALLONBEOBACHTERABZEICHEN
1. STUFE

HAUPTQUARTIER/OKH., DEN 12. DEZEMBER 1944

GENERAL DER ARTILLERIE
BEIM CHEF DES GENERALSTABES DES HEERES

GENERAL DER ARTILLERIE

Schwarzweißkopie eines Blankobesitzzeugnisses (verkleinerte Abbildung, Originalgröße DIN A 5) für das Ballonbeobachterabzeichen in Bronze.

5. Trageweise

Das Ballonbeobachterabzeichen sollte angesteckt auf der linken Brustseite getragen werden. Zeitgenössische Fotos von der Trageweise sind jedoch auszuschließen, weil es kriegsbedingt nicht mehr zur Herstellung des Ballonbeobachterabzeichens gekommen ist.

6. Herstellung, Verleihungszahlen und Sammlerbewertung

Der künstlerische Entwurf für das Ballonbeobachterabzeichen wurde von dem Graphiker Ellmar Lang, AACHEN, Ludwigsallee 7, ausgeführt.
Eine von ihm vorgelegte Probe wurde gemäß einem Schreiben des OKH, P 5, 1. Staffel, vom 26.07.1944, von Hitler jedoch nicht genehmigt.

So soll das Musterstück des Ballonbeobachterabzeichens nach dem Entwurf des Graphikers Ellmar Lang ausgesehen haben, 1. Stufe in Bronze, Hohlprägung mit runder Drahtnadel.

Bei Redaktionsschluß Ende Oktober 1944 für die 5. Auflage des Buches „Die Auszeichnungen des Großdeutschen Reichs“, BERLIN 1945, von Dr. Heinrich Doehle, dem Leiter der Ordenskanzlei, lag noch keine genehmigte Abbildung des Abzeichens vor.
Bis Februar/März 1945 (letzte Ausgabe) konnte auch die „Deutsche Uniform-Zeitschrift“, Untertitel „Mitteilungsblatt der Präsidialkanzlei in Ordensangelegenheiten“, keine Beschreibung oder Abbildung des Ballonbeobachterabzeichens liefern. Es bleibt daher Spekulation, wie das genehmigte, amtliche Muster genau aussah.

Derzeit kann für Stücke mittlerer Qualität auf dem Sammlermarkt folgender Verkaufspreis als Anhalt dienen:

Ballonbeobachterabzeichen in Bronze, Silber, Gold	je 3.000,-- €

Da es sich bei dem Ballonbeobachterabzeichen um eine der hochseltenen Kriegsauszeichnungen des Heeres handelt, war bzw. ist die Versuchung für Geschäftemacher besonders groß, Kopien anzufertigen und in den Handel zu bringen.

7. Das Gesetz über Titel, Orden und Ehrenzeichen von 1957

Durch Gesetz vom 26. Juli 1957 wurde das Tragen von deutschen Kriegsauszeichnungen des 2. Weltkrieges wieder zugelassen, jedoch nur in einer „entnazifizierten“ Form. Für das Ballonbeobachterabzeichen bedeutete dies das ersatzlose Entfernen des Hoheitszeichens.

Ehemalige Angehörige der Deutschen Wehrmacht, die in die Bundeswehr eingetreten waren, durften das Ballonbeobachterabzeichen in der Originalgröße der abgeänderten Form nur zu besonderen Anlässen an der Bundeswehruniform tragen.
Als Trageweise im täglichen Dienst war für den Dienstanzug eine verkleinerte Nachbildung des Ballonbeobachterabzeichens auf einer neutralen, 2,5 cm breiten und 1,2 cm hohen, schwarzen Bandunterlage an der Bandschnalle vorgesehen, die über der linken Brusttasche getragen wurde. Ob es in der Bundeswehr überhaupt Träger des Ballonbeobachterabzeichens gegeben hat, ist nicht bekannt.

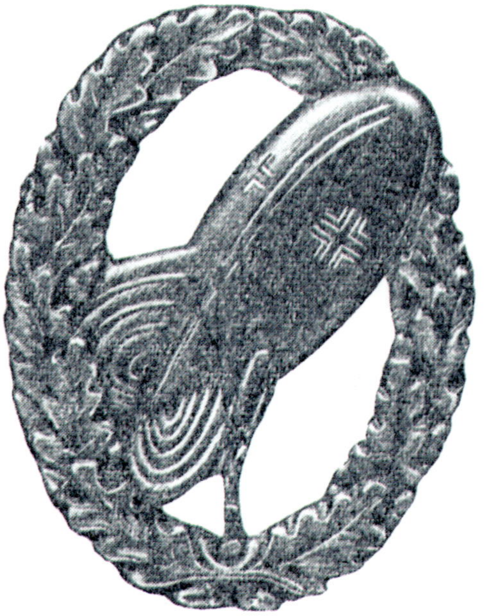

Ballonbeobachterabzeichen in der gemäß Gesetz von 1957 zugelassenen Form, Schwarzweißabbildung.

Ballonbeobachterabzeichen in Bronze, Ausführung 1957, an der Bandschnalle für die Bundeswehr.

- Warschauschild -

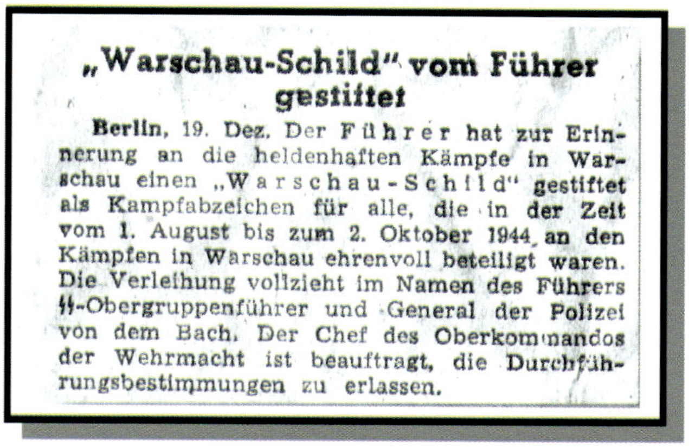

„Warschau-Schild" vom Führer gestiftet

Berlin, 19. Dez. Der Führer hat zur Erinnerung an die heldenhaften Kämpfe in Warschau einen „Warschau-Schild" gestiftet als Kampfabzeichen für alle, die in der Zeit vom 1. August bis zum 2. Oktober 1944 an den Kämpfen in Warschau ehrenvoll beteiligt waren. Die Verleihung vollzieht im Namen des Führers ᛋᛋ-Obergruppenführer und General der Polizei von dem Bach. Der Chef des Oberkommandos der Wehrmacht ist beauftragt, die Durchführungsbestimmungen zu erlassen.

Pressemitteilung vom 19. Dezember 1944.

Nach dem Kriege wurden anhand eines Gipsmodells Warschauschilder angefertigt.

1. Vorgeschichte und Stiftung des Warschauschildes

Am 01.08.1944 begann in WARSCHAU ein Aufstand der sogenannten Polnischen Heimatarmee (Armja Krajowa) unter der Führung von General Bor-Komorowski mit dem Ziel, die Hauptstadt Polens aus eigener Kraft von der deutschen Besatzungsmacht zu befreien. Die Polen wollten damit der bereits auf der ostwärtigen Seite der Weichsel stehenden Roten Armee zuvorkommen, rechneten nicht zuletzt aber auch mit deren Unterstützung.

Die folgenden Kämpfe dauerten insgesamt 63 Tage und sollen über 200.000 Menschen das Leben gekostet haben. Den Aufständischen blieben entscheidende Erfolge verwehrt. Unter dem Oberbefehl des Chefs der Bandenkampfverbände, SS-Obergruppenführer (General der Waffen-SS) und General der Polizei Erich von dem Bach-Zelewski schlugen Verbände der Waffen-SS, der Polizei, der Ostfreiwilligen und der 9. Armee (Oberbefehlshaber General der Panzertruppe Freiherr Smilo von Lüttwitz) bis zum 02.10.1944 den Aufstand nieder.

Am 10. Dezember 1944 stiftete Hitler *„Zur Erinnerung an die heldenhaften Kämpfe in Warschau"* den Warschauschild.

Die Veröffentlichung der Stiftung nebst Durchführungsbestimmungen des Oberkommandos der Wehrmacht (OKW) erfolgte durch die Allgemeinen Heeresmitteilungen vom 08.01.1945.

2. Der Warschauschild im einzelnen

Die Verleihung des Warschauschildes sollte nach den Verleihungsbestimmungen an Angehörige der Wehrmacht und auch an Nichtwehrmachtangehörige erfolgen, die vom 01.08.1994 - 02.10.1944 an den Kämpfen in WARSCHAU ehrenvoll teilgenommen hatten und dabei eine der folgenden Voraussetzungen erfüllt haben:

- Sieben Tage Kampfeinsatz oder
- Erwerb einer Tapferkeitsauszeichnung bei den Kämpfen oder
- Verwundung oder
- mindestens 28 Tage ununterbrochener Aufenthalt im Kampfgebiet.
  Das Kampfgebiet wurde festgelegt durch die Linie Weichsel - CZERNIAKOW - MOKOTOW - WOLA - ZOLIBORZ (alle Orte einschließlich).

Zu den Angehörigen der Wehrmacht rechneten auch die auf Hitler vereidigten, im Rahmen bzw. in Verbänden der Deutschen Wehrmacht, Waffen-SS und Polizei kämpfenden ausländischen Freiwilligen. An andere Ausländer war eine Verleihung nicht vorgesehen.

Für fliegendes Personal der Luftwaffe, das aus der Luft in die Kämpfe innerhalb des oben bezeichneten Kampfgebietes eingegriffen hatte, waren folgende Verleihungsvoraussetzungen vorgesehen:

- Erwerb einer Tapferkeitsauszeichnung bei den Kämpfen oder
- Verwundung oder
- Flüge an mindestens zehn Einsatztagen oder
- mindestens 20 Einsatzflüge.

3. Verleihungsberechtigung

Verleihungsberechtigt für den Warschauschild war im Namen Hitlers ausschließlich der SS-Obergruppenführer und General der Polizei Erich von dem Bach-Zelewski, Kommandierender General der Korpsgruppe „von dem Bach" in WARSCHAU.

Anträge auf Verleihung sollten von den Kompanie- usw. Chefs in Vorschlagslisten (Sammellisten) zusammengefaßt und für Heerestruppenteile auf dem Dienstweg in doppelter Ausfertigung dem Stellv. Generalkommando XXI. Armeekorps in POSEN vorgelegt werden.

Als Endfrist für Vorschläge war der 31.05.1945 festgelegt worden. Die Verleihungen des Warschauschildes sollten bis zum 01.09.1945 abgeschlossen sein.

Von dem Bach-Zelewski hat nach dem Kriege angegeben, daß zunächst in GANSENSTEIN bei LÖTZEN in Ostpreußen und später in OBERSCHREIBEHAU Besitzzeugnisse vorbereitet worden seien, diese jedoch auf Grund der Entwicklung des Krieges weder von ihm unterschrieben noch von seiner Dienststelle ausgegeben wurden.

4. Nachweis und Beurkundung

Es war vorgesehen, über die Verleihung des Warschauschildes ein Besitzzeugnis auszustellen. Dazu war auch bereits ein Muster in der Größe DIN A 5 vorgegeben.

Schwarzweißkopie eines Blankobesitzzeugnisses (verkleinerte Abbildung, Originalgröße DIN A 5) für den Warschauschild. SS-Obergruppenführer und General der Polizei von dem Bach-Zelewski hat nach dem Kriege angegeben, keine Besitzzeugnisse für den Warschauschild unterschrieben zu haben.

5. Trageweise

Der Warschauschild sollte zur Uniform wie alle Ärmelschilde am linken Oberärmel getragen werden. Für die Zivilkleidung war eine verkleinerte Form des Warschauschildes als Anstecknadel vorgesehen, die am linken Rockaufschlag getragen werden sollte.
Trägerfotos sind auszuschließen, weil der Warschauschild kriegsbedingt nicht mehr hergestellt wurde.

6. Herstellung, Verleihungszahlen und Sammlerbewertung

Von der Truppe vorgelegte Entwürfe für den Warschauschild wurden von Hitler nicht genehmigt.
Das Oberkommando des Heeres (OKH) schrieb daher am 28.03.1945 an Professor Klein in MÜNCHEN:
„Der Führer hat keinen der Entwürfe gebilligt, sondern gewünscht, daß Sie mit der Herstellung einiger Entwürfe beauftragt werden. Zur Erzielung einer einheitlichen Grundrichtung in der Ausführung der Kampfschilde sind die bisherigen Kampfschilde ... nach Größe, Form und Tönung als Muster anzusehen. Es darf um baldmögliche Vorlage von Entwürfen an OKH/PA/P 5, 1. Staffel, gebeten werden."

Professor Klein ist jedoch auf Grund der Kriegsereignisse nicht mehr zur Vorlage neuer Entwürfe gekommen.

Der Reichsbühnenbildner Benno von Arent soll im Dezember 1944 einen Entwurf für den Warschauschild angefertigt haben, der als Vorlage für ein Gipsmodell diente. Von diesem Modell existieren einige Abgüsse, die wie folgt aussehen:

Der Schild hat die Gestalt eines unten zugespitzten Wappenschildes mit leicht überhöhtem Rand. Das Feld ist von einem nach seinem linken Flügel blickenden Adler gefüllt. Die hängenden Flügel sind kräftig modelliert. Der Adler steht mit den Fängen auf einer den unteren Teil des Schildes einnehmenden Schlange, die in ihrem nach links gerichteten, aufgerissenen Rachen zwei Reihen langer Zähne zeigt. Die Fänge des Adlers sitzen auf waagerechten Teilen der Schlange, wobei der linke Adlerfang den Kopf der Schlange niederhält. Der Schwanz des Adlers ist durch die nach oben gerichtete enge Windung des Schlangenkörpers verdeckt, eine weitere Windung streckt sich nach heraldisch rechts und geht in das Schwanzende über, das sich noch einmal nach unten kreisförmig ringelt. Auf dem Hals des Adlers befindet sich ein auf der Spitze stehendes Hakenkreuz, das ein auf Brust und Flügeln befindliches Schriftband mit gerollten Enden und der Inschrift WARSCHAU 1944 berührt. Der Schild hat einen bräunlich-goldfarbenen Ton. Breite 5,8 cm, Höhe 7,6 cm.

Der Bewertungskatalog von Detlev Niemann, 2. Auflage von 2004, gibt für ein Musterexemplar des Warschauschildes LP für Liebhaberpreis an und verweist darauf, daß Verleihungen und eine mengenmäßige Herstellung nicht mehr erfolgt sind.
Dies hielt und hält Geschäftstüchtige nicht davon ab, Kopien des Musterexemplars herzustellen und in den Handel zu bringen.

7. Das Gesetz über Titel, Orden und Ehrenzeichen von 1957

Das Gesetz über Titel, Orden und Ehrenzeichen vom 26. Juli 1957 findet auf den Warschauschild keine Anwendung, weil ein genehmigtes, amtliches Muster dieser Auszeichnung weder veröffentlicht worden noch sonst in Erscheinung getreten ist.

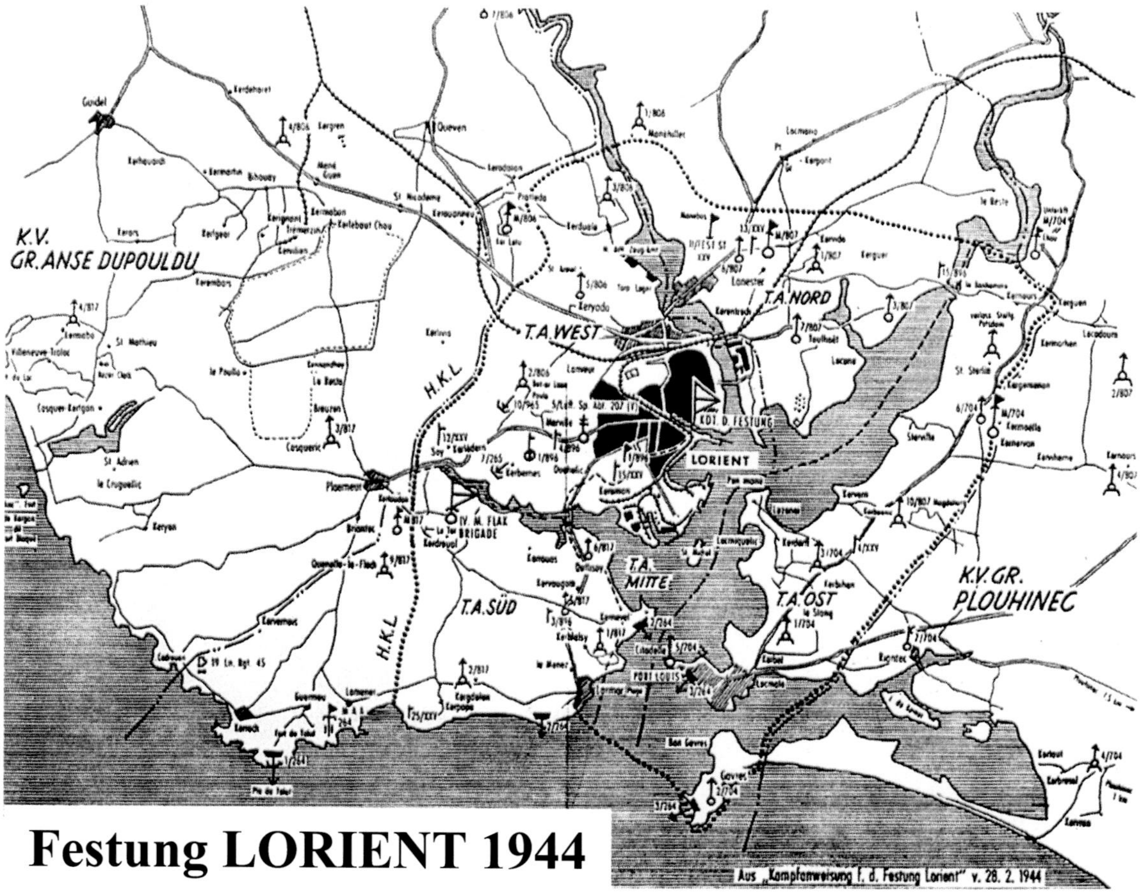

Festung LORIENT 1944

1. Vorgeschichte und Stiftung des Lorientschildes

LORIENT, eine Hafenstadt an der Atlantikküste Frankreichs (Bretagne) mit damals etwa 40.000 Einwohnern, war zunächst ein Stützpunkt der französischen Kriegsmarine, bis es im Juni 1940 von der Deutschen Wehrmacht besetzt wurde. In der Folgezeit gewann LORIENT zunehmend an Bedeutung für die deutsche Kriegsmarine und wurde vor allem durch die großen U-Boot-Bunker bekannt, die zu Überholungs- und Wartungszwecken sowie zur Versorgung der U-Boote genutzt wurden.

Im August 1944 wurde LORIENT von den alliierten Invasionstruppen eingeschlossen. Neben den Dienststellen von Marine und Luftwaffe befanden sich im Bereich der eingeschlossenen Hafenstadt auch zahlreiche Truppenteile des Heeres. Es folgte ein achtmonatiger schwerer Kampf. Mit etwa 25.000 Mann konnte sich der Festungskommandant, General der Artillerie Fahrnbacher, bis zur Übergabe der Festung am 10.05.1945 gegen alle Angriffe aus der Luft, zu Wasser und zu Lande erfolgreich verteidigen.
Während der Einschließung entstand die Anregung, ein Erinnerungsabzeichen in Form eines Ärmelschildes zu schaffen. Bis Ende November 1944 waren die dazu verwendeten Blechvorräte erschöpft, aber erst etwa 12.000 Schilde geprägt. Wegen dieses Materialmangels soll die ursprüngliche Absicht, eine offizielle Stiftung des Schildes als Kampfabzeichen beim Oberkommando der Wehrmacht zu beantragen, aufgegeben worden sein.

2. Der Lorientschild im einzelnen

Der Lorientschild hat die Form eines unten halbrundförmigen, stark in die Länge gezogenen Wappenschildes. Innerhalb eines umlaufenden Randes erscheint in der unteren Hälfte die Ansicht eines U-Boot-Bunkers der Halbinsel Keroman mit mehreren Einfahrten, wobei aus der vordersten ein U-Boot ausläuft. Unterhalb des Bunkers ist das Meer durch drei parallel laufende Wellenlinien unterschiedlicher Länge angedeutet. Am unteren Rand des Feldes erscheint in Großbuchstaben die Inschrift LORIENT. Den größten Teil des Schildes nimmt ein lediglich mit einem Stahlhelm bekleideter Soldat ein, der den Bunker mit dem rechten Bein übersteigt. Er umfaßt mit seiner rechten Hand ein nach unten gerichtetes blankes Schwert, während seine Linke einen ovalen Schild hält, in dessen Mitte sich das Hoheitszeichen befindet. Der Kopf des Adlers ist nach seinem rechten Flügel gewendet. Der Hintergrund des Lorientschildes ist mit Strahlen erfüllt, die hinter dem Dach des Bunkers hervorkommen. Die Jahreszahl 1944 in der gleichen Schriftart wie LORIENT steht zerteilt zu beiden Seiten des Kopfes des Soldaten.

Lorientschild aus dünnem Kupferblech. Hohlprägung. Breite 4,5 cm, Höhe 8,5 cm. Zum Annähen an die Uniform wurde der Rand des Schildes mit fünf Bohrungen versehen. Die Lorientschilde wurden ohne Tuchunterlage und ohne Gegenplatte hergestellt.

3. Verleihungsberechtigung

Sowohl auf eine ausschließliche Verleihungsberechtigung als auch auf die Festlegung von Verleihungsbedingungen wurde verzichtet. Die Lorientschilde wurden vermutlich nach Einschätzung der jeweiligen Vorgesetzten an verdiente Angehörige der Festungsbesatzung verliehen.

4. Nachweis und Beurkundung

Weil eine amtliche Stiftung des Lorientschildes als Kampfabzeichen unterblieben ist, wurden keine Besitzzeugnisse ausgestellt und grundsätzlich auch keine Eintragungen in die Personalpapiere vorgenommen. Bekannt sind vereinzelte Eintragungen in Soldbücher, die zum Teil erst nach Kriegsende erfolgt sind.

5. Trageweise

Als Trageweise war für den Lorientschild der linke Oberärmel der Uniform vorgesehen. Trägerfotos haben bisher nicht vorgelegen.

6. Herstellung, Verleihungszahlen und Sammlerbewertung

Der künstlerische Entwurf für den Lorientschild wurde durch den damaligen Leiter der schiffbaulichen Werkstätten des U-Boot-Stützpunktes, Marine-Baurat K. Fehrenberg, ausgeführt.
Die Lorientschilde wurden aus den vorhandenen Blechvorräten in den U-Boot-Werkstätten geprägt. Bekannt sind zeitgenössische Schilde aus Kupfer und Messing. Es sollen jedoch auch Schilde aus Eisen- und Aluminiumblech und sogar aus Pappe angefertigt worden sein.
Etwa 12.000 Lorientschilde sollen zu Weihnachten 1944 als Erinnerungsabzeichen ausgegeben worden sein, so daß etwa jeder zweite Angehörige der Festungsbesatzung einen Schild erhalten haben könnte.

Derzeit können für Stücke mittlerer Qualität auf dem Sammlermarkt folgende Verkaufspreise als Anhalt dienen:

Lorientschild, behelfsmäßige Fertigung aus Metall	1.000,-- €
Lorientschild, behelfsmäßige Fertigung aus Papier, Pappe, Leder	500,-- €

Es sind nur wenige Lorientschilde erhalten geblieben, weil alle Träger bei Kriegsende in Gefangenschaft gerieten. Um den Sammlermarkt zu befriedigen, wurden und werden Lorientschilde kopiert.

7. Das Gesetz über Titel, Orden und Ehrenzeichen von 1957

Das Gesetz über Titel, Orden und Ehrenzeichen vom 26. Juli 1957 findet auf den Lorientschild keine Anwendung, weil als Voraussetzung hierfür die erforderliche Stiftungsverordnung von einer zuständigen deutschen Stelle nicht verfügt worden ist. Stiftungen nachgeordneter Stellen waren nicht zulässig, so daß der niemals offiziell genehmigte Lorientschild lediglich als Erinnerungsabzeichen, aber nicht als Auszeichnung im Sinne des Ordensgesetzes angesehen werden kann.

- *Lapplandschild* -

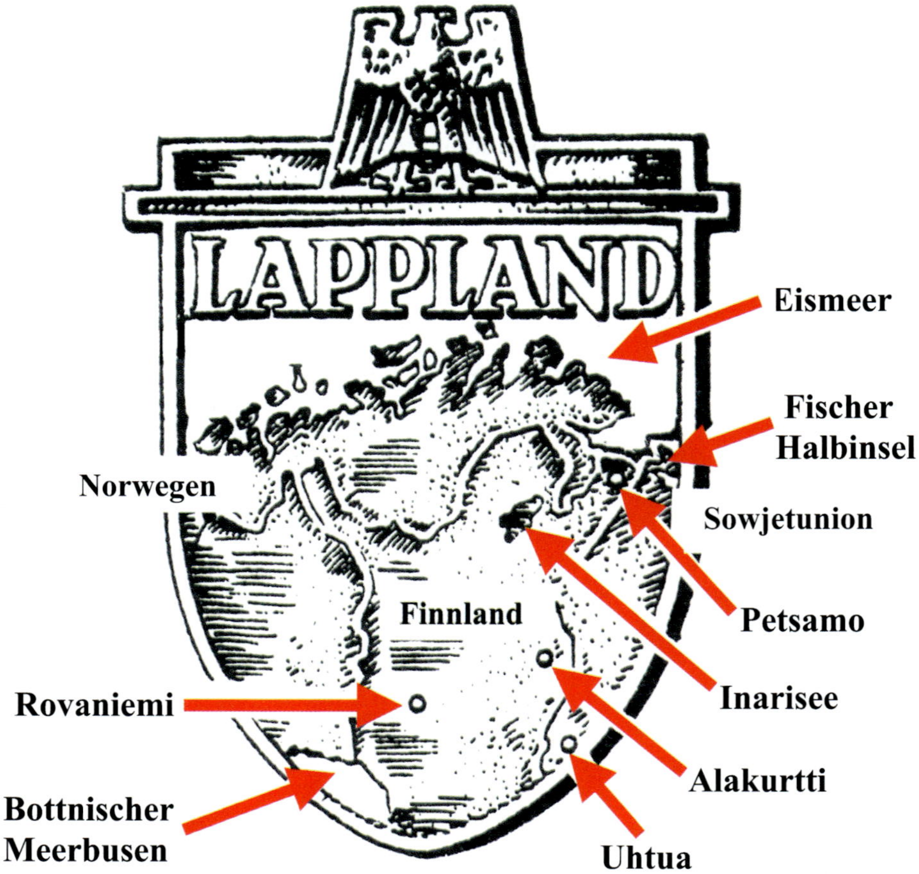

Lappland, ursprünglich das Siedlungsgebiet der Lappen, gehört politisch zu Norwegen, Schweden, Finnland und Rußland. Der Lapplandschild zeigt das Einsatzgebiet der 20. Gebirgsarmee von 1941 - 1945.

1. Vorgeschichte und Stiftung des Lapplandschildes

Anfang September 1944 wurde der Kriegszustand zwischen Finnland und der Sowjetunion durch ein Waffenstillstandsabkommen beendet. Damit endete auch die dreijährige Waffenbrüderschaft zwischen Finnland und Deutschland und es kam vom 16.09.1944 bis zum Abschluß der Räumung Finnlands durch die Deutsche Wehrmacht zu zahlreichen Gefechten mit finnischen Truppen.

Im Februar 1945 stellte der Oberbefehlshaber der 20. Gebirgsarmee, General der Gebirgstruppe Franz Böhme, beim Oberkommando des Heeres (OKH) den Antrag zur Stiftung eines Ärmelschildes *„Zur Erinnerung an die heldenhaften Kämpfe in Lappland."*

Hitler hat dieser Stiftung im April 1945 zwar zugestimmt, zu einer Veröffentlichung der Stiftungsverordnung nebst Durchführungsbestimmungen in amtlichen Verlautbarungen, z.B. in den Allgemeinen Heeresmitteilungen, ist es kriegsbedingt nicht mehr gekommen.

2. Der Lapplandschild im einzelnen

Der Lapplandschild konnte vermutlich verliehen werden, wenn im Bereich der 20. Gebirgsarmee eine der folgenden Bedingungen erfüllt war:

- Teilnahme an einer Schlacht oder
- Verwundung oder
- ununterbrochener sechsmonatiger Einsatz im Lappland.

Der Schild besteht aus einem unten spitz oder auch rund zulaufenden Wappenschild mit der kartographischen Darstellung von nördlichen Teilen von Norwegen, Schweden, Finnland und der Sowjetunion. Die Grenzen sind durch vertiefte Linien dargestellt. Unterhalb des oberen Randes verläuft ein waagerechter Balken, der beiderseits über den Schild hinausragt. Auf diesem Balken sitzt mit gesenkten Flügeln der Hoheitsadler ohne Hakenkreuz in seinen Fängen. Zwischen dem Balken und der kartographischen Darstellung befindet sich in Großbuchstaben die Inschrift LAPPLAND. Zum Teil sind in den Rand des Lapplandschildes Löcher zum Annähen an die Uniform gebohrt worden.

Alle Lapplandschilde sind Unikate, da sie ausnahmslos in Handarbeit gefertigt wurden.

Schwarzweißabbildung eines aus Aluminium gegossenen, schwarz lackierten und überpolierten Lapplandschildes.

Bei diesem Stück wurden drei Löcher durch das Aluminium gebohrt, die das Annähen des Schildes an die Uniform ermöglichen sollten.

3. Verleihungsberechtigung

Durch ein Fernschreiben des Chefs Heerespersonalamt (HPA), General der Infanterie Burgdorf, wurde die Verleihungsberechtigung für den Lapplandschild *„Im Namen des Führers"* dem Oberbefehlshaber der 20. Gebirgsarmee, General der Gebirgstruppe Böhme, übertragen. Dazu ist es kriegsbedingt nicht mehr gekommen. Nach der Kapitulation der 20. Gebirgsarmee in Nordnorwegen verwalteten sich die deutschen Truppenteile unter der Kontrolle der Briten bis zum Abtransport in die Gefangenschaft im Oktober 1945 selbst und behielten daher im wesentlichen ihre personelle Hierarchie. Die Briten erlaubten das Tragen deutscher Kriegsauszeichnungen und eine Verleihung des Lapplandschildes *„Im Namen und Auftrag des Oberbefehlshabers der 20. Gebirgsarmee General der Gebirgstruppe Böhme"* durch Verbandsführer vom Bataillons- usw. Kommandeur aufwärts. Die Verleihungen begannen im Mai 1945 und zogen sich bis etwa September/Oktober 1945 hin.

4. Nachweis und Beurkundung

Über die Verleihung des Lapplandschildes sollte ein Besitzzeugnis ausgestellt werden. Da es dafür kein Muster und auch keine zentrale Herstellung gab, mußten die Besitzzeugnisse wie die Lapplandschilde in eigener Zuständigkeit der einzelnen Truppenteile angefertigt werden, wodurch eine Vielzahl von Varianten bezüglich Größe, Schriftart und Aufmachung entstand.

Neben gedruckten kommen auch maschinengeschriebene Besitzzeugnisse vor.

Soweit die Besitzzeugnisse mit einem Dienstsiegel versehen wurden, ist bis auf wenige Ausnahmen das Hakenkreuz daraus entfernt worden.

Es sind Eintragungen in das Soldbuch bzw. in den Wehrpaß erfolgt, zum Teil auch, ohne daß Besitzzeugnisse ausgehändigt wurden.

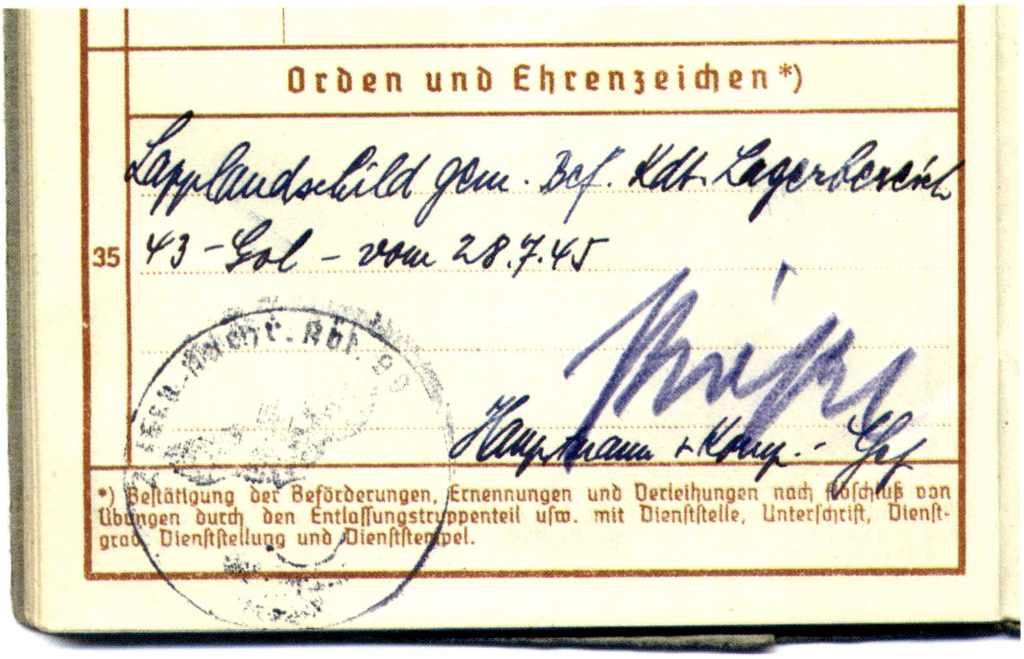

Auszug aus dem Wehrpaß von Unteroffizier Kurt Anlauft, 2. Kp/Gebirgs-Nachrichtenabteilung 99 (7. Gebirgsdivision) mit dem Nachweis des ihm über zwei Monate nach Kriegsende am 28.07.1945 verliehenen Lapplandschildes (vergrößerte Abbildung).

Aus dem Dienstsiegel ist das Hakenkreuz entfernt worden.

B E S I T Z U R K U N D E

Im Namen und im Auftrag
des Oberbefehlshabers der 20. (Geb.) Armee
General der Gebirgstruppe B ö h m e
wurde dem

Unteroffizier

Kurt A n l a u f t
2./Geb.Nachr.Abt.99
der

L a p p l a n d s c h i l d

verliehen.

G o l , den 28. Juli 1945

Major
und Lagerbereiskommandant 43
G o l .

Kurt Anlauft

Ein Beispiel für die Vielzahl der maschinengeschriebenen Besitzzeugnisse für den Lapplandschild in der Originalgröße 14,7 cm x 21,0 cm, hier für den Unteroffizier Kurt Anlauft (siehe dazu auch vorstehenden Nachweis im Wehrpaß), 2. Kp/Gebirgs-Nachrichtenabteilung 99 (7. GebDiv). Aus dem Dienstsiegel wurde das Hakenkreuz entfernt.

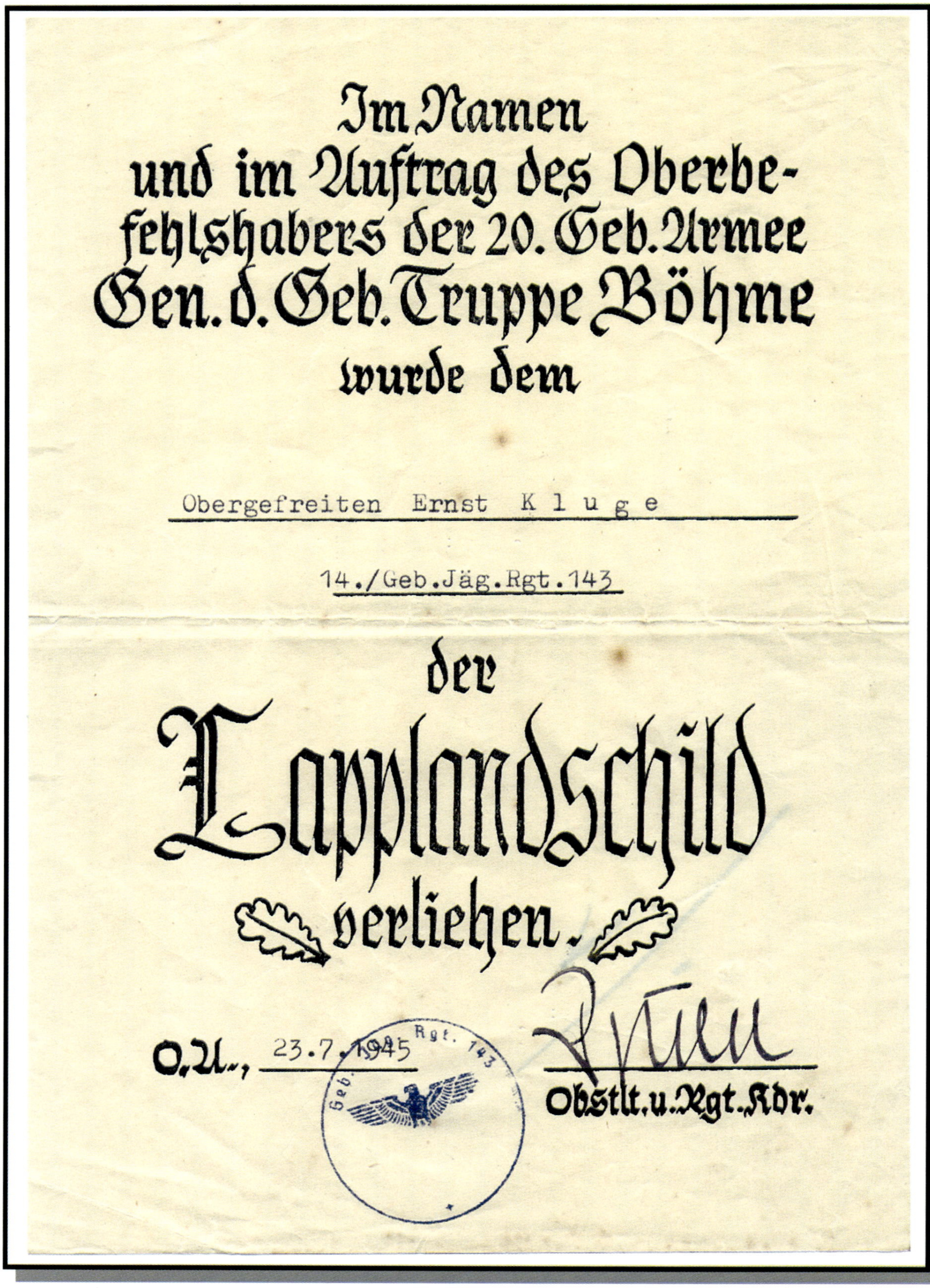

Im Namen
und im Auftrag des Oberbe-
fehlshabers der 20. Geb. Armee
Gen. d. Geb. Truppe Böhme
wurde dem

Obergefreiten Ernst Kluge

14./Geb.Jäg.Rgt.143

der

Lapplandschild

verliehen.

O.U., 23.7.1945

Obstlt.u.Rgt.Kdr.

Eine der zahlreichen Varianten eines Besitzzeugnisses für den Lapplandschild in der Originalgröße 14,9 cm x 20,9 cm, ausgestellt über zwei Monate nach Kriegsende und unterschrieben vom Kommandeur GebJgRgt 143 (6. Gebirgsdivision). Dienstsiegel ohne Hakenkreuz.

5. Trageweise

Der Lapplandschild sollte zur Uniform wie alle Ärmelschilde am linken Oberärmel getragen werden. Die Schilde sind erst in der Kriegsgefangenschaft gefertigt und dann auch vereinzelt getragen worden. Trägerfotos haben jedoch bisher nicht vorgelegen.

6. Herstellung, Verleihungszahlen und Sammlerbewertung

Es ist nicht bekannt, wer den künstlerischen Entwurf für den Lapplandschild ausgeführt hat. Eine fabrikmäßige Prägung des Lapplandschildes nach amtlichen Vorgaben durch Herstellerfirmen ist nicht mehr erfolgt.
Es sind vermutlich einige tausend Besitzzeugnisse, aber wesentlich weniger Lapplandschild ausgehändigt worden.

Die Lapplandschilde wurden in der Kriegsgefangenschaft behelfsmäßig in Handarbeit aus den vorhandenen Metallen (Messing, Kupfer, Eisen, Aluminium) gegossen oder geritzt. Die Fertigungsqualität weicht daher erheblich voneinander ab.

Als Schildersatz erhielten viele Soldaten lediglich ein Blatt Urkundenpapier, auf dem der Lapplandschild abgedruckt war.

Derzeit können für Stücke mittlerer Qualität auf dem Sammlermarkt folgende Verkaufspreise als Anhalt dienen:

Lapplandschild, behelfsmäßige Fertigung aus Metallen	500,-- €
Lapplandschild, behelfsmäßige Fertigung aus Pappe, Papier, Leder usw.	200,-- €

Um den Sammlermarkt zu befriedigen, wurden und werden vom Lapplandschild Kopien hergestellt. Die verständlicherweise sehr einfach ausgeführten Behelfsfertigungen machen es den Fälschern leicht. Zur Vortäuschung einer zeitgenössischen Herstellung sind lediglich eine möglichst schlechte Herstellungsqualität und Alterungsspuren notwendig.

7. Das Gesetz über Titel, Orden und Ehrenzeichen von 1957

Das Gesetz über Titel, Orden und Ehrenzeichen vom 26. Juli 1957 findet auf den Lapplandschild keine Anwendung, weil eine Stiftungsverordnung nicht nachweisbar ist. Obwohl die Stiftung des Lapplandschildes grundsätzlich unstrittig ist, konnte durch diesen Mangel an entsprechender Veröffentlichung die Stiftung keine ausreichende Gesetzeskraft erlangen.
Der Lapplandschild ist daher lediglich als Erinnerungsabzeichen, jedoch nicht als Ehrenzeichen im Sinne des Ordensgesetzes anzusehen.

- *Namensnennung im Wehrmachtbericht* -

Im Heeresverordnungsblatt vom 06.05.1940 wurde folgender Erlaß des Oberbefehlshabers des Heeres, Generalfeldmarschall von Brauchitsch, vom 27.04.1940 bekannt gegeben:

Namensnennung im Wehrmachtbericht

„In Zukunft sollen im Zusammenhang mit Kampfhandlungen die Namen von Soldaten genannt werden, die sich im Kampfe in außergewöhnlicher Weise hervorgetan haben. Darin ist eine ganz besondere Auszeichnung zu erblicken. Es kommen daher auch nur Taten in Betracht, die sich so aus den übrigen herausheben, daß ihre öffentliche Erwähnung vor dem Deutschen Volk gerechtfertigt ist. ...“

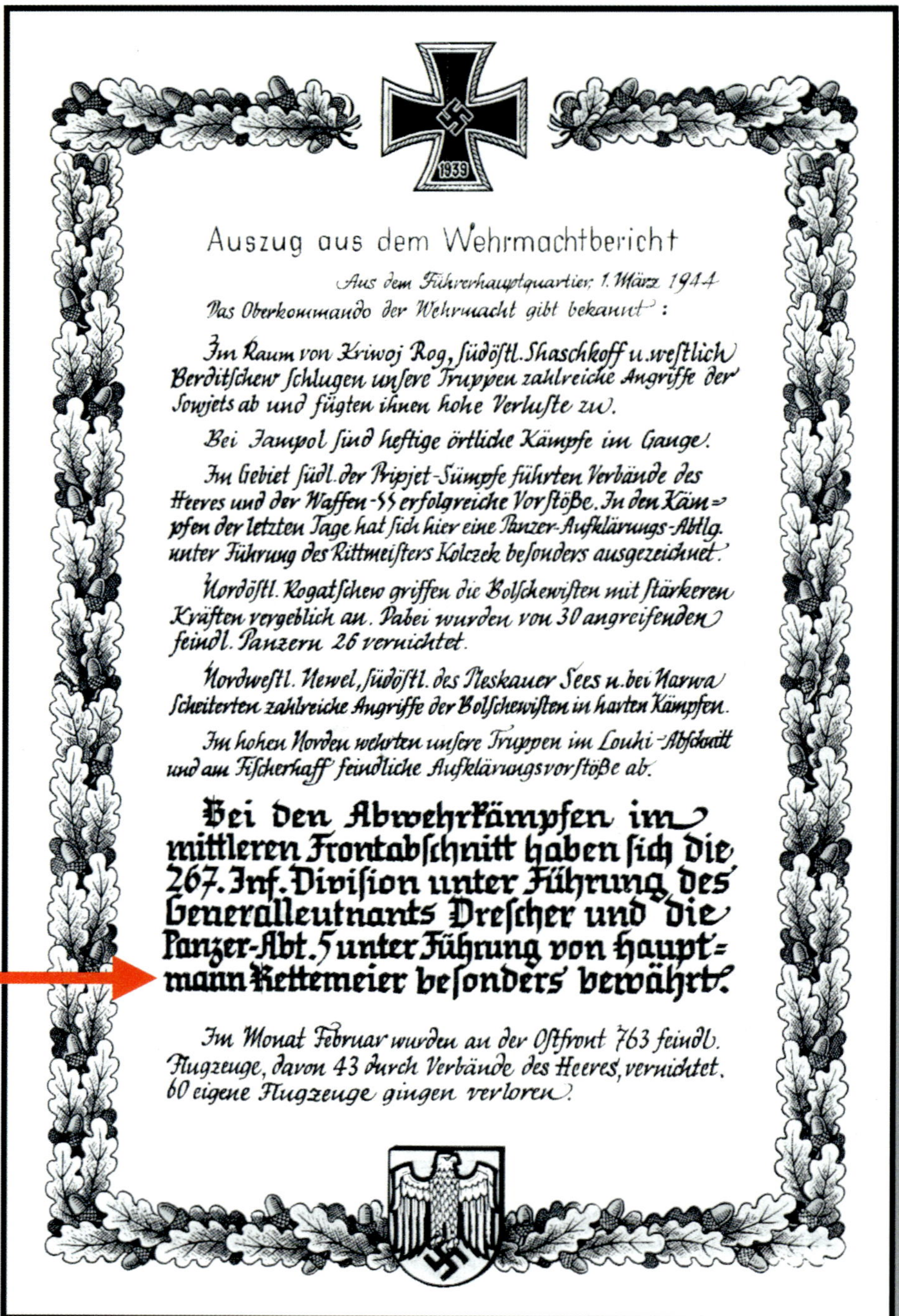

Auszug aus dem Wehrmachtbericht

Aus dem Führerhauptquartier, 1. März 1944

Das Oberkommando der Wehrmacht gibt bekannt:

Im Raum von Kriwoj Rog, südöstl. Shaschkoff u. westlich Berditschew schlugen unsere Truppen zahlreiche Angriffe der Sowjets ab und fügten ihnen hohe Verluste zu.

Bei Jampol sind heftige örtliche Kämpfe im Gange.

Im Gebiet südl. der Pripjet-Sümpfe führten Verbände des Heeres und der Waffen-SS erfolgreiche Vorstöße. In den Kämpfen der letzten Tage hat sich hier eine Panzer-Aufklärungs-Abtlg. unter Führung des Rittmeisters Kolczek besonders ausgezeichnet.

Nordöstl. Rogatschew griffen die Bolschewisten mit stärkeren Kräften vergeblich an. Dabei wurden von 30 angreifenden feindl. Panzern 26 vernichtet.

Nordwestl. Newel, südöstl. des Pleskauer Sees u. bei Narwa scheiterten zahlreiche Angriffe der Bolschewisten in harten Kämpfen.

Im hohen Norden wehrten unsere Truppen im Louhi-Abschnitt und am Fischerhaff feindliche Aufklärungsvorstöße ab.

Bei den Abwehrkämpfen im mittleren Frontabschnitt haben sich die 267. Inf. Division unter Führung des Generalleutnants Drescher und die Panzer-Abt. 5 unter Führung von Hauptmann Rettemeier besonders bewährt.

Im Monat Februar wurden an der Ostfront 763 feindl. Flugzeuge, davon 43 durch Verbände des Heeres, vernichtet. 60 eigene Flugzeuge gingen verloren.

Wehrmachtbericht (Auszug) vom 01.03.1944 u.a. mit der Namensnennung von Hptm Josef Rettemeier, Kdr PzAbt 5.

Josef Rettemeier trat am 01.04.1934 in die Kraftfahrabteilung 6 ein, wurde am 20.04.1936 Leutnant und nahm mit der PzJgAbt 50 (9. PzDiv) am Frankreichfeldzug teil. 1941 war er KpChef der PzJgAbt 111 (111. InfDiv). Auf dem nordafrikanischen Kriegsschauplatz Anfang 1942 KpChef der 2./PzRgt 5 (21. PzDiv). Am 01.02.1942 Beförderung zum Hauptmann. In der 3. ALAMEIN-Schlacht führte er stellvertretend die I. Abt/PzRgt 5 und wurde bei diesen Kämpfen schwer verwundet. Nach seiner Genesung übernahm er am 14.09.1943 als Kdr die PzAbt 5 (25. PzGrenDiv). Ritterkreuz am 05.12.1943. Am 01.04.1944 Beförderung zum Major. Verleihung des (425.) Eichenlaubs am 13.03.1944. Kdr I. Abt/PzLehrRgt 130. Nach der Genesung von seiner im September 1944 erlittenen erneuten schweren Verwundung war er bis zum Kriegsende Lehrgangsleiter an der Panzertruppenschule in ERLANGEN/Franken.

- Italienisch-deutsche Erinnerungsmedaille -

Aus der Vielzahl der im 2. Weltkrieg von verbündeten und befreundeten Staaten an Angehörige der Deutschen Wehrmacht verliehenen Kriegsauszeichnungen soll hier eine Medaille betrachtet werden, mit der sehr viele deutsche Soldaten ausgezeichnet worden sind: Die Erinnerungsmedaille für den italienisch-deutschen Feldzug in Afrika.

Die italienisch-deutsche Waffenbrüderschaft im Afrikafeldzug von 1941 - 1943, dargestellt in einer Skizze des Italieners Sergio Bianchi.

1. Vorgeschichte und Stiftung der Erinnerungsmedaille für den italienisch-deutschen Feldzug in Afrika

Der Verlauf des Afrikafeldzuges ist in Kapitel 25 (Ärmelband Afrika) in seinen Grundzügen wiedergegeben.

Das Zusammenwirken deutscher und italienischer Truppenteile war auf keinem anderen Kriegsschauplatz des 2. Weltkrieges enger und intensiver als in Afrika. Als Dank und Anerkennung für die Leistungen der Deutschen Wehrmacht und um die Gemeinsamkeiten der beiden Völker herauszustellen, wurde vom italienischen Oberkommando die Erinnerungsmedaille für den italienisch-deutschen Feldzug in Afrika (nach zeitgenössischen deutschen Quellen auch Italienisch-deutsche Afrika-Erinnerungsmedaille genannt) gestiftet. Über das genaue Stiftungsdatum liegen keine verläßlichen Erkenntnisse vor. Vermutlich wurde sie Ende 1941 geschaffen.

In der Sprache der Landser wurde die in großer Zahl verliehene Medaille auch als *„Apfelsinenorden“* oder *„Sandsturmorden“* bezeichnet.

2. Die Italienisch-deutsche Erinnerungsmedaille im einzelnen

Über die Verleihungsbestimmungen liegen keine Angaben vor. Ebenfalls ist nicht bekannt, in welchen Fällen die Medaille in Bronze bzw. in Silber verliehen wurde. Aus den Besitzzeugnissen gehen diese beiden unterschiedlichen Ausführungen nicht hervor.

In der Mitte der Medaillenvorderseite ist der von den Italienern errichtete Triumphbogen Arco dei Fileni dargestellt. Dieser steht in der libyschen Wüste an der Grenze zwischen Tripolitanien und der Cyrenaika und überspannt die Via Balbia. Rechts des Wahrzeichens ist das Hakenkreuz abgebildet, links des Arco stehen Beil und Rutenbündel als Symbol der italienischen Faschisten. Auf dem umlaufenden Rand der Medaille befindet sich rechts neben dem Hakenkreuz die erhabene Inschrift ITALIENISCH-DEUTSCHER FELDZUG IN AFRIKA und links neben Beil und Rutenbündel die erhabene Inschrift CAMPAGNA ITALO-TEDESCA IN AFRICA. Unterhalb des Torbogens ist ein seemännischer Achterknoten als Symbol der Verbundenheit zu erkennen. Die Medaille ist mit einem Tragebügel für das Band versehen. Auf der Rückseite der Medaille ziehen zwei gepanzerte Krieger, erkennbar als deutscher und italienischer Soldat an der Form der Helme, symbolhaft dem britischen Krokodil die Zähne. Als Herstellerfirma ist auf der linken Seite LORIOLI MILANO zu lesen. Auf dem unteren Rand befindet sich der Name des italienischen Graphikers DE MARCHIS, der den künstlerischen Entwurf ausgeführt hat. Das Band der Erinnerungsmedaille trägt die Farben der beiden Staaten: Für Italien Grün-Weiß-Rot und für Deutschland Schwarz-Weiß-Rot. Die gemeinsame Farbe Rot bildet den Mittelstreifen.

Tieflader mit PzKpfWg III des PzRgt 5 (21. PzDiv) durchfahren den Arco dei Fileni, italienischer Triumphbogen in Libyen an der Grenze zwischen Tripolitanien und der Cyrenaika.

- *Italienisch-deutsche Erinnerungsmedaille* -

Erinnerungsmedaille für den italienisch-deutschen Feldzug in Afrika in Bronze. Breite 3,0 cm, Höhe mit Tragebügel 3,5 cm. Gewicht ohne Band 12 g.

Erinnerungsmedaille für den italienisch-deutschen Feldzug in Afrika in Silber (angelaufen). Breite 3,0 cm, Höhe mit Tragebügel 3,5 cm. Gewicht ohne Band 12 g.

3. Verleihungsberechtigung

Verleihungsberechtigt waren Vorgesetzte vom Abteilungs- bzw. Bataillons- usw. Kommandeur aufwärts. Vermutlich wurden ähnliche Verleihungsbedingungen zugrunde gelegt wie bei der Verleihung des Ärmelbandes Afrika (Kapitel 25).Die Erinnerungsmedaille wurde in einer Verleihungstüte überreicht. Mit Beendigung der Kämpfe in Afrika am 13.05.1943 waren die Verleihungen für den Bereich des Heeres abgeschlossen.

4. Nachweis und Beurkundung

Über die Verleihung der Erinnerungsmedaille für den italienisch-deutschen Feldzug in Afrika wurde ein Besitzzeugnis ausgestellt. Dazu war kein Muster vorgegeben, so daß nach Größe, Schriftbild und Gestaltung unterschiedliche und neben gedruckten auch maschinengeschriebene Besitzzeugnisse vorkommen.

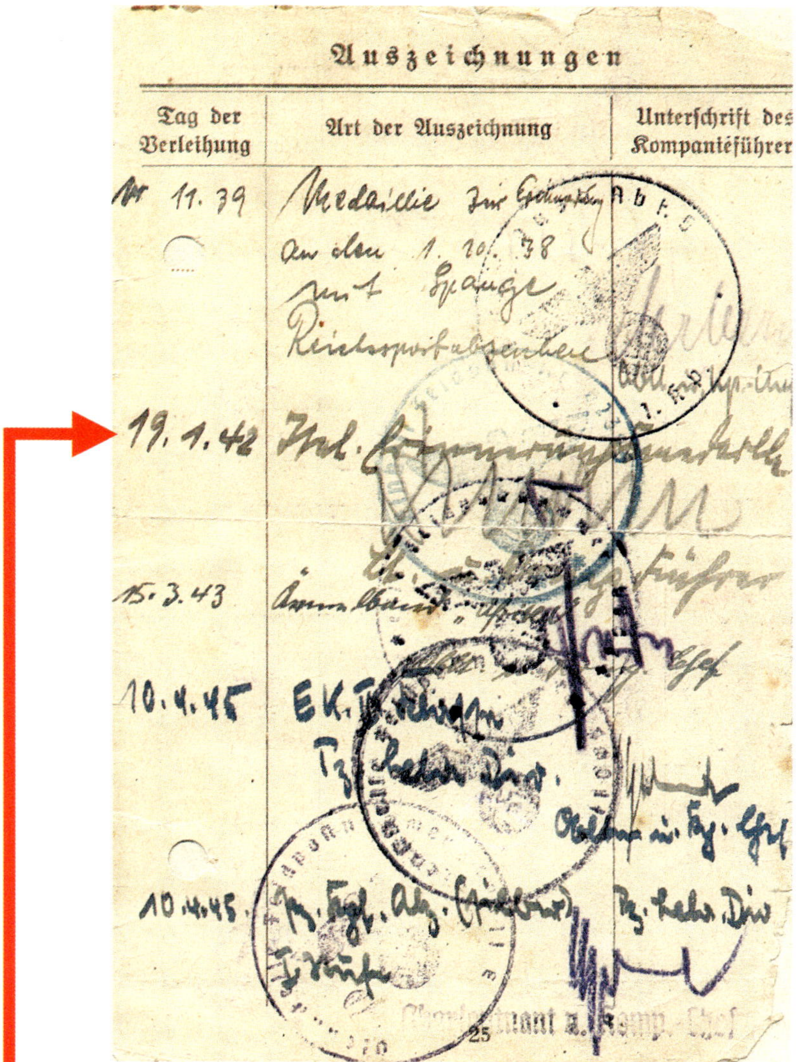

Auszug aus dem Soldbuch eines Unteroffiziers mit dem Nachweis der Verleihung der Erinnerungsmedaille für den italienisch-deutschen Feldzug in Nordafrika.

Werner Mildebrath

Besitzzeugnis.

Dem

Obstltn. Werner Mildebrath

Dienstgrad, Vor-u. Zuname

Stab I./Pz.-Rgt. 5

Truppenteil

wurde die vom italienischen Oberkommando gestiftete Erinnerungsmedaille zum Zeichen des gemeinsamen Kampfes in Afrika verliehen.

Afrika, d. 19. 1. 1942

Müller

Oberst u. Rgts.-Kdr.

Gerhard Müller

Besitzzeugnis (verkleinerte Abbildung, Originalgröße 21,7 cm x 27,5 cm) für die Erinnerungsmedaille für den italienisch-deutschen Feldzug in Afrika, hier für den Kdr der I. Abt/PzRgt 5 (21. PzDiv), Oberstleutnant Werner Mildebrath, Ritterkreuz am 12.08.1942.
Das Besitzzeugnis wurde unterschrieben vom Kommandeur Panzerregiment 5, Oberst Gerhard Müller, Verleihung des Ritterkreuzes des Eisernen Kreuzes am 09.09.1942.

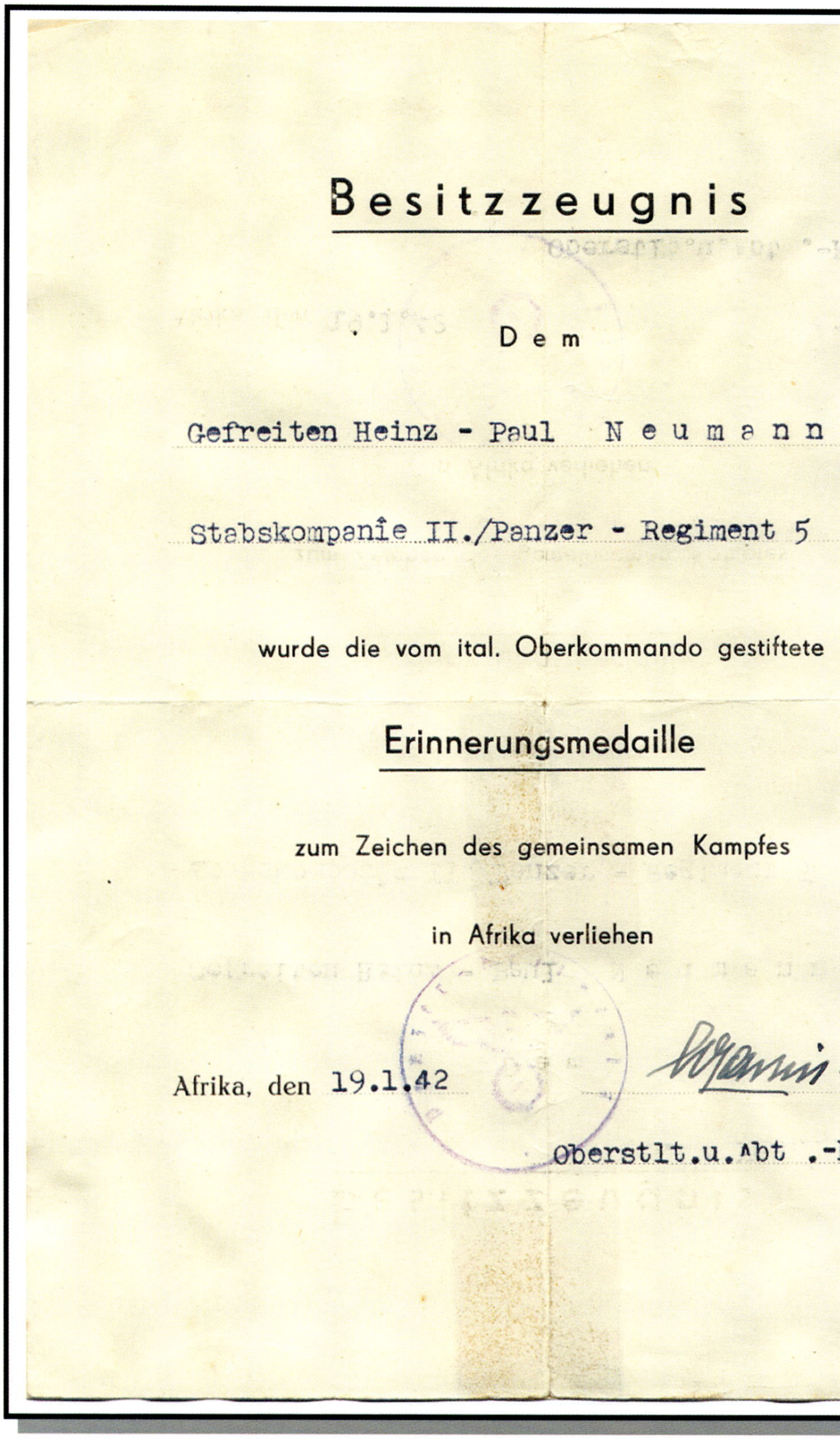

Besitzzeugnis

Dem

Gefreiten Heinz - Paul Neumann

Stabskompanie II./Panzer - Regiment 5

wurde die vom ital. Oberkommando gestiftete

Erinnerungsmedaille

zum Zeichen des gemeinsamen Kampfes

in Afrika verliehen

Afrika, den 19.1.42

Oberstlt.u.Abt.-Kdr.

Heinz Neumann 1942

OTL Martin

Besitzzeugnis (Originalgröße 15,9 cm x 20,9 cm) für die Erinnerungsmedaille für den italienisch-deutschen Feldzug in Afrika, unterschrieben vom Kommandeur II. Abt/PzRgt 5 (21. Panzerdivision), Oberstleutnant Martin, schwer verwundet am 27.05.1942 bei der Schlacht um die britische GAZALA-Stellung und später seinen Verwundungen erlegen.

Helmut Franz

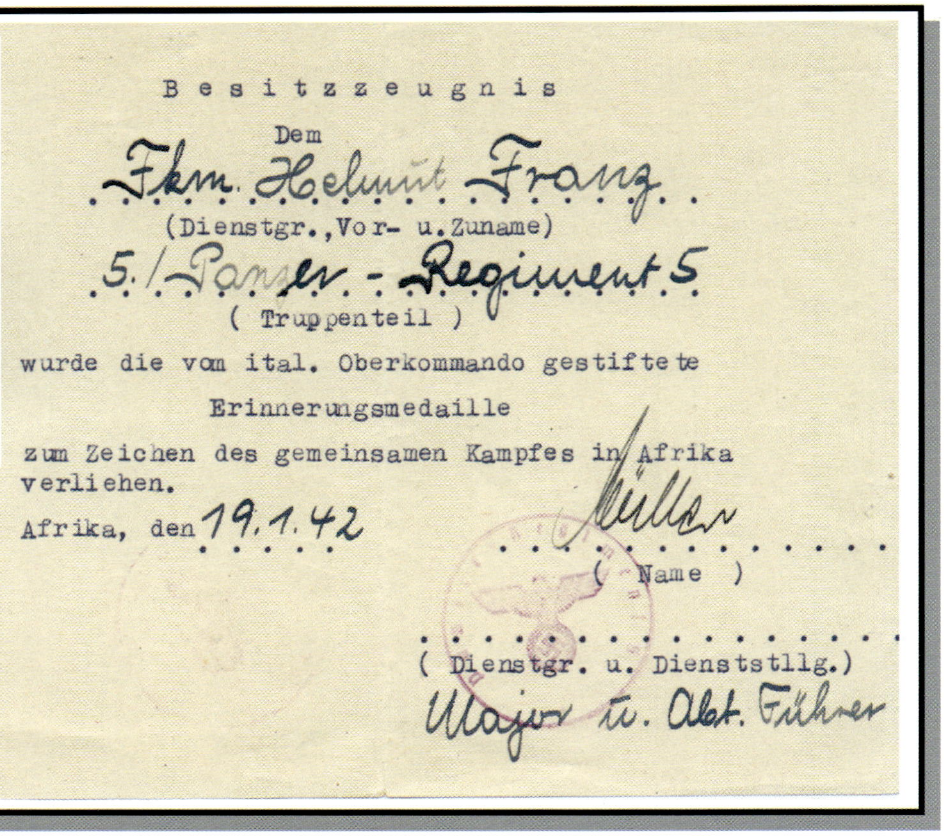

Besitzzeugnis

Dem

Fkm. Helmut Franz

(Dienstgr., Vor- u. Zuname)

5./Panzer-Regiment 5

(Truppenteil)

wurde die vom ital. Oberkommando gestiftete

Erinnerungsmedaille

zum Zeichen des gemeinsamen Kampfes in Afrika verliehen.

Afrika, den 19.1.42

Müller

(Name)

(Dienstgr. u. Dienststllg.)

Major u. Abt. Führer

Maschinengeschriebenes Besitzzeugnis (verkleinerte Abbildung, Originalgröße DIN A 5 - Querformat) für die Erinnerungsmedaille für den italienisch-deutschen Feldzug in Afrika.

Große Ordensschnalle des Oberfunkmeisters Helmut Franz, 5. Kp/PzRgt 5, in Originalgröße, von links: Eisernes Kreuz 2. Klasse 1939, Dienstauszeichnung 4 Jahre, Sudetenmedaille, Erinnerungsmedaille für den italienisch-deutschen Feldzug in Afrika.

Besitzurkunde

Dem

Obergefreiten Otto Paplewski

12./L.G.1

wurde die

Erinnerungsmedaille

für den

italienisch-deutschen

Feldzug in Afrika

verliehen

Afrika, den 20. Mai 1942

Dienststelle Feldpostnummer L 40409

Dienstsiegel

Unterschrift

Oberleutnant und Staffelführer

Zum Vergleich: Besitzzeugnis der Luftwaffe (verkleinerte Abbildung, Originalgröße 15,5 cm x 22,0 cm), hier als Besitzurkunde bezeichnet, für die Erinnerungsmedaille für den italienisch-deutschen Feldzug in Afrika mit der Abbildung des Arco dei Fileni im Hintergrund.

5. Trageweise

Die Erinnerungsmedaille für den italienisch-deutschen Feldzug in Afrika wurde getragen:

- Im Original am Tage der Verleihung,
- im Original an der großen Ordensschnalle zu bestimmten Anlässen,
- als verkleinerte Darstellung des Bandes an der kleinen Ordensschnalle. Dabei war nicht erkennbar, ob es sich um die Ausführung in Bronze oder in Silber handelt.

Auf Grund der Kapitulation Italiens im September 1943 und dem damit verbundenen Auseinanderbrechen der Achse BERLIN-ROM wurde das Tragen aller italienischen Auszeichnungen durch Befehl OKW vom 15.03.1944 verboten.

Leutnant Wendorff, Stab II. Abt/PzRgt 5 (21. Panzerdivision) im Jahr 1941 auf dem nordafrikanischen Kriegsschauplatz. An der Tropenfeldbluse trägt er die Erinnerungsmedaille an den italienisch-deutschen Feldzug in Afrika im Original. Diese Trageweise an der Feldbluse war nur am Tag der Verleihung zulässig.

Unteroffizier Walter Märkisch, 1./PzRgt 5 in der Tropenfeldbluse. Über der linken Brusttasche trägt er die Erinnerungsmedaille für den italienisch-deutschen Feldzug in Afrika in Form der kleinen Ordensschnalle, und zwar in der richtigen Farbreihenfolge Grün-Weiß-Rot-Weiß-Schwarz.

Hauptmann Hans Sandrock im Juni 1943 mit dem Band der Erinnerungsmedaille für den italienisch-deutschen Feldzug in Afrika an der kleinen Ordensschnalle (ganz rechts). Er war in Afrika KpChef der 1./PzRgt 5 (21. Panzerdivision) und zeitweise mit der Führung der I. Abt/PzRgt 5 beauftragt. Verleihung des Deutschen Kreuzes in Gold am 01.05.1942, Verleihung des Ritterkreuzes als Kommandeur III./Fallschirmpanzerregiment „Hermann Göring" am 18.10.1944, Verleihung der seltenen Ehrenschale der Luftwaffe am 21.10.1944.

6. Herstellung, Verleihungszahlen und Sammlerbewertung

Die Zuweisung der Medaillen erfolgte durch italienische Dienststellen. Verleihungszahlen an Angehörige der Deutschen Wehrmacht sind nicht bekannt. Eine Befragung von Angehörigen des Panzerregiments 5 (21. PzDiv) nach dem Kriege hat ergeben, daß während des Einsatzes in Afrika zahlreiche Panzersoldaten, vor allem Dienstgrade, mit der Erinnerungsmedaille für den italienisch-deutschen Feldzug in Afrika ausgezeichnet worden sind.

Derzeit können für Stücke mittlerer Qualität auf dem Sammlermarkt folgende Verkaufspreise als Anhalt dienen:

Deutsch-italienische Feldzugsmedaille, Bronze	80,-- €
Deutsch-italienische Feldzugsmedaille, versilbert	100,-- €

7. Das Gesetz über Titel, Orden und Ehrenzeichen von 1957

Im 2. Weltkrieg konnten Orden verbündeter und befreundeter Staaten (Italien, Finnland, Rumänien, Ungarn, Bulgarien, Slowakei) nach den gleichen Grundsätzen wie deutsche Kriegsauszeichnungen getragen werden (Erlaß OKH vom 20.06.1941).
Gegen Ende des Krieges wurde das Tragen der von verbündeten oder befreundeten Mächten verliehenen Auszeichnungen weitgehend verboten.

Alle diese Auszeichnungen dürfen gemäß § 6 des Gesetzes über Titel, Orden und Ehrenzeichen vom 26. Juli 1957 nunmehr wieder getragen werden, auch wenn die Tragegenehmigung im 2. Weltkrieg widerrufen worden ist.

Als Trageweise im täglichen Dienst für ehemalige Angehörige der Deutschen Wehrmacht, die in die Bundeswehr eingetreten waren, war für den Dienstanzug eine 2,5 cm breite und 1,2 cm hohe Darstellung des Bandes der Erinnerungsmedaille für den italienisch-deutschen Feldzug in Afrika an der Bandschnalle vorgesehen, die über der linken Brusttasche getragen wurde.

Erinnerungsmedaille für den italienisch-deutschen Feldzug in Afrika, Ausführung 1957, an der Bandschnalle für die Bundeswehr. Diese Trageweise entsprach der in der Deutschen Wehrmacht üblichen Praxis.

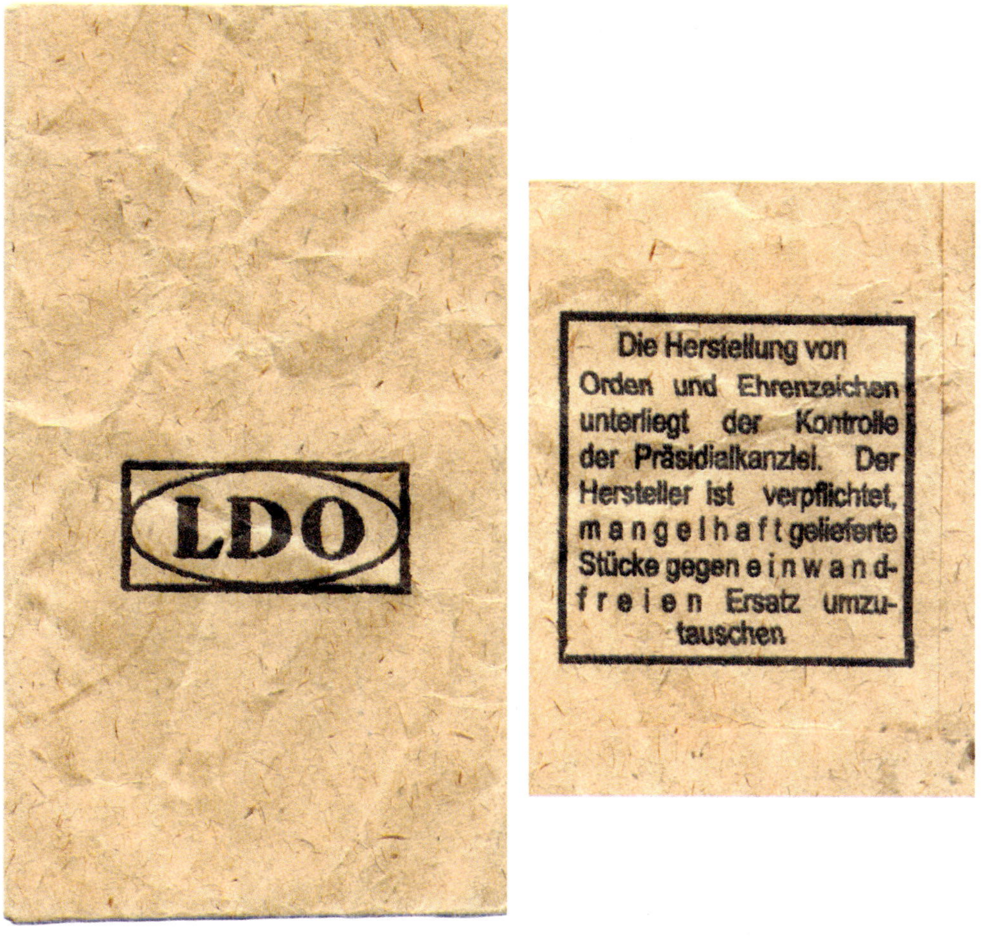

Verleihungstüte eines Herstellers von Orden und Ehrenzeichen, Mitglied in der Leistungsgemeinschaft Deutscher Ordenshersteller (LDO) mit einem Hinweis zur Qualitätskontrolle auf der Rückseite (Text vergrößert).

Kapitel 30

Verzeichnis der Hersteller von Orden und Ehrenzeichen

- *Verzeichnis der Ordenshersteller* -

1. Das Kontrollsystem für die Herstellung von Orden und Ehrenzeichen 1939 - 1945

Seit September 1939 erfolgte die Überwachung der Herstellung von Orden und Ehrenzeichen durch das Reichswirtschaftsministerium. Dieses führte verbindlich Normen, Geschäfts- und Lieferbedingungen sowie Güte- und Bezeichnungsvorschriften ein.
Am 05. Juli 1940 wurden diese Befugnisse der Präsidialkanzlei des Führers und Reichskanzlers, Abteilung Ordenskanzlei, mit Sitz in der Reichskanzlei zu BERLIN übertragen. Am 25. Juli 1940 gab Dr. Otto Meissner, der Chef der Präsidialkanzlei, bekannt, daß zukünftig die Herstellung von Orden und Ehrenzeichen der Genehmigung durch die Präsidialkanzlei bedurfte. Die Herstellung staatlicher Orden und Ehrenzeichen wurde damit konzessionspflichtig. In der Erkenntnis, daß die Qualität von Orden und Ehrenzeichen die Wehrkraft stärkt und schlechte Ausführung die Symbolkraft der Auszeichnungen beeinträchtigt, wurde auf Veranlassung der Präsidialkanzlei im Juli 1940 als Zentralorgan der Ordensherstellung die „Leistungsgemeinschaft Deutscher Ordenshersteller (LDO)" gegründet, um eine gleichbleibend hohe Qualität der Orden und Ehrenzeichen sicherzustellen.

Erste Form des Logos der LDO auf der Außenseite des Deckels eines Verleihungsetuis, Schwarzweißabbildung.

Zweite Form des Logos der LDO auf der Innenseite des Deckels eines Verleihungsetuis der Firma Paul Meybauer, BERLIN (L/13).

Die Kennzeichnung von Kriegsauszeichnungen durch die Hersteller wurde sehr unterschiedlich gehandhabt:

- oft befinden sich keinerlei Herstellerkennzeichen auf den Orden und Ehrenzeichen oder
- Kennzeichnung mit dem Firmenlogo oder
- Kennzeichnung mit den im Verlauf des Krieges eingeführten LDO-Nummern oder
- Kennzeichnung mit den durch die Präsidialkanzlei zugewiesenen Nummern, die ebenfalls im Verlauf des Krieges eingeführt wurden.

2. LDO-Firmenliste

LDO-Nummer	Firmen-Logo	Hersteller
L/10		Deschler & Sohn, MÜNCHEN 9, Wirthstraße 9
L/11		Wilhelm Deumer, LÜDENSCHEID, Postfach 161
L/12		C.E. Juncker, BERLIN SW 68, Alte Jakobstraße 13
L/13	**PM**	Paul Meybauer, BERLIN SW 68, Junkerstraße 19
L/14	**f.o.**	Friedrich Orth, WIEN VI/56, Schmalzhofgasse 18
L/15		Otto Schickle, PFORZHEIM (Konzession im Juli 1941 entzogen)
L/16		Steinhauer & Lück, LÜDENSCHEID (auch RZM M9/50)
L/17		Hermann Wernstein, JENA-LÖBSTEDT
L/18		B.H. Mayer's, Hofkunstprägeanstalt, PFORZHEIM
L/19		Ferdinand Hoffstätter, BONN/Rhein, Postfach 161
L/20		vermutlich C. Lauer, Nürnberg (ungesichert!)
L/21		Foerster & Barth, PFORZHEIM, Tunnelstraße 71
L/22		Glaser & Sohn, DRESDEN-A., Borngasse 5
L/23		Julius Maurer, OBERSTEIN/Nahe
L/24		Fritz Zimmermann, STUTTGART-W., Silberburgstraße 58 a
L/25		A.E. Köchert, WIEN 1, Neuer Markt 15
L/26		Klein & Quenzer AG, OBERSTEIN/Nahe
L/50		Gebr. Godet & Co., BERLIN W 8, Jägerstraße 19
L/51		E. Ferd. Wiedmann, FRANKFURT (Main) S-10, Schifferstr. 52-54
L/52		C.F. Zimmermann, PFORZHEIM, Dr.-Fritz-Todt-Straße 55
L/53	**H&CL**	Hymmen & Co., LÜDENSCHEID, Karlstraße
L/54		Schauerte & Höhfeld, LÜDENSCHEID
L/55		Rudolf Wächtler & Lange, MITTWEIDA/Sachsen
L/56	**F&BL**	Funcke & Brüninghaus, LÜDENSCHEID
L/57		Boerger & Co., BERLIN SO 16, Adalbertstraße 42
L/58	**R.S.**	Rudolf Souval, WIEN VII/62, Straße der Julikämpfer 23
L/59		Alois Rettenmaier, SCHWÄBISCH GMÜND, Parlerstraße 27
L/60	**G.B.**	Gustav Brehmer, MARKNEUKIRCHEN/Sachsen
L/61		Friedrich Linden, LÜDENSCHEID
L/62		Werner Redo, SAARLAUTERN
L/63		G.H. Osang, DRESDEN-A. 1, Neue Gasse 30
L/64		F.A. Assmann & Söhne, LÜDENSCHEID
L/65		Dr. Franke & Co. KG, LÜDENSCHEID (FCL im Kreis)
L/66		A.D. Schwerdt, STUTTGART-S., Splittlerstraße 36

3. Firmenliste der Präsidialkanzlei (PKZ)

PKZ-Nummer	Firmen-Logo	Hersteller
1		Deschler & Sohn, MÜNCHEN 9, Wirthstraße 9
2	**CEJ**	C.E. Juncker, BERLIN SW 68, Alte Jakobstraße 13
3		Wilhelm Deumer, LÜDENSCHEID
4		Steinhauer & Lück, LÜDENSCHEID
5		Hermann Wernstein, JENA-LÖBSTEDT
6		Fritz Zimmermann, STUTTGART-W., Silberburgstraße 58 a
7	**PM**	Paul Meybauer, BERLIN SW 68, Junkerstraße 19
8		Ferdinand Hoffstätter, BONN/Rhein, Postfach 161
9		Liefergemeinschaft Pforzheimer Schmuckhandwerker, PFORZHEIM
10		Foerster & Barth, PFORZHEIM
11		Grossmann & Co., WIEN 15, Peter-Schwartz-Gasse
12		Frank & Reif, STUTTGART-W., Forststraße 60
13	**G.B.**	Gustav Brehmer, MARKNEUKIRCHEN/Sachsen
14		L. Lauer (Chr.), NÜRNBERG-W., Kleinweidenmühle
15	**f.o.**	Friedrich Orth, WIEN VI/56, Schmalzhofgasse 18
16		Alois Rettenmaier, SCHWÄBISCH GMÜND, Parlerstraße 27
17		n.n.
18	oder ein „**W**“	Karl Wurster KG, MARKNEUKIRCHEN/Sachsen
19		E. Ferd. Wiedmann, FRANKFURT (Main), Schifferstraße 52
20		C.F. Zimmermann, PFORZHEIM
21		Gebr. Godet & Co., BERLIN W 8, Charlottenstraße 55
22		Boerger & Co., BERLIN SO 16, Adalbertstraße 42
23		Arbeitsgemeinschaft für Heeresbedarf in der Graveur- und Ziselierinnung, BERLIN SO 36, Reichenberger Straße 13
24		Arbeitsgemeinschaft der Hanauer Plakettenhersteller, HANAU
25		Arbeitsgemeinschaft der Graveur-, Gold- und Silberschmiede-Innungen, HANAU
26		B.H. Mayer's Hofkunstprägeanstalt, PFORZHEIM
27		Anton Schenkl's Nachfolger, WIEN XVI, Liebhardtgasse 10
28		Eugen Schmidthäussler, PFORZHEIM, Lindenstraße 50

- *Verzeichnis der Ordenshersteller* -

PKZ-Nummer	Firmen-Logo	Hersteller
29		Hauptmünzamt, BERLIN C 2, Unterwasserstraße 244
30		Hauptmünzamt, WIEN III/40, Am Heumarkt 1
31		Hans Gnad, WIEN VII/62, Kandlgasse 22
32		W. Hobacher, WIEN XVII/107, Telemanngasse 4
33		Friedrich Linden, LÜDENSCHEID
34		Willy Annetsberger, MÜNCHEN 15, Bayernstraße 69-73
35		F.W. Assmann & Söhne, LÜDENSCHEID
36		Bury & Leonhard, HANAU
37		Ad. Baumeister, LÜDENSCHEID
38		n.n.
39		Rudolf Berge, GABLONZ/Neiße
40	**B & NL**	Berg & Nolte, LÜDENSCHEID
41		Gebr. Bender, OBERSTEIN/Nahe, Wilhelmstraße 21
42		Bindermann & Co., OBERKASSEL bei Bonn
43		Julius Bauer Söhne, ZELLA-MEHLIS/Thüringen
44		Jakob Bengel, OBERSTEIN/Nahe (Eisernes Kreuz 2. Klasse, Kriegsverdienstkreuz)
45		Franz Jungwirth, WIEN VII/62, Burggasse 40
46		Hans Doppler, WELA/Oberdonau
47		Erhard & Söhne A.G., SCHWÄBISCH GMÜND
48		Richard Feix, GABLONZ/Neiße, Hubertusgasse 5
49		Josef Feix Söhne, GABLONZ/Neiße, Alleegasse 20
50		Karl Gschiermeister, WIEN XV, Braunhirschengasse
51		Eduard Görlach & Söhne, GABLONZ/Neiße, Herbstgasse 49
52		Gottlieb & Wagner, OBERSTEIN/Nahe, später Louis Gottlieb & Söhne (Eisernes Kreuz 2. Klasse, Mutterkreuz)
53		Glaser & Sohn, DRESDEN, Blumenstraße 49
54		n.n.
55		J.F. Hammer & Söhne, GERINGSWALDE
56		Robert Hauschild, PFORZHEIM, Weiherstraße 14
57		Karl Hensler, PFORZHEIM

- *Verzeichnis der Ordenshersteller* -

PKZ-Nummer	Firmen-Logo	Hersteller
58		Artur Jäkel & Co., GABLONZ/Neiße, Am Alten Teich 10
59		Louis Keller, OBERSTEIN/Nahe
60		Katz & Deyhle, PFORZHEIM
61	**RK**	Rudolf A. Karneth & Sohn, GABLONZ/Neiße
62		Kerbach & Österhelt, DRESDEN-A. 1, Prager Straße 34
63		Franz Klast & Söhne, GABLONZ/Neiße, Adlergasse 25
64		Gottlieb Fr. Keck & Sohn, PFORZHEIM
65		Klein & Quenzer AG, OBERSTEIN/Nahe (Eisernes Kreuz 1. und 2. Klasse, Ritterkreuz des Eisernen Kreuzes, Ostmedaille, Treudienstehrenzeichen, Kriegsverdienstmedaille, Kriegsverdienstkreuz 1. und 2. Klasse mit und ohne Schwerter, Mutterkreuz, Verwundetenabzeichen in Schwarz, Silber und Gold, Sudetenlandmedaille, Deutsches Schutzwall-Ehrenzeichen.)
66		Friedrich Keller, OBERSTEIN/Nahe (Ostmedaille, Treudienstehrenzeichen)
67		H. Kreisel, GABLONZ/Neiße, Gebirgsstraße 106
68		Alfred Knobloch, GABLONZ/Neiße
69		Alois Klammer, INNSBRUCK, Maria-Theresien-Straße 20
70		Lind & Meyrer, OBERSTEIN/Nahe (Mutterkreuz)
71		Rudolf Leukert, GABLONZ/Neiße, Schützengasse 6
72		Franz Lipp, PFORZHEIM
73		Franz Mänert, GABLONZ/Neiße, Wiener Straße 67
74		Carl Maurer Sohn, OBERSTEIN/Nahe
75		n.n.
76		Ernst L. Müller, PFORZHEIM, Untere Rodstraße 9
77		Bayerisches Hauptmünzamt, MÜNCHEN
78		Gustav Miksch, GABLONZ/Neiße, Alleegasse 40
79		n.n.
80		G.H. Osang, DRESDEN, Neue Gasse 30
81		Overhoff & Cie., LÜDENSCHEID

- *Verzeichnis der Ordenshersteller* -

PKZ-Nummer	Firmen-Logo	Hersteller
82		Augustin Prager, GABLONZ/Neiße, Herbstgasse 17
83		Emil Peukert, GABLONZ/Neiße
84		Carl Poellath, SCHROBENHAUSEN
85		Julius Pietsch, GABLONZ/Neiße
86		Paulmann & Crone, LÜDENSCHEID
87		Roman Palme, GABLONZ/Neiße, Wiener Straße 27
88		Werner Redo, SAARLAUTERN
89		Rudolf Richter, SCHLAG bei Gablonz
90		August F. Richter KG, HAMBURG 1, Mönckebergstraße 19
91		Josef Rössler & Co., GABLONZ/Neiße, Freisengasse 29
92		Josef Rückert & Sohn, GABLONZ/Neiße, Fischergasse 9
93	**R.S.S.**	Richard Simm & Söhne, GABLONZ/Neiße
94		n.n.
95		Adolf Scholze, GRÜNWALD/Nahe
96		n.n.
97		n.n.
98	**R.S.**	Rudolf Souval, WIEN 62, Straße der Julikämpfer 23
99		Schwertner & Cie., GRAZ-EGGENBERG
100		Rudolf Wächtler & Lange, MITTWEIDA/Sachsen
101		Rudolf Tam, GABLONZ/Neiße, Rosengasse 7 g
102		Philipp Türka Wwe., WIEN XVI/2, Thaliastraße 4
103		August G. Tam, GABLONZ/Neiße
104		Heinrich Ulbricht's Wwe., KAUFING bei SCHWANENSTEDT/Oberdonau
105		Heinrich Vogt, PFORZHEIM, Enzstraße 6
106	**B S** **W**	Brüder Schneider AG, WIEN VI/56, Bürgerspitalgasse 10
107	C W	Carl Wild, HAMBURG 24, Elisenstraße 13
108	1942 AWS	Arno Wallpach, SALZBURG, Stettheimerstraße 13
109		Walter & Henlein, GABLONZ/Neiße, Falkengasse 22
110		Otto Zappe, GABLONZ/Neiße, Mühlfeldgasse 32
111		Ziemer & Söhne, OBERSTEIN/Nahe (Mutterkreuz)
112		Argentor Werke Rust & Hetzel, WIEN VII/62, Kaiserstraße 83

- Verzeichnis der Ordenshersteller -

PKZ-Nummer	Firmen-Logo	Hersteller
113		Hermann Aurich, DRESDEN, Blumenstraße 49
114		Ludwig Bertsch, KARLSRUHE, Kaiserstraße 145
115		n.n.
116	**F&BL**	Funcke & Brüninghaus, LÜDENSCHEID
117		Hugo Lang, WIESENTHAL a.N.
118		August Menze & Sohn, WIEN VI, Mariahilfstraße 115
119		n.n.
120		Franz Petzl, WIEN 15/101, Braunhirschengasse 22
121		n.n.
122		J.J. Stahl, STRASSBURG, Eugen-Würtz-Straße 13
123		Beck, Hassinger & Co., STRASSBURG, Oberlinstraße 10
124		Rudolf Schanes, WIEN XIV/89, Linzer Straße 20
125		Eugen Gauss, PFORZHEIM
126	**EH**	Eduard Hahn, OBERSTEIN/Nahe (Verwundetenabz. in Schwarz)
127	**MH**	Moritz Hausch AG, PFORZHEIM
128		S. Jablonski GmbH, POSEN, Eitterstraße 17
129		Fritz Kohm, PFORZHEIM, Bleichstraße 92
130		Wilhelm Schröder & Co., LÜDENSCHEID
131		Heinrich Wander, GABLONZ/Neiße, Kukanergasse 6
132		Franz Reischauer, OBERSTEIN/Nahe (Mutterkreuz, Treudienstehrenzeichen)
133		n.n.
134		Otto Klein & Co., HANAU
135		Julius Moser sen., OBERSTEIN/Nahe, Schulstraße 8 (Ostmedaille)
ohne Nr.	**A.G.M.u.K.**	Arbeitsgemeinschaft Metall und Kunststoff, GABLONZ/Neiße
ohne Nr.		Gebr. Wegerhoff, LÜDENSCHEID
ohne Nr.	**S.H.u.Co. 41**	Sohni, Heubach & Co., OBERSTEIN/Nahe (Infanteriesturmabzeichen in Bronze und Silber, Zerstörerkriegsabzeichen, Marineartilleriekriegsabzeichen, Deutsches Schutzwall-Ehrenzeichen)
ohne Nr.	**M.K.**	Metall und Kunststoff, GABLONZ/Neiße
ohne Nr.		August Sohni, OBERSTEIN/Nahe (Mutterkreuz)
ohne Nr.		E. Wagner jr., OBERSTEIN/Nahe (Mutterkreuz)

Aufdruck der Firma Klein & Quenzer AG, OBERSTEIN/Nahe, auf der Rückseite einer Verleihungstüte für das Eiserne Kreuz 2. Klasse 1939.

Aufdruck der Firma Werner Redo, SAARLAUTERN, auf der Rückseite einer Verleihungstüte für die Ostmedaille.

Aufdruck der Firma Wilhelm Deumer, LÜDENSCHEID, auf der Rückseite einer Verleihungstüte für das Kriegsverdienstkreuz 2. Klasse ohne Schwerter.

Aufdruck der Firma Josef Feix Söhne, GABLONZ/Neiße, auf der Rückseite einer Verleihungstüte für das Infanteriesturmabzeichen in Bronze.

Aufdruck der Firma Steinhauer & Lück, LÜDENSCHEID, auf der Rückseite einer Verleihungstüte für das Verwundetenabzeichen in Silber.

Aufdruck der Firma Carl Wild, HAMBURG, auf der Rückseite einer Verleihungstüte für das Infanterie-Sturmabzeichen in Silber.

4. Beispiele für Herstellerkennzeichen

PKZ-Nummer 1 (Präsidialkanzlei) der Firma Deschler & Sohn, MÜNCHEN, auf der Nadel eines Deutschen Kreuzes in Gold, Höhe der Zahl 0,3 cm.

PKZ-Nummer 2 der Firma C.E. Juncker, BERLIN, auf der Nadel eines Deutschen Kreuzes in Gold, Höhe der Zahl 0,2 cm.

PKZ-Nummer 4 der Firma Steinhauer & Lück, LÜDENSCHEID, auf der Außenseite der Nadel eines Deutschen Kreuzes in Gold, Höhe der Zahl 0,1 cm.

PKZ-Nummer 20 der Firma C.F. Zimmermann, PFORZHEIM, auf der Nadel eines Deutschen Kreuzes in Gold, Höhe der Zahl 0,1 cm. Im Unterschied zu den Herstellerkennzeichen 1, 2 und 4 befindet sich die 20 nicht auf der Außenseite, sondern auf der Innenseite der Nadel.

PKZ-Nummer 21 der Firma Gebrüder Godet & Co., BERLIN, auf der Innenseite der Nadel eines Deutschen Kreuzes in Gold, Höhe der Zahl 0,2 cm.

PKZ-Nummer 134 der Firma Otto Klein & Co., HANAU, auf der Rückseite eines Deutschen Kreuzes in Gold. Höhe der Zahl 0,1 cm.

Logo J.F.S. der Firma Josef Feix Söhne, GABLONZ/Neiße, auf der Papierabklebung der Rückseite eines Krimschildes unter Hinzufügung der Jahreszahl (19)42.

LDO-Nummer L/16 auf der bauchigen Nadel eines Eisernen Kreuzes 1. Klasse, gemäß Firmenliste der LDO Kennzeichen für die Firma Steinhauer & Lück, LÜDENSCHEID.

Logo AS der Firma Adolf Scholze, GRÜNWALD/Nahe, auf der Rückseite eines Infanteriesturmabzeichens in Silber. Breite und Höhe des Dreiecks 0,5 cm.

PKZ-Nummer 65 der Firma Klein & Quenzer AG, OBERSTEIN/Nahe, auf dem Bandring eines Eisernen Kreuzes 2. Klasse 1939 (stark vergrößert).

Logo JFS der Firma Josef Feix Söhne, GABLONZ/Neiße, auf der Rückseite der II. Stufe des Allgemeinen Sturmabzeichens mit der Einsatzzahl „25“. Breite des Rechtecks 0,4 cm, Höhe des Rechtecks 0,3 cm.

Logo KWM der Firma Karl Wurster KG, MARK-NEUKIRCHEN/ Sachsen, auf der Rückseite eines Panzerkampfabzeichens in Bronze.

LDO-Nummer L/14 der Firma Friedrich Orth, WIEN, auf der Rückseite eines Verwundetenabzeichens in Gold. Höhe der Zahl 0,2 cm. Die bauchige Nadel verdeckt das L/.

PKZ-Nummer 30 für das Hauptmünzamt, WIEN, auf der Rückseite eines Verwundetenabzeichens in Gold. Höhe der Zahl 0,3 cm.

PKZ-Nummer 43 der Firma Julius Bauer & Söhne, ZELLA-MEHLIS/Thüringen, auf der Rückseite eines Verwundetenabzeichens in Gold. Höhe der Zahl 0,3 cm.

PKZ-Nummer 65 der Firma Klein & Quenzer AG, OBERSTEIN/Nahe, auf der Rückseite eines Verwundetenabzeichens in Gold. Höhe der Zahl 0,4 cm.

LDO-Nummer L/15, gemäß der Firmenliste der LDO Kennzeichen für die Firma Otto Schickle, PFORZHEIM. Die LDO-Nummer befindet sich in diesem Fall sowohl auf der Innenseite der Nadel als auch auf der Rückseite eines Kriegsverdienstkreuzes 1. Klasse mit Schwertern.

Herstellerkennzeichen HA der Firma Hermann Aurich, DRESDEN, auf der Rückseite eines Panzerkampfabzeichens in Silber I. Stufe. Breite und Höhe des Kennzeichens 0,3 cm.

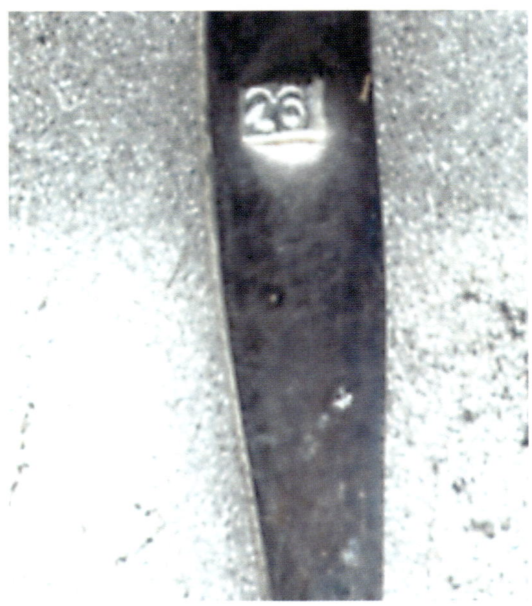

PKZ-Nummer 26, gemäß der Firmenliste der Präsidialkanzlei Kennzeichen der Firma B.H. Mayer's Hofkunstprägeanstalt, PFORZHEIM, auf der breiten, flachen, bauchigen Nadel eines Eisernen Kreuzes 1. Klasse.

Im Kreis: Logo der Firma Hermann Wernstein, JENA-LÖBSTEDT, auf der Rückseite des Gewehrkolbens eines Infanteriesturmabzeichens in Bronze.

LDO-Nummer L/11, gemäß LDO-Firmenliste Kennzeichen der Firma Wilhelm Deumer, LÜDENSCHEID, unterhalb des Nadelhakens eines Eisernen Kreuzes 1. Klasse 1939.

PKZ-Nummer 100 der Firma Rudolf Wächtler & Lange, MITTWEIDA/Sachsen, oberhalb des Nadelhakens eines Verwundetenabzeichens in Silber, wobei die 100 immer auf dem Kopf steht.

Logo CEJ der Firma C.E. Juncker, BERLIN, mit Silbergehalt 800 auf der Rückseite eines Spanienkreuzes in Silber mit Schwertern. Breite des Rechtecks 0,4 cm, Höhe des Rechtecks 0,2 cm.

LDO-Nummer L 24 (ohne Schrägstrich hinter dem L!) der Firma Fritz Zimmermann, STUTTGART, auf der Rückseite eines Verwundetenabzeichens in Gold (Halbhohlprägung). Höhe des Kennzeichens 0,2 cm.

Logo A.G.M.u.K. der Arbeitsgemeinschaft Metall und Kunststoff, GABLONZ/Neiße, auf der Rückseite einer Nahkampfspange in Bronze. Höhe der Schrift 0,2 cm.

- *Quellen- und Literaturverzeichnis* -

Allgemeine Heeresmitteilungen 1940 ff.

Angolia, John R., For Führer and Fatherland, Military Awards of the Third Reich, R. James Bender Publishing, San Jose, Californien, 1976

Archiv des Verfassers, Fotos, Korrespondenz, Unterlagen aller Art

Brinkmann, Jürgen, Orden und Ehrenzeichen des Dritten Reiches, Herausgeber und Verlag Auktionator Jürgen Brinkmann, Minden 1977

Doehle, Heinrich, Dr., Die Auszeichnungen des Großdeutschen Reichs, Orden, Ehrenzeichen, Abzeichen, Verlag E.O. Erdmenger & Co. K.G., Berlin 1945

Dotti, Giorgio, Tapferkeits- und Verdienstauszeichnung der deutschen Wehrmacht 1933 - 1945, Ermanno Albertelli Verleger, Castelbolognese 1991

Dörr, Manfred, Die Inhaber der Anerkennungsurkunde des Oberbefehlshabers des Heeres 1941 - 1945, Biblio-Verlag, Osnabrück 1993

Geeb, Kirchner, Thiemann, Deutsche Orden und Ehrenzeichen, 2. neubearbeitete und ergänzte Auflage, Carl Heymanns Verlag KG Köln, Berlin, Bonn, München, 1970

Heeresverordnungsblatt 1939 ff.

Hettler, Eberhard, Uniformen der Deutschen Wehrmacht, Neudruck der Ausgabe 1939/40, Herausgeber Verlag u. Gesamtherstellung Militariaarchiv K.D. Patzwall, Hamburg 1979

Heyde, Friedhelm, Das Eiserne Kreuz 1813, 1870, 1914, Biblio-Verlag, Osnabrück 1980

Hormann, Jörg-M., Uniformen der Panzertruppe 1917 bis heute, Podzun-Pallas-Verlag, Friedberg 1989

Hormann, Jörg-M., Die Kampfabzeichen des Heeres 1939 - 1945, Band 1, Buchvertrieb Heinz Nickel, Zweibrücken 1990

Internationales Militaria-Magazin, Herausgeber und Redaktion Heinz Nickel, Zweibrücken, verschiedene Ausgaben

Keilig, Wolf, Die Generale des Heeres, Podzun-Pallas-Verlag, Friedberg 1983

Klietmann, Kurt-Gerhard, Deutsche Auszeichnungen, Band 1 und 2, Deutsches Reich 1871 - 1945, Verlag „Die Ordens-Sammlung", Berlin 1971

Klietmann, Kurt-Gerhard, Auszeichnungen des Deutschen Reiches 1936 - 1945, 5. Auflage, Motorbuch Verlag, Stuttgart 1989

Lenfeld, Erwin und Thomas, Franz, Die Eichenlaubträger 1940 - 1945, Weilburg Verlag, Wiener Neustadt, 1983

Maerz, Dietrich, Das Ritterkreuz des Eisernen Kreuzes und seine Höheren Stufen, Erstausgabe 2007, B & D Publishing, Richmond, USA

- *Quellen- und Literaturverzeichnis* -

Merkblatt 15/5 (Anhang 2 zur H.Dv. 1 a, Seite 15, lfd. Nr. 5), Orden und Ehrenzeichen, Sammeldruck der geltenden Bestimmungen

Michaelis, Rolf, Deutsche Kriegsauszeichnungen 1939 - 1945, Heer - Waffen-SS - Polizei, 1. Auflage, Michaelis-Verlag, Berlin 2003

Militaria, Fachjournal für Auszeichnungen, Uniformierung, Militär- und Zeitgeschichte, Herausgeber und Redaktion Klaus D. Patzwall, Norderstedt, verschiedene Ausgaben

Niemann, Detlev, Bewertungs-Katalog Orden und Ehrenzeichen Deutschland 1871 - 1945, 2. Auflage, Niemann Verlag, Hamburg 2004

Nimmergut, Jörg (Herausgeber), Das Eiserne Kreuz 1813 - 1939, Deutsches Ordensmuseum Lüdenscheid, München 1990

Oberkommando des Heeres, Der Lohn der Tat, die Auszeichnungen des Heeres

Patzwall, Klaus D., Die Ritterkreuzträger des Kriegsverdienstkreuzes 1942 - 1945, Verlag Militaria-Archiv Klaus D. Patzwall, Hamburg 1984

Range, Clemens, Düfel, Andreas, Die Ritterkreuzträger in der Bundeswehr, Selbstverlag Range/Düfel, Berlin/Suderburg 2000

Reichsgesetzblatt 1939 ff.

Scheibert, Horst, Die Träger des Deutschen Kreuzes in Gold - Das Heer - , Podzun-Pallas-Verlag, Friedberg

Scheibert, Horst, Die Träger des Deutschen Kreuzes in Gold, Kriegsmarine - Luftwaffe, - Waffen-SS und des Deutschen Kreuzes in Silber, Heer - Kriegsmarine - Luftwaffe - Waffen-SS, Podzun-Pallas-Verlag, Friedberg

Scheibert, Horst, Die Träger der Ehrenblatt-Spange des Heeres und der Waffen-SS, ... , Podzun-Pallas-Verlag, Friedberg 1986

Scherzer, Veit, Ritterkreuzträger 1939 - 1945, Scherzers Militaire-Verlag, Ranis/Jena 2005

Schlicht, Adolf/Angolia, John R., Die Deutsche Wehrmacht, Uniformierung und Ausrüstung 1933 - 1945, Band 1, Das Heer, Motorbuch Verlag, Stuttgart 1992

Waffen-Revue, verschiedene Ausgaben

Weber, Sascha, Die Kampfabzeichen des deutschen Heeres 1939 - 1945, Das Infanteriesturmabzeichen, 2. Auflage, Verlag Weber, Schönau/Österreich 2004

Weber, Sascha, Die Kampfabzeichen des deutschen Heeres 1939 - 1945, Der Krimschild, 1. Auflage, Verlag Weber, Schönau/Österreich 2004

Westarp, E.-J. Graf von, Herausgeber, Oertzenscher Taschenkalender für die Offiziere des Heeres, 63. Ausgabe, Verlag Alfred Waberg, Grimmen in Pommern, 1943

Hoheitszeichen aus handgetriebenem Feuergold auf dem Ornamentdeckel der Kassette zur Verleihungsurkunde für das Ritterkreuz des Eisernen Kreuzes mit Eichenlaub und Schwertern.

Unbekannter Zugführer der Infanterie in einem Schützengraben an der Ostfront. Auszeichnungen: Eisernes Kreuz 1. Klasse 1939, Infanteriesturmabzeichen in Bronze, Verwundetenabzeichen in Schwarz, kleine Ordensschnalle mit dem Eisernen Kreuz 2. Klasse 1939, der Dienstauszeichnung für 4 Jahre und mit dem Deutschen Schutzwall-Ehrenzeichen.